小文论丛

叶小文 著

中国社会科学出版社

图书在版编目（CIP）数据

小文论丛/叶小文著. —北京：中国社会科学出版社，2022.10
ISBN 978-7-5227-0653-5

Ⅰ.①小… Ⅱ.①叶… Ⅲ.①社会科学—文集 Ⅳ.①C53

中国版本图书馆 CIP 数据核字（2022）第 135191 号

出 版 人	赵剑英
责任编辑	孙　萍
责任校对	杨　林
责任印制	王　超

出　　版	中国社会科学出版社
社　　址	北京鼓楼西大街甲 158 号
邮　　编	100720
网　　址	http://www.csspw.cn
发 行 部	010-84083685
门 市 部	010-84029450
经　　销	新华书店及其他书店

印　　刷	北京君升印刷有限公司
装　　订	廊坊市广阳区广增装订厂
版　　次	2022 年 10 月第 1 版
印　　次	2022 年 10 月第 1 次印刷

开　　本	710×1000　1/16
印　　张	34
插　　页	2
字　　数	473 千字
定　　价	118.00 元

凡购买中国社会科学出版社图书，如有质量问题请与本社营销中心联系调换
电话：010-84083683
版权所有　侵权必究

序

学者叶小文

赵剑英[*]

叶小文先生现任全国政协文化文史和学习委员会副主任，曾任中央社会主义学院第一副院长、党组书记，国家宗教事务局局长，是我们党一名高级干部。同时，在我看来，他不仅仅是一位领导干部，还是一位学术造诣深厚的学者，视野开阔、思维敏捷的理论家，功底扎实的宗教学专家，在政界、学术文化界和宗教界有着广泛影响。即将出版的这本《小文论丛》就是一本成色十足的学术著作，比较集中地反映了叶主任的理论探索和学术研究的不凡成就。

前不久的一天早上，我醒来看到手机有一条叶主任的留言："社长早上好，冒昧、斗胆，昨夜有梦，求为《小文论丛》赐序。"这着实让我大吃一惊，没想到这位大名鼎鼎、令我敬重的小文先生会请我为他即将付梓的学术文集《小文论丛》作序。无论从哪个方面讲，我都没有资格为叶主任的书作序。虽然内心深为叶主任"礼贤下士"所感动，但是实在不敢领受这一重任。于是，我回复叶主任，一方面表示感谢他的抬举，另一方面表示自己不够格。可是，过了几天，叶主任又给我发来微信，说：他出了近20本书，唯有一本《望海楼札记》请求李瑞环同志题写书名，也请赵启正、库恩

---

[*] 赵剑英，中国辩证唯物主义研究会副会长，中国历史唯物主义学会副会长，中国社会科学出版社党委书记、社长，中国社会科学院大学哲学院教授。

(美)、傅振国先生作过序。这一本学术文集,"恳求社长赐序"。看到这条微信,我为叶主任的诚意所感动。如果再不答应,就显得不识抬举了。恭敬不如从命,这也是对叶主任的抬爱表示尊重与感谢的最好方式吧。

  说起来,我与叶主任的相识还挺有戏剧性的,可谓"有缘在先"。我早就知道叶主任的大名。20世纪80年代末90年代初,我在中国社会科学杂志社当编辑时,就听一些年长的编辑老师讲,有一位贵州省的青年学者叶小文,在《中国社会科学》发表文章后,引起贵州省委主要领导和有关中央领导的关注与重视,先是被破格提拔为共青团贵州省委书记,后又从贵州调到中央统战部担任重要领导职务。这样一个非常励志的故事给刚走出校门、步入社会的我留下了深刻的印象。

  首次见到叶主任是2004年,我在中央党校中青班学习时,有幸聆听时任国家宗教事务局局长叶小文的专题讲座,那是在党校新建成的学术报告礼堂,记得叶主任的报告谈古论今,中西结合,风趣幽默,赢得学员们多次热烈的掌声。他深邃的思想和出色的口才给我留下了极为深刻的印象,不禁心生钦佩。但那次只是"同时空"存在、"远距离观望"而已,并没有近距离的交流。后来,我不时阅读到他一些风格鲜明、很有见地的文章。

  真正与叶主任进行交流是今年4月,在著名宗教学家卓新平先生系列新著的出版座谈会上,我十分荣幸地与叶主任在主席台毗邻而坐。当他得知我曾是中国社会科学杂志社的编辑和领导以及现在的工作身份时,就开始跟我"热聊",我明显感受到他对我似乎有一种见到"娘家人"的亲切感。我们谈起他1982年在《中国社会科学》发表的首篇文章,该文创下了贵州省在《中国社会科学》首次发文的纪录。他后来又陆续在《中国社会科学》发表了两篇大作。虽然几十年过去了,但是说起当年的事,他依然记得责任编辑老师的名字,当时来回写了十几封信,反复讨论文章的修改。叶主任动情地说,他永远是《中国社会科学》的学生和读者。从与叶主任的交谈中，我深深感受到他这么多年来依然保持对他寂寂无闻时扶持过他、赏识他文章的《中国社会科学》杂志及责任编辑的那份感恩之心，以及《中国社会科学》杂志在叶主任学术成就和人生轨迹中有着特殊的分量。可以说，《中国社会科学》所发表的文章改变了他的人生轨迹。当然，这一改变之所以发生，首先在于他自身的努力以及他出色的才华。可是他心中始终感恩《中国社会科学》杂志，感恩几任责任编辑和编辑部领导对他文章的青睐。

叶主任从一位青年研究人员到共青团贵州省委书记，再到调任中央统战部，后来又任国家宗教事务局局长、党组书记，这真是一段颇有传奇色彩的故事。

《小文论丛》收录了叶小文主任的学术理论类文章50余篇，近50万字，内容涉及社会学、政治学、哲学、伦理学、文化学等。其中有的文章我以前虽然拜读过，但这次还是以一种全新的心情认真通读了全书，一些文章还反复读了几遍，深感这是一部有思想、有观点、高质量的学术著作。读后获益良多。掩卷沉思，嘴上自然地蹦出一句话：学者叶小文！

说叶主任是学者，首先他是"标准的"社会学学者出身，是"学而优则仕"。

20世纪80年代初，叶主任尚是贵州社科院社会学研究所的助理研究员，他撰写发表了大量高水平的社会学专业论文。本书第一部分收录的文章就是社会学方面的。读完这些文章，感到叶主任当年作为青年学者时的确非同凡响、出类拔萃。本书的第一篇文章便是他的成名作——发表于《中国社会科学》1982年第6期上的《社会学否定之否定的进程及其内在矛盾》。这篇文章运用唯物史观和唯物辩证法，考察了社会学的发展历程，认为社会学的发展是一个从原始综合到经验实证再到辩证综合的否定之否定的进程，并从六个方面证明当代社会学正酝酿着向辩证综合阶段发展的趋势。

文章视野开阔，深刻把握了社会学史的理论逻辑，立足当代社会和科学技术发展的特征，对社会学发展趋势、研究对象和研究方法提出了自己的观点，文章显示出了作者熟练运用马克思主义哲学特别是历史唯物主义和唯物辩证法指导社会学研究，具有扎实的社会学史的功底和很强的理论性。文章十分大气，对于正处于重建之时的中国社会学具有重要的指导意义。实事求是地说，这篇文章不像是出自边远省份的一位青年社会学研究者之手，倒像是一位成熟老练的社会学大家的非凡手笔。应当说，即使从现在看，这篇文章的观点依然站得住脚，当时的《中国社会科学》编辑及相关领导没有因为这篇文章出自一个边远省份的无名青年学者之手而予拒发，他们的独具慧眼和学术公正之心令人感慨。在我看来这篇文章绝对没有辱没《中国社会科学》的门楣，够得上在《中国社会科学》发表的水平。事实上，两年后，此文获得《中国社会科学》青年作者优秀论文奖，获得一些社会学大家的肯定。叶主任由此在社会学界崭露头角，进而声名大噪。

另外，同时期他发表的《社会学：科学研究的立足点和出发点》《社会结构分析中的几种社会学角度和概念工具》《论社会的"有机体"性质》等文，阐发了马克思主义的社会学理论，特别是对"社会有机体"和"社会结构"概念作了精深的研究。

1989年，叶主任的《变革社会中的社会心理：转换、失调与调适》又登上了《中国社会科学》之学术殿堂，针对社会变革过程中存在的社会心理三级失调，提出了应当进行由表及里的三级调适。文章最后指出："如果说人类对自然的改造要以生态失衡为代价，改造自然的成功必须以建立新的生态平衡为基础；那么，社会变革也难免要以心态失衡为代价，变革社会的成功也有赖于建立新的心态平衡。中国十年的改革实践使我们进一步认识到，这场社会变革运动必须伴之以对社会心理失调的深入、持续、有效的调适和引导，必须包含社会心理机制的转换和重构，从而形成有利于社会主义现代化建设和全面改革的舆论力量、价值观念、文化条件和社会环境。"这一结论至今仍有启发意义。

叶主任还是较早对"乡规民约"进行研究的学者。在《论乡规民约的性质》一文中，指出了旧时乡规民约的性质是道德规范、政治规范和法律规范的重叠，认为在社会主义社会，应当赋予乡规民约以社会主义民主的自治形式和特殊的社会主义职业道德规范的地位，指出乡规民约可以成为与我国农民现有的思想水平和民族特点相适应的，为群众喜闻乐见的建设有中国特色社会主义新农村的一种有效形式。"我们应当重视它，研究它，运用它，推广它，促进它向前发展。"读到这儿，真为叶主任这么早对乡规民约有如此科学的认识而佩服，他的研究真正是接地气，体现了前瞻性。当今，乡规民约在基层社会治理、基层民主协商实践中发挥着重要作用，应当说叶主任的超前性研究功不可没。

说小文主任是学者，是因为他"仕而不忘学"，"白天走干讲，晚上读写想"，无论在哪个岗位，官当得多大，他始终不忘学者之初心使命，孜孜不倦探求真理，立学为民，报效国家，献计于民族伟大复兴大业。

矛盾是事物前进的动力。人类社会总是在不断解决矛盾的进程中开辟前进道路的。在推进改革开放和中国特色社会主义伟大事业、实现中华民族伟大复兴的进程中，我们遇到许多未曾遇到的矛盾与问题，许多无法预料的巨大风险与挑战。叶主任虽然居庙堂之高，但始终怀有强烈的忧患意识，不仅忧党忧国忧民，也忧我们身处的地球、人类、世界、自然！不停思考、研究那些"国之大者""国之要者"等关涉我们党长期执政、国家长治久安、中华民族伟大复兴、人类未来生存发展等重大问题。他的文章不是人云亦云，而是总能说自己的话，表达自己的思考和想法，为中国崛起、民族复兴、人民幸福，以及推进人类命运共同体建设，促进人类和平、安宁与幸福，奉献智慧。他所提出的许多思想观点具有很强的原创性和前瞻性。

比如，在《全球治理的中国理念》一文中，叶主任提出，摆脱人类危机，再谋人类振兴，需要又一次新的"文艺复兴"，即新的文明复兴，它有三个新的起点：和谐、绿色、简约，这也是全球治

◈ 序 学者叶小文

理之中国方案的三个基本理念。

在《在市场经济的赶考中交出优异答卷》一文中，他指出，当前要深入研究从中华优秀传统文化中汲取培育和弘扬社会主义核心价值观的丰厚滋养，使道德成为市场经济的正能量。绝不能"一切向钱看"，把精神、信仰一概物化，把诚信、道德统统抛弃。身处社会这个共同体，就需要坚守底线、明晰边界，有所为，有所不为。这个底线和边界就是"适中"。指出如何把欲望冲动与道德追求、把"资本"的冲动与"诚信"的建构、把物质富有与精神高尚结合起来，检验着我们社会的文明程度，关乎社会主义市场经济的成败，也考验着我们党的执政能力。

在《中华民族复兴路上防范颠覆性风险的思考》一文中，他提出，在中华民族伟大复兴的进程中，要高度重视、警惕和防范可能对中华民族复兴大业带来重大冲击的"颠覆性风险"。而保持稳态是"生命的法则"，但稳态乃是矛盾的特殊性和相对性的存在形式，我们只能在对立统一的矛盾运动中不断调节，在自身内部环境与外部的互动中不断适应，才能实现稳态、保持稳态，延续生命、好好活着。如何调节？这就需要科学的支撑、哲学的思维，需要"群学肄言"，需要补短板、强机制、善分析。

在《核心价值观要以"辨义利"为核心》《市场伦理建设也要纳入治国理政的大范畴》等文中，叶主任指出，富起来，就必须搞市场经济，就必须搞好市场经济。但如何自觉抵制商品交换原则对党内生活的侵蚀？如何把权力关进制度的笼子里，尤其是把支配资本的权力关进法制的笼子里？如何建立我们自己的社会主义的现代市场经济发展所需要的"市场伦理"，在全社会树立正确的义利观，是我们"富起来"过程中需要探索和解决的大课题。如果听任一个社会贫富差距不断拉大，如果放任腐败不能制止，如果整个社会都重利轻义，会引发巨大的社会风险。因此，他提出市场伦理建设也要纳入治国理政的大范畴。"要成功建立现代市场经济发展所需要的'市场伦理''经济伦理''社会伦理'和'致富伦理'。""要建立完善相应的政策评估和纠偏机制，防止出现具体政策措施与社会主义核心价值观相背离的现象。""医疗系统不能都完全彻底交给'二律背反'左右的市场。交响乐、芭蕾舞、非遗保护、博物馆、图书馆……亦应如此。"必须解决好"厚德载物""厚德载市场经济"的问题。

他还提出要建立建设中国特色的统一战线学，当代中国的统一战线学有四个基本概念，即领导者、同盟者、共同利益、政治联盟。有两对基本范畴：同与异、合与分。五个重点研究领域：政党关系、民族关系、宗教关系、阶层关系和海内外同胞关系。

在《协商民主：中国特色社会主义新篇章》一文中，指出中国社会主义协商民主有五大优势，即达成共识的优势，畅通渠道的优势，纠错机制的优势，群众广泛参与的优势，凝心聚力的优势。协商民主在中国具有深厚的文化、理论、实践、制度基础。

以上这些观点，都是在学习研究阐发习近平新时代中国特色社会主义思想中提出的一些深刻思考和独到的理解，可谓切中要害，给人以深刻的启迪。

另外，在哲学、宗教学、文化学以及国际问题研究等领域，叶主任也均有深入研究和思考，发表了许多富有见解的文章。

说叶主任是学者，是因为叶主任身上始终葆有学者情怀和学者风范。

读叶主任文章的人不难发现，他的学术理论文章不是通常大家熟悉的一般的"官样"文章，套用马克思的话说，他的文章洋溢着一种"理性的激情"，彰显了思想的魅力；他的文章视野十分开阔，有一种登高望远、一览众山小的气势；他的文章说理透彻，切中要害，把握根本，是对事物本质和规律的揭示；他的文章观点鲜明，原创性强，语言时而犀利，时而幽默，时而清新。他的文章耐读、受读者好评的根本原因，是他思考问题深入而独到，甚至尖锐。

◇ 序 学者叶小文

叶主任不管在什么职位上工作，始终有一种学者风范与气质。我相信不仅仅是我能感受到，与他有交往、相熟的朋友可能都有这样的感受：他虽身为正部级干部，但是他的为人处世，他的言谈举止，具有一种学者本色和学者风范。他没有官员的架子，而是十分自然、天然地愿意与学者打交道，说学者的话，讨论学术问题。这既与他本身学者出身有关，也与他长期从事统一战线工作有关，他善于与知识分子打交道，交真朋友，说真心话。

叶主任说话快言快语，直来直去，有时甚至有些率性，十分可爱，这恰恰反映出他多年来未曾湮没的"书生意气"。无论是老专家还是中青年学者，他都愿意与他们打交道、交朋友。比如说这次他请我这个晚辈后学为他这本学术文集作序，按常理说，无论从年龄、资历、级别还是影响力上来说，我都不是最合适的，但他却看中我学者兼出版工作者的身份和在中国社会科学杂志社工作过这一渊源。从这件事上我真切地感受到他十分重情，对学术、对学者的尊重，对晚辈后学及下级能"平视而不是俯视"。每次与叶主任交流，我都觉得他很可亲、有趣，可近也可敬！

最后，读叶主任的书，能感觉到他身上蕴含着一种强大的正能量，首先是他的一身正气，这种正气我想源于他挚爱中华优秀传统文化所养成的浩然之气，也体现着中国共产党人理想信念的力量，马克思主义的立场观点方法的科学性的底气，以及坚持党的全面领导，坚决维护习近平总书记党中央的核心、全党的核心地位，坚决维护党中央权威和集中统一领导的政治自觉以及政治坚定性。

读他的书还能感受到他对近代以来中华民族最伟大的梦想——实现中华民族伟大复兴的热切期盼，进而被他一直为实现这一伟大梦想而不懈追求的奋斗精神所感染。

"乐只君子，德音是茂。""乐只君子，邦家之基。"读完他的书我还有一个强烈感受，像叶主任这样努力以马克思主义观察时代、把握时代、引领时代，勤学深思，深入实践，弘扬优秀传统文化，放眼世界和人类未来，心系党和国家长治久安、民族复兴伟业的学者型领导越多，我们党的事业就越兴旺发达。在迈向第二个百年奋斗目标的新征程中，我们太需要更多像叶主任这样的党的栋梁之材了！

2021 年 11 月 25 日于后海北岸

目　录

社 会 学

社会学否定之否定的进程及其内在矛盾……………………（3）
社会学：科学研究的立足点和出发点 ………………………（27）
社会结构分析中的几种社会学角度和概念工具 ……………（36）
论社会的"有机体"性质 ………………………………………（50）
变革社会中的社会心理：转换、失调与调适 ………………（58）
开展中年问题的社会学研究 …………………………………（80）
论乡规民约的性质 ……………………………………………（89）
对贵定县乡规民约活动的调查………………………………（103）

他摘下了速成的核桃
　　——记省社会科学院青年研究人员叶小文
　　　………………………… 贵州日报记者　姜中毅（116）

政 治 学

全球治理的中国理念…………………………………………（125）
深刻理解中国特色社会主义进入新时代……………………（132）

辛亥百年三叹……………………………………………（140）
论县委书记……………………………………………（148）
中国改革的总动员和总部署……………………………（160）
中国巨轮持续远行的"核动力"…………………………（171）
民族复兴离不开民营经济………………………………（176）
加强和完善党和国家监督体系研究……………………（178）
法治经济　法治政府　以法制权　依法治国必须
　　做好棋"眼"………………………………………（187）
在市场经济的赶考中交出优异答卷……………………（196）
中华民族复兴路上防范颠覆性风险的思考……………（207）
建设中国特色的统一战线学……………………………（244）
协商民主：中国特色社会主义新篇章…………………（252）
协商民主与国家治理……………………………………（260）
从国家治理与政协功能看协商民主……………………（266）
中国特色社会主义的一个重要制度定型
　　——新时代人民政协的新方位新使命………………（271）

伦理学

让道德成为市场经济的正能量…………………………（281）
信仰之惑…………………………………………………（289）
核心价值观　关键在"核心"……………………………（295）
核心价值观要以"辨义利"为核心
　　——"叶小文看义与利"之一………………………（304）
市场经济下能"义利共赢"吗
　　——"叶小文看义与利"之二………………………（308）
义利之辨里的"中庸之道"
　　——"叶小文看义与利"之三………………………（312）

义利之辨与"惟精惟一，允执厥中"
　　——"叶小文看义与利"之四 …………………（318）
义利之辨与市场伦理建设
　　——"叶小文看义与利"之五 …………………（322）
市场伦理建设也要纳入治国理政的大范畴
　　——"叶小文看义与利"之六 …………………（327）
民族复兴中国梦的文化根基与价值支撑
　　——"核心价值观百场讲坛"首场报告 …………（333）
自我革命的伦理自觉……………………………………（345）

信仰的荒漠，立不起伟大民族
　　——独家对话中央社会主义学院党组书记叶小文…（357）

哲　　学

"矛盾问题的精髓"说探源………………………………（369）
折中主义与辩证法的本质区别…………………………（385）
物反不要必极……………………………………………（393）
"结合"的方法论…………………………………………（395）
学习毛泽东同志关于具体分析具体情况的理论与实践…（400）
体悟"阳明心学"坚韧内心定力 ………………………（411）
草海治理与系统方法……………………………………（418）
在哲学上演奏第一提琴…………………………………（431）

文 化 论

读书与做人………………………………………………（437）

◇ 目　录

"文化自信"五题 …………………………………………（439）
"和而不同"的多重境界
　　——构建人类命运共同体的文化底蕴 ………………（449）
"中""和"是人类文明发展的大道 ………………………（460）
中国文化"和"的内涵与民族复兴的"文明依托" ………（463）
中国文化"走出去" ………………………………………（474）
从传统文化的深厚积淀中重铸民族精神…………………（489）
读懂中国的"文化秘诀" …………………………………（492）
中国迈向世界强国的讯号…………………………………（501）
"多'元'一体"与"多'源'一体"辨析 …………………（512）
弘扬中华民族协和万邦的天下观…………………………（520）

跋……………………………………………………………（523）

社会学

社会学否定之否定的进程及其内在矛盾[*]

社会学在当代世界各门社会科学中发展甚快，其原因虽然可从多方面考察，但一切事物发展的内在动力，应是事物自身的矛盾双方的既对立又统一。社会学尽管头绪纷繁，学派林立，如将其作为人们认识社会的一种相对独立的知识体系、作为一门科学来看，它的发生和发展除了受一定的社会制度、社会阶级及其思想体系的影响外，同样为其自身存在的深刻的内在矛盾所推动。社会学发展的否定之否定的历史进程，就是其内在矛盾的展开。

一　社会学从原始综合阶段向经验实证阶段的发展

在很长的历史时期内，人们对于社会历史的了解虽然也在逐步发展和进步，但从总的方面来看，却失于片面、零碎。这种情况，既是由于剥削阶级的偏见经常歪曲历史，也是由于生产规模的狭小、科学技术水平的低下限制了人们的眼界。自17世纪英国资产阶级革命以来，欧洲（特别是西欧）社会变化急剧，大工业和科技发展迅速，人口增加，城市扩大，资产阶级和无产阶级登上历史舞台，资本主义生产方式占据统治地位。生产的社会化加快了自然的

---

[*] 原载《中国社会科学》1982年第6期，1984年获《中国社会科学》青年作者优秀论文奖。

人化，对自然的崇拜转向对人自身、对社会的崇拜，生产的社会化加强了人的社会化，社会各成员、各因素的相互联系日益密切，社会作为一个有机整体的性质日益突出；生产的社会化与生产资料私人占有的矛盾又加速了资本主义自身的异化，资本主义越是繁荣鼎盛越是危机四伏。总之，自然的人化、人的社会化、社会的异化，使不同阶级的人们都把注意力投向社会，开辟社会研究的新领域。加之19世纪以来，自然科学从搜集材料的科学进入"本质上是整理材料的科学，是关于过程、关于这些事物的发生和发展以及关于联系——把这些自然过程结合为一个大的整体——的科学"，[①] 正在形成之中的辩证综合自然观必然冲击人们的社会观。为此，改变人们长期以来对社会历史的片面、零碎的了解，而代之以全面、综合的认识，并找出产生各种社会问题的原因和解决办法，已成为社会发展的迫切要求。历史唯物论应运而生，即标志着辩证综合社会观的萌芽。而同一时代产生的孔德一系的包罗万象的社会学，虽也是大工业发展、科技进步、辩证综合自然观的形成冲击人们社会观的产物，却又并非克服、反是加强剥削阶级歪曲社会历史偏见的结果，是对这一时代综合认识社会的要求的曲折、歪曲的反映。

鉴于一，历史唯物论的诞生只是为人们提供了理解社会生活的一把钥匙，对社会生活各方面现象的研究尚未开展；二，资产阶级社会学一开始就与同时代诞生的历史唯物论分道扬镳，阶级的局限性使资产阶级社会学不可能把社会发展看作自然历史过程；三，马克思、恩格斯尽管以历史唯物论为科学的社会学奠定了基础，并且已做了大量社会学性质的调查研究，写下了若干社会学性质的著作，但为了将对社会认识的初步科学综合的历史唯物论与非科学综合的资产阶级社会学相区别，而不称社会学，学术界一般也习惯以孔德一系社会学的产生为这门学科的起点。为此，我们称此阶段为

[①] 《马克思恩格斯选集》第4卷，人民出版社2012年版，第251页（加"·"处原文系黑体字）。

社会学发展的"原始综合"阶段,并以孔德一系的社会学为其代表。

孔德的《实证哲学教程》,企图建立一个包罗万象的体系。该书前三卷,罗列了数学、天文、物理、化学及生物学诸自然学科,以这些学科发展的完备作为建立一门综合认识社会的新学科——社会学的先决条件。如果我们抛弃孔德的只承认主观经验的实证哲学,拨开他的体系的包罗万象的迷雾,便可以看到,孔德的社会学曲折地反映出社会学这门新生学科在同时代辩证综合自然观的冲击下,一开始就借用自然科学术语,去综合认识社会的企图。正如日本《世界大百科辞典》"社会学"条所言:"初期社会学把综合认识整个社会现象作为目标,把社会学看成就是社会科学本身或社会科学的基本学科,站在所谓综合社会学的立场上。"

与孔德同时代的实证主义者斯宾塞首创的社会有机体论,企图从整体认识社会,但机械地将生物学规律搬到社会现象领域,把社会有机体与生物有机体作牵强附会的类比,把社会的阶级分化与生物的机能分化等同起来,这种荒唐的比附,无助于综合认识社会,只是以自然规律来为剥削压迫关系辩解。此后,社会有机体论为许多社会学家所继承和发展,生物学的荒唐比附虽渐被淘汰,与历史唯物论的对立却仍很鲜明。

孔德一系的社会学,表现了欲综合认识社会而其综合水平又十分低下乃至荒唐的"原始"性质。它注意到整体与部分的统一,却以社会均衡论为这种统一的基础,认为"在社会体系的全体与各部分间,必定有一种自然的调和"[①]。它企图从总体综合认识社会,但由于奉行腐朽的实证主义而只能是主观拼凑的包罗万象的大杂烩。它受到辩证综合自然观的冲击,却把社会现象简单比附于自然现象中的物理、生理现象,随意滥用自然科学的方法来解决社会领域的问题,从而走向了伪科学。它标榜以"实证的"事实为依据"科

[①] 转引自孙本文《近代社会学发展史》,商务印书馆1947年版,第10页。

学认识社会",其实是以主观的感觉经验为依据,"意味着对一切实证的东西的无知"①,而只能充当社会的庸医。但这种原始综合的社会学之中,毕竟含有因受到辩证综合自然观的冲击而产生的、作为一门新生学科所具有的合理因素,即把社会看作一个有机整体,对社会各部分的认识不能撇开整体等等。这种从总体综合认识社会的企图,虽然掩藏于荒诞的理论之中,毕竟是时代要求的折射,是社会学的起点,也是社会学作为一门独立学科必将继续发展的生命力之所在。我们不应因批判资产阶级社会学而将其一概否定,把小孩与脏水一起泼掉。

原始综合阶段的社会学最初的发展方向是,或者停留于抽象的一般社会、一般进步的空谈,或者局限于对人们思想动机、心理、行为的考察,却不去考究产生这些动机、心理、行为的原因,否认社会关系体系发展的客观规律性,否认物质生产发展程度是这种关系的根源。如名目繁多的各类社会学派以及在社会发展动因问题上各偏执一端的地理学派、心理学派、生理学派、文化学派等等。沿此途径发展的社会学,至今在社会学领域中尚占有一席之地。我们并不否认其在社会心理和社会行为研究以及积累有关资料方面的贡献,但唯心史观的致命缺陷,注定它只是人类认识史上一朵不结果实的花,是社会学进程中的细支末流。

近、现代社会学发展的主流,则是放弃初期社会学综合认识社会的企图,埋头于对局部、个别、实际的社会现象的考察、描述、分析。社会学因此由原始综合阶段进入其自身的第一次否定——经验实证阶段。

19世纪末20世纪初,资本主义发展为帝国主义,马克思主义在无产阶级中广为传播,无产阶级反对资产阶级及其他剥削阶级、争取解放的斗争风起云涌,科学对社会的作用,科学对人类一切活动领域的影响与日俱增,社会问题错综复杂,层出不穷。与马克思

---

① 《马克思恩格斯全集》第32卷,人民出版社1974年版,第265页。

主义对立的资产阶级社会学，为了满足资产阶级维护其现存统治的理论与实际需要，不能不注重研究社会问题。为此，以法国的迪尔凯姆（E. Durkhejm，1858—1917）和德国的韦伯（M. Weber，1864—1920）为代表，开始了资产阶级社会学由原始综合阶段向经验实证阶段的过渡。一方面，他们继承了孔德与斯宾塞的传统，继续以社会整体为研究单位，进行历史的和比较的研究；另一方面，他们又抛弃了孔德、斯宾塞的包罗万象的企图，注重实际问题的研究，并着手建立一些范围较小却得到经验性知识证实的理论。如迪尔凯姆对社会分工、自杀以及方法论方面的研究，韦伯对基督教与资本主义的关系，对具体社会结构的研究等等。他们所采用的经验实证方法，形式上仍是对孔德实证主义的继承，内容上却已有所否定，即在一定程度上已离开了"对一切实证的东西的无知"的那种实际上只重主观经验的实证主义，真正去观察、描述、分析一些实际的社会现象。这种"经验实证"方法，已含有唯物论的成分。以这种方法为基础的社会学，我们称之为"经验实证的社会学"。它是对原始综合社会学的否定，即社会学否定之否定进程中的第一次否定。

经验实证社会学在美国发展最为迅速。19世纪末，美国一跃而成为最发达的资本主义国家。适应着资本主义迅速发展的需要，作为资产阶级唯利是图的世界观的理论表现的实用主义，迅速滋长泛滥起来。而实用主义的把采取行动当作主要手段，把获得效果当作最高目的，正好为经验实证社会学的发展扫清道路。这样，社会学研究中心转移到了美国。欧洲社会学"美国化"的过程，也就是社会学由原始综合阶段向经验实证阶段发展的过程。19世纪末由斯莫尔（A. Small，1854—1926）开创的芝加哥学派，以及其后兴起的哥伦比亚学派，都以注重实际社会问题的研究而著称，并逐渐摸索出观察法、问卷法、抽样分析法、实验法等一套经验实证的研究方法。"到了美国参加第二次世界大战时，爬行经验主义是全部掌握美国社会学的盟主，它专事描述个别的社会现象和过程，研究社会发展中只有实用价值和局部意义的琐碎问题。"① 尽管不少著名的社会学家已感到这是"整个社会学的停滞和危机"并试图摆脱这种危机,时至今日,美国社会学仍保持着经验实证的研究方法。

经验实证的社会学,往往只能停留于局部的描述分析和准确的照相水平上,大体相当于近代的形而上学自然观。因此,尽管社会学著作汗牛充栋,但往往就事论事,理论上有系统创见的很少。美国社会学的这种倾向,是整个西方社会学的缩影。

这种经验实证的社会学,究竟能否迈出新的步伐,进入社会学发展的第二个否定阶段——辩证综合阶段呢?

二 当代社会学正酝酿着向辩证综合阶段发展的趋势

所谓社会学的辩证综合,即一方面由于对社会机体各局部从微观角度的广泛深入研究而使社会学各专科越分越细、越分越多,另一方面又由于对社会机体从宏观角度的综合认识越来越清晰而使社会学高度综合为一门科学。这种高度分化与高度综合的统一,导致建立以清晰描述社会机体各层次、各局部、各细节为基础的整体联系的纵横观,和以深刻揭示社会机体整体联系为指导的各层次、各局部、各细节立体网络的透视观相统一的社会科学图景。

尽管西方社会学正陷入经验实证阶段而不能自拔,社会学作为一门科学发展到当代,却已在酝酿着向辩证综合阶段发展的趋势,这主要是以下六个方面的因素所促成。

(1)历史唯物论科学地揭示了社会发展的本质及决定因素,指出了综合认识社会整体联系的正确途径。历史唯物论与资产阶级社会学分歧的焦点,并不在于是否有必要从整体认识社会,不在于应否把社会看作一个活的机体,而在于对社会机体作研究时,是否承

---

① [苏]伊·伊·安东诺维奇:《美国社会学》,商务印书馆1981年版,第11页。

认其中有基础的、决定性的因素，是否承认社会的发展是一个自然历史过程。只有找出社会历史发展的根本原因，分清错综复杂的社会现象中的主要现象和次要现象，也即"只有把社会关系归结于生产关系，把生产关系归结于生产力的水平，才能有可靠的根据把社会形态的发展看做自然历史过程"①，揭示社会这种特殊的物质运动形态的本质，使科学的社会学的出现成为可能。只有承认人们的物质生活的生产方式制约着整个社会生活、政治生活和精神生活的过程，人们的社会存在决定人们的意识，才有可能把全部社会现象作为一个有机联系的整体来认识，才有可能揭示各种社会现象相互联系的本质及其规律性，社会学与生俱来的综合认识社会的企图，才具备了摆脱唯心史观偏见的桎梏而得以实现的科学基础。

历史唯物论指出了综合认识社会整体联系的正确途径，但并不能代替社会学对社会整体联系的综合认识。由于社会的不断发展，也由于社会学研究成果的补充，又会使历史唯物论某些范畴的意义发生变化或改变个别结论，会促使历史唯物论向前发展。反过来，又为社会学综合认识社会开辟更为广阔的途径。社会学的新概念体系正是由于人类对社会机体认识的扩大和深化而形成的，同时又是对历史唯物论基本原理的发展精确化和具体化的结果。

（2）当代面临的许多重大社会问题，要求社会学作综合性研究。当代资本主义国家的动乱，第三世界的兴起，国际矛盾的加剧，已促使社会学较多地从宏观角度研究社会冲突、社会变迁等重大社会现象。而近二十年来科学技术经历的革命，给社会带来的发展超过了人类历史两千年的总和，又引起了社会生活各个方面的深刻变化，造成了许多重大的社会问题。如工业发达的资本主义国家在工农、城乡、体力劳动与脑力劳动之间的差别相对缩小的同时，通货膨胀、失业、家庭解体、吸毒、犯罪等社会问题也在加剧；第

---

① 《列宁选集》第1卷，人民出版社2012年版，第8—9页。

三世界国家在取得民族独立后,都面临着采取什么样的科技与经济社会发展战略,如何处理人口、粮食、教育与智力开发等问题。有的则是全球性问题,如生态问题,自然资源的保护与合理使用问题,开发宇宙空间问题,社会发展的预测等等。这些重大的社会研究课题,已跨越社会科学与自然科学领域,跨越国界,而具有广博性、多结构性、多分支性、综合性的特点,不能只靠传统的各专门社会科学单独去进行研究,也非经验实证社会学那种仅限于局部考察的方法之力所能及。当代社会学要保持其重视研究社会问题、面向实际的传统,要回答这些重大问题,就不能不作新的综合研究,从而必将推动其自身进入辩证综合阶段。

(3) 社会学向辩证综合阶段发展与现代科学的整体化趋势同步。从19世纪中叶开始,日益分化的自然科学已经作为一种把一切自然过程联结成一个伟大整体的科学而出现了,科学发展中的综合趋势也越来越明显。与此同时诞生了企图综合认识社会的社会学。19世纪末20世纪初,当社会学发展的基本趋势是转向经验实证阶段而只顾分化放弃综合时,自然科学高度分化与高度综合的两种趋势却在明显加快,导致了现代科学发展的整体化趋势,微观、宏观和宇观世界已开始形成统一的科学图景。这就不能不给整个社会科学特别是社会学以巨大的影响,重新唤起社会学最初的综合认识社会的企图,将社会学纳入向辩证综合阶段发展的轨道。

(4) 现代科学方法中的系统方法,为社会学迈向辩证综合阶段提供了新方法。列宁说:"要真正地认识事物,就必须把握、研究清楚它的一切方面、一切联系和'中介'。我们永远也不会完全做到这一点,但是,全面性这一要求可以使我们防止错误和防止僵化。"① 如果说过去辩证法的全面性要求还只是一种原则性要求,因而对社会有机整体作辩证综合的全面认识还只是一种设想的话,20世纪发展起来的崭新科学方法——系统方法,则正为社会学迈向辩

---

① 《列宁选集》第4卷,人民出版社2012年版,第419页。

证综合阶段提供了新方法。

经验实证社会学要认识社会机体或它的某一层次的整体性，是按照传统的思维方式，即先分析整体的各部分，再综合为整体。系统方法则是先从整体出发，进行系统综合，形成可能的系统方案，再进行系统分析，分析系统各要素及其相互关系，建立模型，然后进行系统选择（最优化），重新综合成整体。在思维方式上，系统方法把综合作为出发点和归宿，并把分析与综合贯穿于过程的始终。① 辩证综合的社会学以系统方法为其研究的新方法，就是要从社会机体或某一层次的整体综合出发，在整体综合的基础上并在整体综合的指导下进行局部分析，再回到整体综合。诚然，社会机体的各个层次或部分都是复杂系统，有些是大型或巨型复杂系统，而整个社会机体更是超巨型复杂系统。在社会学研究中运用系统方法，还是一个有待开拓的新领域。

（5）现代社会研究中的定量研究，为初步建立清晰的社会机体的统一图景提供了技术手段。原始综合阶段社会学所建立的整体图景，只能是模糊颠倒的。历史唯物论把颠倒了的东西重新端正过来，但由于时代条件和认识水平的局限，社会现象、社会过程仍然难以表现为严谨的数学对象的形式。人们对社会总体的认识仍只能限于大致的描述。

社会学发展到经验实证阶段以来，系统地改进和设计了量度不同种类社会现象的指标，采用概率统计方法，通过随机抽样，由描述样本中两变量或多变量的相关程度而估计总体中诸变量间的数量特性，自觉或不自觉地由社会现象的偶然性中探讨其必然性，形成一套渐趋成熟的社会研究的统计分析方法，用于一定范围内社会现象的定量分析并取得成效。但总的看来，还未能实现从微观到宏观分析水平的跳跃。随着控制论、系统论、信息论这些研究事物的共同属性或普遍联系的某些共同方面的崭新学科的出现，揭示了包括

---

① 参见杨长桂《试论系统方法》，《哲学研究》1982年第3期，第33页。

社会现象在内的客观对象存在的一些普遍关系，从而为进一步揭示客观对象共有的空间形式和量的关系，将社会现象、过程表现为数学对象的形式提供了可能性。而现代社会研究中统计技术的进一步发展，从路径分析（Path analysis）、因子分析（Factor analysis）、区别分析（Diseriminale analysis）、主轴相关（Canonical Corrclation）一直到对系统进行定量描述的系统模型和运用电子计算机进行系统仿真的模拟技术，已开始为参数复杂的社会现象的定量研究创造条件。电子计算机的广泛运用又为及时处理、大量存储、迅速推广运用社会调查的庞杂数据资料和统计分析结果提供了强有力的工具。为此，现代社会研究正开始具备对社会整体结构的诸要素（生产力和生产关系是最基本的要素），及其在整体结构中的功能和相互作用的机制进行定量研究，以建立社会机体清晰的统一图景的技术手段，从而为社会学进入辩证综合阶段开辟了道路。

（6）经验实证的社会学之中含有其自身的否定方面——辩证综合因素。在西方经验实证社会学蓬勃发展的同时，正如美国当代著名社会学家贝尔（Daniel Bell）所指出的，战后二十五年，在一种强调从整体研究事物的整体论观点指导下，西方人类学和社会学领域中出现了三个主要运动。一是人类学中的一项叫作"文化与个性"的新的跨学科研究，试图用整体化原则来描述各种文化模式。二是结构功能主义社会学，试图建立一个分析社会行动的普遍理论。三是社会政策研究，如试图创立社会指标系统从宏观角度描述社会现象，以及进行综合性的社会预测、社会评价等。这种整体论观点及其表现，正是经验实证社会学之中萌发、生长着的自身否定方面。

经验实证社会学之中含有其自身的否定方面，还表现在它越是分支繁多，越是对微观社会现象作精密的定性、定量研究而大量积累描述社会机体各部分、各细节的资料，也就越是为综合地把握各分支学科所获得的成果准备了条件。虽然整体不等于部分的总和，积多个片面并非全面，但这却是其自身否定因素的量的积累。当然，这些自身否定的因素并不足以使西方社会学自拔于经验实证阶段而实现其自身的否定。正因为如此，一些西方社会学家才试图从马克思主义的理论中寻求摆脱经验实证社会学的危机的出路。

三 从否定之否定的进程看社会学的内在矛盾

既然当代社会学正酝酿着向辩证综合阶段发展的趋势，社会学的发展就必然会大致经历一个从原始综合到经验实证再到辩证综合的否定之否定的进程。这是我们对这门科学发展的基本趋势的估计。但具体到各个国家，由于受到不同的社会政治经济状况和不同的理论思维传统的影响，这一进程当然有缓有速，表现出各自不同的特色。

资产阶级社会学，是随着资本主义在各国的发展而发展的。企图综合认识社会的社会学诞生在19世纪的法国，并非偶然。但随着19世纪末美国资本主义的崛起，社会学研究的中心便由欧洲转向美国，并且在美国最先实现了对原始综合阶段的否定而进入经验实证阶段。作为社会学发源地的法国、英国，其社会学的发展却落于美国之后，直至第二次世界大战后才结束了在原始综合阶段的徘徊而相继进入经验实证阶段。战时结成法西斯同盟的德、意、日三国，其社会学的发展由于政治因素的强烈干扰显然又较法、英为晚，都有战时的停滞和战后的复苏过程，战后的复苏又都以迅速迈入经验实证阶段为标志，其中以日本社会学最为突出。总之，现代资本主义各国社会学无不先后由原始综合进入经验实证阶段，而且凡经验实证社会学较发达处，又总有其自身的否定方面——某些辩证综合因素曲折地显现。

在苏联、东欧国家，社会学否定之否定的进程则又表现出另外的情形。由于不可能以那些与历史唯物论对立的实证论、社会达尔文论、经验论、均衡论等为建立社会学的方法论，自然也不会有与西方社会学等同的那种原始综合社会学和经验实证社会学,但却有从初期综合社会学向分支深入社会学发展这一大体相当的过程,并且主要是通过处理历史唯物论与社会学关系的问题表现出来。

19世纪末20世纪初,当西方社会学以美国为中心由原始综合阶段向经验实证阶段迈进时,在俄国却主要是展开了属于原始综合社会学的主观社会学与作为初期科学综合社会观的历史唯物论的激烈较量。这是因为随着19世纪60年代以来俄国资本主义的发展和工人运动的兴起,俄国社会的性质和社会改造的力量与道路问题,成为俄国社会主义者争论的主要理论问题。以列宁为代表的俄国马克思主义者,为了正确指导无产阶级革命,不能不大力批判在这一争论中反复出现的民粹派的唯心史观——主观社会学。为此,列宁在1894年写成了《什么是"人民之友"以及他们如何攻击社会民主主义者?》一书,在批判中坚持和丰富了唯物史观。但限于历史条件,当时唯物史观虽已是建立在具体、科学地分析资本主义社会经济事实基础之上的科学理论,对整个社会机体及其发展过程还只能限于初期科学综合,因而以它为指导的社会学也还只能停留在初期综合阶段。① 历史唯物论与社会学,都需要在新的时代条件下推向前进。但三四十年代的苏联把马列主义教条化的倾向有所发展,就难免将列宁19世纪末对主观社会学的正确批判,变成20世纪对一切社会学研究的简单排斥,一度以历史唯物论取代社会学,或者把社会学包括在历史唯物论的哲学理论中进行研究,很少对复杂的社会现象进行全面深入的具体考察,逐一揭示其本质和要素,而是套用历史唯物论的几条原理,来代替对社会有机结构的全面分析。这种做法也曾为东欧一些国家及我们所仿效。故这一阶段如果说还

---

① 表现之一,是仍将社会学视为社会哲学或整个社会科学。如列宁曾称"一般哲学(认识论和社会学)"(《列宁选集》第2卷,人民出版社2012年版,第226页)。又如,尽管社会学(Социология)与社会科学(общественная наука)在俄文中意义不同,列宁仍将"科学的社会学"与"社会科学"在同等意义上使用过(《列宁选集》第1卷,人民出版社2012年版,第8页)。

存在着社会学研究的话，只能看作"初期综合"的社会学。它与孔德一系包罗万象的原始综合社会学，虽有哲学基础的不同，但是在低水平地"综合"认识社会这一点上，却是共同的。此后，苏联等国相继重建社会学的过程，往往又表现为如何使大量的具体社会学研究从作为社会哲学的历史唯物论中分化出来的过程，也就是由初期综合的社会学向分支深入阶段过渡的过程。进入70年代，苏联的具体社会学研究迅速发展，其分支之细密已可与美国社会学匹敌。同时开始意识到具体社会调查应有助于"综合分析我们社会中种种进程"[①]，强调要把社会"作为一个完整系统——'社会有机体'来看待"，"从唯物辩证法的立场出发来制定分析社会的系统方法是研究社会科学的方法论的重要方向之一。"[②] 而在当前苏联的社会学中，有相当部分内容要为推行大国霸权主义和民族沙文主义的国际政策服务，为粉饰苏联"发达的社会主义"现实服务，因而又在一定程度上表现为对历史唯物论的背离，不能不阻碍其向辩证综合阶段的发展。

综上所述，社会学否定之否定的进程尽管有种种不同的具体形式，每一阶段对上一阶段的否定，在时间上参差不齐，在阶段上相互交错和相互包含，在内容上又各有特点，但往往在某一社会学较发达阶段中，其中所含有的自身否定因素也便相应地增多起来，则为其无可否认的共同点。

而且，在这一进程中，交织着资产阶级社会学与马克思主义社会学的对立以及后者扬弃前者的运动，也交织着历史唯物论这一认识社会的科学方法与教条主义、经验主义一类社会研究方法的对立以及前者对后者的克服。

社会学否定之否定的进程说明，面对错综复杂的社会机体（或它的某一层次、部分），从整体综合和局部分析两个角度去认识，

[①] 参见［苏］特拉佩兹尼科夫《在历史的转折关头》一书末章，1972年第2版。
[②] 苏《哲学问题》1972年第10期社论，《当今的历史唯物主义：问题和任务》。

是社会学这种知识体系之中固有的两个方面。这两个方面对立统一，互为肯定又互为否定，表现为社会学自身的整体化与分化两种趋势的对立统一。原始综合（或初期综合）阶段的社会学，企图从总体认识社会机体，揭示它的整体联系，这是该阶段社会学自身的肯定方面，它决定了社会学的整体综合或整体化的性质。但这肯定中已经包含了否定的因素，混沌模糊的总体认识注定要被抛弃。从局部、部分、细节去对社会机体或某一层次分而析之，就由社会学自身的否定方面上升为肯定方面，它决定了社会学的局部分析或分支深入（分化）的性质。但在这新的肯定中又已包含了否定的因素。面对社会关系错综复杂交织在一起的立体网络，如不揭示其总体联系的规律性，就难以分辨作为网上各个纽结的各局部社会现象及其联系。对于局部的认识要以对整体的认识为基础，对整体的认识又不能归结为对它的各局部认识的总和，而必须如实地把社会作为一个整体、一个完整体系、一个活的机体对待。于是，对社会仅限于分而析之的认识，又注定要被抛弃。从整体去认识社会又将由社会学自身的否定方面上升为新的肯定方面，它决定了新阶段社会学的整体综合或整体化的性质。不过，这一否定之否定并非向过去的简单回复，它要建立的社会总图景，必须清晰显现各个细节。

可见，社会学发展进程中贯穿着辩证的否定，即通过其内在矛盾运动而进行的自身否定，并通过自身否定实现"自己运动"、自我发展。因此，从社会学否定之否定的进程，可以揭示作为一个独立系统来看的社会学的内在矛盾。客观存在的社会机体是整体与部分的对立统一。社会学作为认识社会的一种相对独立的知识体系，作为一门科学，必须反映社会机体的整体与部分的对立统一关系，因而社会学自身也有对社会的整体认识与部分认识的对立统一。质言之，对社会机体的整体综合与局部分析的对立统一①，是推动社

---

① 这里的综合与分析的对立统一，是指："分析和综合的结合，——各个部分的分解和所有这些部分的总和、总计。"（列宁：《辩证法的要素》，《哲学笔记》，人民出版社1993年版，第191页）

会学"自己运动"的内在矛盾。这一内在矛盾的具体表现，是社会学这门学科的整体化与分化两种趋势的对立统一。这一内在矛盾的展开，即社会学否定之否定的历史进程。

这样来认识社会学发展的内在矛盾，就会引出若干理论问题，在此分别加以阐明。

社会学内在矛盾推动其自身发展与"实践是认识的动力"是否冲突？这是从不同范围考察的问题。社会学与任何一门科学同样，都属认识范畴，都在实践的基础上产生并在实践的推动下发展，但又有其相对独立性。社会学的内在矛盾，是把社会学作为一相对独立的知识体系来考察所提出的问题。这种内在矛盾运动，总是在一定的社会实践基础上的运动。实践对社会学发展的推动作用，又正是通过社会学的内在矛盾表现出来。正是由于不同的社会历史条件和不同的社会实践，决定了社会学否定之否定进程的或缓或速、错综复杂的表现形式。也正是由于社会实践的推动，当代社会学才酝酿着向辩证综合阶段发展的趋势。

社会学不过是社会科学之一种，为何竟以对社会机体的整体综合与局部分析的对立统一作为其内在矛盾？这究竟是整个社会科学抑或仅仅是社会学的内在矛盾？诚然，社会科学即以社会机体及其各个方面，以社会的生活、各种社会现象、社会生活的各个方面的相互关系、社会生活的发展为对象，几千年来人类对于社会的认识发展的一般进程，正是从朴素的初期综合到分支深入再到辩证综合。但其中两次否定的转折点，由于工业发展、科技进步，辩证综合自然观的形成对社会观的冲击等原因，却直到近两个世纪才集中表现出来。此间生长着的社会学，便是对人类社会观发展的一般进程中这两次重大转折的一种反映。因此，对社会机体的整体综合与局部分析的对立统一，虽然是整个社会科学的内在矛盾，但社会学恰恰就是要以社会科学的这一内在矛盾为其自身的内在矛盾。社会学不同于分门别类地认识社会现象的其他专门社会科学。它是社会科学中最活跃的一个学科。在社会科学这个大系统中，当各专门科学仍在将社会整体分解为各部分而独立研究时,社会学作为辩证综合自然观冲击之下的产物,却是社会科学建立各分科之间的有机联系、建立综合社会观的最初尝试。"社会学是有关作为一个整体的社会的科学。它的任务在于向我们揭示作为一个整体的社会生活,'再现'被专门社会科学'分割'成部分的社会的统一性。"[①] 其发展必然与科学发展的整体化趋势相一致,即一方面高度分化,形成各种专门的分支社会学,形成各与一专门社会科学相结合的"××社会学"[②],另一方面又高度综合,以建立统一的社会科学图景。各专科社会学的不断出现正日益消除各专门社会科学之间的传统界限,甚至消除自然科学与社会科学之间的传统界限。从这种意义上,可以说社会学是社会科学整体化趋势的前锋,是社会科学整体化的雏形。

如此规定社会学的内在矛盾,是否与作为世界观和方法论的唯物辩证法、与作为历史观和社会观的历史唯物论相混淆?唯物辩证法、历史唯物论、社会学三者有相通相似之处,不能割裂,又居于不同的认识层次,可以分开。唯物辩证法提供的是对世界的整体认识与部分认识的统一的方法论。历史唯物论则提供对社会历史的整体认识与部分认识的统一的方法论。而辩证综合的社会学,是以唯物辩证法和历史唯物论为方法论基础,在其指导下去实现对社会的整体认识与部分认识的具体统一。

各门科学的对象都有整体与部分的对立统一,各门科学研究的是作为实体的整体与部分,社会学比各门科学更着重研究整体与部分的关系,因为社会就是由人的活动产生的各种社会关系,以及由各种社会关系作为纽带把人联结成的系统。一定的社会行为(人的活动)产生和改变着一定的社会关系,又是一定社会关系下的产物。社会学之研究社会行为,正是研究造成该社会行为的社会机体

---

① [南斯拉夫] 斯·布里舍里奇:《社会学原理》,1987年,第15—16页。
② 联合国教科文组织对人文科学学科的分类中,将社会学分为十四大类,近百种细目(参见上海《社会科学》1980年第3期,第104页)。

中若干部分间的特定关系。研究社会机体的整体与部分的关系，即整体综合。研究社会机体的部分与部分的关系，即局部分析。社会学研究总是在不同层次上对社会机体的整体综合与局部分析的对立统一。故以此为其内在矛盾。

说社会学的内在矛盾推动其"自己运动"，是否排除阶级因素对社会学发展的影响？就社会学的客观内容来说，无所谓阶级性。社会机体是整体与部分的对立统一，社会学也就有整体综合与局部分析的对立统一。但如何认识和运用这种联系的规律，则是以阶级利益为转移，受阶级的立场、观点、方法所制约的，所以社会学又具有强烈的阶级性。辩证法讲事物的"自己运动"，并不排除运动的外在条件。我们分析社会学的内在矛盾，当然也不排除阶级因素的影响。

四　从内在矛盾看社会学的特点

社会学是对社会机体的整体综合与局部分析的对立统一体，就决定了其特点主要有：研究对象的确定性与不确定性的统一；宏观研究与微观研究的统一；理论研究与经验研究的统一；定性研究与定量研究的统一；社会发展决定性因素研究与其他诸多因素研究的统一；研究主体与研究客体的统一。

（1）研究对象的确定性与不确定性的统一。关于社会学的研究对象，众说纷纭，特别是资产阶级各派社会学，长期各执一端，争论不休。20世纪30年代李达就指出，"布尔乔亚的各派的社会学，始终没有找到自己的研究对象"。孔德一系的"综合社会学把一切社会现象作为研究对象，这显然的是把各种社会科学所研究的对象都拉致在社会学研究的领域来做综合的研究的。这样的社会学，实际上并没有特定的研究对象，它本身明明是不必要的东西"[①]。这是

---
① 《李达文集》第2卷，第330页。

历史唯物论者过去批判资产阶级社会学的一种较有代表性的意见，也是我们一度取消社会学研究的理由之一。在今天看来，这类意见值得重新研究。一门学科的对象和内容取决于它的任务，一门学科的任务是从人们的实际生活里提出来的。资产阶级各派社会学，无论在原始综合阶段还是经验实证阶段，都要服务于资产阶级，并由此出发规定其对象。因此，站在科学的社会学的立场上，可以说资产阶级的社会学是无对象的"科学"。但我们却无须否认"把各种社会科学所研究的对象都拉致在社会学研究的领域来做综合的研究"的必要性。研究的综合性恰恰是由社会学内在矛盾所决定的特点，而并非由资产阶级社会学的阶级局限性所造成的缺陷。这一特点又决定了社会学的对象不像专门社会科学那样确定和专一，似乎并无特定的对象，但并非无对象的"科学"。这正是由于社会学的对象存在着确定性与不确定性的统一所致。

社会学的对象是确定的。它从变动着的社会整体出发来研究社会现象及其相互关系，它联系整体来研究部分，着眼于整体综合而立足于局部分析。因此，作为社会机体各部分的各种社会科学的对象，都可以成为社会学的对象，且由此形成许多专门社会学分科。社会学的对象又是不确定的。它的触角深入社会现象的一切领域，而对这些专门领域的研究，或者已形成诸多专门社会科学学科，如经济学、政治学、宗教学、民族学、法学……；或者正发展成为独立学科，如人口学、劳动学、老年学、青年学、科学技术学……；或者还有些各学科之间的交叉点或"空白点"，如闲暇时间、住宅、家庭、社区、社会结构、社会变迁、社会比较……诸项研究，虽基本为社会学一家经营，从发展来看也未必能独家垄断。为此要明确划定社会学的特定研究领域将日益困难。社会学必然要与历史唯物论、科学社会主义以及各专门社会科学在内容上发生部分重叠。这是由于作为社会机体的整体综合与局部分析的对立统一体的社会学，具有边缘学科与横断学科的特征。而"当前的趋势是发展所谓边缘学科和综合性的研究中心。原来就以社会整体及其各部分之间的联系为研究对象的社会学,常成为发展边缘学科的基础和研究中心的骨干"①。社会学能够应用一门科学的方法去研究另一门科学的对象,使得不同的科学方法和对象有机地结合起来。它不是像其他专门社会科学那样,以一种或一类社会现象及其运动过程为对象,而是以多种或多类社会现象及其运动过程中某一特定的共同方面为对象,以现象间的关系、过程间的联系为对象,它的对象是横着伸展到社会现象的一切领域或许多领域中去的。从常规来看,社会学的对象就显得不确定、不专一了。

社会学研究对象的确定性与不确定性是由社会学的内在矛盾所决定的。社会学既要反映个别社会现象、过程的具有矛盾特殊性的具体联系,又要反映由无数个别社会现象、过程所组成的具有矛盾普遍性的整体联系。以社会现象的矛盾特殊性为基础的分类,是社会科学划分的客观基础。以社会现象的矛盾普遍性为基础的统一,则是社会学整体化的客观基础。着重从矛盾特殊性的角度去看社会学的对象,其对象是不确定的。着重从矛盾普遍性的角度去看社会学的对象,其对象是确定的。

(2)宏观研究与微观研究的统一。原始综合(或初期综合)阶段的社会学,偏重对社会整体的宏观研究。经验实证(或分支深入)阶段的社会学,又局限于对社会各局部、细节的微观研究。辩证综合阶段的社会学应是宏观研究与微观研究的统一。这也是社会学内在矛盾发展的必然要求。

强调宏观研究,也即强调研究的综合性,并非同时以许多社会现象、社会问题为对象,也并非考察对象时不能略去一个细节,而是要求把视野放开,纵观全局,略其所当略,详其所当详,要求在分别研究各社会现象和社会问题时,始终贯穿整体综合的观点,注意与这些现象、问题直接或间接联系的经济关系、政治关系、思想关系以及社会关系的各个方面,而不是只停留或局限在这些问题的

---

① 费孝通:《社会学系的培养目标问题》,《社会》1981年第1期,第21页。

任何个别方面。如果说各专门社会科学只反映社会的某一特殊方面因而只产生部分社会图景；历史唯物论因为揭示了一切社会现象、过程发生、发展的物质根源及其一般规律，则为产生统一的社会图景奠定了方法论基础；那么社会学就是介于二者之间的科学体系。它通过综合的宏观研究，去具体产生统一的社会整体图景，比各专门社会科学在内容上更接近历史唯物论。但它毕竟不是社会哲学，它立足于、联系着全部图景去反映部分图景，其着重点是社会有机整体各部分之间的联系及其与整体的联系，其立足点是在辩证综合指导下的对社会机体各细部的详尽深入的局部分析即微观研究。因此，它又比作为社会哲学的历史唯物论在内容上更为广泛，更接近各专门社会科学。甚至在某一专门社会科学的领域内，由于社会学能够冲破学科之间的传统界限，引入其他学科的方法来研究该领域的问题，能从普遍联系中把握特殊现象，有时能比该专门学科对其现象领域中某一问题的研究，进行更深入、细致的微观研究，能具体入微地分析某一细小的社会现象，解剖社会机体的一个细胞。社会学由其内在矛盾所决定而能大能小，能分能合。它在宏观研究与微观研究的相辅相成之中前进。它无疑与各专门社会科学一样，必须受历史唯物论的指导才能成为真正的科学。它又与各专门社会科学不同，能够直接补充和丰富历史唯物论的基本原理。

除了运用点面结合、纵横比较等方法外，还应注意借鉴、引进各种现代科学方法。例如，自然科学的黑箱方法。这种方法如正确运用，可以内外统一而由外及内，偏全结合而以偏探全，似可作为宏观与微观相统一的社会研究的工具之一。

（3）理论研究与经验研究的统一。原始综合（或初期综合）阶段的社会学强调整体综合而偏重于抽象的理论研究。经验实证（或分支深入）的社会学强调局部分析而偏重于经验研究。辩证综合阶段的社会学，是社会学内在矛盾充分发展的产物，必须体现对社会机体整体综合与局部分析的辩证统一，因而必然是对社会机体的理论研究与经验研究的统一。

对社会机体各局部的全面、深入的经验研究，是理论综合的基础，而详尽的社会调查则是理论研究和经验研究的基础。如果不是从通过调查获得的经验事实出发，而是从主观经验出发，就成了空喊"实证"而又对实证的东西无知、企图综合而又缺乏科学的理论研究的孔德的实证社会学。从这个意义上，可以说社会调查是社会学理论研究赖以生存和发展的根本，是决定经验研究能否向正确的理论研究前进的桥梁，是社会学的活的灵魂。

我们党一贯有重视社会调查的传统，也有"解剖麻雀"、"蹲点"、点面结合等一套社会调查的方法，今天仍不失为具有社会学意义的珍宝。但这并不排除对现代社会学的调查手段和经验研究方法的借鉴。目前社会学广泛采用的观察法、问卷法、实验法、比较法、参与法、抽样法、民意测验法以及某些从面上描述社会现象的经验研究方法，对我们均有参考价值。1949年以来，我们各级党政组织、群众团体，都从不同角度做过大量社会调查，积累了丰富的调查资料。只是对于这些资料，大都未从社会学的经验研究的角度加以分析整理，也很少运用现代社会研究的统计分析手段对其进行定量研究并将类似资料规范化、系统化，建立社会情报资料储存库，从而难免诸多重复劳动，缺乏对具体社会现象的相互比较和深入分析。由于社会学的经验研究成为薄弱环节，尽管我们一再强调理论与实际相结合，仍然存在着某种程度的具体调查与理论研究相脱节的现象。

社会调查应该上升到社会学的经验研究，没有经验研究的社会调查是无效的调查。社会学的理论研究则是立足于对当前经验事实的研究来达到对社会发展规律的认识和预测。揭示社会机体的整体联系及其规律性，也即以整体综合为根本目的的理论研究，为局部分析和社会调查提供方向、方法。离开了整体综合的局部分析，离开了正确理论指导的社会调查，必然缺乏主导，烦琐微末，陷入形而上学。

（4）定性研究与定量研究的统一。定性研究是透过现象抓住本质的基本方法，定量研究则是提高问题的严密性和准确性以深入揭示本质的可靠途径。社会学发展的内在矛盾，决定了它要在对社会机体局部分析的基础上进行整体综合，要严密、准确地揭示社会各局部之间、局部与整体之间的联系及其规律性，在总体或总体的不同层次上建立清晰的统一图景，因而必须比社会科学传统的定性研究更进一步，进行充分的定量研究。如果说一门科学只有在充分地运用了数学时才能达到真正完善的地步，因而当代社会科学已经出现了数学化的趋势，向辩证综合阶段发展的社会学，就正是社会科学数学化的一名前锋。

社会学的成功的定量研究，必须与正确的定性研究相结合，才能恰当地选择变量，设计量度指标，建立系统模型。而当测出变量间的相关程度后，对于为什么如此相关，又需要正确的理论解释即定性研究。否则，定量研究水平越高，越易失于烦琐微末。

（5）社会发展决定性因素研究与其他诸多因素研究的统一。历史唯物论认为，社会发展的决定性因素是经济因素，但经济因素不等于社会结构中其他诸多因素；社会关系的核心是生产关系，但生产关系不等于社会关系。社会机体是庞大的系统，它的各方面都有机联系着，并且归根到底服从于生产关系。社会学是对社会机体的整体综合与局部分析的对立统一，因而必然是社会发展决定性因素研究与其他诸多因素研究的统一。在研究经济因素的同时，广泛研究那些"经济必然性的基础上的相互作用"[1]。研究各种社会关系和社会行为，研究一定社会行为的思想动机和心理因素，研究对社会发展有一定影响的人口、地理环境、自然生态、语言、民俗、文化传统等因素，研究家庭、亲朋、邻里、上下级、党派、社团、阶层、阶级、民族、国家、宗教团体等各种社会关系，是社会学不同于其他学科的又一重要特点。

我们肯定社会学的这一特点，会不会离开历史唯物论的一元论

---

[1] 参见《马克思恩格斯选集》第4卷，人民出版社2012年版，第649页。

而走向西方社会学的历史唯心论的多元论呢？这里必须排除对历史唯物论的一种误解。诚然，历史唯物论的创立者当时所面临的任务，就是要对社会生活进行唯物主义的分析，科学地论证无产阶级的历史地位和历史使命，因而必须揭示能够用来说明社会发展全部事实的总和的统一的本原，这是人类认识史上所面临的最有意义也最复杂的任务之一。马克思、恩格斯为了反驳各种坚持唯心史观的论敌，"常常不得不强调被他们否认的主要原则，并且不是始终都有时间、地点和机会来给其他参预相互作用的因素以应有的重视"①。但马克思、恩格斯从来没有仅仅满足于对社会发展决定性因素的研究，更反对把这种研究作为取代其他诸多因素研究的理由或作为到处乱贴的标签。相反，尽管受自己时代任务的限制，他们一再强调社会是一个由各因素错综复杂地有机联系着的、不断变化发展着的活的机体，借用列宁的话说，他们"特别坚持的是历史唯物主义，而不是历史唯物主义"②。因此，坚持历史唯物论的一元论，不是要阻塞社会学研究社会发展诸多因素的道路，而正是为它开辟科学地进行这种研究的广阔天地。

（6）研究主体与研究客体的统一。社会学研究的客体，是活生生的人的关系，是变动着的人的行为，往往在研究过程中，观察者也在被观察，客体会作用于主体，或从主体接收一些本来与研究主题无关的信息，来调节其行为。社会领域中这种微妙的反馈现象，促成了社会研究中"参与法"的运用。随着社会学内在矛盾的发展，主客体相互作用的因素成为辩证综合中不能忽略的环节，这就要求在考察社会机体各因素时，彻底抛弃传统思维方式中的单向反映论，而代之以同时考察主客体相互影响的复杂关系的创造反映论，才能真正客观地反映各因素间相互依赖、相互作用的关系。因而研究主体与研究客体的统一，有必要提到方法论原则的高度。

---

① 《马克思恩格斯选集》第4卷，人民出版社2012年版，第606页。
② 《列宁选集》第2卷，人民出版社2012年版，第225页（加"·"处原文系黑体字）。

社会学的上述特点，决定了它的年轻、不成熟、有前途、发展快。我们在创建新中国的社会学之际，有必要探讨和把握这门科学发展的基本趋势、内在矛盾和特点，以明确方向，制定措施。我国1949年之前有过一些社会学研究，1949年之后一度取消社会学，因而没有经历过一个成熟的经验实证或分支深入社会学的阶段。而要进入社会学的辩证综合阶段，不能不首先大力加强我们的社会调查和经验研究。这也是使社会学直接迅速地为我国四化建设服务的有效途径。但这并不意味着可以暂缓理论研究。如果重走西方经验实证社会学的道路，这样的社会学在新中国是不能站稳脚跟的，从长远来看也不能很好地为四化服务。我们既应学习西方社会学用于社会调查和经验研究的某些先进技术，又应吸取苏联、东欧使社会学从哲学中分化出来的某些经验教训。在创建社会学之初，就自觉地加强理论研究，自觉地根据社会学发展的历史趋势，朝着建立辩证综合社会学的方向努力。

我们承认，刚刚起步的新中国社会学，在学术上与世界先进水平尚有相当距离。但我们能够坚定地以历史唯物论指导社会学研究，我们有进行广泛深入的社会调查的优良传统和群众基础，这就是我们的优势之所在。把社会学推向辩证综合阶段的历史使命，正落在包括我们在内的全世界马克思主义社会学者的肩上。

社会学：科学研究的立足点和出发点[*]

社会学作为一门独立的学科，一般认为系孔德所首创，而社会学之成为一门真正的科学，却必须归功于马克思。马克思在《资本论》的序言中已表明了贯穿他这一巨著的基本思想："我的观点是：社会经济形态的发展是一种自然历史过程。"正是这一基本思想，第一次把社会学置于科学的基础之上，并确立了现代的科学的社会学循以前进的出发点。我们在创建新中国的社会学之际，研究马克思主义社会学理论所应该首先解决的问题之一，就是要明确社会学是研究一门科学的立足点和出发点。

一

列宁在《什么是"人民之友"以及他们如何攻击社会民主主义者？》一书中，高度评价了马克思关于"社会经济形态的发展是一种自然历史过程"的基本思想，他指出，正像达尔文确定了物种的变异性和承续性而把生物放在完全科学的基础之上一样，马克思"第一次把社会学放在科学的基础之上"，"探明了作为一定生产关系总和的社会经济形态这个概念，探明了这种形态的发展是自然历史过程"[①]。

---

[*] 原载《社会学通讯》1983年第4期。
[①] 《列宁选集》第1卷，人民出版社2012年版，第10页。

社会学既然问世,当然要说清楚社会是什么。资产阶级社会学家们大都认识到,社会是由各种因素相互作用结合而成的整体。但仅停留于这种水平的认识无助于解决社会上存在的问题。因为"凡是对于社会现象有兴趣的人,每当由单纯地直观与描述现象进而研究现象之间所存在的联系时,都一定会作出某一种关于因素的理论来的"[1]。这种理论只是一种比科学差得远、比大的谬误高明得多的东西。问题的关键在于找出社会生活相互作用的各个方面当中的主要的、本质的东西。而面对纷繁复杂的社会现象,始终分不清什么是主要的、必然的、本质的东西和什么是次要的、偶然的、非本质的东西,也找不到这种划分的客观标准,这就是社会学中主观主义的根源。马克思运用辩证唯物论剖析现存的资本主义制度,从社会生活的各种领域中划分出经济领域来,从社会关系中划分出物质的社会关系即生产关系,并把它作为决定其余一切关系的基本的原始的关系。他指出:"生产关系总合起来就构成为所谓社会关系,构成所谓社会,并且是构成一个处于一定历史发展阶段上的社会,具有独特的特征的社会"[2],由此确定了作为一定历史发展阶段的生产关系总和的、着重从经济角度来理解的"社会经济形态"概念,从而抓住了社会现象中主要的、必然的、本质的东西,揭示了社会的本质。社会学要想科学地认识社会,还必须进而揭示社会发展的客观规律性。圣西门早在设想"社会物理学"时就力图认识社会规律;孔德也一再声称"实证哲学的基本性质,就是把一切现象看成服从一些不变的自然规律"并要"精确地发现这些规律"。但不要说他们无力完成这一任务,即使在他们之后的大量社会学家也远未担当起这一任务。正如列宁所指出的,以往的一切社会学家,当他们还局限于思想的社会关系时,始终不能发现各种社会现象中的重复性和常规性(即客观规律性)。他们的科学至多不过是记载这些

---

[1] 《普列汉诺夫哲学著作选集》第2卷,生活·读书·新知三联书店1961年版,第264页。

[2] 《马克思恩格斯选集》第1卷,人民出版社2012年版,第340页。

现象和收集素材。而当马克思把社会关系划分为思想的社会关系和物质的社会关系,并进而分析物质的社会关系即社会生产关系时,立即可以看出重复性和常规性,并有可能把变化万千的各种社会政治制度概括为一个基本概念:社会经济形态。列宁说,"只有这种概括才使人有可能从记载(和从理想的观点来评价)社会现象进而以严格的科学态度去分析社会现象"[1],才有可能从事真正科学的实证研究。

但是,仅仅从社会关系中划分出生产关系来,还只是揭示了物质的社会关系在各种社会关系中的决定作用,只是揭示了各种社会关系的物质的和经济的根源,还不能彻底解决社会的物质关系即生产关系、财产关系的起源问题,也就没有真正找到社会历史发展的根本原因。要使社会学成为一门科学不仅要把社会关系归结于生产关系,还须把生产关系归结于生产力的高度。但归结并不是等同,不能因此把社会关系等同于生产关系(这是我们一度取消社会学的"理由"),也不能因此把生产关系等同于生产力(所以今天我们要研究生产力经济学)。归结,是从社会关系、进而从生产关系中找出归根结底的、最终的决定力量。马克思指出,人们在自己的生活的社会生产中所发生的一定的、必然的、不以他们意志为转移的生产关系,乃是由特定时代和特定社会所拥有的那些生产力状况决定的。"人们不能自由选择自己的生产力——这是他们的全部历史的基础,因为任何生产力都是一种既得的力量,是以往的活动的产物。"[2] 正是生产力这种既得的物质力量,才有资格成为每一阶段的社会发展的最终决定力量。生产力和生产关系的矛盾运动,推动了社会不断向前发展。

社会学要客观地反映社会变迁、发展及其规律性,首先须承认社会是一个不断发展变迁的过程。只有把社会关系归结于生产关

---

[1] 《列宁选集》第1卷,人民出版社2012年版,第8页。
[2] 《马克思恩格斯选集》第4卷,人民出版社2012年版,第408—409页。

系，并把生产关系归结于生产力的高度，才有了可靠的根据把社会形态的发展看作自然历史过程。黑格尔第一次明确地把社会历史的发展描写为一个不断运动变化的过程，并企图揭示这种运动变化的内在联系。圣西门、傅立叶等人的社会发展阶段论，也在试图说明社会发展的历史过程。社会学建立以来，从孔德"社会动力学"和斯宾塞的"社会有机体论"，直到现代社会学对社会变迁问题的种种研究，无不以承认社会的发展过程为其基础。但由于缺乏前述的两个"归结"，所以只能把社会进程看作由主观意志或某种神秘力量所推进，因而这些社会过程论就统统都成了没有可靠根据的主观臆想。如果说在人们认识自然的领域还允许存在唯心论与辩证法的结合以及形而上学与唯物论的结合，那么在认识社会领域中，唯心论则更多地与形而上学联姻。只有从正确解决社会存在决定社会意识这一基本问题出发，运用两个"归结"的方法，才能真正把握客观的社会发展过程的辩证法。"马克思和恩格斯称之为辩证方法（它与形而上学方法相反）的，不是别的，正是社会学中的科学方法，这个方法把社会看做处在不断发展中的活的机体（而不是机械地结合起来因而可以把各种社会要素随便配搭起来的一种什么东西），要研究这个机体，就必须客观地分析组成该社会形态的生产关系，研究该社会形态的活动规律和发展规律。"[1]

二

马克思关于"社会经济形态的发展是一种自然历史过程"的观点有着丰富的内涵，不应简单片面地理解。这一观点乃是现代的科学的社会学循以前进的出发点。

在"自然历史过程"这一概念中凝结了三层意思：其一，自然历史过程，强调了社会发展过程的"自然"性即客观性、物质性，

---

[1] 《列宁选集》第1卷，人民出版社2012年版，第32页。

揭示了社会发展的最终决定力量只能是作为既得的物质力量和社会生产力，从而在社会认识领域坚持了彻底的唯物主义；其二，自然历史过程，强调了社会发展的"历史"性即辩证性，注意到社会历史领域活动的是有意识有目的的人，"人的类特性恰恰就是自由的自觉的活动"①，因而社会是一种特殊的物质运动形态，必须坚持用辩证发展的观点去考察社会的人的全部丰富生活；其三，自然历史过程，强调了社会发展的"过程"性即系统性。所谓"过程"，即从纵断面来看不断运动发展，从横断面来看相互联系交错，社会就是这样一个开放的系统，是一个不断变化发展着的具有一定层次结构和功能的活的机体，而不是把各种社会要素机械结合随意搭配的东西。这个机体变化发展的根本动力，就是生产力和生产关系的矛盾运动。

在"社会经济形态的发展是一种自然历史过程"这一命题中，如果说前一个概念——"社会经济形态"特别突出了物质的社会关系而暂时舍弃了思想的社会关系，以便揭示各种社会关系的物质的经济的根源，那么后一概念——"自然历史过程"就把暂时舍弃了的各种社会关系重新包含进来。马克思的这一完整命题，应该作为在突出强调经济关系的同时也包含全部社会关系和社会结构在内的科学抽象。按照马克思的从抽象上升到具体的科学方法，社会学的全部任务就是以这一理性抽象为起点，进一步从理性上去具体把握整个社会有机体。

"社会经济形态的发展是一种自然历史过程"的观点，它既然是社会学的科学基石，就包含了现代社会学发展的一切萌芽。它不是空洞的哲学思辨，而是科学的实证研究的基础；它不是模糊的判断公式，而是精确的定量研究的前提；它不仅限于对社会机体的整体综合，而要求整体综合与局部分析的辩证统一；它并非限于研究作为社会发展决定性因素的经济因素，而要求广泛研究经济必然性基础上各种因素的相互作用。我们常说历史唯物论指导社会学研究

---

① 《马克思恩格斯全集》第42卷，人民出版社1979年版，第96页。

而不是代替社会学研究，指导作用的最清楚、直接、主要的体现就在这里。以下分别加以说明：

第一，"社会经济形态的发展是一种自然历史过程"的观点不是空洞的哲学思辨，而是科学的实证研究的基础。

现代的社会学必须是一门善于借助经验的研究方法对社会有机体进行科学的实证研究的学科，力图避免抽象的、空洞的哲学思辨。但是，如果始终不能了解对象的本质和客观基础，实证研究就变成了琐碎的现象主义和粗俗的经验主义，"变成了虚伪的形而上学，变成了烦琐哲学，它绞尽脑汁，想用简单的形式抽象，直接从一般规律中得出不可否认的经验现象，或者巧妙地使经验现象去迁就一般规律"①。这正是从孔德的社会学理论到现代经验实证社会学的各项具体研究所共有的致命弱点，也正是在资产阶级社会学的全部活动背后作祟的实证主义幽灵。从根本上说，这种缺乏科学基础的实证研究，只能是对一切实证的东西的无知。相反，马克思确立了"社会经济形态的发展是一种自然历史过程"的观点，就清除了研究中的任何神秘的思辨的色彩而使研究可以真正从经验的事实出发，因而马克思实际上"十分明确地表示过他对社会学理论的要求：社会学理论应当确切地描写现实过程，如此而已"②。《资本论》正是进行这种科学的实证研究的光辉典范。

社会学建立以来，从孔德开始沿袭至今，人们往往强调这门学科的"实证"特点，强调社会学必须从社会哲学中分离出来才能成为独立学科。这种分离虽然是必要的，但绝不意味着可以把关于社会本质、本原的认识，关于社会存在决定社会意识的原则视为与实际研究无干的空洞哲学信条。现代资产阶级理论社会学中有一种颇为流行的观点，认为现代社会学不是马克思的社会学……它是一门已走向把自身从各种哲学体系中解脱出来的科学，虽则它来自这些

---

① 《马克思恩格斯全集》第26卷第1册，人民出版社1972年版，第69页。
② 《列宁选集》第1卷，人民出版社2012年版，第44页。

哲学体系而它的奠基人仍被纠缠在这些哲学体系之中。这是一种糊涂认识。现代经验实证社会学的危机不是因为它从哲学体系中"解脱"得还不够,而恰恰是因为缺乏科学的哲学理论的指导,恰恰因为它"不是马克思的社会学"。如果说它还在受到"哲学体系"的"纠缠",也只是唯心主义的关于社会本质的思辨和胡说的纠缠。事实上,正因为建立了"社会经济形态的发展是一种自然历史过程"的唯物史观,才有可能和必要把实证研究的社会学从社会哲学中分离出来。恩格斯早就预见过这种分离。他说,由于"现代唯物主义把历史看做人类的发展过程",由于它"对每一门科学都提出要求,要它们弄清它们自己在事物以及关于事物的知识的总联系中的地位,关于总联系的任何特殊科学就是多余的了。于是,在以往的全部哲学中仍然独立存在的,就只有关于思维及其规律的学说——形式逻辑和辩证法。其他一切都归到关于自然和历史的实证科学中去了"[①]。现代社会学正是在这种"关于自然和历史的实证科学"之中找到自己的位置和任务。

第二,"社会经济形态的发展是一种自然历史过程"的观点,不是模糊的判断公式,而是精确的定量研究的前提。

现代的社会学应该是一门向定量化的精密方向发展的严密的社会科学,即必须善于借助数学工具,用定量描述的方法去研究各种社会现象的特征及其发生和发展的进程。这种研究的成功取决于首先把定量描述的现象视为经济形态的自然历史过程之中的客观存在的现象,以此为前提设计量度现象的指标,解释现象间的相关系数,解释偶然因素中的必然因素,从局部样本推论总体。如果把社会发展看作是由人们的主观心愿所决定的,定量研究就成了玩弄并无意义的数学游戏。面对纷繁复杂的社会关系和社会现象,正是因为首先揭示了人类社会就是基于生产关系的一种特殊的物质性的客体,任何社会现象都是这一客体的自我运动的表现,因而如同自然

[①] 《马克思恩格斯选集》第3卷,人民出版社2012年版,第400页。

界的物质客体一样，它的发展规律以及它的各种现象的关系，才是可以用自然科学式的精确性加以定量研究的。

第三，"社会经济形态的发展是一种自然历史过程"的观点，不仅限于对社会机体的整体综合，而要求整体综合与局部分析的辩证统一。

现代的社会学必须与科学的一体化趋势相一致，向辩证综合的阶段发展，即清晰描述社会机体各局部的透视观与深刻揭示社会机体整体联系的纵横观相统一，亦即社会科学领域中的系统研究。系统方法要求我们把社会看作活动着发展着的有层次、有结构、有多种功能的机体。而把社会关系归结于生产关系、把生产关系归结于生产力的高度，并对决定其余一切关系的基本的、原始的关系——生产关系进行科学分析，便迈出了对社会机体进行系统研究的最关键的一步。社会学循此而进，对这一活动的机体的各层次、各要素怎样活动、怎样发展进行精确的定量研究，分析社会有机结构的诸要素或子系统（其中生产力是最基本的要素），分析诸要素之间的相互作用关系（其中生产关系是最基本的关系），分析每一因素或子系统如何以各种不同的形式和功能影响其他因素或子系统并进而影响整体（其中生产力和生产关系的影响是根本性的、无所不在的影响），分析每一因素在每一时刻以怎样适当的量与整个系统的平衡相协调（其中生产力的量是决定系统平衡的量），分析每一因素以怎样适当的发展速度适应整个社会系统的最佳运动状态（其中生产力是运动中最活跃的因素），最终从宏观角度把握整个社会机体如何达到整体最佳功能，以制定经济、社会全面发展的综合规划。只有切实把握社会经济形态的自然历史过程，这种对社会机体整体综合与局部分析辩证地统一的系统研究才有可能进行。

第四，"社会经济形态的发展是一种自然历史过程"的观点，并非仅限于研究作为社会发展决定性因素的经济因素，而要广泛研究经济必然性基础上各种因素的相互作用。

现代社会学的触角，必须能够伸入一切社会现象领域，填补各门社会科学所未及研究的空白,成为孕育新的专门社会科学(如人口学、行政学、管理科学)的母体和摇篮。因此它要善于从多中见一,即从社会发展的多种因素中找出起根本性决定作用的一种因素即生产力因素,以奠定社会学研究的一元论基础;又要善于从一中见多,即广泛研究由基本因素所决定的、充实于社会经济形态发展的自然历史过程中的多种因素,亦即研究为生产关系所决定、与生产关系有机联系又以不同方式影响生产关系的各种社会现象及现象间的关系,研究为生产关系所决定的各种社会因素的相互作用机制。

总之,马克思关于"社会经济形态是一种自然历史过程"的观点,是我们在社会学研究中必须牢牢把握的基本观点。它丝毫不否定对于人的意识、良心、动机、行为的评价,恰恰相反,只有根据这种经济决定论的观点,才能作出严格正确的评价,而不至把一切都任意推到自由意志身上。它无须把社会历史的一切复杂表现都翻译成经济范畴,而只是在最后的分析中用经济结构解释一切事实。它并不把决定社会意识的社会存在看成与人不相干的纯粹的自然存在,而要研究社会存在的决定性作用下二者的相互影响。它并不认为社会发展可以脱离开人的创造性活动,而只是在研究丰富多彩的人的创造性活动中指出客观规律的必然作用,在社会研究领域坚持唯物论与辩证法的统一。它并不束缚社会学的发展,更不是取缔社会学的理由,而只是现代的科学的社会学得以生机勃勃向前发展的唯一正确可靠的立足点和出发点。

社会结构分析中的几种社会学角度和概念工具[*]

随着我国经济体制改革的深入，随着世界新技术革命的召唤和推动，我国的社会结构正处在自我调适、完善和变革之中。对于社会结构的构成要素及其功能的分析，不能不引起理论社会学的严重关注。因为正如列宁所指出的："社会的和政权的社会结构都起了变化，不弄清楚这些变化，就丝毫不能进行任何方面的社会活动。"[①]

所谓社会结构，即社会有机系统内部各元素在时间和空间方面的耦合关系与联结方式。简言之，也即指通过一定方式相互作用的社会关系。社会结构既是社会哲学的研究对象，也是社会学研究的题中应有之义。社会哲学要用科学的抽象方法从宏观角度把握社会整体结构，因而要以较高层次的哲学概念，如经济基础、上层建筑等作为其分析工具。社会学则应该用科学的实证方法，既从宏观、总体着眼，又从中观、微观方面着力揭示社会有机体的不同方面、社会结构要素的复杂耦合关系。在当代东、西方社会学各种关于社会结构的学说和流派中，分析社会结构的几种有代表性的"社会学角度"是：从阶级结构认识社会结构；从个人与社会的关系认识社会结构；从社会关系的不同组合特征认识社会结构；从社会关系的

---

[*] 原载《贵州大学学报》（季刊）1985年第3期。
[①] 《列宁全集》第17卷，人民出版社1959年版，第126页。

不同组合层次认识社会结构；以及从现代化看社会结构的变革等。与此相应，也逐渐形成了若干特有的分析社会结构的"社会学概念"工具。

从阶级结构认识社会结构

阶级是特定生产关系的承担者，是在特定的社会经济结构中，处于特定地位的人们的共同体。阶级虽然是社会哲学——历史唯物论的范畴，但由于社会结构中的深层结构——生产关系与社会结构中的活动主体——社会的人，在一定历史阶段正是由阶级结构统一起来的，正如列宁所说，"'活的个人'在每个这样的社会经济形态范围内的活动，这些极为多样的似乎不能加以任何系统化的活动，已被概括起来，……归结为各个阶级的活动"[1]，因此，着重从阶级结构认识社会结构，就不失为社会学的一种重要的认识角度。尽管社会结构是一个比阶级结构更广义的概念，其中还包括人口结构、民族结构、职业结构等，包括划分不同类型的社会集团和它们之间的相互联系，但是，凡有阶级的地方，阶级结构就在社会结构中起着决定性作用，因而在苏联、东欧的社会学文献中常常称阶级结构为社会结构[2]，并作为研究重点。西方社会学对有关阶级问题的争论也非常激烈。尽管"美国的政治制度非但没有为阶级问题提供论坛，反而千方百计阻挠这些问题提出"，但是近年对1900名美国人作全国性抽样调查发现，绝大多数美国人都具有与种族意识一样强烈的阶级意识，"阶级在美国社会生活中起了很突出的作用"[3]。

西方社会学的阶级结构理论中，比较著名的是韦伯（M. Weber）的"社会分层"和"地位群体"理论。韦伯认为人群分属于

---

[1] 《列宁全集》第1卷，人民出版社1984年版，第373页。
[2] 参见苏联《社会学手册》，浙江人民出版社1983年版，第23、89页。
[3] M. 杰克曼等：《美国的阶级意识》，加利福尼亚大学出版社1983年版。转引自《哲学研究》1984年第8期魏章玲文。

不同的层次,各层次间的社会流动,通过个人奋斗来实现。社会分层具有多维性。阶级仅代表着具有相似经济生活的一群人,而地位群体则是按照文化背景来识别人群的社会团体。韦伯提出"地位群体"的概念来补充、丰富和取代阶级的概念,是企图掩盖或否认人们所属的阶级地位主要是由经济地位所决定,而在阶级社会中人们的社会地位主要是由阶级地位所决定这一基本事实。对其观点中的反马克思主义的实质应予批判。但我们不必因此就反过来,认为经济地位、阶级地位所决定的其他丰富因素都无关紧要。从这个意义上说,韦伯"地位群体"的概念,又是我们分析社会结构中可供参用的概念工具。

马克思主义社会学认为,对阶级结构的社会学研究,还需要深入到阶层结构。如果说"阶级"范畴的内涵仅仅是"特定生产关系的承担者",对阶层的研究,就要求把视野扩展至由生产关系决定的社会地位、政治权利、价值观念等包括意识形态和社会心理因素在内的上层建筑诸因素。如知识分子作为一个特殊的社会阶层,就不是按生产关系中处于不同地位的社会集团来划分的,而主要是按生产力发展中的劳动分工来划分的,是一个具有特定的劳动属性、社会心理状态和社会生活方式的社会集团。因此,可以视"阶层"的内涵为"特定社会关系的承担者"。从这个意义上,就如东德的社会学者们所指出的,可以把对阶级与阶层结构的分析作为马克思主义社会学对于社会结构的一切分析的基础,"而对社会结构某一方面的任何分析又应包括对阶级和阶层结构的分析"。因为唯有用这种"在多种多样的社会结构现象与差异中查明具有规律性联系的最重要的决定因素"的方法,"社会学分析才能在社会结构的各种水平上与不同向度中对相应的社会现象作出具体历史的和实质性的确定"[①]。

[①] H. V. G. 阿斯曼等:《马克思列宁主义社会学原理》,黑龙江人民出版社1983年版,第122、132页。

对阶层结构的研究，在我国还是个有待开拓的领域。对阶级结构的研究，我们却已有了许多经验教训。其中应注意避免的一种倾向是，把阶级结构与社会结构对立起来，忽略了阶级结构分析之所以成为社会结构分析的重点，仅仅是因为阶级是生产关系的承担者，阶级和阶级斗争必然同一定的生产方式、一定的生产力状况相联系，也就必然同具体社会结构的其他各种因素相联系。"阶级间的关系的变化是一种历史的变化，是整个社会活动的产物。总之，是一定'历史运动'的产物。"[①] 阶级的存在、发展、对立、斗争，都是在具体的社会结构、具体的社会经济形态中进行的。在不同的历史条件下，其内容、形式、性质和作用呈现的各不相同甚至截然相反的特点，都需要从社会结构的丰富性中得到说明。因此，不能忽略经济结构、人口结构、职业结构、社区结构等的研究，把阶级分析以外的从其他角度对社会结构的分析，统统视为"资产阶级社会学"的异端而加以排斥。这种教条主义的倾向不纠正，马克思主义社会学的生机就难免被窒息，社会结构在一定意义上可以归结为阶级结构，但社会结构首先应包括马克思或普列汉诺夫后来所概括的几个大的层次。阶级结构不过是由生产方式的结构所决定或派生出来的一个重要方面。即从生产力结构来说，阶级结构显然也不是它的全部方面。例如，生产方式结构中还包括社会产业结构，农、轻、重的比例，积累与消费的比例等。其中以农业生产结构来看，又包括种植业、养殖业、畜牧业、农村工副业、林业、渔业等的比例或结构。我国农业在经济体制改革之后，就面临着调整和建立新的产业结构的问题，人们常说的"无工不富，无商不活"，即反映了这种需要。显然，对阶级结构的研究绝不能取代对产业结构的研究。

---

① 《马克思恩格斯选集》第 1 卷，人民出版社 1972 年版，第 191 页。

从个人与社会的关系认识社会结构

社会生活本质是群体生活。社会结构就是一个宏观的人群共同体结构。荀子说:"人之生不能无群"(《荀子·王制篇》),严复将社会学径直译为"群学"。马克思更明确地指出,人的本质是一切社会关系的总和。我们不能只见人而不见社会关系,也不能只见社会关系而不见人。前者是把人神化、抽象化,后者是把社会关系物化、僵化。因此,从微观角度分析社会结构的最小单位,也不能是孤立的个人,而必须是作为社会细胞存在的那些细小的人群共同体,"人的真正的共同体,是人的实质。"[1]

人群共同体尽管大小不等,性质各异,但都是体现着人的本质、人的各种社会联系和人们存在的具体社会形式,是社会关系的具体的、历史的物质承担者。人群共同体包括氏族、部落、家庭、民族等形式,也包括伴随阶级产生而出现的国家、政党和带有阶级性的社会团体等形式。

在各种类型的人群共同体中,不仅交织着社会关系,尤其显现着社会行为。西方社会学着重从社会行为的角度考察人群共同体,从而形成一些独特的社会学概念,对于其中一些常用的概念,马克思主义社会学应该加以分析和"扬弃"。这里试举两例。

首属群体(Primary Group),或译为基要群体。这种群体被认为"具有亲密的、面对面的结合的合作等特征。这些群体之所以称为初级的,其意义是多方面的,但主要是指它们对个人的社会性和个人的理想的形成是基本的"[2]。因而,这种人群共同体被认为是人们社会结合的一种雏形,一种最简单、最初步的,然而也是最基本的社会关系,如家庭、邻里等。

---

[1] 《马克思恩格斯全集》第1卷,人民出版社1956年版,第488页。
[2] C. H. 库利:《社会组织》,1909年,第23页。转引自《社会学概论》(试讲本),天津人民出版社1984年版,第83页。

社会结构分析中的几种社会学角度和概念工具

关于首属群体的概念和理论，无疑有助于揭示人群共同体中一些带有共性的、并非不重要的表面特征。但仅仅如此而已。它并没有揭示人群共同体的本质特征。"首属群体"的概念只是以群体中成员的带有强烈主观性的感情的强弱——即所谓"归属感""投入性"的强弱为基本属性，因而其适用范围应予控制，不能说它反映了最基本的社会关系。目前我国社会学界在引进"首属群体"这一概念时，沿用西方社会学的分析，认为这种"由面对面的交往形成的，具有亲密的人际关系的群体"，"反映了人们最简单的、最初步的，然而也是人们最基本的社会关系"[1]。笔者认为，这种见解值得商榷。作为最简单、最初步、最基本的社会关系，只能是生产关系。人们在一定的生产方式中所形成的交往关系，无论是亲密的还是疏远的，是面对面的还是背靠背的，都更能反映人群共同体（不管是初级的还是高级的、简单的还是复杂的）的共同本质。即以家庭为例，家庭也是一定社会经济制度的产物或缩影，其性质、职能必然随着并适应生产方式的变化而变化。仅从"亲密的、面对面的结合"也即从婚姻和血缘关系上的亲密合作、共同生活来认识家庭，尚不能确切剖析这个社会细胞。又如，作为同一种族，其成员的"归属感"和"投入性"较强。但正如恩格斯所说："我们认为，经济条件归根到底制约着历史的发展。种族本身就是一种经济因素。"[2]

地位—角色（Status-Role）。这是西方社会学分析社会结构时常用的概念，也是用以剖析个人与社会的关系的一种理论。由于"个人处于模式化、结构化的社会关系中，他不能作为单纯的主体的行为者，而是在结构上具有一定地位、在功能上具有相应角色的主体的行为者来定位"，"因此，社会关系一般被理解为人们各自一定的社会地位与世人对该地位寄予期望的角色之间的关系"[3]。"角色"

---

[1] 参见《社会学概论》（试讲本），第83—84页。
[2] 《马克思恩格斯选集》第4卷，人民出版社1972年版，第506页。
[3] 横山宁夫：《社会学概论》，第84页。

是戏剧概念的引申，即把社会视为人生的舞台，把人们的社会行为视为在这舞台上扮演的各种角色。但特定的角色是作为特定的社会地位的功能表现，即特定的社会地位所要求承担的权利和义务。以"地位—角色"作为认识社会结构的一种分析工具，注重了社会关系和社会行为的结合，就这一点而言是值得借鉴的。我们运用这一分析工具时，仍需注意避免掩盖或抹杀决定并构成各种社会地位和社会行为的基本因素——生产关系。既然生产关系的总和是社会结构的本质，它就应反映在这个结构体中的任何一个环节之中。

西方社会学运用"首属群体""地位—角色"的分析工具，把社会结构解剖为"行为关系的层次"和"群体关系的层次"的交叉，以及社会关系、社会群体、社会秩序三个层面的重叠，如图所示。[①]

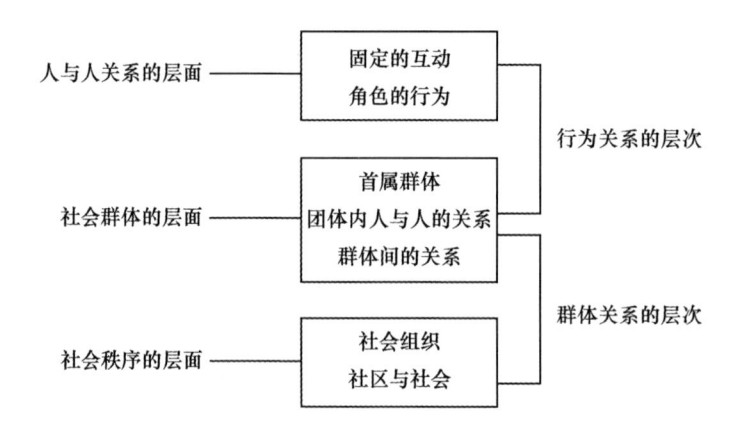

```
人与人关系的层面 ——— 固定的互动      ┐
                    角色的行为      │ 行为关系的层次
                                   ┘
                    首属群体        ┐
社会群体的层面 ——— 团体内人与人的关系 │
                    群体间的关系    │ 群体关系的层次
                                   │
社会秩序的层面 ——— 社会组织         │
                    社区与社会      ┘
```

社会结构

这一社会结构模式，从社会关系与社会行为的结合及其层次性，由简而繁、循序渐进地展开，也不失为一种考察社会结构的角

[①] 拉·波姆特等：《社会学概论》，蔡正仁等译，大学生活社（香港）1978年版，第37页。

度。其缺陷仍在于未能表明社会结构中最原始、最基本的社会行为和社会关系——生产和生产关系。一般说来,以所谓"固定的互动角色的行为"构成"人与人关系的层面",言之成理。由此而发展出其他两个层面,也自圆其说。但问题在于必须往下探究,这种行为究竟靠什么来固定?如何固定?离开经济基础、经济根源,这种"固定"便丧失了根基,从而这个社会结构模式中的"社会群体的层面"和"社会秩序的层面",也都相应地丧失了根基。

从社会关系的不同组合特征认识社会结构

社会关系的不同组合特征,最基本的有血缘、地缘、业缘三种。血缘关系,作为人类社会普遍存在的一种社会关系,在经济不发达因而发育不全的社会结构中,即"在一切蒙昧民族和野蛮民族的社会制度中起着决定作用"[1]。如何理解这种"决定作用"呢?马克思、恩格斯曾概述了"一开始就纳入历史发展过程"并且同时存在的三种关系或社会活动的三个方面。第一是生产满足人类生存需要的生活资料,即生产物质生活本身。第二是由此引起的新的需要——社会精神生活活动。第三是"每日都在重新生产自己生命的人们开始生产另外一些人,即增殖。这就是夫妻之间的关系,父母和子女之间的关系,也就是**家庭**"。在经济极不发达的人类史初期,以血缘关系为纽带的这种家庭以至古代氏族的作用显得特别突出,掩盖了其他关系而几乎代表着整个社会结构的组合特征,因而"这个家庭起初是唯一的社会关系,后来,当需要的增长产生了新的社会关系,而人口的增多又产生了新的需要的时候,家庭便成为……从属的关系了"。"这样,生命的生产——无论是自己生命的生产(通过劳动)或他人生命的生产(通过生育)——立即表现为双重

---

[1] 《马克思恩格斯选集》第4卷,人民出版社1972年版,第24页。

关系：一方面是自然关系，另一方面是社会关系。"①

马克思主义经典作家的这些论述启示我们，无论血缘关系在全部社会生活中能够起到怎样重要的作用（这是不能忽视，"不能只用说空话来抹煞"②的），仍然是作为最基本、最原始的经济关系在特定历史阶段的体现。因而不能孤立地考察血缘关系，例如不能仅仅"根据'家庭的概念'来考察和研究家庭"，而必须看到"一开始就表明了人们之间是有物质联系的。这种联系是由需要和生产方式决定的，它的历史和人的历史一样长久"③。如果我们仅仅引述马克思、恩格斯关于"这个家庭起初是唯一的社会关系"一段话，把家庭关系等血缘关系作为人类社会最基本的社会关系，就曲解了马克思、恩格斯的原意。细读这段话的前后文可以看到，马克思、恩格斯所强调的正是实质上决定着血缘关系的经济关系，这是我们科学地认识血缘关系的指南。

地缘关系，是在经济关系发展过程中紧随血缘关系而突出起来的社会关系。"人们对自然界的狭隘的关系制约着他们之间的狭隘的关系，而他们之间的狭隘的关系又制约着他们对自然界的狭隘的关系"④，但随着生产力的发展，这种制约作用日趋减弱，表现为从血缘关系向地缘关系的过渡。例如，原始社会末期的村庄，就是原始公有制向私有制过渡中，以土地公有和其他生产资料私有为特点，以地缘为纽带，由定居在一定地域内的一群家庭组成的社会经济组合体。恩格斯指出："在以血族关系为基础的这种社会结构中，劳动生产率日益发展起来；与此同时，私有制和交换、财产差别、使用他人劳动力的可能性，从而阶级对立的基础等等新的社会成份，也日益发展起来；……以血族团体为基础的旧社会，由于新形成的社会各阶级的冲突而被炸毁；组成为国家的新社会取而代之，

---

① 《马克思恩格斯选集》第 1 卷，人民出版社 1972 年版，第 33—34 页。
② 《马克思恩格斯选集》第 4 卷，人民出版社 1972 年版，第 24 页。
③ 《马克思恩格斯选集》第 1 卷，人民出版社 1972 年版，第 34 页。
④ 《马克思恩格斯选集》第 1 卷，人民出版社 1972 年版，第 35 页。

而国家的基层单位已经不是血族团体，而是地区团体了。"① 可见，无论是在血缘关系向地缘关系的演变，还是在地缘关系的自身之中，无不渗透着经济关系强有力的杠杆作用和决定作用。我国所谓从"乡土社会"向"地域社会"的演变，同样如此。

认真考察地缘关系，对于今天我们研究现实社会问题颇有用处。例如，随着我国农业经济由自给半自给生产向商品生产转化，必然要求突破"人们对自然界的狭隘的关系"以及人们之间的狭隘关系，要求突破传统区域性农业的封闭结构体系。这种要求首先表现为农村剩余劳动力的大量出现和人口流动的加剧，表现为农村产业结构的调整和变革。适应我国国情，我们采取了"离土不离乡"政策，这一政策的客观性和科学性，就需要从地缘关系的角度去进行社会学考察和论证。

业缘关系，是随着生产力的发展而社会分工发展所形成的比较复杂的社会关系或职业结构。业缘关系尽管只显示着人们的职业划分，但与血缘、地缘关系有着千丝万缕的联系。某种意义上，可以说是二者进化的必然产物。马克思指出，作为职业划分的"这种分工最初存在于家庭中，它是由于生理差别即性别和年龄的差别而自然产生的"②。社会分工"是以家庭中自然产生的分工和社会分裂为单独的、互相对立的家庭这一点为基础的"③。"后来，由于自然条件不同，……又有了劳动工具的天然差别，这种差别造成了不同部落之间的职业划分"④，业缘关系的萌芽，最初正是孕育在血缘关系之中。

但我们考察的业缘关系，是已经突破了血缘、地缘纽带的社会分工，是一种真正社会化的分工。这种分工，"首先引起工商业劳动和农业劳动的分离，从而也引起**城乡**的分离和城乡利益的对立。

---

① 《马克思恩格斯选集》第4卷，人民出版社1972年版，第2页。
② 《马克思恩格斯全集》第47卷，人民出版社1979年版，第334页。
③ 《马克思恩格斯选集》第1卷，人民出版社1972年版，第37页。
④ 《马克思恩格斯全集》第47卷，人民出版社1979年版，第334页。

分工的进一步发展导致商业劳动和工业劳动的分离。同时，由于这些不同部门内的分工，在某一劳动部门共同劳动的个人之间的分工也愈来愈细致了"①。这种不断发展和日趋复杂化的社会分工逐渐使业缘关系取代血缘、地缘关系而成为社会关系突出的组合特征。为此，苏联、东欧社会学已把对职业结构的研究作为社会结构研究的主要方面。

总之，从社会关系的不同组合特征及其演变，即血缘—地缘—业缘的社会学分析，注重了社会有机体内部机制的联系脉络，也贯穿了经济因素的杠杆作用和决定作用。但这套分析角度尚缺乏对社会有机体分层次的微观剖析，且从血缘到地缘到业缘，其概念内涵越来越丰富，也越来越含混，出现"组合特征"其实并非"特征"的现象。"业缘"所包含的诸多丰富内容，又往往因人们事实上只单纯从职业划分的意义上理解而不能不有所舍弃。

从社会关系的不同组合层次认识社会结构

既然社会结构是社会有机系统内部各元素在空间和时间方面的耦合关系与联结方式，我们认为，从这种耦合关系与联结方式的不同层次（或子系统），在纵（时间）、横（空间）、动（动态发展）、静（静态结构）几个向度的交叉上，去认识社会结构，简言之，也即从社会关系的不同组合层次认识社会结构，可以兼收前述几种认识角度之长。为此，这已成为一种近来较为常用的社会学的认识角度，社会结构被大致划分为社会单位、社会组织、社会区域三个组合层次。

社会单位是构成社会实体的基础，小至社会的细胞——家庭，大至具有共同的耦合关系，如具有共同语言、共同区域、共同经济

---

① 《马克思恩格斯选集》第 1 卷，人民出版社 1972 年版，第 25—26 页。

生活以及表现于共同文化上的共同心理素质的稳定的社会共同体——民族，以及作为社会深层结构（生产关系）和社会活动主体（社会的人）相统一的社会集团——阶级、阶层，都可以作为不同的社会单位来研究。

社会组织是社会的各种元素在联结方式上具有不同功能特征的社会单位或社会群体。社会组织具有共同的思想基础和功能目标、共同的组织原则和组织纪律，对社会组织可以从职能分类、系统分类或性质分类上去研究。

社会区域，则着重从社会的各种元素在空间和时间的耦合关系上，从社会单位、社会组织的系统功能在社会地域环境中的表现上，也即从一定区域内的社会生活方式或多种社会制度互相关系的结构上去研究。社会区域是多层次结构体。

社会结构的"有机体"性质决定，社会单位、社会组织、社会区域几个层次，只是作为我们的认识工具相对划分的，在客观上它们应该是相互联系、相互交叉、相互渗透甚至是相互包含的。

从现代化看社会结构的变革

现代化是一项以科学技术发展为动因，以经济发展为中心并带动社会生活各个方面协调发展的有计划的社会变革过程。"当代的自然科学正以空前的规模和速度，应用于生产，使社会物质生产的各个领域面貌一新。"[1] 特别是近20年来，以微电子技术、生物遗传工程、新材料技术和能源技术、光导纤维通信技术等的应用为标志的新的技术革命，正在世界范围内兴起，引起人们的极大关注。从现代化的发展和推动来分析、预测社会结构的变革，也成了当代社会学的热门课题。

在西方社会学界，近十几年就涌现了一批被称为"赶时髦的社

---

[1] 《邓小平文选》第2卷，人民出版社1994年版，第87页。

会学"著作，如 D. 贝尔的《后工业社会》、A. 托夫勒的《未来的震荡》和《第三次浪潮》、J. 奈斯比特的《大趋势》等，十分畅销。这些著作无不高度评价当代科学技术的发展，争相分析和预测这种发展所引起的社会结构的变革动态和变革趋势。例如，奈斯比特的研究集体，每个月不间断地监读 6000 种地方报纸，追踪和评价主要的事件和趋势。据称，其《大趋势》的结论就是来自 12 年内对 200 多万篇城镇地方动态的分析，从中探寻美国社会结构变革的新方向。该书认为，随着当代美国社会"由工业社会向信息社会"过渡，美国正由孤立的自给自足的一国经济向世界经济转变，美国的政治、经济、文化结构正由集中走向分散，从金字塔式的等级制度走向横向联络的网络组织。

从现代化看社会结构的变革，与历史唯物论从社会革命看社会结构的变革，侧重面有所不同，但不应把两者对立起来，甚至以前者否定后者。历史唯物论认为，社会革命归根结底是由生产力的发展要求突破生产关系的束缚所引起的，而科学技术就是生产力，因而是"历史的有力的杠杆"，是"最高意义上的革命力量"[①]。

从现代化看社会结构的变革，由于多是从世界新技术革命的推动和经济的发展着眼，本来是千差万别的世界各国的社会结构，其变革过程就可能呈现一些相似之点或共同性。对此，西方社会学大做文章，所谓"现代化趋同论"应运而生。如美国社会学家帕森斯、英克尔斯等人认为，世界上所有国家和社会在发展经济、实现现代化的过程中，无论它们的起点多么不同，都会经历工业化、城市化、科层化、世俗化、政治上中央集权等大体相同的变革过程。这就会使现代化达到发达程度的社会的制度结构，产生某种"趋同现象"，而不论其政治制度和文化传统如何，甚至社会主义制度和资本主义制度，也会跳过社会革命阶段而在现代化过程中自然、直

---

① 恩格斯：《马克思墓前悼词草稿》，《马克思恩格斯全集》第 19 卷，人民出版社 1963 年版，第 372 页。

接地"趋同"。这种理论，从政治上看显然属于当代西方社会思潮中的新保守主义范畴。它企图通过无限夸大新技术革命的作用，以折中主义的手法为资本主义辩护。"趋同论"的政治结论，我们是不能赞同的，但不必因此便否认从现代化看社会结构的变革所应该关注、应该研究的一些带有客观共同性的规律。近年来，在苏联的社会学研究中，也特别注重研究苏联社会结构的"达到社会单一性"的发展趋势，以便寻找出"实现通向日益完善的社会单一性发展过程的途径、方法、方式，也就是使不同居民集团、不同地区劳动和生活条件拉平的途径、方法、方式"[①]。

马克思指出，在考察因经济基础的变更而引起的上层建筑的变革时，"必须时刻把下面两者区别开来：一种是生产的经济条件方面所发生的物质的、可以用自然科学的精确性指明的变革，一种是……意识形态的形式"[②]。

从现代化考察社会结构的变革，正是着重从生产的经济方面，力求用自然科学的精确性去考察。但"趋同论"恰恰不是把这种物质的变革与意识形态的形式区别开来，而是把二者混淆起来，因而导致了错误的结论。另一方面，我们并不否认，由于从现代化的角度即着重以生产的经济方面考察社会结构的变革，各种千差万别的社会制度、社会结构的变化过程，的确又呈现了一定的可比性，为比较研究提供了方便。总之，我们通过从现代化角度分析社会结构的变革，可以更好地把握不同的社会制度、社会结构变革的共性，在一定意义上还可以增加研究的精确性并便于进行必要的比较研究，使我国社会结构在自我完善和调适之中，能够尽量吸取他人的成功经验，避免重复走他人走过的弯路，以便在向现代化迈进这一世界发展的大趋势中，更好地建设有中国特色的社会主义。

---

① 费多谢耶夫：《马列主义社会学的对象问题》，苏《社会学研究》季刊1982年第3期。
② 《马克思恩格斯选集》第2卷，人民出版社1972年版，第83页。

论社会的"有机体"性质*

把社会看作有机体或活的机体,是马克思主义社会学的理论基石。"马克思和恩格斯称之为辩证方法(它与形而上学方法相反)的,不是别的,正是社会学中的科学方法,这个方法把社会看做处在不断发展中的活的机体(而不是机械地结合起来因而可以把各种社会要素随便配搭起来的一种什么东西)。"①

什么是社会的"有机体"性质?社会结构为什么具有、如何具有"有机体"性质?这些问题,也一度是传统社会学所注重的焦点。现代系统理论的崛起,推动了关于社会结构"有机体"性质认识的深化。而无论是传统社会学的"社会有机体"论中的合理因素,还是现代系统理论的新观点和新方法,无疑都为马克思主义社会学科学地揭示、剖析社会的"有机体"性质,提供了一定的借鉴和思想养料。

传统社会学对于社会"有机体"性质的认识及其局限

正如一位美国社会学家所指出的,把社会与生命的机体进行对比,是自有社会思想以来就已有的了。社会学则不仅仅止于这种对

---

* 原载《贵州社会科学》1985年第7期。
① 《列宁选集》第1卷,人民出版社2012年版,第32页。

比，它企图从理论上较为系统地探讨社会的"有机体"性质。因为社会学这门学科一开始就企图"把综合认识整个社会现象作为目标"①。社会学中相继出现的社会有机体论、功能主义、结构功能主义、结构主义社会学等流派，无不显现着这门学科对于社会"有机体"性质的关注和探索。

社会有机体论或称社会达尔文论，它是19世纪取得长足进步的生物学影响之下的产物。斯宾塞是此论的突出代表。他在《社会学原理》一书中写道："我们把由人的生物所组成的人民看作是有机体，也许是完全正确的。"他认为社会结构与有机体结构相类似，都有生长的生命延续及新陈代谢的现象；各部分相互依存；生长过程中，结构和机能都起分化作用而日趋复杂；整体的生命比内部任何部分的生命为长。② 这种对比，是开始从联系和发展、结构和功能上探索社会结构的"有机体"性质的先导。但阶级的局限性，使斯宾塞把社会的阶级分化机械地比附为生物有机体内部的机能分化，借以证明剥削阶级存在的"天然合理"。斯宾塞的学说忽略了"人类社会与动物社会的本质区别在于，动物最多是**搜集**，而人则能从事**生产**。仅仅由于这个唯一的然而是基本的区别，就不可能把动物社会的规律直接搬到人类社会中来"③。

在马林诺夫斯基、拉德克利夫-布朗等早期功能学派的著作中，已不满足于社会与生物机体的简单类比。布朗关于社会结构基本认识是：（1）如果社会能够生存下去，那么社会成员之间一定存在着某种最低限度的一致；社会现象的功能，表现为建立和巩固这种一致。（2）因此，社会体系各部门是互相依赖的，并存在着最低限度的协调。（3）社会的每一部分，都为维持社会表现出的若干基本结构特征而作出一定的贡献。④ 这些认识，在探索社会结构的

---

① 日本《世界大百科辞典》"社会学"条。
② 参见《云五社会学大辞典》"社会有机体"条。
③ 《马克思恩格斯全集》第34卷，人民出版社1972年版，第163页。
④ 参见布朗《原始社会的结构和功能》第十章，伦敦1952年版。

◎ 社会学

"有机体"性质上，是前进一步了。但功能主义主要从社会现实和各部分对维护社会的统一、团结是否有贡献的角度来考虑问题，带有明显的机械均衡论性质，功能主义尽管注重整体，却弄不清社会整体结构与各要素间的有机联系。例如曾在三四十年代运用于中国社区研究的功能主义方法，即认为基于个别村庄的详细认识，便可以归纳出中国社会结构的整个图景。但是如何实现从微观到宏观分析水平的跳跃，在理论上是不清楚的。[①]

由帕森斯、默顿等创立的结构功能主义，与早期功能主义在基本观点上一脉相承，但比它有更为系统的理论和广泛的影响，一度成为西方社会学中占据主要位置的理论流派。结构功能主义认为，社会是一个有机的体系，由各种相互依存的因素构成。某一因素的变化必然影响其他因素，从而又反影响于这一因素。因此社会各部分的协作是相互协调的，它们的功能是相互关联的。社会学要揭示维持社会生活稳定性的必要因素，探索满足社会需要的必经过程，要把为了保持作为一个体系（机体）的社会的完整性所必需的各种要素协调起来并使之一体化。但结构功能主义并未离开功能主义的窠臼，它同样极力主张社会均衡论，因而在资本主义社会激烈的阶级斗争、无数的社会问题和社会冲突面前显得无能为力，难以自圆其说。

现代系统理论推动了关于社会"有机体"性质认识的深化

对于社会"有机体"性质的认识，反映了对于社会结构整体性、系统性的关注。而社会结构的整体性，在发达的"有机"整体的意义上，是在生产力比过去迅速发展的资本主义阶段才突出表现出来的。生产的社会化加强了人的社会化，社会各成员、各因素相

---

① 参见黄绍伦《中国解放前社会学的成长》，《社会学文选》，第201页。

互联系日益密切。而资本主义社会中生产的社会化与生产资料私人占有的矛盾，又在不断地破坏着社会结构的这种整体性，这更从反面把认识社会整体性的问题尖锐地提到人们面前。面对着社会实践提出的这一理论难题，传统社会学中的社会有机体论、功能主义、结构功能主义、结构主义等理论，充其量只能作一些浅尝辄止、似是而非的回答，而不得不一一败下阵来。这些理论不仅受着阶级的局限，还受着明显的方法论的局限。

战后崭新的系统理论（包括系统论、控制论、信息论）的崛起，从不同的侧面揭示了客观物质世界新的本质联系和运动规律，为认识社会整体结构的"有机体"性质，提供了新思路和新方法。社会学关于社会结构的"有机体"性质的认识，正是凭借着现代系统理论的推动，才迅速摆脱困境，走向深化。概括当代社会学关于社会结构的理论，可以看到以下几个方面的观点，显然是系统理论的影响和推动所致：

第一，承认社会是一个以系统的形式存在和发展着的，具有明显的结构和层次的有机整体，一个具有生存、内部调节和自我运动功能的多级结构客体。从形式上看，这个巨大系统中包含着若干大型、中型和小型系统。大型系统是指，在本结构体中，有效作用于本系统的等级数量在两个以上的各种社会组织，如经济部门、政治团体、国家等。中型系统指在其结构和相互作用中，可以分成两组具有隶属性相互关系要素的较复杂组织，如社会中的各种具有自己选定的本系统领导成员和联合体（车间、小型企业、能够独立存在的社会基层组织等）。小型系统则指内部结构及其构成要素的相互作用具有协同一致的所有微观、宏观客体。如社会生活中的个人、家庭以及社会生产活动、日常生活中的"小组"等。

第二，认识到一种社会结构的相对稳定的存在，必有其相应稳定的社会机制进行自我调节。通常所说的社会制度，就是社会结构各要素的某些重复性功能的相对定型，或者说是维护这些功能得以重复实现的强制性规范，因而也就是社会有机体进行自我调节的协调机制。这些协调机制通过提供一定的行为规范，使个人或某一群体的行为方式单纯化或"标准化"，使个人或群体在社会的相互活动中井然有序，从而对社会结构的和谐统一协调运转起所谓"整合"作用。

第三，指出社会结构之所以是"活的有机体"，并非因为它是生命体，而是从耗散结构的意义上来说的，它不是那种独立存在、不需要外界供给物质和能量即可保持其稳定和有序的"死"的结构，而是一个必须不断与外界进行物质、能量和信息交换的动态的开放系统，一个靠不断耗散外界物质、能量来维持其有序状态的耗散结构，也即通常所说的"活的有机体"。

第四，强调人是社会结构系统内部的一个基本要素。社会结构就是人的社会关系的总和。社会学要从整体考虑社会结构系统，在方法上必然带有综合性的特点。而这种综合性首先意味着对"人"的综合，即把作为社会生活各个领域的事件的参加者的人，看作全部社会关系的承担者；把人的活动，作为主客观因素的统一体来研究。不仅注意到人类生存的客观条件，人所参与的客观关系，决定人的活动基本方向的客观需要，而且注意研究人们的主观意向、愿望、价值和目标。

第五，注意到社会有机体的"有机体"性质，还强烈地反馈于人们控制、调适、开发社会结构的一切实践活动之中。正如日本著名系统工程学者三浦武雄等指出的，社会系统包含着社会本身、人、价值观念和环境等极多因素，是由复杂的结构组成的。因此，搞清这些结构的组成，明确问题的所在，才能使利用系统和开发系统的人在各子系统之间取得充分一致的意见，并在理论的基础上决定解决问题的对策。

当代社会学在系统理论推动之下的关于社会结构的这些认识，为马克思主义社会学进一步揭示社会的"有机体"性质提供了一定的思想养料。

马克思主义社会学对于社会"有机体"性质的认识

马克思主义社会学既借鉴了人类认识史上关于社会结构认识的积极、合理、辩证的成分，又吸取了现代系统理论推动下社会认识领域的科学成果。

马克思主义社会学强调"把社会看做处在不断发展中的活的机体"[1]。他认为："现在的社会不是坚实的结晶体，而是一个能够变化并且经常处于变化过程中的有机体。"[2] 他根据组成社会机体的不同要素、结构、层次以及作用条件揭示机体的不同运动规律。他确定了作为一定生产关系总和的社会经济形态概念，把社会生产方式作为社会结构中基础性的相对独立的有机整体，其构成要素是生产、分配、交换、消费，不同要素之间存在着相互作用，而且"一定的生产决定一定的消费、分配、交换和这些不同要素相互间的一定关系"[3]。这样就从错综复杂的社会结构机体之中，剖析出基础性的生产方式结构，又进而从生产方式结构之中，剖析出决定性的生产要素，从而就能够把社会关系归结于生产关系，把生产关系归结于生产力的高度，科学地揭示了社会结构的本质。

为了对社会结构错综复杂的有机联系进行科学分析，马克思把社会结构划分为深层结构和表层结构。首先，把纷繁复杂的社会关系归结于生产关系，把生产关系归结于生产力的高度，目的正在于"找出最深的秘密，找出隐蔽的基础"，揭示深层结构，从而就有了可靠的根据把社会形态的发展看成经济必然性决定的自然历史过程，有了客观的标准把宏观的历史过程纳入视野之内。人类社会既

---

[1]《列宁选集》第1卷，人民出版社2012年版，第32页。
[2]《马克思恩格斯选集》第2卷，人民出版社1972年版，第102页。
[3]《马克思恩格斯选集》第2卷，人民出版社1972年版，第102页。（加着重号处原文系黑体字）

然是基于不以主观意识为转移的物质的关系——生产关系的一种特殊的物质性客体,它就同自然界的物质客体一样,有其客观规律可循,而且总归可以以自然科学式的精确性去研究社会形态的活动规律和发展规律。其次,应该指出,两个"归结"(即把社会关系归结于生产关系,把生产关系归结于生产力的高度),只是探寻深层结构的逻辑线索,不能视"归结"为替代或等同。为了彻底把握整个社会结构生动复杂的有机联系,还需要与"归结"相反的另一条逻辑线索即探寻表层结构的逻辑线索,从"最深的秘密""隐藏的基础"出发,沿着从生产力到生产关系再到社会关系的途径,通过对经验所提供的事实进行分析即科学的实证研究,把握相同的经济基础在现象上显示出的无穷无尽的变异和程度差别,揭示表层结构的有机联系。深层结构决定表层结构,表层结构表现和反映深层结构。如果不进行"深""表"层之分,仅仅把社会结构作为普通的等级秩序结构,尽管也应用了系统观点分析社会结构,却遮蔽了经济决定因素和其他诸多因素的深刻的辩证统一关系这一社会"活的机体"所特有的"有机体"性质,从而难免陷入机械、庸俗的社会系统论或多元循环论,这正是当今资产阶级社会学中形形色色的社会结构论的通病,也是机械唯物论的社会结构理论的通病。

马克思主义社会学还进一步揭示社会之所以成为一个"活的机体",其"活"的根源何在的问题。根据对立统一的普遍规律,系统内元素的对立统一的二重性,是系统元素间相互过渡的内在根据,也是推动社会有机体变化、发展的内在活力。不能因为强调系统中元素间、层次间纵横交错的网状联系,就否认网状结构中相对独立的每一对元素间的对立统一关系。[①] 当然,也不能因为强调元素间的对立统一关系,又反过来把每一对元素作为离开系统网络联系的、封闭的、孤立的所谓"对立统一体",以至微观结构似乎是

[①] 参见鲁品越文《〈资本论〉中的系统思想及其对我们的启示》,《中国社会学》1984年第1期。

"活"的，宏观结构却又"死"了。马克思主义社会学对于社会结构的研究，应该是系统观与对立统一观相统一的研究。例如，马克思从社会联系的网络中抓住商品这个细胞，即从商品的二重性着手，由抽象上升到具体，最终揭示了整个资本主义生产方式的二重性：生产的社会化和生产资料私人占有的矛盾。而且，还从宏观角度，揭示了社会系统中的生产力和生产关系，经济基础和上层建筑这些子系统间的对立统一的二重性。此后，毛泽东同志进一步将其明确为社会基本矛盾运动，揭示了社会"活的机体"之所以"活"的根本源泉。

综上所述，马克思主义社会学认为，社会有机体的"有机体"这个概念，是描述社会这个完整功能系统最一般特征的形象用语。社会结构的"有机体"性质，可以从三个方面表现出来。第一，从物质基础来看，社会系统是在生产方式的矛盾运动中不断进行着新陈代谢的，在与周围自然界经常保持平衡中创造着自身生存条件和有序结构的、具有很强的自我组织功能的耗散结构，它必须以某种生产方式构成该系统的物质基础，以某种生产关系构成该系统的深层结构。第二，从活动的主体来看，社会有机体是在一定的物质生活生产方式基础上由人群组成的，有人们思想意识起作用，并有一定上层建筑为之服务的充满活力的自我控制系统，社会的人在社会结构中是起决定作用的基本要素。第三，从各构成要素的关系来看，社会有机结构是一个由深层—表层结构相统一的、由基本—非基本要素相结合的多层次、多因素交互作用的网状结构体。其中以各要素对立统一的二重性为内在动力的并相互联系的运动，推动社会整个有机体的运动、变化、发展。以经济要素为前提的各要素多方面的相互交叉和作用，使即令经济基础相同的社会结构，也必然在现象上显示出无穷无尽的变异和程度差别。

变革社会中的社会心理：
转换、失调与调适[*]

在改革开放中，整顿治理经济环境，建立社会主义商品经济新秩序，不能不关注和研究变革社会中的社会心理问题。本文拟就这一问题谈一点粗浅的认识。

社会心理品格对经济秩序的两重作用

社会心理，是人们在社会生活中自发产生并互有影响的主体反映[①]，属于社会意识的范畴。恩格斯认为，社会意识是有结构层次的，它包括最直接的比较低级的人们的日常意识，比较高级的意识形态形式即法律、政治等，更高的悬浮于空中的思想领域即宗教、哲学等。[②] 其中最直接的比较低级的日常意识就是社会心理。它在特定的历史时代、特定的群众精神生活中自发形成，并且是不定形、不系统、不稳定的，诸如社会知觉、社会印象、社会判断、诸如感情、情绪、需要、动机、愿望、信仰、风俗习惯、道德风尚和审美情趣等。当然，这种结构层次的划分只能是相对的，在低层次

---

[*] 原载《中国社会科学》1989 年第 5 期。本文撰写中承宋惠昌、王康、赵斌、李小兵、张绪文、魏章玲、李忠杰、夏林、张峰、胡光伟等同志赐教，谨致谢忱。

① 沙莲香：《社会心理学》，中国人民大学出版社 1987 年版，第 34 页。

② 参见恩格斯《路德维希·费尔巴哈和德国古典哲学的终结》以及他的有关历史唯物主义的通信。

的社会意识——社会心理当中，也包含着某些高层次的社会意识的因子，只不过以相对粗糙、朴素的形式存在着，如政治心理、宗教心理等。

社会心理属于社会意识一般，它同其他任何社会意识形式一样，为社会存在所决定并反作用于社会存在。社会心理作为低层次的社会意识又属于社会意识特殊，它被社会存在决定和反作用于社会存在的具体机制，具有与其他层次的社会意识所不同的特征：它是对社会存在的最直接的反映，而不是"悬浮在空中"的间接、曲折的反映；它是对社会存在的零散、肤浅的反映，而不是系统、深刻的反映；它是社会意识结构中最活跃的、不定形的层次，而不是如其他社会意识形式那样一旦形成便相对稳定、相对独立的层次；它是通过感染、暗示、模仿等潜移默化的形式影响人们的感情、情绪、需要、动机、愿望等，从而影响人们的社会行为，而不是通过教育、灌输等方式改变人们的世界观和方法论，从而理性地调节人们的社会行为。

社会心理的这种作为"无意识的社会意识"的特征，使其在反作用于社会存在的过程中展现出两种品格：一是直接敏锐、跟踪反映的品格，二是肤浅粗糙、朦胧无序的品格。而这两种品格，对当前我国的经济秩序又起着显性和隐性的两重作用。

社会心理的直接敏锐、跟踪反映的品格，使它的波动往往成为经济运动是否稳定有序的一种显性指标。例如，在宣传价格改革勇闯难关之前，物价问题上的社会心理指标已经一再亮起红灯。据有关方面的抽样调查，早在 1987 年 5 月，对物价表示不满者占 79.9%，担心物价进一步上涨者占 92.8%，认为与 1986 年底相比较物价状况变坏了的人占 59.3%；同年 10 月，这三个指标分别上升为 83.2%、94.5% 和 67.1%。[①] 对物价上涨不满的实质是储蓄贬

---

① 参见《1987 年改革的社会心理环境》，《中国：发展与改革》1988 年第 5 期；《当前物价的社会舆论反应分析》，《经济体制改革研究报告》1988 年第 8 期。

值带来的不安全感。① 1988年7月出台的部分名烟名酒提价,作为推进价格改革的一个步骤来看无可挑剔,但这无意中对已在剧烈波动的社会心理发出了一个强刺激讯号,接踵而来的是各大城市的乱涨价和抢购风潮。那种"现在不买将来更贵"的强制性超前消费心理在社会上迅速蔓延,使我们不得不把价格改革的步子放慢,转而谋求整顿治理经济环境,以便为理顺价格创造更好的条件。

社会心理肤浅粗糙、朦胧无序的品格,使它的干扰往往成为经济运动紊乱失序的隐性机制。前几年经济秩序渐趋混乱的社会心理原因,就在于经济关系格局中的各个层次、各个主体在改革过程中滋生、传染、蔓延着脱离实际的增长欲望和扩张冲动,并演化为一"热"二"比"的具有普遍性的社会心态。所谓"热",社会心理学称为"夸大的热爱意识",无论是超前消费热还是投资膨胀热,"过热"的经济行为后面总是隐藏着"发热"的心理机制。所谓"比",则出自"夸大的相对剥夺意识"。近几年来各地兴起一股带有极大盲目性和破坏性的攀比之风,比建设规模,比增长速度,比楼堂馆所,比工资福利,甚至比涨价收入,大家都唯恐吃亏、落后,都在相对剥夺的心理压力下扭曲着经济行为。尽管中央三令五申,要坚决抑制经济过热,制止盲目攀比。有的经济主体意识到不能热、不能比,但一到具体的经济行为,往往又"无意识"地热起来、比起来。经济过热,社会总需求超过总供给,是我国经济生活中出现明显通货膨胀、物价上涨幅度过大的根本原因。而"社会总需求"不仅是一个经济概念,也包含社会心理的内涵。商品的价格因供求关系的变化而围绕价值波动。价值规律在其中起着自发的调节作用。但价值规律是在复杂的经济社会环境中运动,供求关系变化除了受制于一定的经济运行机制,受制于产品的短缺或过剩,也受制于一定的社会心理运行机制。这是价值规律运动包含的社会心

---

① 参见《以改革攻坚换来社会稳定》,《经济体制改革研究报告》1988年第27期。

理侧面，是社会心理波动对经济运行的非经济干扰。

经济秩序混乱、经济环境恶化的直观痛苦，使人们忙于经济上的整顿治理，注意行政干预，而对隐匿其后的心理机制无暇顾及；社会心理朦胧无序、稍纵即逝的品格，又使人们对它难以顾及。但值得我们注意的是，产生于资本主义经济大动乱、大危机时代的凯恩斯的学说，正是从无暇顾及、难以顾及之处独辟蹊径。为强化国家对经济生活的干预寻找理论依据。凯恩斯认为，由于"心理上的消费倾向，心理上的灵活偏好，以及心理上对资产未来收益之预期"这样"三个基本心理因素"的作用[①]，引起消费需求不足和投资需求不足，从而发生有效需求不足，引起经济危机。为此，政府制定政策干预经济的操作点，就在于在有效需求不足时减少税收、增加财政支出、降低利率以刺激需求；在有效需求过旺时增加税收、减少财政支出、提高利率以抑制需求。对凯恩斯主义进行全面的分析评价不是本文的任务，但凯恩斯从隐匿于市场机制后面的社会心理机制出发，反对资本主义古典经济学派只重市场机制的观点，主张政府通过财政、金融政策直接作用于社会总需求的心理侧面，来调节疲软或过热的经济行为，使之纳入均衡、有序运行的框架。这套学说一度成为20世纪30年代至60年代欧美主要资本主义国家制定经济政策的主要依据。70年代以来人们对凯恩斯学说的批判大都注意到，把经济规则建立在"心理规律"上是一种本末倒置。但问题并非出在重视社会心理机制的作用，而在于应该深入研究决定社会心理机制的经济运行机制。不承认制约经济行为的特定的社会心理机制归根到底受特定的社会经济体制所制约当然是不正确的，但看不到社会心理机制对经济行为的影响也是不符合实际的。

[①] 凯恩斯：《就业利息和货币通论》，商务印书馆1963年版，第209页。

变革社会中社会心理机制的
转换及其二难抉择

　　普列汉诺夫强调,"对于社会心理若没有精细的研究与了解,思想体系的历史的唯物主义解释根本就不可能"①。同理,对于变革社会中的社会心理机制若没有精细的研究与了解,仅限于罗列各种异常的社会心理现象,满足于找出"改革的社会心理障碍",则难免会被社会心理稍纵即逝、肤浅粗糙、朦胧无序、杂乱无章的品格所迷惑。为此,需要从大量的社会心理现象中,抽象出一定时代的社会心理机制,并且把这种机制的各构成要素及其整体,都放到现实的社会变革过程中去考察,以便找到"原因后面的原因",说明特定的社会心理现象在特定的社会变革过程中由以发生并反作用于变革社会的规律性。

　　社会变革过程,是经济、政治、文化、心理四维要素的综合变迁,其中经济是最基础的一维,心理则是在其他三维作用下氤氲化生、潜伏隐蔽、变革最难的一维。研究社会心理机制的转换,可以分别将它与其他三维要素的变化进行比较分析,即与经济体制的转换相比较,与政治体制的改革相比较,与文化模式的变迁相比较。采取哪一种角度相对明快简洁而又易于把握变革社会的整体特征呢?马克思在他的那段关于历史唯物主义基本原理的著名概述中,虽然并没有把社会心理列举为社会意识形态的诸种形式之一,实际上却为我们指明了研究包括社会心理在内的一切社会意识形态的、唯物史观的科学方法,即"从物质生活的矛盾中,从社会生产力和生产关系之间的现存冲突中"去解释变革时代的社会意识。② 这就

---

① 《普列汉诺夫哲学著作选集》第 2 卷,生活·读书·新知三联书店 1961 年版,第 272 页。
② 马克思:《〈政治经济学批判〉序言》,《马克思恩格斯选集》第 2 卷,人民出版社 1995 年版,第 33 页。

启示我们，应从社会变革的主线，即从生产力发展所要求的社会经济体制的转换中去解释社会心理机制的转换。

与当前我国新旧体制转换直接或间接关联的社会经济体制有：在商品经济和国内市场很不发达，自然经济和半自然经济占相当比重的基础上形成的计划经济体制；现代资本主义的商品经济体制；我们通过改革正努力建立的社会主义有计划的商品经济新体制；马克思主义创始人所预见的未来共产主义产品经济体制。

社会心理机制，是社会心理和群体心理各构成要素对个人的影响以及群体内个人之间相互影响的制约关系及其功能。从功能作用的角度对社会心理机制进行剖析，社会心理过程可视为心理动力、心理压力、心理互动、心理取向的作用过程：Ⅰ.社会动机（心理动力）；Ⅱ.社会心理压力（以社会规范的形态体现）；Ⅲ.社会心理预期（继发性社会心理压力）；Ⅳ.社会心理互动（动力、压力作用下的社会心理的相互影响）；Ⅴ.社会心理取向（引导社会心理走向的价值目标）。

马克思说："分析经济形式，既不能用显微镜，也不能用化学试剂。二者都必须用抽象力来代替。"[①] 从这个角度来看，可以将经济体制抽象为A、B、C、D四种类型。将这四种类型与社会心理机制分项Ⅰ—Ⅴ组合为矩阵如下（见下页）：

矩阵中列出的各类社会经济体制，都以纯粹的形态出现。社会心理机制的各分项尽管在实际的功能作用过程中具有并存性和继起性，这里只以社会动机为起点逐项研究。社会心理机制转换的具体内容尽管在实际的转换过程中会有交错、渗透、滞后、超前等现象，这里只从与经济体制同步转换的、纯粹的形态去把握。

[①]《马克思恩格斯选集》第2卷，人民出版社1995年版，第99—100页。

◎ 社会学

社会心理机制分项＼社会心理机制转换＼社会经济体制分类	Ⅰ.社会动机	Ⅱ.社会心理压力	Ⅲ.社会心理预期	Ⅳ.社会心理互动	Ⅴ.社会心理取向
A 类型	压抑利己的利他	阶级斗争	要穷都穷	斗争—斗争—斗争	不计效率的公平
B 类型	排斥利他的利己	自发竞争	两极分化	竞争—垄断—竞争	不计公平的效率
C 类型	利己与利他具体同一	自觉竞争	后富先富	协作—竞争—协作	效率基础上的公平
D 类型	利己与利他消失对立	生产斗争	后进先进	协作—竞赛—协作	公平基础上的效率

矩阵纵列与横列的交错，显示出社会心理机制各分项适应不同经济体制要求的若干带规律性的具体转换内容。

在心理Ⅰ项栏，显示了利己与利他这一对社会动机基本矛盾在不同经济体制中的不同表现。

在体制A（ⅠA）中，是压抑利己的利他。由于商品经济不发达，在经济体制上又实行超阶段的一大二公，于是，占主导地位的社会动机只能是利他而不能是利己。只讲利他，忽视个体利益，有可能造成社会心理上的动力不足，容易窒息经济活动的活力与生机。这种情况不仅存在于改革前的我国，其他社会主义国家也屡有发生。

在体制B（ⅠB）中，是排斥利他的利己。资本主义商品经济产生的前提是具有独立性的个人，即从"人的依赖关系"中解放出来的"独立的私人生产者"和自由的雇佣劳动者[①]，占主导地位的社

---

① 《马克思恩格斯全集》第23卷，人民出版社1972年版，第126页。

会动机必然是利己。亚当·斯密为这种利己作辩解，认为尽管每个人"所考虑的不是社会的利益，而是他自身的利益，但他对自身利益的研究自然会或者毋宁说必然会引导他选定最有利于社会的用途"①。也就是说，排斥利他的利己由于"看不见的手"——市场机制的作用而总会走向利他。德国伦理学家包尔生也指出："一个仅仅以利己主义为基础的社会是可以想象的，但在心理上却是不可能的。即使在经济事物中，除了计算自我利益外，其它动机也会发挥作用。"②但无论是马克思的科学批判，还是资本主义发展的现实，以至凯恩斯等资产阶级学者的学说，都证明了单靠市场机制不可能抑制利己之心都朝着利他方向发展。美国当代经济学家贝克尔通过建立数学分析模型引出结论："利他主义在经济生活中具有重要的作用。由于具有市场交换的经济活动的同一性，利己主义行为的渗透性和普遍性被过分地夸大了。"③ 其实，要害还不在于资本主义的市场机制夸大了利己主义，而在于它最终会使利他主义（无论是亚当·斯密设想的客观上有利于社会的动机，还是包尔生指出的计算自我利益之外的"心理上的其他动机"）发生异化，正如马克思所深刻揭示的，资本主义商品经济中"人的独立性"是"以物的依赖性为基础的"④，"人与人的互相独立为物与物的全面依赖的体系所补充"⑤，物的人格化带来了人格的物化，利他的表现只能淹没于利己的冰水之中。

在体制C（IC）中，是利己与利他具体同一。既然要发展商品经济，就不能不承认，甚至不得不在某种程度上利用商品生产者的

---

① 亚当·斯密：《国民财富的性质和原因的研究》下卷，商务印书馆1974年版，第25页。
② 弗里德里希·包尔生：《伦理学体系》第2编第6章"利己主义与利他主义"，中国社会科学出版社1988年版，第324页。
③ 加里·S. 贝克尔：《家庭经济分析》，华夏出版社1987年版，第227—228页。
④ 《马克思恩格斯全集》第46卷（上册），人民出版社1979年版，第104页；第23卷，人民出版社1972年版，第126页。
⑤ 《马克思恩格斯全集》第46卷（上册），人民出版社1979年版，第104页；第23卷，人民出版社1972年版，第126页。

◎ 社会学

利己动机,因为"生产的观念上的内在动机……作为内心的表象、作为需要、作为动力和目的","是生产的前提"①,个人利益是从事商品生产的直接原因。但我们要发展的是社会主义有计划商品经济,"有计划"不仅仅是资源配置的均衡、经济比例的协调,也意味着要把包含在商品生产中的私人劳动与社会劳动的对立"有计划"地统一起来,把个人利益与社会利益统一起来。"人人都是服务的对象,人人又都为他人服务"②,保护国家、集体、个人三者利益统一中的个人利益,实现利己与利他的现实的具体的同一。

在体制 D(ID)中,商品经济意义上的利他与利己的概念及其对立均已消失,"每个人的自由发展是一切人的自由发展的条件"③,社会动机的基本矛盾已经转移。

不同的社会经济体制中不同的社会动机,要求不同的社会心理压力与之配套。心理Ⅱ项栏,显示了不同的压力规范。在体制 A(ⅡA)中,是阶级斗争。由于超越了客观的经济发展阶段盲目排斥商品经济,也只能超越经济行为规范去规范经济行为,即"超经济强制",通过所谓"阶级斗争年年讲、月月讲、天天讲"来"抓革命、促生产"。在体制 B(ⅡB)中,是自发竞争。有商品经济就有竞争,在市场上商品不是打败对手,就是被对手打败。竞争机制推动了资本主义生产的突飞猛进。但是,在"竞争面前人人平等"的旗帜下,人人都被卷入自发的、排他的、不可抗拒的,有时是盲目的、无节制的竞争,自发竞争成了使人异化的异己力量。在体制 C(ⅡC)中,是自觉竞争。发展商品经济就要开展自由、平等、公开的竞争,竞争是市场机制的载体,是提高劳动生产率的催化剂。但社会主义商品经济体制中的竞争应该是自觉的,有计划有目的有节制的。自觉竞争成了调节经济和社会生活,使其蓬勃向上的一个杠杆。在体制 D(ⅡD)中,是生产斗争。商品经济的竞争

---

① 《马克思恩格斯选集》第 2 卷,人民出版社 1972 年版,第 94 页。
② 《中共中央关于社会主义精神文明建设指导方针的决议》。
③ 《马克思恩格斯选集》第 1 卷,人民出版社 1972 年版,第 273 页。

规范随着商品经济的消亡而消亡。一般意义上的竞争更多地表现为人类整体对自然的生产斗争。

作为继发性社会心理压力即社会心理预期的心理Ⅲ项一栏，ⅢA是要穷都穷；ⅢB是两极分化；ⅢC是后富先富，后富的可能会激起很大的心理震荡；ⅢD是后进先进，贫富的概念已经消失，先进与落后的矛盾却是永存的。

作为动力、压力作用下的社会心理互动即心理Ⅳ项一栏：ⅣA是斗争—斗争—斗争。斗争既是起点也是终点，运动既是手段也是目的。均贫富的心理容不得冒尖者，都贫穷的现实需要斗垮假想之敌，"斗争哲学"笼罩一切。ⅣB是竞争—垄断—竞争。这一轮竞争的终点是下一轮竞争的起点。但竞争不能无限制地升级，它需要找到自己的扬弃形式。资本的自由竞争发展到资本的垄断竞争，一方面"垄断只有不断投入竞争的斗争才能维持自己"[1]，另一方面垄断又会限制、规范竞争，使资本成为"那种本身建立在社会生产方式的基础上并以生产资料和劳动力的社会集中为前提的资本"[2]。垄断是对竞争的消极扬弃，它又在准备更大规模的竞争。但规范的竞争会完善竞争的规范，反映在社会心理的互动上，便产生出一种唯我主义与普遍主义（univorbalism）相混合的社会心态。ⅣC是协作—竞争—协作，自觉的竞争应以协作为起点和终点，它较之资本主义的自发竞争，在目的、性质上应有质的区别，在形式、范围上应有量的限制。它激励"我"的努力但反对唯我主义，它使那种一视同仁地按既定规则办事的普遍主义升华为集体主义。它是资本主义竞争的积极扬弃。ⅣD是协作—竞赛—协作。商品经济意义上的竞争已转化为全面而自由地发展每个人独创性的劳动竞赛，而且劳动"按照必须为公共利益劳动的自觉要求（这已成为习惯）来进行"[3]而具有更高的协作性。

---

[1] 《马克思恩格斯选集》第1卷，人民出版社1972年版，第142页。
[2] 《马克思恩格斯全集》第25卷，人民出版社1974年版，第493页。
[3] 《列宁选集》第4卷，人民出版社2012年版，第130页。

最后，在社会心理取向即心理 V 项一栏，显示了公平与效率这一对社会价值判断的基本矛盾在不同经济体制中的不同表现，以及它们对社会心理的导向作用。公平是一个具有多重意义的复杂范畴，从社会心理学意义上讲，是社会成员对彼此之间社会地位、经济收入、消费水平等比较接近，而不是过分悬殊的心理要求。这种心理要求是相互感染，可以调节的。美国心理学家亚当斯（Adams）就曾提出过一套企业发放报酬时创造出公平合理的气氛，使工人产生主观上的公平感的"公平理论"。公平与效率的矛盾，VA 是不计效率的公平。在我国，"文革"期间发展到"宁要穷社会主义"，"越穷越革命"。不计效率的公平，其实并不是社会主义的原则，而是蒲鲁东主义的现代翻版。因为"每一个社会的经济关系首先是作为利益表现出来"，"蒲鲁东则要求现代社会不是依照本身经济发展的规律，而是依照公平的规定……来改造自己"[①]。VB 是不计公平的效率。尽管 50 年代以来主要资本主义国家的实际工资明显提高，社会福利支出大幅度增加，但资本追求的并非社会公平，而是如亚当·斯密所说的"创造出公平合理的气氛"以进一步追求效率。VC 是效率基础上的公平，即"在促进效率提高的前提下体现社会公平"[②]。因为，"贫穷不是社会主义，社会主义要消灭贫穷"[③]。要发展商品经济，资源优化配置的效率至上目标，是商品经济的目标，也是以拉开收入差别为核心的市场机制作用的条件。效率基础上的公平，不仅是结果的公平，更重要的是机会选择、竞争条件、承担风险的公平。单纯追求结果的公平只能导致"均贫"，只有追求起点和过程中的公平才能最终走向"均富"。VD 是公平基础上的效率，是物质财富极大涌流基础上的按需分配，是人类社会的大同境界，公平成为社会不言而喻的基础。

社会经济体制转换所要求的相应的社会心理机制转换模式，以

---

① 《马克思恩格斯选集》第 2 卷，人民出版社 1972 年版，第 537、535 页。
② 《中国共产党第十三次全国代表大会文件汇编》，人民出版社 1987 年版，第 39 页。
③ 邓小平：《建设有中国特色的社会主义》，人民出版社 1987 年版，第 104 页。

及向着 C 体制所要求的社会心理机制（C.I—V）转换，其中必然包含着一系列二难抉择。

我们的改革，是从缺乏效率、活力的旧的 A 体制出发，既看到了 B 体制的弊端从而坚决摒弃了资本主义道路；又看到了 D 体制只能作为共产党人奋斗的最终目标，它必须化为社会主义初级阶段的现实的运动，从而坚决摒弃超越经济阶段的"左"倾错误。我们正在坚定不移地推进 A 体制向 C 体制转换，难免为 D 的理想与 A—C 的现实之间的冲突所困扰。另一方面，我们推进新旧经济体制转换的现实过程，是在经济二元结构的突出景象下和人口多、底子薄、资源短缺的基础上，力图通过计划机制和市场机制的有机结合和相互弥补来调控经济运行，这就必须避免陷入两种盲目性——"有计划"的盲目性和市场调节的盲目性；是在企业所有权、产权不明确，有效竞争不能充分展开的情况下通过放权让利来促进竞争，必须避免微观机制并没有真正放活、宏观调控却日渐失灵的困境；是在市场发育不全，竞争规则极不完备，税收杠杆软弱无力的情况下，鼓励人们通过各种方式致富，必须避免各种非经济因素的干扰乘隙而入。

经济体制转换中的这一系列矛盾，必然会使社会心理机制的转换也包含一系列二难抉择。尽管在 A 体制基础上形成的民众对"压抑利己的利他"的心理认同，具有排斥市场导向的价值观的惰性；尽管商品经济所要求的个人的活动自主和个体的创新意识，在传统的心理结构网络中还很难找到与之对应的坐标点，商品经济的功利实践却在使传统的社会动机发生蜕变。我国城乡经济的二元结构、经济社会发展的不平衡以及正在产生和分化出的不同的利益群体，又使利他和利己的矛盾扩大化，表现为中央和地方、沿海和内地、城市和农村、大集体和小集体、此群体和彼群体等一系列矛盾。"利他与利己具体同一"中的"具体"充满了复杂的两难选择。由此而来，社会心理压力具有既要促进平等竞争又要促进共同富裕的双向作用；社会心理预期具有既要参与竞争实现先富一步，又要节制竞争避免两极分化的双重风险；社会心理互动具有既要靠竞争激发心理活力，又要以协调融洽心理氛围的两种功能；社会心理取向具有既要求效率提高，又要求社会公平的双重使命。这一系列二难抉择是造成社会心理失调的深层原因，也是进行社会心理调适的重要环节。

变革社会中社会心理的失调与调适

社会经济体制转换引起的社会心理失调通过失序、失范等现象表现出来，反过来又阻碍社会经济体制的转换。因此，对社会心理的调适，从根本上来说是社会经济体制转换的要求：

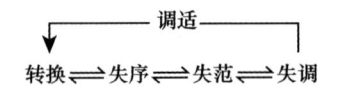

$$\text{转换} \rightleftarrows \underset{\underset{\text{调适}}{\longleftarrow}}{\text{失序}} \rightleftarrows \text{失范} \rightleftarrows \text{失调}$$

在这一循环中，失序是由转换所引起的，指经济运行秩序以及与之相应的各种规则、制度（如政治秩序、法律体系、舆论力量、价值观念、文化条件等）趋于紊乱无序的状态。美国当代政治学家亨廷顿探讨了 20 世纪 50—60 年代发展中国家所发生的动乱的原因，认为高度传统的社会和高度现代化的社会都是稳定有序的，失序主要发生在社会变革、体制转换的现代化进程之中，"现代性产生稳定，但现代化却会引起不稳定"[①]。因此，在我国的现代化进程中，经济运行的井然有序只能是相对的，整顿经济秩序势必贯穿于经济体制转换的整个过程。

失范，即失去规范，涂尔干称之为 "anomie"，其含义是由于社会规范的衰微、冲突、含糊或不存在状态，人们不知道该做什么、该怎么做，甚至不能控制他们的欲望，更不能分享他

---

① S. P. 亨廷顿：《变革社会中的政治秩序》，华夏出版社 1988 年版，第 41 页。

们的目标。[①] 经济运行的失序，必然导致社会行为的失范。当前的整顿、治理和深化改革，正是要寻找、理顺、重建失去的规范，建立社会主义商品经济新秩序。失范程度的加剧，与新旧体制转换进程中的举措失当成正比。改革十年，我们一直不断地讨论"标准"问题——从破除"两个凡是"到重新确立实践标准，恰恰表现了规范的失而复得、乱而复顺、破而复立。

失调，即社会心理失调。失调是失序的心理积淀，是失范的实质所在。前面的矩阵说明失调是转换过程中难以绝对避免的过渡性的社会心态。C体制所要求建立的社会心理机制C.Ⅰ—Ⅴ，是包含着妥善解决二难抉择的前所未有的、崭新的对立统一形式，是包含在现代化系统工程中的艰巨复杂的"心理工程"，需要有一个长期探索—反复试验—建立规范—巩固发展，最后内化为心理机制的渐进过程。

调适，即针对社会心理失调进行社会心理调整。失调的蔓延会成为新旧体制转换的深层障碍。转换→失序→失范→失调→转换的循环，如不经过调适的环节，即为恶性循环，经过调适才能成为良性循环。我们不赞成达尔德（G. Tarde）、滕尼斯（F. Tönnies）、沃德（L. F. Ward）等把心理发展程序看作社会发展程序的"社会心理因素论"，但也不否认他们提出的人与人相互间的心理作用会引起社会行为，进而引起社会现象的变化，因而社会心理也是社会成立的一个重要条件的观点。在当代中国推进社会变革的历史进程中，社会心理调适是不可或缺的一个方面。

社会心理失调有由里及表的三级，与此相适应，应该进行由表及里的三级调适。从三级失调到三级调适，构成社会心理的调适链（如下图所示）：

社会心理失调，是在社会主义商品经济发展所要求的新旧经济

[①] Emile Durkheim, *The Division of Labor in Society* (translated by George Simpson), New York, Macmillan, 1933.

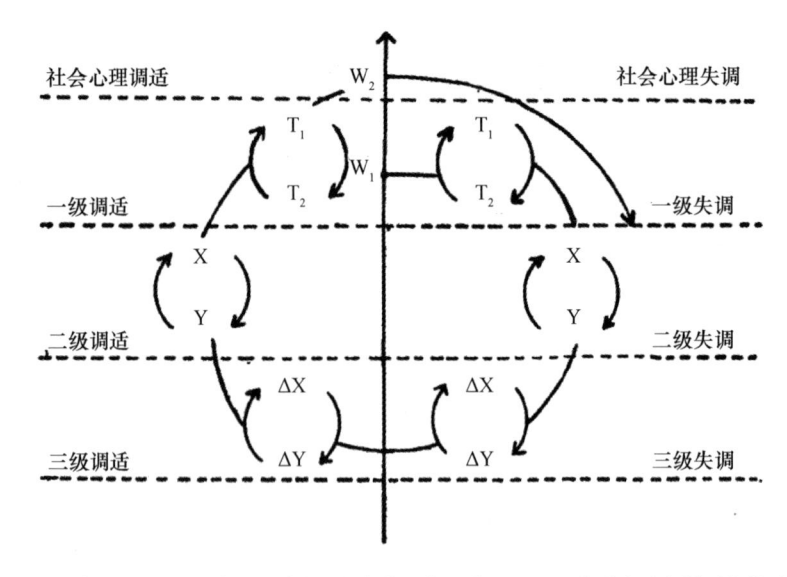

◎ 社会学

轴线↑表示社会主义商品经济发展的主线。线上的 W_1、W_2 分别表示由低到高的不同发展阶段。线的右侧是商品经济发展引起的社会心理失调;左侧是商品经济发展所要求的社会心理调适。

T_1　社会经济体制

T_2　社会心理机制

X　社会心理失调的直接诱因

Y　社会心理失调的一般形式(失衡)

ΔX　社会心理失调的放大诱因($\Delta X>0$)

ΔY　社会心理失调的极端形式(如 $\Delta X>0$,则有 $\Delta Y>0$)

↻　相互作用

---　失调及调适的层次区分。相应层次的调适,一般只能解决相应层次的失调。

↻　环线为社会心理调适链,它围绕商品经济发展的轴线由低到高地循环运动。较高阶段的商品经济,又可能引发新的社会心理失调,从而要求新的社会心理调适。

体制转换的大背景下,由里及表发散出来的反常失序的社会心态。一、二、三级,在这里标志着失调由潜藏而表露的显著程度,由分散而集中的强烈程度。

一级失调是在建立适应新经济体制要求的社会心理机制(C.I—V)的过程中,所包含的一系列二难抉择,以及由此引起的无所适从的社会心态。

二级失调是在一级失调的基础上,由于种种经济社会因素综合作用而诱发的社会心理失调的一般形式(也可视为社会心理失衡)。二级失调的直接诱因 X 和失调形式 Y,都是多因素的集合变量,如图所示:

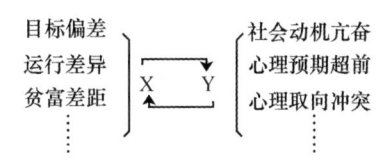

$$
\left.\begin{array}{l}
目标偏差\\
运行差异\\
贫富差距\\
\vdots
\end{array}\right] X \rightleftarrows Y \left\{\begin{array}{l}
社会动机亢奋\\
心理预期超前\\
心理取向冲突
\end{array}\right.
$$

目标偏差:我国社会主义商品经济的发展,有一套完整的目标模式。从根本上来说,它要能保证不断地再生产出公有制占主体和实现共同富裕目标的社会主义生产关系,极大地调动生产者的积极性,提高生产力发展水平。但是,目标设置的原则性与目标实施的灵活性需要有机统一;目标内涵的科学性与目标宣传的鲜明性又难以两全其美。广泛用于社会动员的简明生动的目标,常常舍弃了目标模式的多样规定性引起实施过程的目标偏差。"致富"的目标很容易使社会动机亢奋,驱使人们投身商品经济的洪流,但也容易使人们对改革成效采取一种立足点低的带有浓厚个人经验色彩的价值标准,引起心理预期超前和心理取向冲突。心理学的实证研究揭示,当个人寻找目标的持续活动受到环境的阻碍或个人能力的阻碍之后,就会产生挫折感,进而产生焦虑。而挫折感最主要的一个来源,是动机的冲突。[①] 人们要求每次改革都立竿见影地给每个人带来好处,对改革的近期效益期望值过高,对改革的艰难复杂和必然出现的问题与风险估计不足。社会动员越强,相对的经济发展越慢,社会挫折感就越强,即:

---

① 参见西尔格德等《心理学》第 15 章"冲突、焦虑及防卫",台湾桂冠图书股份有限公司 1976 年版。

$$\frac{社会动员}{经济发展} = 社会挫折感①$$

运行差异：从纵向看，新旧体制对峙、胶着、交互发生作用，导致改革中问题成堆，矛盾纷呈。从横向看，城市与乡村、沿海与内地、行业与行业之间，无论在改革的对象、程序、环境上，还是在个体与群体目标的协调及实现状况上，都有差异。商品经济的竞争在一定阶段内会加剧社会经济的不平衡发展而导致运行差异。贫困地区就常有那种"在干什么成什么的资源基础上，干什么不成什么"的社会挫折感。

贫富差距：发展社会主义商品经济，需要引入竞争机制。而作为竞争结果拉开的贫富差距，会把竞争过程扭曲为相互攀比。攀比心理又把贫富差距在心理想象中放大，使人产生不公平感。几乎人人都感到不公平，没有提级、加薪者感到不公平，提级、加薪者也感到不公平。这种失去平衡的心态，并不导致积极竞争，却会复萌"均贫富"的愿望，使旧经济体制培育的那种风险承受能力弱、进取性低的社会心理特质②，在商品经济的冲击中重新找到隐蔽之所。而由于攀比心理在社会诸多方面的作用，风险最大的利益结构性改革又被迫提前出台，反过来使低风险承受力的社会心理受到加剧的冲击。

三级失调是由于失调的直接诱因 X 放大为 ΔX，社会心理失调 Y 也相应向极端形式 ΔY 推进，这里用的符号"Δ"，不仅表示量的扩张，也表示质的飞跃，如图所示：

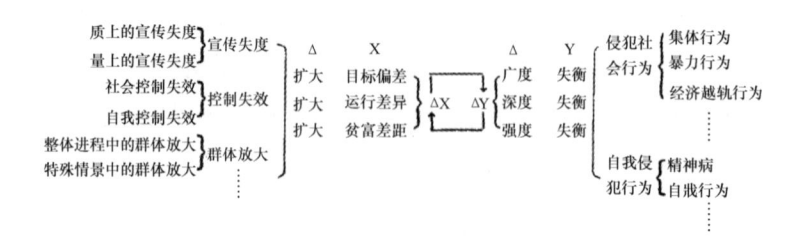

---

① 这是 S. P. 亨廷顿提出的公式，见《变革社会中的政治秩序》，华夏出版社1988年版，第56页。

② 参见《改革的社会心理：变迁与选择》，四川人民出版社1988年版，第207页。

变革社会中的社会心理：转换、失调与调适

宣传失度：质上的宣传失度即宣传内容的把握不当。我们有许多传统观念，是商品经济不发达阶段的产物，只能在推进商品经济的实践过程中逐步更新。观念更新的过于超前，宣传内容的把握不当，容易产生错误的舆论导向。量上的宣传失度即宣传规模、幅度、时机、范围的把握不当。"一刀切""一边倒"的现象，往往来自"一风吹"。宣传失度扰乱客观标准，影响正面宣传和理论教育的效果。客观标准不听信，就以主观标准来判断事物。个人的感觉阈限因此而降低，社会的敏感程度却因此而提高。人们需要信息而又缺乏正确信息，于是传言四起。社会心理相互感染、模仿、遵从的过程加快，于是疑虑丛生。大众处于一种敏感、躁动的心理环境之中，犹如患了"社会神经衰弱症"。社会心理失衡因而具有普遍性，即广度失衡。

控制失效：社会心理失衡具有一定的集束性而导致偏差行为，即深度失衡。偏差，现代社会学特指改变或违反社会规范，并把偏差行为区分为行动偏差、习惯偏差、人格偏差、团体及组织的偏差、次级文化偏差等[1]，强调通过社会控制，即通过社会对个人或集团行为所作出的约束，来适当遏制或控制偏差行为，以求得社会的有序运行、和谐稳定。但在新旧体制转换的过程中，伴随而来的恰恰是社会控制的弱化。例如，农村劳动力的大量转移，都市化进程的加快，使包括户籍管理、人事档案、地方规章、伦理约束等在内的传统的社会控制手段都相形见绌。社会控制的相对失效，要求自我控制来弥补。自我控制主要指在现代化进程中的自我心理适应。应该加强在群众中的思想政治工作，以提高群众的自我心理适应能力。

群体放大：即社会群体对心理失衡的放大。整体进程中的群体放大，是指在现代化的整个进程中由于时空的两维挤压而形成的群体放大。资本主义从传统社会迈向现代社会用了五个世纪，我们却要把它挤压到不到一个世纪去完成，这是时间一维的挤压。于是，

---

[1] Metta Spencer, *Foundations of Modern Sociology*, New Jersey Prentice-Hall, p. 145.

无论是经济体制的转换，机构、组织的分化或淘汰，还是思想、观念、行为的蜕变或更新，社会习俗的改变或建立，其节奏都相应加快。此外，当代科技日新月异的发展，信息传播和交通手段的扩展更新，使世界变小了，这是空间一维的挤压。于是，人们活动的节奏也相应加快。时空的两维挤压使人们一般所能容纳的心理刺激信息"超载"，社会心理会像布朗运动的热分子剧烈碰撞。特殊情景中的群体放大，是指在社会变迁剧烈，人员密集而又兴奋点趋于一致，社会利益群体的利益摩擦激化，大众传播媒介将社会情绪"聚焦"，改革的步子过大使社会心理难以承受等特殊情景中，社会心理加速碰撞而形成的群体放大。这两类群体放大，都会使社会心理失衡具有一定的爆发性而导致强度失衡。强度失衡的典型形式，即集体行为（Collective behavior），也可译为集合行动，这是引起现代社会心理学普遍关注和深入研究的一种社会心理失调现象。集体行为往往由特定的多数人表现出来，缺乏严密的组织结构和定型的形式，主要靠情绪来维持，否定正常的社会规范，其自身不能持久却能引起持久的社会动乱。它是一种破坏力较强的社会行为模式，是社会心理失调的极端形式。

　　社会心理调适，就是根据社会心理由里及表的三级失调，倒过来进行的由表及里的三级调适。调适的三、二、一级，在社会心理调适链中标志着调适由表层而潜层的深入程度，由"急诊"而"根治"而积极"预防"的调节程度。

　　调适的原意为和顺舒适。斯宾塞说，"生活即是内在关系与外在关系的调适"[①]。本文指通过对社会心理失衡、失调的调节、整合、修复，以及对社会心理机制的重构，建立变革社会中的良性社会心态。从社会心理由里及表的三级失调，可以推导出由表及里、辨证施治的三级调适。调适的一、二、三级在操作时可以有所交叉，但却不能相互取代。

---

① 转引自费穗宇等编《社会心理学辞典》，河北人民出版社1988年版。

三级调适是针对三级失调的"缩微—急诊"。如前所述,三级失调是 ΔX 向 ΔY 的推进,三级调适即致力于将作为"Δ"增量的因素"缩微",并针对 ΔY 的侵犯社会行为和自我侵犯行为紧急诊断和强行抑制。对骤然爆发的集体行为,在事态出现之前尽可能设有预案,在事态进展之中尽可能稳住燥热不安的群众情绪,必要时采取果断措施防止事态扩大,缩小波动面,缩短延续时间。要建立和完善各种法规,改善和加强各种社会控制手段,以适应剧烈的社会变迁。对暴力行为、经济越轨行为等,要依法从速惩治,以儆效尤。对因心理失调而引起精神病或自戕行为等严重心理冲突,要进行危机干预、临床治疗或行为指导。我国应及早制定和颁布精神卫生法规,发展精神卫生事业,加强精神卫生管理,保障人民的身心健康。

二级调适是针对二级失调的"矫正—根治"。如果说三级调适主要是针对 ΔX 和 ΔY 中的"Δ"而"缩微",二级调适则要进一步矫正 Y 即失调的社会心理,根治 X 即失调的直接诱因。应急的、强制性的一些三级调适措施,虽然能在短期内见效,但孤立地反复地使用却会引起反弹效应。因此,需要进一步采取"矫正—根治"的二级调适措施。对 X 的调适,应针对目标偏差、运行差异、贫富差距等进行调适以求"根治"。目标偏差主要来自社会动员所给出的预期目标与现实进程中的具体目标之偏差。调适,就要从两头着手。一是以目标制定的严谨与社会动员的适度,来矫正预期目标,如不宜轻易许诺或过分渲染"某期间通货膨胀率下降某个百分点"之类的缺乏科学论证的目标;二是以充分而又令人信服的宣传,说明目标的逐步实现程度,使人看到改革确实促进了经济发展。总之,对目标偏差的调适,要把握住既能使心理期望值提高而振奋精神,又不使心理期望值过高而精神脆弱的最佳临界点,如沿用亨廷顿的公式即:

$$\frac{适度的社会动员}{高度的经济发展} = 轻度的社会挫折感 + 持久而振奋的社会动机$$

对于纵向的运行差异,必须靠深化改革来调适。当前我们放慢价格改革步伐时,应着重整顿、治理,以防止轮番涨价和比价复归，同时也要注意防止放、收循环和体制复归。而横向的运行差异，则要求改革立足于我国经济二元结构的实际，采取双重推进战略（整体推进与区域推进），调动双向积极性（自上而下的积极性和自下而上的积极性）。对贫富差距的调适，也不可能回到"均贫富"的老路上去，只能是"效率基础上的公平"。不应把各种经济收入人为地固定在一个个静止点上，而要合理地控制在一个动态的区间。区间的上限以规范化的累进所得税制度维持；区间的下限以规范化的社会福利保障制度维持；区间之内以规范化的市场制度维持。[1] 在贫富差距保持动态平衡之后，人们又会萌发提高社会地位的期望。这就需要社会使实现这种期望的方式规则化，形成有规则、可预期的合理机会，如建立公务员制度等。

对 Y 的调适，则可采取多种方式以求"矫正"，例如：建立一种有控制的社会安全阀机制，缓冲心理压力；进行"免疫注射"（如试点、示范、造舆论等），使社会心理在不可避免的震荡到来之前产生"免疫"机制，提高承受能力；开展咨询服务，排除心理障碍；畅开言路，提高心理阈限；协商对话，实现心理沟通等。失调是多元的，调适也就是多样的、综合的、辨证施治的。

一级调适是针对一级失调的"重构—预防"。这是"社会心理调适链"的最后一环，也是三级调适中最困难的一级。重构社会心理机制，是面对一系列二难抉择的两全抉择。两全，不是折中主义的拼凑，从根本上来说，是要在社会主义有计划商品经济的发展进程中，实现利他与利己的具体同一。因为无论是行为、观念的剧烈冲突，还是"无意识的社会意识"的深层矛盾，其根源盖出于此。商品是最具个性的劳动产品，作为共性的商品价值的实现，有赖于商品个性的竞争，商品的生产和交换活动是具有自主性、独立性的活动，通行等价交换的原则，确认物质利益的局部性、个体性。商品经济的洪流冲开了闭塞地域的大门，使更多的人有了展现个性和

---

[1] 参见宋则、房汉廷《深化改革与改革的深层障碍》，《中国经济问题》1988年第3期。

自我的天地。而社会主义商品经济的发展，又要求所有制结构发展以公有制为主体，多种形式并存的新格局；要求社会组织结构在整体优化的前提下实现结构分化与功能分化；要求人在趋向于全面发展中的个性发展充分化与个人角色多样化；要求共同理想、共同奋斗目标下文化选择机制的多样化。然而，当个人欲望无节制地增长以至物欲横流，当民主被用来破坏民主、自由被用来妨碍自由时，失序—失范—失调就会加速度地循环，改革之舟就难以驶出新旧体制转换的漩涡。社会心理机制的重构，要在坚持四项基本原则的条件下，从根本上解决利己与利他的矛盾，从而使人们对于体制转换时期种种心理失调的诱发因素，具有预防、"免疫"功能，具有较强的自我鉴别、自我调节、自我矫治、自我控制和自我适应的能力。它属于社会心理调适的最深层次，其立足点是以社会主义的意识形态充实和完善人的内心世界，振奋民族的精神，调动人民群众的积极性、能动性和创造性，提高国民的素质。

三级调适的方法只能提供一个基本的框架，具体方法需要在实践中去探索和总结。但"理顺人心"从根本上来说有待于"天下大治"，有待于社会矛盾冲突的妥善解决，有待于经济、政治、文化、心理四维要素的综合变革。

如果说人类对自然的改造要以生态失衡为代价，改造自然的成功必须以建立新的生态平衡为基础；那么，社会变革也难免要以心态失衡为代价，变革社会的成功也有赖于建立新的心态平衡。中国十年的改革实践使我们进一步认识到，这场社会变革运动必须伴之以对社会心理失调的深入、持续、有效的调适和引导，必须包含社会心理机制的转换和重构，从而形成有利于社会主义有计划商品经济发展的良好的社会心理环境，"形成有利于社会主义现代化建设和全面改革的舆论力量、价值观念、文化条件和社会环境"[1]。

---

[1]《中共中央关于社会主义精神文明建设指导方针的决议》，人民出版社1986年版，第4页。

开展中年问题的社会学研究*

社会学在我国恢复伊始，便迈出了坚实的步伐，各分支学科纷纷在建立之中。从几年来我国重建社会学的一些进展情况来看，对青少年问题的研究，迅速发展，目前青年社会学作为一门分支学科已具雏形。随着老年问题在我国也开始突出起来。1982年我国政府派代表团赴维也纳参加"老龄问题世界大会"①，我国的老年社会学研究也在兴起。既然青少年问题和老年问题都有社会学的专门学科相继开展研究，是否也有必要开展中年问题的社会学研究呢？

中年知识分子问题引起的社会学思考

青少年问题和老年问题引起社会学者的重视，是因为这些问题已表现为迫切的社会问题。如青少年教育问题，青少年违法犯罪问题，老年人增长及人口"老化"与经济、社会发展的相互关系问题，等等。那么，中年问题是否也在成为迫切的社会问题？众所周知，至少中年知识分子问题，确已显示出其迫切性、尖锐性。

四个现代化的建设，要求大量中年知识分子充当各条战线承前启后的中坚和骨干。这也符合人才培养和使用的客观规律。中年，是发明创造的黄金时代。1978年有人对全世界325位获得过诺贝尔

---

* 原载《内蒙古社会科学》1983年第2期。
① 参见《长寿》杂志1982年第6期武元晋文章。

奖金的科学家作过年龄统计，其中30—50岁为最佳年龄组，占全部获奖人数的75%[①]。对近几个世纪以来全世界千余名杰出科学家和近两千项重大科技成果的统计分析也表明，科学发明的最佳年龄区是25—45岁，峰值年龄在37岁左右[②]。英、法、德、美、日等国先后在经济发展上赶超世界先进水平的过程都一再表明，一个国家重大的科学成果数目总是与杰出的科学家人数成正比，而与这些人平均年龄到峰值年龄之差成反比。在我国是否同样存在"最佳年龄区"问题？有的同志对此持有异议。但调查表明，我国当前科技人才创造力的最佳年龄区确在35—55岁之间[③]。对我国第二批自然科学奖获得者年龄结构的调查也表明，他们绝大多数是在年富力强、创造力最佳时期完成受奖项目的。696位科技人员完成受奖项目时平均年龄为40岁[④]。可见，我国要在经济发展上赶超世界先进水平，实现四化，无疑应充分发挥中年知识分子的作用。

但是，目前中年知识分子的工作条件和生活条件一般较差，在一定程度上束缚他们发挥积极性创造性，这就不能不引起社会学者们的调查、探索、思考。1982年费孝通曾到云南、四川两省调查，指出，"即将在今后十年中起着决定我们文教科技质量的作用"的一代中年知识分子，目前的状况是"两重两差：工作重、家务重、待遇差、体质差"[⑤]。其他一些有关的调查也与费孝通概括的特点相一致。如上海中年知识分子目前的状况是"工作任务重、家务劳动重、经济负担重、工资收入低、健康状况差"[⑥]。华中农学院社会学小组1982年对该院中年教师状况调查，称中年教师是"两眼一睁，忙到熄灯"。在填写问卷的140人中，竟然平均每人患有一种以上

---

① 据《光明日报》1982年10月18日第1版。
② 参见《人才，人才！》，天津人民出版社1980年版，第65页。
③ 参见于文远《技术人才创造力的最佳年龄区》，《人才》1982年第11期。
④ 据《光明日报》1982年10月18日第1版。
⑤ 《发挥知识分子的作用，智力资源不能浪费》，《光明日报》1982年6月25日第1、4版。
⑥ 吴绍中等：《关于上海知识分子生活状况的初步调查》，《社会科学》1982年第5期。

的疾病。① 又如有人对 1974—1980 年北京市区知识分子健康状况的调查表明，中年知识分子健康状况呈恶化趋势，26—45 岁科技人员比 1978 年同龄组的一般居民，重大疾病发病比例高出 10 倍，死亡比例高出 8 倍。② 社会主义中国知识分子的杰出代表蒋筑英、罗健夫的英年早逝，再次向全社会敲响了警钟。正如《光明日报》社论所尖锐指出的："调查材料表明，在不少地区和部门，中年知识分子的死亡率是很高的。如不尽快改善中年知识分子的工作和生活条件，给他们以更多的关心和爱护，还会有更多的蒋筑英、罗健夫式的人物英年早逝，给四化造成更大损失。""关心中年知识分子就是关心人民群众的根本利益，保护中年知识分子就是保护实现四化的美好前程！"③

现在，党中央、国务院已经注意和重视中年知识分子问题，并制定政策，采取措施，着手在几年内优先、逐步改善中年知识分子的工作和生活条件。在这样的形势下，社会学岂能袖手旁观、无动于衷？社会学者运用其概念工具和调查手段，继续比较广泛、深入地开展这方面的调查研究，为各级党委和政府按照中央决策精神具体解决好本地区、本部门的中年知识分子问题，提供有准确的调查情况、有科学的理论分析且切实可行的咨询意见，应当是义不容辞的一项迫切任务。

中年问题是普遍存在的社会问题

中年知识分子问题虽然突出，还只是全部中年问题之一部分。我国中年知识分子如以具有中专以上文化程度，36—55 岁计，有约 577 万人④，在同龄组的中年人中所占比例是很小的。中年人之中

---

① 参见华中农学院社会学小组《重视和发挥中年教师的作用》，全国首届社会学年会论文。
② 据北京科学学研究会邸鸿勋等同志的调查材料。
③ 《要更加爱护活着的蒋筑英和罗健夫》，《光明日报》1982 年 12 月 9 日第 1 版。
④ 参见《光明日报》1982 年 7 月 15 日第 1 版。

占大多数的中年干部、中年工人、中年农民……的状况怎样呢？显然不能认为除了中年知识分子问题以外，这些人就没有他们各自的问题，也不能断言这些问题在四化建设中无足轻重。

例如，要按照革命化年轻化知识化专业化的方针建设好干部队伍，就面临着一个如何大批培养、识别、选拔中青年干部的问题。胡耀邦同志在1980年5月中央组织部召开的选拔中青年干部座谈会上，特别把年富力强、精力充沛列为理想的领导班子的必要条件之一。陈云同志在党的十二次代表大会上，又强调要坚决按照德才兼备的原则，不是几十个或几百个，而是成千上万地把那些经过考验、确属优秀的中青年干部选进各级领导班子。显然，要实现干部队伍的年轻化，在当前要特别注意培养和选拔三四十岁左右的优秀干部。据统计，我国现有干部中36—55岁者约1100万人。[1] 干部队伍之外也有不少德才兼备的中年人才可供选拔。如何从这个巨大的人才宝库中好中择优，发掘宝藏，这里就有值得社会学研究的课题，即从干部问题方面表现的中年问题。

又如，在中年工人中目前估计有一半人还是四级工，他们是各企业中的生产、技术骨干。由于他们的工资低于他们的技术等级，家庭生活负担太重，生产积极性就难以充分发挥。这是从工人方面表现出来的中年问题。

再如，我国农业普遍实行多种形式的生产责任制，大大解放了生产力，农村中家庭的作用也开始突出起来。中年农民如何操持家计，安排生产，他们对于普及科技文化知识有些什么迫切要求，他们在冒尖致富之后产生了一些怎样的消费愿望，他们正处于育龄阶段，对于实行计划生育有些什么新的看法……这些，又可以说是从中年农民方面表现出来的中年问题。

社会生活的实践已经提出了对中年知识分子、中年干部、中年工人、中年农民……进行社会学研究的要求。与青、老年问题都各

---

[1] 《红旗》1982年第19期，第12页。

具特点而形成各自的独立性一样，中年问题也有其自身的特点而具有其独立性。中年人的社会构成、社会地位和作用，中年人的心理、生理特征，中年人的婚姻、家庭、子女教育、自我教育、知识更新，中年人的闲暇时间及一般生活规律，不同国家、民族、社区、阶级、阶层中年问题的特殊性，造成各种中年问题的社会原因，等等，都值得专门研究。例如，以思想方法和世界观而论，青年处于形成期，可塑性强，富有朝气，但有时难免幼稚，易走弯路。老年则多已定型，信仰坚定，持重稳健，但有时又难免趋于保守，固执己见。中年则可兼二者之长，成熟坚定，理想执着，善于创造。又如，从智力发展、知识和经验积累、对社会的贡献来看，我们并不否认青年中常有出类拔萃者的崛起，老年中不乏"烈士暮年，壮心不已"的前辈，他们都能为社会作出重大贡献。但一般说来，在各行各业中处于第一线的骨干和中坚，还是中年，或是即将进入中年的所谓"老青年"。人类的智力、知识、经验、贡献的积累和发展，当遵从概率统计中的偏态曲线分布，青年、老年各处一端，中间的大面积区域以及峰值则为中年所占有。这是前面提到的科学发明的"最佳年龄区"所证实了的。从这个意义上来说，如只顾及青、老年问题而忽略对中年问题的专门研究，就未免失之偏颇了。

我们再试以社会学"地位—角色"的理论，来说明中年问题存在普遍性和专门研究的必要性。从社会学的角度来看，人的社会性具体表现为一定的社会地位（Status）和角色（Role）。社会地位即人们在社会关系体系中所处的位置，社会角色则是由一定的社会地位所决定的、履行一定的责任和义务的社会行为。人到中年，往往难免具有多重社会地位，即在社会关系体系中常常要处于自相矛盾的不同位置，例如：相对于自己的老师并且出于知识更新的需要还是学生，同时又要教学生、带徒弟而为人之师；既要赡养、孝敬父母而仍为子女，又要哺养、教育子女而为父母；因为具有一定的政治、业务修养而常被委以一定的领导职务，同时又是完成具体任务的实际工作者；因为经验丰富、精力充沛而要承担较多的社会工作，同时又必须立足本职，搞好本行；等等。多重社会地位造成多重社会角色，从而必然引起不同程度的角色冲突（Role confilit），也即人们常说的忙得团团转还难免顾此失彼。中年阶段表现突出的角色压力和角色冲突现象，使一些人不堪重负而成为普遍性的社会问题，社会学对此应当加以专门的、具体的研究而提出一定的缓解措施，如改变中年骨干兼职过多的现象以减轻角色压力，逐步推行家务劳动社会化从而由社会承担某些共同性角色等。

中年问题需要社会学作辩证综合研究

前面指出中年问题是普遍存在的社会问题，有其独立性而需作专门研究，不是说这种研究可以孤立进行。恰恰相反，中年问题须放到与其他问题的纵横联系之中，用宏观与微观研究、定性与定量研究、理论与经验研究相结合的方法，去作辩证综合研究。

从横的联系来看，中年问题与落实知识分子政策问题，与干部体制改革中的老中青三结合问题，与干部队伍的革命化年轻化知识化专业化问题，与社会主义内部的阶层划分问题，与两代人之间的所谓"代沟"（Generation gap）问题，与劳动生产率的提高和人的能动性的发挥问题，与家庭、婚姻、妇女、教育、住房、闲暇时间等问题，以及与人事制度、人才制度、干部制度、工资制度等各种管理制度问题，与建设和发展体现社会主义精神文明的新型社会关系有关的若干问题，无不有着紧密联系。而对这些从不同角度涉及中年生活的种种问题，统一从"中年问题"角度进行综合研究，又无疑有助于这些问题的各自深入、细致的研究。

从纵的联系来看，人到中年，自然"上有老、下有小"。这句话的社会学意义，还不仅限于一般所说的中年人有养老哺幼的义务，而且显示了中年是承先启后的"中间环节"。在我国，这种承先启后的作用特别显著。今天的中年也是"青年"，是被耽误了十年的青年。今天的中年又有几分像老年,为了缓解到处人才缺乏的燃眉之急,他们不能不更多地承受历史重担,以致有些人在重负之下未老先衰,甚至"出师未捷身先死"。我们如果走访一下活跃在各条战线的中年骨干,便不难看到,"他们有思想觉悟,有业务能力,有生活负担。思想觉悟使他们不知偷懒,业务能力使他们承受重担,而生活负担又使他们不得安闲。他们在追求着,拼搏着。十年动乱的代价,如今还在付。为'四化'做出贡献的事业心,更日益热切!"①

对中年问题的社会学研究,必然要与青年问题和老年问题联系起来。仅以与老年问题的联系为例。哈佛大学国际事务研究中心提出的"现代化的人"的行为模型中,设想现代化、工业化、城市化的过程势必侵蚀长者的地位,使之解体,代以"少壮文化"(Youth Culture)。② 这里就提出了现代化过程中的中青年作用的发挥与老年地位"降低"的关系问题。又如,美国有社会学者提出,介于中年与老年之间有一个"年轻的老年时期的生命周期","年轻的老人"不同于中年人之处,主要是业已退休,而不同于真正老人之处,是还富有生命力和积极的社会兴趣。③ 由此想到,我国前几年一度实行的退休顶替办法,是不是也人为地造就了一批"年轻的老人"呢?

对中年问题的社会学研究,必然要触及一张纵横联系之网。研究中年问题,首先要问何为"中年",要从年龄上对研究对象加以界定。根据联合国的定义,年过65岁即为老人。而青少年的年龄,国际上也通常用生理发育阶段为界定标志,女性大约12—20岁,男性大约13—22岁。④ 如此,是否22岁和65岁就是自然确定了中年的上限和下限呢?笔者以为未必尽然。"中年"的年龄界定,即

---

① 参见《现代化的觉悟》,《人民日报》1982年8月17日第3版。
② 参见《国外社会科学》1981年第10期。
③ 据[美]R.格罗斯等编《新一代的老人:为体面的老化而奋斗》。
④ 据法国《二十世纪拉鲁斯大辞典》。

令仅从生理学角度来看，也应随着整个人类平均寿命的增长，随着不同地区平均寿命的不同，而有所区别。如果从社会学角度来看，一般还应以一个人的社会地位和社会角色的多少，来判断其是否处于中年阶段。我国习称的"壮年"，或许有助于表示"中年"的确切内涵。壮者，精力充沛、经验丰富、年富力强、承担重担、施展抱负之谓也。可见，"中年"的年龄界定这个似乎很简单的问题，也需要从多方面综合考虑。

总之，对于既具有相对独立性，又与各种问题纵横交错的中年问题，过去虽也有一些研究，但都分别局限于某一角度、某一局部，就难免有局限性、片面性和表面性。比较全面、系统、深入因而卓有成效的研究，应由正向辩证综合阶段迈进的社会学来承担。

从中年社会学到研究人生全程的社会学

对中年问题开展专门的社会学研究，能否导致社会学中又分化出一门新的分支学科——中年社会学？目前要肯定回答尚为时过早。但从简单的逻辑推论就不难看到，既然有青年社会学和老年社会学的相继问世，将来诞生一门中年社会学也未尝不可。社会学每分化出一门新的学科，总是一定的社会需要促成。社会需要的轻重缓急，决定了学科出现的先后次序。在我国青年社会学的率先问世，就因为用共产主义思想重新培养教育被十年"文革"耽误了的一代青少年，为维护社会的安定而对青少年违法犯罪的综合治理，首先成为全社会的当务之急。老年社会学在我国的兴起，则因为随着我国人民平均寿命的显著提高而老年人不断增多，随着离休、退休的老干部、老工人队伍的不断扩大，"不仅要给老年人的生命以时间，而且要给老年人的时间以生命"，于是综合老年医学、老年生物学、老年心理学并与社会学杂交而成的老年社会学便应运而生。我们预期可能出现的中年社会学，则反映着更深一个层次的社会需要。党的十一届三中全会以来，我国走上了安定团结、稳步发展的中兴之道。当前举国上下一致响应十二大的伟大号召，正在全面开创社会主义现代化建设的新局面。处于这种大转折、大发展时代的社会，必然需要大批的骨干和中坚力量充实各条战线，需要中年人真正担负起承上启下、继往开来的历史重担。这种社会需要，将是促进中年社会学研究的极大动力。

中年社会学研究的深入开展，势必使青年社会学研究和老年社会学研究贯通、联系起来。随着青年、中年、老年问题研究的深入发展，也就为产生一门崭新的、综合研究人生全程的关于"人"的社会学，准备了条件。这种社会学内部的学科分化与综合的统一，是与整个社会学向辩证综合阶段迈进的总趋势相一致的，是由社会学对社会机体的整体综合与局部分析的对立统一这一内在矛盾的发展所要求的。近年来，国内外社会科学都在普遍关注人的问题。国内哲学界强调"人"在马克思主义哲学中的地位，对人的本质、人的异化、社会主义社会人的价值等问题正在展开讨论。可以设想，如果我们把青年社会学、老年社会学以及中年社会学的研究都积极开展起来，并在此基础上进而建立一门综合研究人生全程的关于人的社会学，势必对人的问题写出更为出色的答卷，为建设社会主义精神文明作出应有的贡献。

论乡规民约的性质*

乡规民约这一形式，在当前农村的社会主义精神文明和物质文明建设中，正在发挥积极的作用。① 从社会学的观点来看，乡规民约比之城市居民制订的各类守则、公约，应当具有更为综合性的、多方面的功能和效用。因为乡村社区比之城市社区，其社会分工和各种社会管理职能要相对集中得多，而且一定乡土范围内的农民群众往往有其特定的民俗，特定的感情、要求、愿望、习惯、道德风尚、审美情趣、自发的倾向和信念等社会心理因素，需要反映这些特定因素而具有地方特色的，在社会生活各方面发挥作用并为大家所共同遵循的行为规范。乡规民约正是这样的行为规范。其多功用和综合性，反映了这种行为规范性质的复杂性。为此，有必要在深入实际调查的基础上，对乡规民约的性质进行理论探讨，以便在农村两个文明建设的实践中，更为恰当、有效、自觉地发挥其功用。本文提出一些初步探讨中的不成熟观点，就教于广大理论工作者和农村的实际工作者。

辩证唯物论认为，事物的质是具有许多不同方面的统一整体，也即在与其他事物的联系中表现为多种属性。要全面把握事物的性质并进而把握起决定作用的本质属性，有必要把人们的实践作为实

---

* 原载《贵州社会科学》1984年第2期。贵州省委宣传部《宣传通讯》1984年增刊第5期全文转载。

① 参见贵州省社会科学院"乡规民约研究"课题组《贵州乡规民约活动调查材料摘编》（第1集），《贵州社科通讯》1983年第11期。

际的确定者包括在内，将各方面的质综合起来研究。具体到认识乡规民约的性质，我们主要根据实地调查，找出乡规民约与当前实践紧密相关的属性，运用社会学常用的从有关学科的结合和渗透之中综合研究问题的方法，来进行考察。本文试图从史学的角度，考察乡规民约性质的演变；从政治学的角度，看社会主义的乡规民约如何成为一种农民群众直接参加基层社会生活管理的民主自治形式，并揭示其本质属性；从伦理学的角度，看其怎样作为一种特殊的社会主义职业道德规范；最后，从科学社会主义的角度，综合考察乡规民约的性质及其演变趋势。

传统乡规民约的性质考略

乡规民约，顾名思义，是同乡的人民自订自守的规约。《宋史·吕大防传》："（吕氏）尝为乡约曰：凡同约者，德业相劝，过失相规，礼俗相交，患难相恤"，把乡约视为民间的一种道德规范，历史上的许多乡规民约，确实也在一定程度上反映了劳动人民的一些共同利益和传统美德。如贵定县石板公社腊利寨所存的1919年的寨规碑规定："父义，母慈，兄友，弟恭，子孝，夫妇有恩，男女有别，子弟有学，乡间有礼，贫穷患难亲戚相救，婚姻死丧邻保相助，勿'惰'农业，勿作盗贼，勿学赌博，勿好争讼，勿以恶凌善，勿以富吞贫，勿以淫破义，行者让路，耕者让畔"等等。

但是，在我国漫长的封建社会中，乡规民约显然不仅仅是道德规范。由于我国农村一直处于自给自足的小农自然经济状态，生产力水平低下，文化发展缓慢，交通闭塞，一方面有不断强化的封建专制主义的中央集权统治，另一方面又有所谓"天高皇帝远"，许多社会事务客观上只能由乡村的地方势力自断自理。乡规民约便是实现这种自断自理的传统形式之一，从而是一种与政治规范的性质相重叠的道德规范。

一定的政治规范，总是体现了统治阶级的政治准则和要求的规范，如政策、法令、制度、公约等，对人们的行为是带有强制性的。统治阶级往往还需要非强制性的道德规范与政治规范相结合或交替使用，以施行"明德慎罚""宽以济猛，猛以济宽，政是以和"的"德政"。乡规民约作为政治规范和道德规范的重叠，正好具有这种"宽猛相济"的功用，因而为历代统治者在不同程度上所重视和利用，所谓"先王之治国化民，必须慎其习而已矣"，"古先哲王知其然也，故于习之善者导之，其可者因之，有弊者严禁以防之"。①

不仅如此，乡规民约在历史上还与保甲制度联系在一起，从而与作为政治规范强烈而集中地表现的法律规范，在性质上相重叠。有人对此进行过考察："汉制，乡里狱讼，由啬夫听之，不决则送有司。唐时通常讼案，须先经里正、村正、坊正处置，必须裁判者，则归县理之。元于乡里设社，社长对不敬父母及凶恶者，籍其姓名，以授有司。明清置乡约、里正负解讼之责。"② 明清保甲制度趋于完备，乡规也成为实施保甲制的必备手段。明太祖加强专制主义统治的措施之一，便是施行"里甲制"，里甲内的人民都要据约互相知保。③ 至清朝，"世祖入关，有编制户口牌甲之令。……凡甲内有盗窃、邪教、赌博、赌具、窝逃、奸拐、私铸、私销、私盐、踩曲、贩卖硝磺，并私立名色敛财聚会等事，责令专司查报。"④ 保甲制又是以野蛮的"族诛连坐"制为保障的。早在公元前的战国后期，秦国便建立了以"告奸"为目的的"户籍相伍"制，"令民为什伍，而相牧司连坐。不告奸者腰斩"⑤。"告奸"的重要依据之

---

① 本段引语分别出自《尚书》；《左传》昭公二十年；应劭：《风俗通》序言；黄遵宪：《论礼仪》。
② 展恒举：《中国近代法制史》第二章"中国历代法制之回溯"，台湾商务印书馆1973年版。
③ 翦伯赞主编：《中国史纲要》第3册，第178页。
④ 《清史稿》卷一百二十，志九十五，《食货一》。
⑤ 《史记·秦始皇本纪》献公十年（前375年），《史记·商君列传》孝公六年（前356年）。

一，便是乡规。

乡规民约与保甲制的这种联系，一直相沿至半殖民地半封建的旧中国。我们在贵定县调查中发现的甘塘寨尚存的1850年乡规碑，相传即为保甲长的"寨老"率"一共乡户十六寨"所立，碑文注明"倘有不遵者禀官"；龙窝寨1945年的护"坟山"寨规碑，也系保长率众而立。①

可见，在中国漫长的封建社会中，乡规民约虽然也可能多少反映局部地区的劳动群众的共同利益和传统美德，但不能不被反动统治阶级所利用而成为乡村中封建宗法制度的具体化或补充形式；成为一种虽然未经国家立法程序制定，但却由国家法律认可并赋予法律效力的法律，即不成文法或非制定法；或者成为一种国家认可并赋予法律效力的习惯，即作为不成文法之一种的习惯法。因此，旧时乡规民约的性质，当是道德规范、政治规范和法律规范的重叠。

为此，农民革命的内容之一，便是将旧乡规作为陈规陋俗，加以冲击或清扫。如太平天国提出要使"一切旧时歪例尽除"，建立"新天新地新世界"②。农民在废除旧乡规的同时，往往又制订自己的新乡规。毛泽东同志1927年对湖南农民运动的考察，专门提到"农民诸禁"："共产党领导农会在乡下树立了威权，农民便把他们所不喜欢的事禁止或限制起来"，如禁牌、赌、烟，禁花鼓、轿子，禁煮酒熬糖杀牛，禁丰盛酒席、游民生活，限羊猪鸡鸭等。毛泽东同志详细考察了这些禁令后，提出其中包含两个重要意义，一是对于社会恶习之反抗，二是对于城市商人剥削之自卫。③ 乡规民约作为一种政治、道德规范，在农民革命中就由过去的被反动统治阶级所利用的工具，变为农民群众争取自身解放的武器。

---

① 参见贵州省社会科学院"乡规民约研究"课题组《贵州乡规民约活动调查材料摘编》（第1集），《贵州社科通讯》1983年第11期。
② 洪秀全：《天朝田亩制度》；洪仁玕：《资政新篇》。
③ 《毛泽东选集》第1卷，人民出版社1991年版，第35页。

一种社会主义民主的自治形式

我国进入社会主义社会后，受社会主义经济制度的生产资料公有制和社会主义政治制度的民主性质所决定，乡规民约这一传统形式，也必然要具有新的性质和新的内容。其作为道德规范与政治规范的重叠，应该是在社会主义民主的基础上并以社会主义民主为主要内容的重叠。从此乡规民约便可以成为乡村农民运用社会主义民主进行自治，直接参加基层社会生活管理的诸种形式之一种，社会主义民主性便成为乡规民约的本质属性。

在社会主义的实践中，列宁曾一再强调民主建设的一项重要任务，是要努力发展具有特殊的经济和生活条件、特殊的民族成分等等的地方自治和区域自治①，使劳动群众直接参加基层社会生活的管理，使苏维埃不仅是"通过无产阶级先进阶层来为劳动群众实行管理"的机关，而且是"通过劳动群众来实行管理的机关"②。列宁指出："真正民主意义上的集中制的前提是历史上第一次造成的这样一种可能性，就是不仅使地方的特点，而且使地方的首创性、主动精神和各种各样达到总目标的道路、方式和方法，都能充分顺利地发展。"③

乡规民约这一具有中国特色和悠久历史的"民间"自我管理的传统形式，虽然在阶级压迫的社会本质上还不可能是劳动群众自己管理社会生活，但为社会主义条件下实现劳动群众直接参加社会生活管理的民主权利，提供了一个可以改造和利用的具有民族特点的形式。社会主义制度的民主性质使乡规民约必然也具有了民主性质之后，这一传统形式就获得了新的生命。它可以与各地乡村特殊的经济、生活和地理条件，特殊的民族成分、社会心理因素等相适

---

① 《列宁全集》第29卷，人民出版社1956年版，第29—30页。
② 《列宁全集》第29卷，人民出版社1956年版，第156页。
③ 《列宁全集》第27卷，人民出版社1958年版，第190页。

应，在与总目标一致的前提下发挥地方的特点、地方的主动性和首创精神。从政治学的角度设想，我国乡村的社会主义民主自治的形式之一，就是在党和政府的统一领导之下，由按照宪法规定建立的乡村基层群众性自治组织——村民委员会当家作主，发动群众民主制订乡规民约，"五好家庭条件"等各种规约，共同管理本村内部的地方性事务。乡规民约这一形式，理当在我国广大农村得到如列宁所说的"充分顺利的发展"。早在 50 年代，我国城乡就曾普遍订立爱国公约并收到显效。但十年"文革"，党和国家的政治生活很不正常，农民群众的民主权利备遭践踏，或被引向所谓"大民主"的无政府主义的邪路，作为乡村社会主义民主自治形式之一的乡规民约，也就不可能充分顺利地发展。党的十一届三中全会以来，我们党经过拨乱反正，总结 1949 年以来的经验教训，重申了列宁曾经一再强调的民主建设的重要任务：根据民主集中制的原则"在基层政权和基层社会生活中逐步实现人民的直接民主，特别要着重努力发展各城乡企业中劳动群众对企业事务的民主管理"。(《关于建国以来党的若干历史问题的决议》) 乡规民约这一形式，自然要得到应有的提倡和重视。中央 1983 年《关于加强农村思想政治工作的通知》把通过制订乡规民约开展建设文明村寨的活动，作为经过拨乱反正后农村思想政治工作中涌现的新方法，其所以"新"，不仅因为内容新、性质新，也因为包含了我们对社会主义民主建设的新的认识，提出了把建设高度社会主义民主的战略任务在农村基层逐步落实的新的任务。

近两年全国各地农村普遍开展订立乡规民约、建设文明村寨活动的实践，证明乡规民约作为一种社会主义民主的自治形式受到农民群众的普遍欢迎。农业生产责任制的实行和党的各项农村政策的落实，推动着我国农民在生产、生活和处理社会事务各方面，独立思考，大胆探索，自主决策，推动他们站出来自己管理自己。与农业生产责任制发展了社会主义合作经济内部的民主管理，扩大了农民在经济生活中的自主权相适应，客观上需要运用各种适合我国农村特点的民主形式和办法,来发展农村基层社会生活中的群众自治,扩大农民在社会、政治生活中的自主权。广大农民群众对乡规民约这一传统形式的继承、改造和普遍运用,提供了一种比较现成的民主自治形式。在1983年11月举行的全国文明村(镇)建设座谈会上,中宣部副部长郁文总结了这方面的经验,他指出:"开展文明村建设活动,制定乡规民约和'五好家庭'条件,大家讨论制定,大家自觉遵守,正确地处理和解决人民内部矛盾,这就适应了农民群众对民主生活的要求,并使民主成为群众自我教育的好方法。它为农民群众直接参加农村社会生活的管理创造了条件,把农民群众的民主权利由经济领域扩大到整个社会生活领域,使农民自己教育自己,自己管理自己。这对于加强农村人民民主专政的建设,把建设高度社会主义民主的战略任务在基层逐步落实,具有深远意义。"①

为了证实近两年来乡规民约所具有的社会主义民主性质,我们在贵定县的调查中提出这样的理论假设:制订和实行乡规民约中的民主化程度,是决定乡规民约是否发挥作用的关键性因素。设想在一个村寨或生产队,群众有制订规约的迫切愿望,制订中经过充分的民主讨论,订出后家喻户晓,实行中真正做到群众自我教育、自我管理、干部群众一视同仁,这样的规约才能比较充分地发挥作用。反之则作用甚微,我们采取社会学的问卷调查和统计分析方法来验证这一理论假设,调查和统计分析的结果如下:

顺 序	表示制订和实行乡规民约过程中的民主化程度的诸相关因素	对乡规民约是否发挥作用的影响(相关系数 Gamma)
1	群众制订规约的愿望	0.73
2	群众对规约的知晓程度	0.72
3	群众通过表扬鼓励方式自管自教的程度	0.52

---

① 参见《贵州日报》1983年11月13日第4版。

续表

顺 序	表示制订和实行乡规民约过程中的民主化程度的诸相关因素	对乡规民约是否发挥作用的影响（相关系数 Gamma）
4	制订规约过程中群众参与程度	0.42
5	干部、群众违犯规约，是否同罚	0.41
6	群众通过批评处罚方式自管自教的程度	0.27

表中所列各相关系数 Gamma[①]，均为正数较高值，说明用诸相关因素分别预测乡规民约发挥作用的程度，均能消减较大比例的误差，因而具有较强的相关性。这种现象，正是近两年来的乡规民约本身所具有的社会主义民主性质这一本质属性的必然要求和表现。

一种特殊的社会主义职业道德规范

根据上述乡规民约的社会主义民主性质，它应该是一种政治规范，但同样也是根据它的社会主义民主性质，它主要地又不是作为政治规范，而是我国农民的一种特殊的社会主义职业道德规范。

农民群众通过民主讨论，自订自守乡规民约，直接参加社会生活管理的过程，也就是党的十二大报告所指出的使民主"成为人民群众进行自我教育的方法"的过程，是行使民主权利的过程与自我教育过程的有机结合。自管与自教相辅相成。运用乡规民约自管自教，就与历史上的"连坐""告奸"那样随时要借助政权力量来压服的方法截然不同，而主要采取群众内部的自我说服教育方法，批

[①] 相关系数 Gamma 的计算公式，据 Mueller 等著 *Statistical Reasoning in Sociology*（波士顿，1977 年第 3 版）：

$$Gamma = \frac{Ns - Nd}{Ns + Nd}$$

式中

同序对数 $Ns = \sum_{ij}\sum Nij \sum_{kl}\sum Nkl$　　$(K > i\ 和\ l > j)$

异序对数 $Nd = \sum_{ij}\sum Nij \sum_{km}\sum Nkm$　　$(K > i\ 和\ m > j)$

评和自我批评的方法，也即民主的方法，来解决矛盾，褒善抑恶。因而乡规民约主要以道德评价的形式，靠社会舆论、思想教育和内心信念的力量来维持。邓小平同志1957年曾经肯定爱国公约"是一种群众性的自我教育、自我监督、自我约束的办法，是社会主义社会限制个人主义，改造旧的风俗习惯、形成新的风俗习惯的重要方法。"[①] 这一评价对于今天的乡规民约也是完全适用的。显然，限制个人主义，移风易俗，主要靠道德的力量而不是行政的力量。由此，便可以见到现阶段的乡规民约的"一身而二任"的性质：因为运用了社会主义民主，它成为群众自我管理的政治规范；同样也因为运用了社会主义民主，这种管理必然要求使民主成为一种自我教育的方法，即成为主要运用道德手段的群众自我教育的道德规范。它作为群众自我管理的手段具有直接性和权威性，作为群众自我教育的方法又具有广泛性和现实性。

我们再进一步看今天的乡规民约与法律规范的关系。乡规民约的社会主义民主性质，使其从传统的道德规范、政治规范和法律规范相重叠的形式，演变为虽然部分与政治规范重叠，在性质上却与法律规范截然有别的道德规范形式。人们常说："乡规民约是法律的补充形式"，这种提法用以指传统的乡规民约，无疑是不错的。但在今天，乡规民约与法律规范应该在性质上区别开来，不宜笼统称为"法律的补充形式"。如果从都是要求人们遵循的具有一定约束力的行为准则来看，乡规民约与法律规范确有共同之点，因而二者在作用上可以相互补充。常言道，"清官难断家务事"，乡规民约却可以去断一断，增强村民团结，家庭和睦。对于那些所谓"难死法院，气死公安，缠死干部"的"剪不断，理还乱"的民事纠纷，乡规民约也可以理一理，把大量人民内部矛盾解决在基层和萌芽状态。我们应当肯定乡规民约在调节人们行为方面的这种对于法律的补充作用。但作用上的相互补充不等于性质上可以相互混淆。乡规

---

① 邓小平：《在党的八届三次扩大会上的报告》。

民约毕竟不是由国家强行制定，强制执行的，全体公民都必须遵循的行为规范。而且，今天的乡规民约，也不应该具有旧时"保甲制"中的乡规的那种由国家政权认可的不成文法的效力，更不应该成为地方自立的"土法律"。其执行中的强制力量，主要是群众在相互监督、相互批评的自管自教过程中形成的约束力，是道德约束和舆论压力，而不是国家专政机关的暴力。因而乡规民约基本属于道德规范而不属于法律规范的范畴。但它又是一种特殊的道德规范。乡规民约作为一种社会主义民主的自治形式所具有的"自治"功能，使其在现阶段尚有别于一般的，只靠社会舆论的力量和内心信念的力量来维持的道德规范，可以在以思想教育为主的同时辅以必要的经济惩罚和纪律制裁。这种制裁对于受制裁者来说，在一定程度上具有与法的力量相类似的威慑作用，这是乡规民约这种道德规范所具有的特殊现象。正因为如此，就特别需要注意防止滥用这种力量，把纪律制裁变为法律制裁，把"自治"等同于法治，把民约混同于"民法"，把非阶级斗争性质的矛盾与阶级斗争性质的矛盾相混淆。

从乡规民约与政治规范、法律规范的联系与区别，可以看到它作为一种特殊的道德规范的属性。从道德规范本身的范围，又可以看到乡规民约作为一种特殊的社会主义职业道德的属性。

乡规民约作为具体的乡村范围内的规章制度、生活公约、行动准则，其特点是形式多样，不拘一格；切实具体，针对性强；有奖有罚，条条落实；民主制订，多方保证。从而有别于一般的道德规范和道德原则，属于比一般道德规范低一个层次的职业道德，可以说是一种农民道德。但我国农村幅员广大，八亿农民的经济文化水平、思想觉悟程度，以及生活习惯、人情风俗等等都不尽相同，不同的民族还有其各自独特的"表现于共同的民族文化特点上的共同心理素质"[1]，所谓"农民道德"就不像其他职业范围的职业道德

---

[1] 《斯大林全集》第11卷，人民出版社1955年版，第286页。

那样，可以比较容易地在较小的职业范围内适应本职业的具体条件去作具体规范，而需要一种比"农民道德"再低一个层次的补充道德形式。乡规民约正是这样的形式。某些乡规民约的条款，甚至并不直接具有道德规范的形态，只是针对本地具体问题所作的具体规定，但其中总是贯穿、渗透着一定的道德要求，是道德规范结合本地情况的具体化。而且，也不可能制定和实行一种代表八亿农民整体利益的统一的"乡规民约"。在国家、集体、个人的根本利益相一致，整体利益和局部利益相一致的前提下，乡规民约总是与一定乡土范围内的集体和个人的共同利益，更紧密地联系在一起，因而不能将其视为一般的"农民道德"而不问各地特殊情况，强求内容一致，搞"一刀切"。乡规民约的生命力，就在于它的浓郁的"乡土味"，在于它是"土生土长"的，切实针对本地实际的，一种特殊的社会主义职业道德规范。

行文至此，便出现了三个层次的道德规范：一般道德、农民道德、乡规民约，体现了现阶段在我国农村社会主义道德的多样性和规范的层次性。没有这种多样性和层次性，社会主义道德的原则和规范在农村就难以具体体现和切实生效。而且，我们说乡规民约比一般道德规范低两个层次，是从定义抽象而言的。在实践中，恰恰因为它处于道德规范的这一特殊层次，能够使社会主义道德的一般原则与各地区人们的具体行为丝丝相扣，息息相关，体现了道德规范中的一般与个别的统一，因而在广大农村就比一般道德规范表现出更为普遍的适用性和较强的针对性，从而在改变村风村貌，增强村民团结，家庭和睦，树立社会主义新风尚方面表现出其特有的效用。另一方面，也正是由于乡规民约处于道德规范的这一较低的层次，在实践中又存在着脱离社会主义一般道德原则指导的可能性。农村残余的封建道德以及外来的资本主义道德，都有可能鱼目混珠，掺杂其中；一些封建迷信活动还可能死灰复燃，伴随而行；一些乡规民约有可能只顾眼前利益和局部利益，甚至助长小团体主义、个人主义、狭隘地方主义、平均主义，滋长自私性、保守性、

◇ 社会学

狭隘性。这些现象，我在实地调查中时有所见。因此，乡规民约必须在社会主义一般道德原则、共产主义人生观的指导之下，不断完善提高，才能真正成为农村的社会主义一般道德规范的具体化和有效补充形式。

乡规民约的性质及其演变趋势

综前所述，可以说现阶段乡规民约的性质是：一种与政治规范部分重叠，对法律规范在作用上有所补充的、特殊的社会主义职业道德规范；一种农民群众在社会生活中运用民主自我管理和教育的自治形式。其基本属性，是与政治规范部分重叠的道德规范。其本质属性，是社会主义民主性。

这一定义并未穷尽具有多功用和综合性的乡规民约之与实践紧密相关的其他属性。如我们在贵定调查中看到的收效显著的管水用水的乡规民约[①]，其基本属性就难以完全包括在上述定义之中。因为这种规约，反映了农民在农业生产责任制的推动下，适应不同的生产力水平，自觉调整农村生产关系的某些环节和某些生产管理制度，很难说它基本上是一种道德规范，甚至很难说它只属上层建筑而不属生产关系领域。因此，如何用一个简明而又精确的定义，来综合乡规民约的多种属性并突出其本质属性，尚有待于进一步研究。以下仅略论乡规民约性质的演变趋势。

现阶段乡规民约的社会主义民主性质，决定了它必将从政治规范与道德规范的部分重叠，向一种单纯的社会主义职业道德规范演变，也即这种重叠部分将日益缩小终至消失。因为从科学社会主义的角度来看，共产主义初级阶段（即社会主义阶段）向其高级阶段的发展，将是阶级、国家、法律以及现在意义上的政治、民主等的逐渐自行消亡，道德规范将完全承担起维护整个社会秩序的职能，

---

① 参见《收效显著的农田水利管理乡规民约》，《贵州社科通讯》1983年第11期。

成为社会控制的主要手段和人们关系的主要调节者。顺应着这种历史发展趋势，乡规民约自然要逐渐加大其作为道德规范的成分和比例。而这种演变趋势，又显示了乡规民约作为一种向着以道德规范管理社会生活过渡的形式，所具有的蓬勃生命力和广阔发展前途。

列宁曾经多次提到，奴隶制的社会劳动组织靠棍棒纪律来维持，资本主义的社会劳动组织靠饥饿纪律来维持，"共产主义的社会劳动组织——其第一步为社会主义——则靠推翻了地主资本家压迫的劳动群众本身自由的自觉的纪律来维持，而且愈向前发展就愈要靠这种纪律来维持。"[1] 并且指出，当广大劳动群众都直接参加了社会生活管理，"当所有的人都学会了管理，都来实际地独立地管理社会生产……，人们对于人类一切公共生活的简单的基本规则就会很快从必须遵守变成习惯于遵守了"[2]。列宁的这些教导，是我们预测乡规民约性质演变趋势的指南。

我们无意描绘乡规民约的未来蓝图，但指出其性质的演变趋势，却是与现阶段的实践相联系的。当前各地农村乡规民约条款中的有关经济惩罚条款和纪律制裁措施，尽管还是为群众所认可的，保证乡规民约实施的不可缺少的手段，但从发展来看只能是一种辅助性、过渡性手段。乡规民约应该坚持以思想教育、道德约束为主，真正使民主成为一种群众自我教育的方法。那种偏重经济处罚，以罚代教，把"乡规"变成"罚约"的倾向，与乡规民约性质的演变趋势背道而驰，会使社会主义的乡规民约倒退到封建社会的旧乡规中去，因而不足取，应予纠正。当然，我们也不必因此就过早地强迫群众只教不罚，禁绝一切惩罚手段。乡规民约向着单纯的道德规范演变的趋势，是以整个社会以及制订规约村寨的安定团结、蒸蒸日上为前提的。从社会学的角度来看，"社会制度的协调和和谐程度越高，说服与自愿的因素起的作用也就越大"。而且，

---

[1] 《列宁选集》第4卷，人民出版社2012年版，第10页。
[2] 《列宁选集》第3卷，人民出版社2012年版，第203页。

"社会集团越是认为平安无危,并且对自己的地位评价越高,则在其他相同条件下,该团体对违背制度规范的个人举动的态度,表现出越大的忍耐性;而反之,社会集团越是感到自己处于受威胁的状况,它对偏离个人行为的社会规范的人们,采取越是不能容忍的态度。"①

在我们身边的许多看似平凡、细小的事物中,往往孕育着共产主义因素的萌芽。乡规民约土生土长,似乎不能登大雅之堂,也不是辞藻华丽、鸿篇巨制的道德宣言,但其中却孕育着共产主义道德因素的萌芽而自有其蓬勃生机。它能够将社会主义精神文明建设的原则要求,与各地农村千差万别的具体情况,与千百万农民群众日常的、丰富的、生动的生活实践,与群众的愿望、需要、利益,紧密结合,从而使精神文明建设在农村落到实处,并且有助于把建设高度社会主义民主的战略任务落实到农村基层。乡规民约可以成为与我国农民现有的思想文化水平和民族特点相适应的、为群众所喜闻乐见的、建设有中国特色的社会主义新农村的一种有效形式。我们应该重视它,研究它,运用它,推广它,促进它向前发展。

---

① 《社会学与社会发展问题》,浙江人民出版社1982年版,第376、363页。

对贵定县乡规民约活动的调查[*]

1983年4月到7月，我们着重调查了黔南布依族苗族自治州贵定县的乡规民约活动情况，走访了该县的4个区、11个公社和县级各有关部门，与140余人次举行了座谈，对参加县先代会的240名农村代表进行了问卷调查，并着重调查了晓寨等5个村寨。根据我们的初步调查，对贵定县乡规民约活动的概况、乡规民约重新恢复的客观必然性及其作用、性质，以及乡规民约活动中应注意的问题，谈谈我们的体会。

一 贵定县乡规民约活动的概况

贵定乡规民约活动具有历史传统。我们发现有从晚清到民国期间的三块完整的乡规碑。如新巴公社甘塘寨尚存1850年所立乡规碑。该碑注明是为了对付"扰害乡村，人所共恨"的"寡廉鲜耻之徒"，"爰集各寨乡耆明人合议乡规"。石板公社腊利寨存有1919年所立寨规碑，规定："父义，母慈，兄友，弟恭，子孝，夫妇有恩，男女有别，子弟有学，乡间有礼，贫穷患难亲戚相救，婚姻死丧邻保相助，勿惰农业，勿作盗贼，勿学赌博，勿好争讼，勿以恶

---

[*] 原载《贵州社科通讯》1983年第11期。《贵州日报》1983年10月17日以《农民在社会生活中实行自治的一种有效形式》为题，《光明日报》1984年1月9日以《农民自我管理和教育的一种好形式》为题摘要发表。

凌善，勿以富吞贫，勿以淫破义，行者让路，耕者让畔"等等，其中反映了劳动人民的一些传统美德。

中华人民共和国成立初期，该县曾普遍订立爱国公约，六七十年代陆续订有零星乡规民约。近两年来，响应中央号召，普遍开展订立乡规民约、建设文明村寨的活动。今年4月统计，该县凡有林业"三定"任务和农田水利设施的生产队，80%以上订立了护林、用水规约。而包括多方面内容的综合性乡规民约，已有40%的生产队订立，到7月，已有1034个生产队订立，占生产队总数的64.1%，发展较快。这些规约，提倡封山育林造林，反对乱砍滥伐、放火烧坡；提倡合理用水，认真管水，反对乱争乱抢、只用不管；提倡健康的文化体育活动，反对行贿窝贿；提倡助人为乐，反对偷摸盗窃；提倡"三兼顾"，反对只顾个人利益或损公肥私；提倡劳动致富，反对投机倒把；提倡文明礼貌，团结友爱，反对酗酒、骂人、打人；提倡婚姻自由，反对包办婚姻、变相买卖婚姻和近亲婚姻；提倡计划生育，反对超胎生育等，还有保护庄稼的若干详细规定。除了文字规约外，另有大量不成文的口头规约和个别以实物为标志的规约。

规约的订立，一般由群众民主讨论，多借助民间各种传统活动进行。部分村寨还选举成立了相应的组织，负责规约的实施。文字规约的公布形式有张榜示众、勒石立牌、印发各户、当众宣读等。该县乡规民约的一般特点是：切实具体，针对性强；形式多样，不拘一格；条条有罚，款款落实；民主制订，多方保证。

二 乡规民约重新恢复的客观必然性及其作用和性质

（一）客观必然性

我们中华民族，素有热爱文明，追求文明，关心社会，齐心维护治安，向往"风清俗美"的优良传统。乡规民约是各地乡村自断自理各种社会事务的具有悠久历史传统的形式。今天要在贵州省这样一个经济、文化还比较落后的多民族地区,建设具有中国特色的社会主义,创造崭新的历史,必须"是在直接碰到的、既定的、从过去承继下来的条件下创造"[①],也就有必要利用和改造乡规民约这一传统形式。

乡规民约近两年普遍恢复的直接原因,则在于农业生产责任制的推动。贵定县1980年普遍实行包干到户责任制后,广大社员从集体干活变为分散劳动。生产关系的调整极大地解放了生产力,同时也引出一些新问题。如过去是"一把锄头放水",不存在户与户用水矛盾,现在用水单位从生产队一下子变为千百个独立的用水户,难免纠纷不断;过去牛马糟蹋庄稼,群众说是"官马吃官料",现在损失直接落到个人头上;过去淘井修路补渠等公共事务由生产队派活路给工分,现在要靠群众协商出钱出力。此外,随着政策的放宽,然而思想政治工作暂未及时跟上,社会上"一切向钱看",损公肥私、损人利己的思想有所滋长,一些不正之风和落后现象也有所抬头。

农业生产责任制的实行和党的其他农村政策的落实,推动着农民在生产、生活和处理社会事务等各方面,都必须独立思考,大胆探索,自主决策,推动他们站出来自己教育自己,自己管理自己。他们衷心拥护生产责任制和党的各项农村政策,迫切需要解决出现的新问题,维护切身利益,协调相互关系,实现安居乐业,于是便从民间传统中找到了乡规民约这一旧的形式,加以利用。

(二)作用

贵定县农村目前群众制订的乡规民约,在着重解决实际生产责任制后出现的一些实际的迫切性问题的同时,正在逐渐地、不同程度地、直接或间接地在社会主义精神文明建设中发挥作用。这种可

---

① 《马克思恩格斯选集》第1卷,第603页。

喜的趋向尤其值得我们注意和加以引导。

(1) 有利于巩固、完善生产责任制和"三兼顾"原则的落实

农业生产责任制的巩固和完善，要求生产关系必须适应不同地区的生产力水平，要求农业生产的管理有更大的适应性和更多的灵活性，要求照顾农民的经济利益和尊重农民的民主权利。农民纷纷自觉地订立乡规民约，正是群众自觉调整农村生产关系某些环节和某些生产管理制度，以适应不同层次生产力水平的一种表现。它解决了实行生产责任制后出现的一些新问题，协调了劳动者之间的关系，维护了生产和生活的正常秩序，从而又为生产责任制的巩固和完善创造了有利的条件。贵定县通过乡规民约，保证了农田水利管理责任制落实的事实，就很能说明这一点。

该县实行生产责任制后，原来建立在生产队统一经营管理基础上的水利管理办法，已不能适应生产的需要。当年恰逢大旱，一年中发生较大的用水纠纷就在两千起以上。用水紧张季节，一些地方每户都得有人通宵露宿，在各自田坎上守水，要守一两个月。一到晚上，田坝里到处电筒晃动，人称"满天星"。这些情况，影响了生产，也不利于生产责任制的巩固和发展。1982年3月，他们开展了建立水利管理责任制的工作；同时，群众也自动组织起来，订立管用水乡规民约。由于制订了管用水规约，用水按"水班"轮流，管水有专人负责，又恢复了"一把锄头放水"，切实保证了水利管理责任制的落实。一年多来，全县不仅用水纠纷大大减少，而且灌溉效益普遍提高。如铁厂公社胜利水库灌溉面积由1000亩增加到1500亩，超过原设计能力的50%。新巴公社小冲水库1981年只灌溉500亩左右，1982年增加到1200亩。订立规约前后两年虽同样受灾，但全县粮食产量却从减产6.5%变为略有增产，促进了生产责任制的巩固和完善。

由群众民主制订的乡规民约，不仅对培养农民爱国家、爱集体的观念有着积极的影响，而且对于农民兑现生产合同，完成国家各项任务起着有力的约束作用。贵定县一些村寨把订立、实行乡规民

约与制订、兑现生产合同结合起来，在规约中订立体现"三兼顾"原则的条款，在合同中又写上有关事宜按乡规民约处理的规定，使社员切实做到"三兼顾"。如新巴公社尖坡寨在乡规民约中规定："每年要按时完成国家粮食征购任务、提留任务、生猪派购任务。经民约委员会进行说服教育，仍拒不交者，由生产队抽回其责任田土和生猪饲料地，重新承包给本队遵纪守法讲信用的社员。"龙井寨在订立乡规民约之前，公余粮没有完成，1981年的生猪征购任务也只完成一半。1982年订立乡规民约后，民约委员会的负责人挨家挨户检查生产合同的兑现情况，查阅完成国家征购任务的各种票证收据，保证了当年公余粮、生猪征购任务的完成和生产合同的兑现。

在社员利益和国家利益发生矛盾时，乡规民约起到了群众自我教育、自我约束、使群众自觉服从国家利益的作用。都六公社谷立辅大队有一条公路穿田坝而过，每年春耕，公路上都被挖出七条横沟过水，去年因此差点造成翻车事故。县有关部门多次打招呼，农民却强调"民以食为天""春耕耽误不起"而置之不理。今年发动群众订立的乡规民约中规定，限期填平明沟，过水只能砌暗沟，不从者罚款。在短短几天内，七条大沟有的填平，有的砌成暗沟。

（2）有利于整顿农村社会治安，使大量人民内部矛盾解决在基层和萌芽状态

贵定县公安部门曾把50年代普遍制订的爱国公约称作治安工作的"第一道防线"。现在的乡规民约，不仅重防，更重于治，群众把它称为"草捆草，柴捆柴"。像赌博、偷盗等较难解决的治安问题及大量民事纠纷，一些村寨运用乡规民约已得到较好解决。该县各级干部反映，治安中最头痛的是赌博问题，来软的他不怕，来硬的又不行（指不能动用武装民兵抓赌）。我们在调查中发现，新巴公社龙井寨依靠乡规民约有效地刹住了赌风。这个寨子从1976年到1982年赌博盛行六年之久，全寨60%以上的人卷了进去，外区外社的赌客也闻风而至，严重危及社会治安。制订乡规民约的消

息一传开，全寨沸腾，群众希望运用这一方式根治赌博。原来准备一家来一人开一天的会，一下子男女老少都来了，连续开了三天。会上群情激愤，一面诉说赌博的危害，一面订立禁赌规约，规定对招赌者施以一百元以上的重罚，并成立民约委员会，推选愿意痛改前非的原赌头罗有茂为会长。罗以身作则，不负众望。一次外寨有人来赌博，罗前去制止，那人恶狠狠地拿着叉子要打他，罗正色道："你敢！全寨人都支持我。"果然群众纷纷围拢为罗助威。这个寨子从此刹住了赌风，整个寨风也日益好转。

（3）有利于促进农村文化建设，使"五讲四美"活动制度化、经常化

推行生产责任制以后，广大农民随着生活的逐步改善，在文化生活上提出了新的要求。一些村寨的群众通过订立乡规民约，自己组织起来开展多种形式的文化活动，满足这种不断增长的精神生活的要求，从而在客观上保证了"五讲四美"活动的经常化、制度化。沿山公社的布依村寨——晓寨，1981年民主讨论制订了乡规民约并成立了寨委会。按规约每人一年交卫生费二角，电影费五角，街道、水井专人定期打扫，半月放一次电影。寨委会还根据规约组织了分为大、中、小三班的篮球队和青年武术队，两年来举办了具有一定规模的群众体育活动十一次；建立了全县第一个村寨文化站，为群众租借图书，放映幻灯，还准备开办农业科技讲习班和夜校。一位社员高兴地写下了对联赞颂本寨的新风貌："喜稻香亦喜书香，爱家园更爱乐园"，横批"乐在其中"。

（4）有利于树立社会主义的新风尚

社会主义新风尚的树立，涉及人们的思想、行为、习惯、信仰的建立和约束，要通过群众长期的自我教育，在潜移默化之中完成。乡规民约把这种自我教育制度化，把那些"难死法院、气死公安、缠死干部"的问题规定进去，根据本地习俗、传统，建立群众公认的道德规范，继承和发扬劳动人民的传统美德。公社立下乡规

三年来，家家不用锁门，衣服晾出几天不收也丢不了。州歌舞团来演出，途中掉了一条尼龙纱裙，一小时后便有社员气喘吁吁赶来送还。江比公社羊雄寨与邻县的杉木寨过去是"斑鸠各顾各"，羊雄寨订立规约后，无论邻寨发生火烧坡还是出现盗情，一声哨响，羊雄寨就男女老少齐出动，尽力相助。

(5) 有利于农村思想政治工作的开展

成功的乡规民约是在群众自觉自愿的基础上产生的。其制订和实行过程，贯穿着群众的自我约束、自我教育、自我提高。它把社会主义精神文明的要求和各地具体情况结合起来，通过群众自己落实到千家万户，在思想政治工作中真正体现了党的群众路线，改变了那种只靠会议、上级、少数人去做工作的被动局面。正如贵定县一位区委书记所说："谁触犯了乡规民约，就像过街老鼠，不仅受罚，还丢了面子，真是众怒难犯。"

事物总是一分为二的。说乡规民约好，并不意味它一切都好，说它起作用，并非一切都是它的功劳。在农村精神文明建设的过程中，乡规民约往往与其他思想政治工作方法交织在一起共同发生作用。而且目前在一个村寨中，乡规民约还只能各自在上述的某一两个方面发生作用。我们对贵定县抽样统计的结果表明，订立乡规民约后，作用很显著的占30%，作用比较显著的占23%，作用不显著的占8%，作用很小的占39%。

另一方面，由于贵定乡规民约活动尚在初期发展阶段，目前还存在若干问题，主要是：一些村寨的乡规民约活动中掺有封建迷信因素；不少乡规民约只注重眼前的、局部的利益；过分依赖经济处罚，以罚代教；个别规约中有与政治法令相抵触的条款；等等。

(三) 性质

乡规民约这种形式古已有之，但它的性质却是随不同的社会经济形态的演变而变化的。我们今天重新采用这一旧的形式，应该赋予它新的内容。历史上的乡规民约，虽然也在不同程度上反映出农民群众的意愿和传统美德,但其中难免掺杂着封建的伦理道德,也难免被反动统治阶级所利用,有时反而成为束缚劳动者争取解放的绳索。今天的乡规民约,却应该是社会主义伦理道德的一种表现形式,是社会主义民主在农村的一种表现形式,从而也是人民群众在社会生活中实行自治的一种有效形式,特别是一种比较适合于贵州省省情的、在农村建设社会主义精神文明的形式。这就是乡规民约这一旧的形式在今天所具有的新的性质和新的内容。社会主义的物质文明和精神文明建设,都要靠继续发展社会主义民主来保证和支持。如果说生产责任制发展了农村社会主义合作经济内部的民主管理,扩大了农民在经济生活中的自主权;那么各种适合我国农村特点的民主形式和办法,就必将发展农村基层社会生活的群众自治,扩大农民在社会、政治生活中的自主权。如果说生产责任制有力地促进了农村的社会主义物质文明建设,包括乡规民约在内的各种民主形式和办法,就必将有力地促进农村的社会主义精神文明建设。两个文明相辅相成,齐头并进,我们才能建成具有中国特色的社会主义新农村。我们今天之所以重视乡规民约,正是因为它可以成为广大群众运用社会主义民主方法自我教育、自我管理的一种比较好的群众自治形式,可以成为与我省农民群众现有的思想文化水平和民族特点相适应的、为群众所喜闻乐见的、建设具有中国特色的社会主义的一种好形式。

  乡规民约在农村精神文明建设中的作用,是由它的社会主义民主性质所决定的,因而是有发展前途、值得推广的。其他一些相关因素,如组织因素、传统因素、文化因素等,也在一定程度上影响乡规民约作用的发挥。

三 乡规民约活动中应注意的几个问题

  为了进一步运用乡规民约,推进文明村寨建设,我们结合贵定县乡规民约活动的经验和存在的问题,提出以下几个值得注意的问题。

（一）各级干部要认清乡规民约的民主性质，但不是放弃领导，放任自流

乡规民约是社会主义民主在农村的一种表现形式，各级干部必须基于这一认识来确定自己的工作方法，以是否真正发扬民主作为衡量乡规民约活动搞得好坏的首要标准。我们通过问卷调查和定量分析证明，乡规民约活动中的民主化程度是决定规约是否发挥作用的关键性因素。也就是说，在一个村寨或生产队，群众有制订规约的迫切愿望，制订中经过充分的民主讨论，订出后家喻户晓，实行中真正做到群众自我教育、自我管理、干部群众一视同仁，这样制订出来的规约大都能充分发挥作用，反之则作用甚微。因此我们不能因为乡规民约好就一哄而起，突击制订，片面追求"完成指标"，搞形式主义。更不能包办代替，搞成"官规官约"。某大队由一人拟出规约，印发各生产队，群众说这是"官办"的，不要。某寨由县水利局拨给水泥修井，并将"用水公约"刻石立碑，群众说这块碑是五吨水泥换来的，不管事。

强调民主，并不是放弃领导，放任自流。民主和集中的统一，自上而下和自下而上的结合，是开展乡规民约活动的正确途径。贵定县一度派出若干工作组深入农村，通过林业"三定"和落实水利责任制，推动群众普遍订立护林、用水规约，效果较好。我们在调查中也看到，凡是乡规民约订得好、实行得好的地方，总有社、队甚至区一级干部在那里积极活动，充当骨干，提供指导。统计分析表明，干部是否参与帮助引导，对规约作用的发挥有很大影响。

（二）实施乡规民约必须体现群众自治，但不是脱离党政领导另搞一套

乡规民约的实施要有一定的组织保证，有人承头负责，检查督

促，执奖执罚。为此，贵定县部分村寨已自发成立了相应的群众性组织，如寨委会、民约委员会、乡规民约执行小组等，这些组织使乡规民约活动能够持久地开展下去。随着乡规民约的全面制订和实行，这些组织逐渐在社会生活的各个方面发挥作用，体现了群众自治。但它们既不是政权组织，更不能凌驾于农村基层党政组织之上。这里应该注意的是，由于历史上的乡规民约主要是小农自然经济基础上的产物，实施规约的相应组织难免带有各自为政甚至封建割据的色彩。今天的乡规民约已有本质的不同，今天的相应的群众性自治组织当然也必须清除并防止染上旧时代的色彩。地方党政组织有责任加强对这些组织的领导，使其健康发展，向宪法规定建立的农村基层群众性自治组织——村民委员会过渡。

在这些组织中体现党的领导，主要是贯彻党的方针政策。群众往往推选一些作风正派、热心公益事业、有能力有威信的"寨老"或"自然领袖"作为这些组织的负责人，基层党政组织应该满腔热情地在政治上关心、培养他们，在工作上支持、协助他们。如住在晓寨的大队党支部书记罗文章，就能够注意支持和指导寨委会中的"自然领袖"甘福正进行工作。甘心情舒畅，工作热心，还主动腾出自己的一间房子兴办本寨的文化站。

（三）借鉴历史传统，尊重民族习俗，但应引导群众识别和清除封建迷信等落后因素

贵定县一些村寨的群众自发订立乡规民约，常借助一些具有历史传统和当地民族特点的活动进行，如议榔、打保寨、挂亲祭祖、家族聚会、打平伙等。其中有些活动掺有封建迷信因素，如请鬼师封山、念咒语发誓、修庙敬神等。群众认为通过这些活动订立规约，是"土也要讲，洋也要讲，政策也要讲，迷信也要讲"，不这样规约就不管用。这类现象，反映出我们在一个经济、文化落后的多民族地区建设社会主义的精神文明，一开始难免新旧事物混杂交替。正如列宁所说："在具体的历史环境中，过去和将来的成分交

织在一起","'纯粹的'现象是**没有**而且也不可能有的"。① 对此需要仔细分析，区别对待，严格遵循自愿的原则和疏导的方针，宣传科学，破除迷信，启发群众觉悟，引导群众自己识别和清除混杂在乡规民约活动中的封建迷信因素，而不宜操之过急，采取简单的行政措施强行制止。但应揭露、打击利用这类活动违法犯罪的坏分子，劝阻群众停止修庙敬神等错误做法。江比公社羊雄寨近年来恢复了冬至家族聚会，由族老宣布几条族规，同时恢复了"打火羊""打保寨"等带有迷信色彩的活动，检查族规执行情况。区社干部对此没有简单批评制止，他们找来族老和干部、党员，首先肯定族规所起的维护治安、保护山林等好作用，随即就事论事，指出不足，然后就事论理，提高认识，发动群众反复讨论，在吸取原族规合理条款的基础上重新制订了体现社会主义精神文明要求的乡规民约。区、县相继转发了这份规约，供各地参考。羊雄寨今年成为全区第一个文明村寨，出席了县先代会。

（四）乡规民约要针对当地实际问题，结合群众切身利益，但不应局限于眼前利益和局部利益，而忽视整体利益和长远利益

过去我们一度在城乡订立各种公约，但照抄照搬的多，解决实际问题的少，难免流于形式。贵定县的乡规民约活动，尚少有这类弊病，如靠近交通要道和场镇的村寨，多着重制订治安规约，林区和灌区则特别注意订立护林、用水公约等，针对性较强。但应该看到，目前贵定县的乡规民约活动还在发展初期，各地规约往往只涉及一些与本村寨局部利益和眼前利益有关的、容易办到的事情，像计划生育方面，以及直接关系到社会主义精神文明方面内容的条款，就订得较少。有些护林公约则只着重保护寨旁坟山、"风景树"。为此，要引导农民从就事论事到就事论理，站得高一些，想

---

① 《列宁选集》第1卷，人民出版社2012年版，第591页；第2卷，人民出版社2012年版，第483页。

得远一些，进一步提高乡规民约的质量，使之成为建设文明村寨的有效工具。

（五）乡规民约可以采用一些必要的经济手段起惩戒作用，但要坚持以思想教育为主，不能以罚代教

乡规民约的特点之一是条条有罚，且重在经济惩罚。在思想教育为主的基础上，辅之以一定的经济手段是必要的，但要防止只靠惩罚处分，取消思想教育的惩办主义。要严禁体罚。有的地方罚款罚物过多过重，助长干部工作方式简单粗暴，以罚代教；被罚者不服，矛盾激化；罚款用来吃喝浪费等，引起群众不满，反而成了"罚不治众"的局面。我们进行的抽样统计表明，只靠罚款罚物，对乡规民约的实行反而起负作用。应该看到，体现社会主义精神文明要求的乡规民约，虽然并不排除那些带威慑性的惩罚条款，但不妨借鉴我省各民族传统的褒善抑恶的多种方式，并摸索创造新的有效方式，从以经济、行政约束为主，向以舆论、道德约束为主过渡。

（六）乡规民约是具有一定约束力的行为准则，但不是法律，也不宜称为"法律的补充形式"

乡规民约与法律有相似之点，即都是要求人们遵循的行为准则。但乡规民约不是由国家强行制订、强制执行的法律条文，也不宜称作"法律的补充形式"，它本质上仍然属于道德规范的范畴，主要以道德评价的形式，靠社会舆论的力量来维持。它同时又是群众社会生活的一种自治形式，因而又有别于一般的、只靠社会舆论的力量和内心信念的力量来维持的道德规范，可以在以思想教育为主的同时辅之以必要的经济制裁和纪律制裁。但不能把这种制裁变为法律制裁。对于这一点，贵定县的部分干部、群众尚有模糊认识，因而不适当地夸大乡规民约的作用，把自治混同于法治，把民约混同于民法，认为"国法在

远，蛮（民）法在近"，乡规民约是"蛮法"，谁违犯了，群众就可以对他"蛮法叫祖"，进行各种惩罚甚至体罚。个别村寨制订的规约中还有与婚姻法、刑法相抵触的条款。这些都需要切实加以纠正。乡规民约在执行中的强制性，主要是群众在相互监督过程中形成的一种约束力，不允许简单粗暴，强迫命令，不允许坏人盗用乡规民约为非作歹。乡规民约活动要坚持以社会主义的道德、共产主义的人生观作为指导思想，重在思想教育，形成建设社会主义精神文明的强大的社会舆论力量。

通过初步调查证实，乡规民约活动作为在经济、文化落后的多民族地区，建设具有中国特色的社会主义的具体形式之一，是卓有成效、值得推广的，应该与其他思想政治工作方法综合运用。为了进一步运用乡规民约推进我省的文明村寨建设，当前首要的工作是深入各地农村，进行反复的、周密的调查研究，以便正确地指导群众，避免形式化、"一刀切"等弊病。

他摘下了速成的核桃*

——记省社会科学院青年研究人员叶小文

贵州日报记者 姜中毅

  这里记述的是许许多多在社会科学领域艰苦跋涉、辛勤耕耘的青年科研工作者中的一个——我省社会科学院的叶小文同志。他跨进社会学研究领域，在不太长的时间里取得了专家们一致肯定的成果。今年5月，他的一篇学术论文被评为《中国社会科学》青年作者优秀论文，荣获中国社会科学院授予的奖状和奖金。

  叶小文在省社科院原是搞哲学研究的，对于社会学很是陌生。1980年7月，领导派他去北京参加中国社会学研究会和中国社会科学院社会学研究所举办的第一期社会学讲习班，开初，他只是为了增加点知识去听课。这是个速成培养社会学研究骨干的训练班，教学内容高度浓缩，要求两个月讲完十六门课程，每星期一至星期六，白天和晚上都安排得满满的，讲习班的办学宗旨激发了叶小文对社会学的学习热忱。他同其他五十来位学员都像牛那样拼命吃草，待结业回单位后再反刍消化。在难得的休息间隙中，他思考着这个问题：资本主义国家的社会学为何经久不衰，苏联取消又恢复的社会学为何成了社会科学中的热门，我国的社会学为何在党的十一届三中全会后又回到了春色满园的百花园？他期望着得到使自己

---

* 原载《贵州日报》1984年7月26日头版头条。

信服的答案。他全神贯注地聆听美国学者霍尔茨纳、涅尼瓦萨以及香港学者讲授社会学基础专业课，他从比较鉴别中看到，资本主义国家社会学繁荣的背后，反映了资本主义种种社会矛盾的日益尖锐，社会问题层出不穷，资产阶级社会学学者为缓和矛盾正竭尽全力去寻找改良社会的药方。我国社会科学界的专家学者于光远、费孝通、汪子嵩、杜任之等讲授的专业课，使叶小文对社会学有了更深一层的认识。资本主义国家有资本主义国家的社会问题，社会主义国家也有社会主义国家的社会问题。社会学作为一门注重研究现实社会生活、社会关系、社会结构、社会变迁和社会问题的科学，与我国的社会主义现代化建设和人民群众的切身利益有着十分密切的关系。他后来写下了这样的体会："在新的科学技术革命的推动下，当代国外社会科学发展的共同特点是综合性研究趋势增长，定量性研究方法加强，应用性研究比重增加。而蓬勃发展的当代社会学，正因为比较显著地带有这些特点而具有发展优势。显然，我们在社会主义现代化建设中研究新情况、解决新问题，需要社会学；迎接新的科学技术革命的挑战，需要社会学；开发贵州，振兴贵州，无疑也需要社会学。"

回顾社会学传入我国后的坎坷命运，特别是1957年社会学专家多遭批判，此后社会学一直被斥为资产阶级的东西而成了社会科学中的一个"禁区"，这使叶小文和他的伙伴们都不免心存余悸。叶小文深深感到这种精神状态对社会学在我国的发展是很不利的。一天，社会学教授、讲习班副班主任王康同志到学员们的宿舍里来摆谈。叶小文向他提出，希望著名的社会学家写文章谈清楚在我国重建社会学的必要性，以坚定大家的信心。王康对此很表赞同，立即说：你就可以写嘛。在老师和同学们的鼓励下，叶小文利用星期天跑图书馆查阅资料图书，了解社会学在我国的历史和现状，试图说明它存在和发展的必然性。我国的社会学研究被耽误的时间不是十年、二十年，而是近三十年，比外国落后很多。一个马克思主义社会科学工作者的良心和责任感，促使他下定决心急起直追！

◈ 社会学

　　社会学家王康曾把讲习班的学员比喻撒到全国各地的社会学种子。他说，中断了两三代人的学科已经后继有人，我们要开花了，再过两三年就可以结果了，就像新疆的核桃，是速成的，内地的核桃得好多年才结果子，新疆的核桃三年就可结果子。叶小文理解，要速成，只能更多倍地付出辛劳，顽强地开拓前进。他铭记着列宁的教导，马克思主义历史唯物主义的产生，第一次把社会学提到了科学的水平。但是历史唯物主义并没有也不可能代替社会学。回贵州后，他便把弄清社会学与历史唯物主义的关系作为自己的科研课题，期望在这上面能够摘到"速成的核桃"。

　　为了对前人和当代人在社会学上的理论建树、经验和教训，有一个清楚的了解，叶小文贪婪地阅读着。在他的房间里，自购的书籍塞满了书架，堆满了案头，他常常一读就到深夜一两点钟。在国外，社会学派林立，出版的书刊很多。有的书包罗万象，使人如堕烟海；有的书抽象议论，读起来令人昏昏欲睡；有的书观点离奇、反动，论证荒唐可笑。叶小文把手头的书都一气读过，或浏览，或精读，做了上千张读书卡片。英国汤姆·博特莫尔（1974年至1978年国际社会学研究会主席）的《卡尔·马克思关于社会学和社会哲学的论述》一书，他觉得难能可贵，精读了好多遍。当他从大量书籍中发现一条自己很需要的资料而往卡片上写的时候，那喜悦的心情就像探茫茫沧海得到了珠贝一样。

　　书确实读了不少，但几个月后他却茫然了。历史唯物主义与社会学的关系问题，苏联学者争论不休几十年，都还没有头绪，自己能突破吗？跟在别人后面爬行必将一事无成。他决心纵观社会学的来龙去脉，另辟蹊径，开拓前进。他高擎辩证唯物主义哲学明灯，重新踏进孔德那大杂烩式的社会学体系，跟踪迅速发展起来的美国社会学。他发现英、法等国的原始综合社会学逐渐地走向了自己的反面，被美国发达的经验实证社会学所否定，而经验实证社会学在其发展进程中正酝酿着向辩证综合阶段发展的趋势。曾经是法西斯国家而战前停顿、战后迅速复苏的德、意、日三国社会学，以及几起几落的苏联、东欧某些国家的社会学,虽然经历完全不同,但作为人们认识复杂社会有机体的一种相对独立的知识体系,其产生、发展除受一定的社会制度、社会阶级及其思想体系的影响外,同样为其自身存在的内在矛盾所推动,经历着一个从原始综合到经验实证再到辩证综合的否定之否定的发展过程。当代社会学所含有的自身否定因素的增多,必然使之进入高度分化与高度综合相统一的阶段。凭借马克思主义认识论、辩证法的指导,叶小文对社会学的研究对象问题、社会学和历史唯物主义的关系问题,有了自己的理解,于是便顺利地拟出了题为"社会学否定之否定的进程及其内在矛盾"的论文的提纲。

又一个酷暑,叶小文去第二期讲习班就读,听了马洪、范若愚等专家的专题讲课。同学们对他的提纲提了好些建议,有的专家还把自己积累的宝贵资料送给他参考。一个星期天,叶小文正在全国总工会招待所里汗流浃背地看书。突然,中国社会科学院研究生院马列主义教研室年近六旬的谭德明老师,大汗淋漓地走进来,把《列宁全集》中的一本交给小叶说:我从家里把书给你带来了,希望你读读列宁的《什么是"人民之友"以及他们如何攻击社会民主主义者?》,对你一定会有很大的帮助。精读列宁的书,使小叶有了指导自己写作的理论依据。

叶小文1982年初写出了论文初稿,复写邮寄全国和省内有关的同志征求意见。好些专家学者虽然教学、科研任务很重,但都及时把意见寄来。省社科院白发苍苍的康健老院长,也为他字斟句酌,逐段提出了十多条意见。经过一个月的艰苦劳作,叶小文打印出修改稿在更大范围内征求意见,也给《中国社会科学》编辑部寄去了一份。5月底,接到了编辑部的复信。此后,素不相识的责任编辑沈熙同志,为处理这篇文章前后寄来了十五六封信。修改文章最紧张的时期,正好是第三个盛夏。刚建院不几年的省社科院住房十分紧张,小叶与另一位青年同志邻户住在六楼顶层的一个套间里,两家共用一个厨房。夜里,被阳光曝晒过的水泥预制板向下散发着热气,他们都不便于打开房门透风。据小叶的妻子陈茂华同志介绍说,小叶体胖怕热,当她睡一觉醒来时,只见他穿着背心、短裤坐在写字台前,晶莹的汗珠顺着脑后根滴下来。天快亮时再次醒来,还见他坐在那里时而奋笔疾书,时而沉静思索。

叶小文的文章终于在《中国社会科学》1982年第6期上发表了,引起了社会学界注意,《光明日报》很快摘要介绍。香港中文大学社会研究所所长、社会学讲座教授李沛良博士给叶小文来信说:文章"写得甚精彩,把社会学的历史及现势以深入浅出的文笔详细剖析,可见你对社会学的关怀和用功学习"。李博士还不惜重金,买了《社会研究的统计分析》《社会学理论》(均系英文版)寄给小叶,希望他"能尽量从事实地研究,从而开掘适合于和有利于祖国现代化的概念和理论"。

今年4月,《中国社会科学》评选出十三篇青年作者的优秀论文,社会学方面唯一的一篇就是叶小文的《社会学否定之否定的进程及其内在矛盾》。5月下旬,叶小文到北京参加了《中国社会科学》青年作者优秀论文授奖大会。评奖工作小组组长何燕凌同志在会上宣读了社会学专家王康对小叶文章的评论。王康在近两千字的评语中有这么一段:"我一直认为这是一篇有见解有气魄的学术论文,……所谓有见解,是作者对社会学在我国恢复重建提出了不少建设性的意见,重要性、可行性都是很大的。所谓有气魄,是作者不仅纵观了社会学的历史状况,而且对西方、东方及旧中国社会学的内容也进行了评述,他所涉及的范围和论证的态度,目前见到的还不太多。……可以看出这位青年作者对马克思主义理论,对辩证唯物主义和历史唯物主义有一定的素养,并在不太长(大约两三年)时间里,对刚恢复重建的社会学也下了相当功力。"另一位社会学专家张之毅在评定意见中也说:"这篇论文站得比较高,看得比较远,论述比较全面,立论相当严谨和有一定见地,是有关社会学的一篇水平相当高的论文。"

当叶小文作为受奖者两名代表之一讲话时,他首先想到的是自己成长过程中那些甘当"人梯"的人。他说:"我今天能够成为一个青年社会科学工作者并开始取得一点微薄的成绩,其中包含着许多老师付出的心血。是他们像接力赛中的运动员,一个接一个地在我们身上履行着神圣的教育职责。是他们甘作'人梯',让后来者踩在自己身上向科学的高峰攀登。"

6月1日,全国政协副主席、著名社会学家费孝通教授热情接待了他。两年前,费老逐个与讲习班学员谈话时,曾对小叶说,贵州社会学研究应注意少数民族发展经济过程中的特点和社会问题。这次,费老又一次强调了这个问题,并说,贵州成立社会学学会时,他愿意前来表示祝贺。

我们的时代,需要无数知识广博、富有创造精神的青年社会科学工作者到实践中去,对我国社会主义现代化建设所提出的重大理论课题和实际问题,给以马克思主义的回答。叶小文正是这样做的。党的十一届三中全会以来,他陆续在省内外报纸杂志上发表了学术论文、调查报告、理论宣传文章70余篇。我们可以从这批文章中清楚地看到他不断进步的足迹,也可看到他在政治上与党中央自觉保持一致的基本立场,和把科研工作与实际问题挂钩的正确方向。现在,叶小文受任省社会科学院社会学研究所副所长,要做的事情比以往成倍增加。但在重负之下,我们高兴地看到他越发谦逊和勤奋。我们衷心地期待着他在重建起来的社会学研究领域,以火红的青春建树更加火红的业绩。

政 治 学

全球治理的中国理念*

随着国际力量对比的消长变化和全球性挑战的日益增多，加强全球治理、推动全球治理体系变革迫在眉睫，大势所趋。在庆祝中国共产党成立95周年大会上，习近平总书记指出："中国共产党人和中国人民完全有信心为人类对更好社会制度的探索提供中国方案。"①

正在努力实现中华民族伟大复兴的中国，同样也关切着人类振兴，大力倡导建设人类命运共同体；在努力构建中国的和谐社会的同时，也呼吁建设和谐世界。这是"内和乃求外顺，内和必致外和"的逻辑延伸，是一个对世界负责任的"利益攸关者"的"利益诉求"，是一个有深厚文化底蕴的古老民族发自内心的"千年一叹"。那么，全球治理之中国方案，其基本理念是什么？

近代人类的振兴，始于数百年前，西欧历史上发生的一场持续200余年的文艺复兴运动。达·芬奇来了、拉斐尔来了、米开朗琪罗也来了，人文的光辉带领西欧走出中世纪的蒙昧和黑暗，迎来了现代文明的曙光。现代科学的发展、地理大发现、民族国家的诞生等都得益于文艺复兴中倡导的人本精神。文艺复兴高举"以人为本"的旗帜，人性要大写，人权要保障，人欲要张扬，生产力的最

---

* 原载《人民论坛网》2017年6月14日。
① 习近平：《在庆祝中国共产党成立95周年大会上的讲话》，人民出版社2016年版，第14页。

基本要素——人，要解放！文艺复兴把人从"神"的束缚中解放出来，把生产力从封建社会的束缚中解放出来。随后，工业革命势不可当，西方世界迅速崛起，市场化、全球化席卷八方。

但是，近代大国经济的发展，都是以工业化和城市化为基本模式，必然涉及对煤、石油和天然气等不可再生资源的大量需求，以及对市场、资源不断扩张的需求。西方世界在崛起的过程中为满足这种需求，以坚船利炮、圈占土地和奴役他人来掠夺资源。这虽造就了西方世界近代以来的繁荣，也埋下了它与世界其他部区的仇恨。工业文明奉行人类中心主义的价值观，盲目追求货币收益和利润最大化，造成严重的环境污染和生态破坏。资源枯竭和环境污染成为阻碍社会文明进步的突出矛盾，导致人类社会发展面临严重危机。

环顾当今世界，人类尚未完全摆脱2008年国际金融危机的阴影，经济复苏的步伐一再放慢，地缘政治和区域危机却大有愈演愈烈之势。人类文明的交汇，已走到量变到质变的临界点，人类危机呼唤人本主义在否定之否定意义上的继承和发扬。一场新的文明复兴，已躁动于时代母腹，呼之欲出。

摆脱人类危机，再谋人类振兴，需要又一次新的"文艺复兴"，即新的文明复兴，它有三个新的起点。这也正是全球治理之中国方案的三个基本理念。

目标——和谐

如果说文艺复兴的目标是"人的解放"，新的文明复兴的目标是继续解放基础上的"和谐"。人的解放、生产力的解放，无疑只能继续不能倒退，但必须把过度膨胀的人，还原为和谐的人，建设一个人与自然和谐、人与社会和谐、人与人和谐的，可持续发展的和谐世界。

中华民族的文化基因和文化传统，对应着这个目标。英国的历史学家汤因比说过："避免人类自杀之路，在这点上现在各民族中具有最充分准备的，是两千年来培育了独特思维方法的中华民族。"

什么"独特思维方法"？天人合一、允执厥中、仁者爱人、以和为贵、和而不同、众缘和合。其核心，就是"和"。"礼之用，和为贵，先王之道斯为美。"中国"和"文化源远流长。习近平总书记说："中华民族历来是爱好和平的民族。中华文化崇尚和谐，中国'和'文化源远流长，蕴涵着天人合一的宇宙观、协和万邦的国际观、和而不同的社会观、人心和善的道德观。""在5000多年的文明发展中，中华民族一直追求和传承着和平、和睦、和谐的坚定理念。以和为贵，与人为善，己所不欲、勿施于人等理念在中国代代相传，深深植根于中国人的精神中，深深体现在中国人的行为上。"这些"独特思维方法"，当然可以为摆脱人类危机提供有普遍意义的价值支撑。中华民族实现民族复兴的伟大进程，肩负着推进一场新的文明复兴的时代使命。迎接这场并不逊色于历史上的文艺复兴的、新时代的"文艺复兴"，中国应该有所作为。"周虽旧邦，其命维新。"

金融危机已过了8年，全球增长仍然乏力，世界范围内的贸易保护主义、民粹主义情绪上升。英国全民公决，决定脱离欧盟；美国大选中利用民众的不满煽动起民粹主义；欧洲国家极右翼政党在政坛上迅速崛起。这些事件，都给世界经济带来了诸多的不确定性。全球经济有可能滑入"以邻为壑"的覆辙。

中国文化有"修身齐家治国平天下"的传承和基因。习近平总书记治国理政的方略，包含着中国"平天下"的关切，提出了"构建以合作共赢为核心的新型国际关系，打造人类命运共同体"的理念。

打造人类命运共同体，需要促进和而不同、兼收并蓄的文明交流，各种文明相互尊重，平等相待，互学互鉴，推动人类文明实现创造性发展、和谐发展。中国全球治理的新理念，正在引发国际社会越来越多的共鸣。海外专家认为，中国构建相互尊重、合作共赢的国际关系，打造人类命运共同体的理念正在世界范围内传播，有助于荡涤极端利己、狭隘功利的价值取向，弥合对抗、冲突造成的鸿沟。

途径——绿色

目标好定，途径难寻。面对重重挑战和道道难关，我们必须攥紧"发展"这把钥匙。发展才能消除冲突的根源，保障人民的根本权利，满足人民对美好生活的热切向往。但发展可行的途径，只能是绿色发展。唯有绿色发展，我们已别无选择。

人类社会是地球生态系统的子系统。地球生态系统有一定的承载容量，不仅地球上生态环境与自然资源的总存量存在极限，自然资源的开采利用也受到自然恢复、更新速率的限制。人口增长与经济发展不能超过地球的生态阈值：当人口增长所带来的社会经济需求超过生态阈值时，经济增长就会受到生态环境的约束；一旦生态环境的刚性约束被突破，生态系统及其支撑的社会经济系统就将走向崩溃。现代工业文明彻底打破了自然的和谐与宁静，人类成了自然的主人和敌人。人类生存的基本要素：天、地、水、空气都在遭到破坏。天——1906年至2005年全球地表平均温度上升了0.74℃。国际公认的气候变化科学评估组织IPCC发出警告，最近50年主要是由于二氧化碳等大气温室气体的浓度大幅增加，造成温室效应增强，致使全球气候变暖。地——未经无害化处理的粪便、生活垃圾、废水、有毒有害废物使生态环境日益恶化。水——局部地区水源枯竭，水源污染。空气——严重雾霾的不时袭来，使我们都感受到了"同呼吸、共命运"的沉重！

绿色，既是发展途径的必然选择，也是发展途径的深刻变革。超越西方工业文明，拓展绿色、循环、低碳的生产力发展空间和文化发展空间，寻求生态文明范式下的可持续发展与繁荣，走向生态文明新时代，是一场涉及生产方式、生活方式、思维方式和价值观念的革命性变革。

生态文明建设关系人类的福祉和未来，生态环境保护是全人类共同的责任。应对气候变化，保护生态环境，维护生态安全，是世界各国面临的更为紧迫的共同挑战。绿色发展是走向生态文明新时代的必然要求，是实现发展和生态环境保护协同推进的基本保障。走向生态文明新时代，共建绿色发展命运共同体，必须全球携手、加强国际合作。世界各国都应认真履行《国际环境公约》，按照共同但有区别的责任原则承担应尽的国际义务，积极参与和推动全球应对气候变化合作，为应对全球生态危机作出应有贡献。

模式——简约

和谐的目标，绿色的途径，要求新的生活模式和生活习惯。相对于文艺复兴以来人欲的过度膨胀，未必要"存天理，灭人欲"，却必须"讲天理，抑人欲"。这个"天理"，就是"简约"。

简约，倡导简省、节约、绿色，反对奢华、繁杂、靡费，追求简单、节俭、实用，追求极简至美。简约是生活理念，也是生活方式。生活的简省、节约、绿色、简单，其实就是欲望的简单和节制。由贪婪驱动的唯利是图是不可持续的，我们已经努力地制定新的法律和规定来约束人类的行为。然而，单凭法规不能控制贪婪。贪婪总会找到法律和执法过程中的漏洞。我们需要从内心深处去控制贪婪，需要学会节制、知足、理性，我们自身和社会需要免疫力和基本的共识。

简约，也是中国"全面建成小康社会"的题中应有之义。小康社会是中国古代思想家描绘的社会理想，也表现了普通百姓对宽裕、殷实的理想生活的追求。宽裕、殷实，不是欲望的过度张扬和无休止地膨胀。"人民生活更加殷实"，不是把13亿人"美好生活"的胃口过于吊高，更不是继续文艺复兴以来的人欲膨胀，而是"仓廪实而知礼节，衣食足而识荣辱"。习近平总书记算过这样一笔账：世界发达水平人口全部加起来是10亿人左右，而我国有13亿多人，全部进入现代化，那就意味着世界发达水平人口要翻一番多。不能想象我们能够以现有发达水平人口消耗资源的方式来生产生活，那全球现有资源都给我们也不够用！在我国全面建成小康社会之时，对于一个人口众多、资源有限的发展中大国，倡导简约，正当其时。

绿色、简约时代的人类文明生活，是一种环保的、生态的、以节约地球资源为前提的人类全新的生活观念和生活方式，是人类新文明的现实表达。这种绿色、简约生活观的核心是节俭、节约、节省和有文化品位。简约主义生活方式实际是对人自身解放的再认识、对自由的再定义。简约生活观有着深厚的文化传统作为支撑，也有着地球资源、地球环境不堪重负的现实诉求。这种"绿而美、简而文、约而礼、省而雅"的人类新文明生活样态，为全人类走出生态危机、走向新文明，共建、共享人类命运共同体，提供了理性智慧的选择。

综上所述，随着时代发展，现行全球治理体系不适应的地方越来越多，国际社会对变革全球治理体系的呼声越来越高。相对于文艺复兴及其后的工业革命以来，人类从迈向伟大振兴到凸显人类危机的历程，要实现人类可持续发展，要谋求人类再振兴，呼唤着又一次"文艺复兴"——新的文明复兴，其起点日益明确：和谐、绿色、简约。这也是全球治理之中国方案的三个基本理念。

以和谐、绿色、简约作为人类振兴的新起点，并非空谈空想，中国已由此起步，努力实践。中国呼吁国际社会共同努力，践行正确义利观，推动构建以合作共赢为核心的新型国际关系，打造人类命运共同体，打造遍布全球的伙伴关系网络，倡导共同、综合、合作、可持续的安全观，坚持要合作而不要对抗，要双赢、多赢、共赢而不要单赢，不断寻求最大公约数、扩大合作面，引导各方形成共识，加强协调合作，共同推动全球治理体系变革。对全球经济治理，中国在杭州G20峰会上提出了应该"以平等为基础、以开放为导向、以合作为动力、以共享为目标"，建立更加公平、公正、包容、有序的国际经济新秩序。

中国既积极参与全球治理，主动承担国际责任，也尽力而为、量力而行。中国关于"一带一路"建设的倡议，得到世界许多国家的积极响应。"一带一路"既着眼于经济上的合作共赢，也致力于文明、文化间的理解交流，各国人民的民心相通，以人文交流夯实各项合作的精神基础，继承和弘扬"丝路精神"，凝聚中国和参建各国的智慧，必将有助于促进和平发展、共同发展，构建人类命运共同体。

和谐、绿色、简约——中国正从世界和平与发展的大义出发，贡献处理当代国际关系的中国智慧，贡献完善全球治理的中国方案，为人类社会应对21世纪的各种挑战作出自己的贡献。

深刻理解中国特色社会主义进入新时代[*]

习近平总书记在党的十九大报告中指出，中国特色社会主义进入了新时代。这是对我国发展历史方位的新判断，意味着我们面临的国际经济政治形势、社会发展主要矛盾、发展动力、发展目标、实现方式等都产生了深刻的变化。全面辩证地认识这些新变化，对于准确把握习近平新时代中国特色社会主义思想的内涵要求和深远影响有着重要的历史和现实意义。

在深刻认识新时代中肩负起中国共产党的使命担当

回眸2017年，党的十九大最显著的一个特征就是给中国和世界带来一个"新"字。中国特色社会主义进入"新时代"，我们着手解决"新矛盾"，大家充满"新期待"。

新时代，使我们想起开国大典上毛泽东同志的庄严宣告，近代以来历经磨难受尽屈辱的中国人民"从此站起来了"。新时代，使我们想起邓小平同志带来"春天的故事"，我们开始改革开放搞活，大踏步富强起来，中国特色社会主义从此面貌焕然一新，充满勃勃

---
[*] 原载《前线》2018年第3期。

生机。

　　九死一生、柳暗花明、凤凰涅槃、幡然出新，才叫"新时代"。那么，凭什么说今天又进入"新时代"？站在时代的高度审时度势，就不难作如是观。中华民族这一百多年来历经磨难，现在离民族复兴越来越近。连美国《时代》周刊的杂志封面上，也破天荒用中文和英文两种语言写上"中国赢了"（China won）。

　　可是，正因为越来越近，再进一步发展，每一步都是惊险一跳，都是从量变到质变的巨大飞跃。历史上，一步走错满盘皆输、功亏一篑、积重难返的教训不少。百年之前美国和阿根廷的人均 GDP 都在 4000 美元左右，现在的发展水平不可同日而语。世界银行警告："在过去 50 年中，许多国家从一贫如洗的收入水平升到了中等收入水平。然而就在这段时间内，在欧洲以外，只有少数国家从低收入水平跃升到了高收入国家。世界上最失落的地区当属拉丁美洲，它的很多国家在达到中等收入水平后，停止了增长。"此所谓"拉美陷阱"。国际经验表明，人均 GDP 在 3000—10000 美元的阶段，既是中等收入国家向中等发达国家迈进的机遇期，又是矛盾增多、爬坡过坎的敏感期。这一阶段，经济容易失调，社会容易失序，心理容易失衡。一句话，步子容易迈错，机遇容易丢失！

　　还有所谓"修昔底德陷阱"，即指一个新崛起的大国必然要挑战现存大国，而现存大国也必然会回应这种威胁，这样战争变得不可避免。对此，习近平总书记斩钉截铁地说："我们都应该努力避免陷入'修昔底德陷阱'，强国只能追求霸权的主张不适用于中国，中国没有实施这种行动的基因。"[①]

　　中国，要跨过"拉美陷阱"，要避免"修昔底德陷阱"，前面还不知道什么人要挖什么坑……要完成惊险一跳，彻底实现从站起来、富起来到强起来，从量变到质变的巨大飞跃，算不算进入了又一番不进则退、不兴即亡、凤凰涅槃、幡然出新的"新时代"？

[①] 2014 年 1 月 22 日，《世界邮报》创刊号对中国国家主席习近平的专访。

如何看待"中国特色社会主义进入了新时代"？习近平总书记在党的十九大报告中从三个角度作了权威的阐述：

从中华民族意义上来说，中国特色社会主义进入新时代，意味着近代以来久经磨难的中华民族迎来了从站起来、富起来到强起来的伟大飞跃，迎来了中华民族伟大复兴的光明前景；从社会主义角度来讲，中国特色社会主义进入新时代，意味着科学社会主义在21世纪的中国焕发出强大生机活力，在世界上高高举起了中国特色社会主义伟大旗帜，也为世界社会主义事业作出我们的贡献；从世界广大发展中国家来说，中国特色社会主义进入新时代，意味着我们的道路、理论、制度、文化不断发展，拓展了发展中国家实现现代化的途径，给世界上那些既希望加快发展又希望保持自身独立性的国家和民族提供了全新选择，为解决人类问题贡献了中国智慧和中国方案。

在准确把握新世态中推进人类命运共同体建设

中国进入"新时代"，世界也现"新世态"。世界正在发生深刻变化，全球发展深层次矛盾凸显、国际环境不稳定不确定因素增多。

2008年金融危机后全球经济复苏乏力，世界经济中的深层次问题尚未解决，仍然面临诸多不稳定不确定因素。有的国家为了"重新强大"，刚签完"气候巴黎协定"，就翻脸否认；一些西方国家对"全球化"也要对着干……

正当全球发展深层次矛盾凸显、国际环境不稳定不确定因素增多之际，中国经济却一直稳步增长，国内生产总值稳居世界第二，对世界经济增长贡献率超过30%。2017年12月，中央经济工作会议指出，"中国特色社会主义进入了新时代，中国经济发展也进入了新时代，基本特征就是经济已由高速增长阶段转向高质量发展阶段"。

近代大国经济的发展,大都以工业化和城市化为基本模式,必然涉及对煤、石油和天然气等不可再生资源的大量需求,以及对市场、对资源不断扩张的需求。近代西方世界在崛起的过程中为满足这种需求,以坚船利炮、圈占土地和奴役他人来掠夺资源。这虽造就了西方世界近代以来的繁荣,也埋下了它与世界其他地方的仇恨。而且,现代工业文明彻底打破了自然的和谐与宁静,生态危机频频出现。这就是我们熟悉的世界态势的一个基本图景。

但是,现在世界却在呈现不同的新态势、新图景了。习近平总书记指出:"今天,互联网、大数据、云计算、量子卫星、人工智能迅猛发展,人类生活的关联前所未有,同时人类面临的全球性问题数量之多、规模之大、程度之深也前所未有。世界各国人民前途命运越来越紧密地联系在一起。""面对这种局势,人类有两种选择。一种是,人们为了争权夺利恶性竞争甚至兵戎相见,这很可能带来灾难性危机。另一种是,人们顺应时代发展潮流,齐心协力应对挑战,开展全球性协作。"[①] 他强调,我们要努力建设一个远离恐惧、普遍安全的世界,让和平的阳光普照大地,让人人享有安宁祥和;我们要努力建设一个远离贫困、共同繁荣的世界,让发展成果惠及世界各国,让人人享有富足安康;我们要努力建设一个远离封闭、开放包容的世界,让各种文明和谐共存,让人人享有文化滋养;我们要努力建设一个山清水秀、清洁美丽的世界,让自然生态休养生息,让人人都享有绿水青山。

"天下大势,浩浩荡荡,顺之则昌,逆之则亡。"世界新态势,不可不察。"中国梦"是实现民族伟大复兴。审时度势,何去何从?中国在力推"一带一路",促进共建"人类命运共同体"。

今天世界各国看好"一带一路",不仅因为这条新路有互利共赢的经济愿景,还因为这条新路有互利共赢的信心保障。因为这一

---

① 习近平:《携手建设更加美好的世界》,《人民日报》2017年12月2日。

开放途径和倡议所包含的文化底蕴,要避免重蹈近代西方列强开放的老路,破解"国强必霸""赢者通吃"的逻辑,走出新兴国家与守成国家必有一争甚至一战的"修昔底德陷阱"。习近平总书记指出,"中国人民愿同各国人民一道,推动人类命运共同体建设,共同创造人类的美好未来"①,为促进世界和平、创造人类美好未来,不断贡献中国智慧和中国力量。党的十九大报告宣告,"中国无论发展到什么程度,永远不称霸,永远不搞扩张"。因为,中国的文化基因,就是"天行健君子以自强不息,地势坤君子以厚德载物",就是"己欲立而立人,己欲达而达人",就是"以和为贵,求同存异,美美与共,世界大同"。

在不断解决新矛盾中实现人民对美好生活的向往

2017年12月,习近平总书记在中央政治局召开民主生活会中指出:"国内外环境发生了深刻变化,面对的矛盾和问题发生了深刻变化,发展阶段和发展任务发生了深刻变化,工作对象和工作条件发生了深刻变化,对我们党长期执政能力和领导水平的要求也发生了深刻变化。"

种种深刻变化,首先是"我国社会主要矛盾已经转化为人民日益增长的美好生活需要和不平衡不充分的发展之间的矛盾"。党的十九大作出的这个重大政治论断,为科学判断我国社会所处历史方位,科学制定新时代中国特色社会主义的新战略、新部署、新举措,提供了基本依据。

社会主要矛盾的变化,制约着千头万绪矛盾的展开,牵扯着方方面面社会的变迁,引领着13亿人生活的改变。

---

① 习近平:《决胜全面建成小康社会 夺取新时代中国特色社会主义伟大胜利——在中国共产党第十九次全国代表大会上的报告》,人民出版社2017年版,第60页。

1956年10月，毛泽东同志在《论十大关系》中指出："我们一为'穷'，二为'白'。'穷'就是没有多少工业，农业也不发达。'白'就是一张白纸，文化水平、科学水平都不高。"那时，我们也曾拼命干，但一穷二白挥之难去，物资常短缺，到处供不应求、捉襟见肘。因此，在社会主义改造基本完成以后，我国所要解决的主要矛盾，是人民日益增长的物质文化需要同落后的社会生产之间的矛盾。

现在，大家普遍感到生活好了，情况变了，要求高了，不满多了。归根结底是社会主要矛盾变了，转化为"人民日益增长的美好生活需要和不平衡不充分的发展之间的矛盾"了。

新矛盾，显出新问题。经过改革开放近40年快速发展，我国已经成为世界第二大经济体，社会生产力水平总体上显著提高，社会生产能力在很多方面进入世界前列。我国总体实现小康，正迈向全面建成小康社会。随着社会发展进步，人民美好生活需要日益广泛，不仅对物质文化生活提出了更高要求，而且在民主、法治、公平、正义、安全、环境等方面的要求日益增长。突出的问题不再是"落后的社会生产"，而是发展不平衡不充分。发展不平衡：城乡差距、东西部差距拉大；既有达到甚至引领世界先进水平的生产力，也有大量传统的和相对落后的生产力；既存在产能过剩的情况，又存在有效供给不足的问题；收入分配差距依然较大，贫富差别比较明显，社会上存在不少困难群众和弱势群体，贫困人口还有4000多万。发展不充分：创新能力不够强，发展质量和效益还不高，转变发展方式还处于攻坚阶段，客观上存在发展不够稳定和不持续的情况。这些，成为满足人民日益增长的美好生活需要的主要制约因素。

新矛盾，提出新要求。我们的发展，要从"发展就是硬道理"，转到强调"科学发展"，再到提出明确要求——紧扣我国社会主要矛盾的变化，把握我国经济已由高速增长阶段转向高质量发展阶段的基本特征，推动经济在实现高质量发展上不断取得新进展。

新矛盾，需要新动力。我国经济在前三个十年即 1979—2008 年，连续以年均 9.8% 的速度增长，在全世界经济增长最快的前 20 个国家和经济体中遥遥领先。在第四个十年即 2009—2018 年，仍然以年均 7%—8% 的速度增长。当此全球发展深层次矛盾凸显、国际环境不稳定、不确定因素增多之际，中国经济却一直稳步增长。2017 年国内生产总值增长 6.9%，首破 80 万亿元大关。那么，再往下走，第五个十年还能持续增长吗？一个体量巨大的经济体的这种不间断高速或中高速的增长，在世界经济发展史上还没有先例。党的十九大报告宣布，中国能够保持和延续这个奇迹。在下一个十年中，中国将决胜全面建成小康社会，开启全面建设社会主义现代化国家新征程。从 2020 年到 2035 年，在全面建成小康社会的基础上，再奋斗 15 年，基本实现社会主义现代化。从 2035 年到本世纪中叶，在基本实现现代化的基础上，再奋斗 15 年，把我国建成富强民主文明和谐美丽的社会主义现代化强国。如何做到？顶层设计很清楚，就是按照高质量发展的要求，统筹推进"五位一体"总体布局和协调推进"四个全面"战略布局，坚持以供给侧结构性改革为主线，统筹推进稳增长、促改革、调结构、惠民生、防风险各项工作。如何落实？就是进一步大力推进改革开放。"改革开放是决定当代中国命运的关键一招"，"中华民族伟大复兴必将在改革开放的进程中得以实现"。我们必须在 40 年成功改革开放的基础上进一步推进改革开放。继续爆发活力，又能活而不乱；继续注入动力，又能持续不断；继续深化改革，又能发展不停。

社会主要矛盾已经转化，一系列深刻变化接踵而至。新矛盾显出新问题，新问题提出新要求，新要求需要新动力，新动力来自改革迈出新步伐。面对新矛盾，解决新问题，适应新要求，寻找新动力，迈出新步伐，新时代中国特色社会主义将展开新战略、实施新部署、落实新举措。

实现人民对美好生活的向往，归根到底来自共和国伟业的蓬勃发展；实现民族伟大复兴的中国梦，每个人、每份力都不可或缺。

2017年12月29日,习近平总书记在全国政协新年茶话会上发出了"携手新时代、贯彻新理念、聚焦新目标、落实新部署"的动员令。"潮平两岸阔,风正一帆悬。"新时代中国特色社会主义的航线已经明确,中华民族伟大复兴的巨轮正在乘风破浪前行。我们坚信,有中国共产党掌舵领航,有中国改革发展的浩荡东风,有全国各族人民扬帆划桨,中华民族伟大复兴的巨轮一定能够抵达光辉的彼岸!

辛亥百年三叹

辛亥革命百年纪念日一天天临近了。人不分海内外，年不论长与幼，都把目光投向这个标志着中华民族从沉沦走向复兴的日子。

一个个座谈会，众说纷纭；一篇篇纪念文，纷至沓来。辛亥百年，翻天覆地，五味杂陈，见仁见智。

最可贵的，是孙中山第一次喊出"振兴中华"的口号——有心修得百年渡；

最难得的，是历经坎坷，终于走出一条建设中国特色社会主义的道路——百年探得复兴路；

最要紧的，是中华民族在当今世界大变局中抓住并用好机遇——辛亥百年说机遇。

辛亥百年看百年：振兴中华，走好正路，抓住机遇！小文三篇有感而发，先后刊载于人民日报"人民论坛"专栏。

敬请指正。

有心修得百年渡

（原载《人民日报》2011年9月7日第4版）

辛亥革命百年纪念，想起一句话：有心修得百年渡。

辛亥百年三叹

有何"心"？拯救中华之心。"一自海禁开，外夷势跋扈"，列强外夷对中国鲸吞蚕食瓜分豆剖，清朝政府腐败黑暗昏庸无能，"四万万人同一哭，天下何处是神州"？此时，"亟拯斯民于水火，切扶大厦之将倾"，不愿忍受奴役和压迫的仁人志士和劳苦大众在苦难中觉醒，奔走呼号奋起反抗。辛亥革命爆发，一举推翻清王朝，结束了两千年的封建君主专制制度，建立了中华民国；极大地推动了中华民族的思想解放，为中国先进分子探索救国救民的道路打开了新的视野；开始了比较完全意义上的反帝反封建的民族民主革命。其虽未能改变旧中国的社会性质和人民的悲惨境遇，但为中国的进步潮流打开了闸门。百年过后，仍然扣人心激人心振人心。

振何"心"？振兴中华之心。孙中山第一个喊出了振兴中华的口号，呼唤"万众一心，急起直追，以我五千年文明优秀之民族，应世界之潮流，而建设一政治最修明、人民最安乐之国家，为民所有、为民所治、为民所享者也"。一声振兴中华，至今振聋发聩。一切热爱祖国、爱我中华的人民，不论属于哪一个党派团体，不论属于哪一个民族，不论抱有哪一种信仰，不论居住在何地，一声振兴中华，便引心向往之，亦能心心相印。

沉睡的巨狮醒了，"有心"就好，有志事成。何以还要"有心修得百年渡"？

振兴中华之大业，不会一蹴而就，难以心想事成。而振兴中华之心，是亿万人民的集体意志，要不断凝聚，休养磨炼，锲而不舍，长期坚守。孙中山说："我辈既以担当中国改革发展为己任，虽石烂海枯，而此身尚存，此心不死。既不可以失败而灰心，亦不能以困难而缩步。精神贯注，猛力向前，应乎世界进步之潮流，合乎善长恶消之天理，则终有最后成功之一日。"

这"最后成功之一日"究竟多远？要以"百年"度量。

历史学家章开沅说，纪念辛亥革命应该把视野放宽阔一点，不仅仅一个辛亥百年的事情，至少应该重视三个一百年：一个是作为辛亥革命背景的一百年、一个是辛亥以来的这一百年，同时还应该在这个基础上放眼今后的一百年。从这三百年中，我们才能较为完整地把握中华民族从沉沦中走向复兴的历程。

如果说辛亥革命前的一百年，中华民族陷入悲惨沉沦之境，那么辛亥革命后的这一百年，中华民族则是在艰难曲折中昂扬奋起。这一百年来，中国共产党带领各族人民缔造新中国，开辟中华民族复兴的崭新纪元，在历史新时期开辟中国特色社会主义道路，创造了世人惊叹的传奇成就，迎来民族复兴的光明前景。"最后成功之一日"，就在今后的这一百年里，而成功的密码，就在于这两百年来一代代人前赴后继矢志不移的民族复兴追求与梦想。

辛亥百年说百年，有心修得百年渡。振兴中华之心，百年愈坚；奋斗不息之念，百年不变。不动摇、不懈怠、不折腾，不为任何风险所惧，不被任何干扰所惑，中华民族伟大复兴百年可期！

百年探得复兴路

（原载《人民日报》2011年9月15日第4版）

"行路难！行路难！多歧路，今安在？"探准路，走好路，方能"长风破浪会有时，直挂云帆济沧海"。百年前辛亥革命的经验和教训，百年来中华民族的探求和奋斗，皆如斯言。

世界上不少民族为谋振兴发展，不懈探路。历史上的土耳其，一心想融入欧洲文明；今天的日本，为求继续发展，其有识之士呼吁"从过去持续了150年的脱亚入欧路线向亚洲重视路线转变"。

鸦片战争以来，灾难深重的中华民族，更是历尽坎坷，举步维艰。辛亥革命一举结束了统治中国几千年的君主专制制度，为中国开了新路。但资产阶级革命派的主张，救不了中国。此前太平天国运动的平均主义理想，洋务派的"中学为体、西学为用"主张，资产阶级改良派的变法维新，都经不起历史检验，都没有改变中华民族的屈辱地位和中国人民的悲惨境遇。由此，孙中山先生感叹"知难行易"："如果知得到，便行得到。难处是由于不知，不是不能行，是由于不知道怎么样才行。"行路难，行路难，探路知路难上难。

中华民族复兴之路在哪里？究竟"怎么样才行"？路漫漫其修远兮，国人上下而求索。直到俄国十月革命之后，才找到马列主义这个真理，作为解放我们民族的有力武器，而中国共产党则是拿起这个武器的倡导者、宣传者和组织者。

但是，有了马列主义有了党，探索历程依然艰辛。党起初由于缺乏革命经验，照搬马列书本和苏俄模式，走"城市中心论"道路，中国革命损失惨重。毛泽东等中国共产党人开辟了一条适合中国国情的"农村包围城市"革命道路，党才领导人民迎来了新民主主义革命的胜利曙光。新中国成立后，由于缺乏建设经验，搬用苏联的社会主义建设模式。尽管在实践中认识到弊端，试图走出一条适合中国情况的社会主义建设道路并进行了初步探索，但由于指导思想偏差，一度陷入"以阶级斗争为纲"的错路。路不明，步子是乱的，力量是散的；路不对，功夫是废的，效果是反的。

以十一届三中全会为转折点，党开始了建设社会主义的新探索。摸着石头过河，改革开放探路。扭住经济建设这个中心不放，坚持发展这个硬道理，开创科学发展的新局面。一路风雨兼程，而一个真理却颠扑不破：把马克思主义普遍真理同我国的具体实际结合起来，走自己的道路，建设中国特色的社会主义。沿着这条路，国家总体实力和人民群众生活水平迅速提高，中国的发展奇迹举世瞩目。实践证明，中国特色社会主义道路，就是实现社会主义现代化的必由之路，创造人民美好生活的必由之路，实现民族复兴的必由之路。

梦里寻她千百度，百年探得复兴路。小平说过："我们现在的路子走对了，人民高兴，我们也有信心。……路子不会越走越窄，只会越走越宽。路子走窄的苦头，我们是吃得太多了。如果我们走回头路，会回到哪里？只能回到落后、贫困的状态。"[①] 无论前面有什么曲折坎坷、挑战风险，正如胡锦涛总书记所指出的，决不走封闭僵化的老路，也决不走改旗易帜的邪路，而是坚定不移地走中国特色社会主义道路。笑看发展峰高处，选准道路辉煌出，这是中华民族百年奋斗的追求所在，也是我们迈向新一个百年的方向所在。

辛亥百年说机遇

（原载《人民日报》2011年9月20日第4版）

一部近代史，常回顾辛亥革命。它一举结束了统治中国几千年的封建君主专制制度，极大地推动了中华民族的思想解放，为众志成城、发展中国开拓了奋进之路。

几代中国人，总缅怀中山先生。他站在时代前列，以"世界潮流，浩浩荡荡，顺之则昌，逆之则亡"的胸怀和眼界，"内审中国之情势，外察世界之潮流"，为救亡图存、振兴中华开启了历史

---

① 《邓小平文选》第3卷，人民出版社1993年版，第29页。

◎ 政治学

新程。

无论15世纪的郑和下西洋,还是19世纪末的洋务运动,都想顺应世界潮流,却都没抓住历史机遇。只有孙中山领导的辛亥革命,才抓住、赢得了机遇。

机遇,常以偶然性的形式出现,稍纵即逝,但其中蕴含着必然性,必然性通过偶然性为自己开辟道路。抓住和用好机遇,要善于从偶然性中发现必然性,善于抓住偶然性后面的必然性。如培根所说:"开始做事前要像千眼神那样察视时机,而在进行时要像千手神那样抓住时机。"

尽管鸦片战争后中国迅速沦为半殖民地半封建国家,多数国人还是"当国者如醉卧覆舟之中,身已死而魂不悟;忧时者如马行画图之上,势欲往而形不前"。甲午战争之败刺痛国人,孙中山当机立断,"亟拯斯民于水火,切扶大厦之将倾"。亟亟切切,如何下手？进而点明要害："满清政府可以比作一座即将倒塌的房屋，整个结构已从根本上彻底地腐朽了，难道有人只要用几根小柱子斜撑住外墙就能够使那座房屋免于倾倒吗？"于是，1911年10月10日，辛亥革命爆发，起义军一夜间占领武昌，3天内光复武汉三镇，一月内13省宣布起义，3月后成立民国，推翻清朝。抓住机遇振臂一呼，振聋发聩；用好机遇乘势而上，摧枯拉朽！

放眼世界，无论是地理大发现之后的工业革命，第二次世界大战后的科技革命，还是20世纪70年代的信息革命，一些国家抓住机遇走在前列，一些国家痛失机遇被动落后。地球越来越小，发展越来越快，慢走一步，差之千里；耽误一时，落后多年。尽管当今世界大局多变，但21世纪头20年我国发展的这个重要战略机遇期仍然没有变。来而不可失者时也，蹈而不可失者机也，我们必须紧紧抓住并且应当大有作为。由此，我们更加深刻地理解了胡锦涛总书记在今年的"七一"重要讲话中强调的重要论断，"牢牢抓住和用好我国发展的重要战略机遇期，是我们赢得主动、赢得优势、赢得未来的关键所在，是对我们党执政能力的重大考验，也是对我们民族自强能力的重大考验"。

重大机遇伴随重大考验，伴随着可以预见、不可预见的种种风险和挑战。今天，我们"内审中国之情势，外察世界之潮流"，就要内审中国转变发展方式、促进科学发展之情势，外察世界多极化、经济全球化之潮流，迎接考验、化解风险、战胜挑战，珍惜机遇、抓住机遇、用好机遇，坚定不移走自己的路，继续大步赶上时代潮流，实现孙中山先生"后来者居上""与诸民族并驾于世界"的夙愿。

辛亥百年说机遇，机遇分量重千钧。此时不为何时为？看我中华要振兴！

论县委书记[*]

习近平总书记年初同中央党校第一期县委书记研修班学员进行座谈时提出,"做县委书记就要做焦裕禄式的县委书记,始终做到心中有党、心中有民、心中有责、心中有戒",在各级党政干部,尤其是县委书记中,引起强烈共鸣。

[*] 原载《光明日报》2015年3月2日第1版。

从历史上看，县的建制始于春秋时期，秦朝推行全国并得到进一步发展。至今两千多年，无论行政区划怎么调整，县一级都是最稳定的，县官都是最要紧的。今天的"县官"——县委书记，责任无尽，工作无边；磨炼无际，考验无限；问题无穷，困难无数……县官不大，压力山大，处底层之位，眼观全局，干在山巅；县官不大，抱负远大，居一县之域，忧国忧民，忧近忧远；县官不大，全县老大。率万众之民，改天换地，一往无前。

县官难当，"官之至难者令也"。县官重要，一县"领头羊"，一方"父母官"，一根擎天柱，一国栋梁才。"郡县治，天下安。"郡县兴，天下欢。

县委书记的"小"与"大"

县委书记有多"小"？"兵头将尾"，"芝麻官"，是"些小"（"些小吾曹州县吏"）。

县委书记有多"大"？有多重要就有多大。在我们党的组织结构和国家政权结构中，县一级处在承上启下的关键环节，是发展经济、保障民生、维护稳定、促进国家长治久安的重要基础。县，是个基本完整的社会，麻雀虽小，五脏俱全。上面千条线，下面一根针。国家的头绪那么多，但千条线都对着一根针。或者说，县这个"点"，对着的是国家的若干个"面"，而且必须"面面俱到"。国家的政策法令，千头万绪，大都要落到县一级来贯彻。而且，现在需要县一级办的事是越来越多了。全面建成小康社会、全面深化改革、全面依法治国、全面从严治党，哪一个"全面"都要到县里兑现。小康不小康，关键看老乡。全面不全面，县里都得办。县委书记必须善于从大处着眼，从小处着手。要善于把握全局、协调各方，抓住主要矛盾，讲大局、观大势、抓大事，尤其是要抓好那些对全局工作发挥根本性、深远性影响的大事、要事、主事，从而达到以大带小、以要带次、以主带辅的目的。

所以，县委书记级别不高，但责任不小，地位特殊。邓小平同志说，当好县委书记大不易，必须要有全面的领导经验和能力，要协调东西南北中、党政军民学、六大班子。说起今天的县委书记，当然是"兹事体大"。

县委书记说小亦小，说大亦大，尤其能由"小"变"大"。我国历朝历代都高度重视县级官员选拔任用。清代，县令由吏部直接任命，是古代的"中管干部"，而且赴任前必须到朝廷报到，皇帝亲自看，如发现有不适合或出格之人立即更换。我们现在任免体制不一样，但对县委书记和县长人选、对县党政班子是高度重视的。古语云：宰相必起于州部，猛将必发于卒伍。历朝历代，无数贤能，都从县一级起步。从县里成长干部，是一条经过检验的确有成效的道路。

县委书记究竟是小是大？我听一位县委书记说过，他坐着火车从县里出发去北京，一路走下去越走越小，到了北京感觉自己最小。再坐着火车从北京回县里，一路走下去越走越大，到了县里感觉是"我最大"。此言不虚。虽乃"些小"之官，却是一县之"长"，与一县之众朝夕相处、息息相关。

今天，县委是我们党执政兴国的"一线指挥部"，县委书记就是"一线总指挥"。在本县这方天地，"县官"之权大如天，就要"为生民立命"，"先天下之忧而忧，后天下之乐而乐"，因为"一枝一叶总关情"！

县委书记不可自以为"小"。焦裕禄同志是多大的官？就是县委书记。他在兰考干了一年多时间，做的都是谋长远、打基础的事情，不是急就章。所以，他干出了骄人的业绩，留下了崇高的风范。今天，县一级领导要谋几十万、上百万人的生计，管千头万绪的事务，大有可为、前景广阔。如果以做事为目的，这个舞台是足够大的。县一级承上启下，要素完整，功能齐备，是一个人生的大舞台、事业的大舞台。党把干部放在这样一个岗位上是信任，要安身、安心、安业，意气风发、慷慨激昂去干好工作，多为老百姓造福。一切为民者，则民向往之。

县委书记说"大"还真大，甚至是"高危职业"。不仅主动以权谋私不行，而且要处处防备社会诱惑。诱惑太多了，处处是陷阱。要把好自己的权力、美色、金钱这三关，坦坦荡荡，干干净净，保得一个一世清明。"些小吾曹州县吏"，县官要能把三关。无论县官小与大，把好三关天地宽。

县委书记的"长、宽、高"

参加中央党校第一期县委书记研修班的学员们说，我们要经常照照镜子，掂量好自己的"长、宽、高"。

"长"就是独当一面的特长、通盘考虑的专长和处事沉稳的擅长。

一要有独当一面的特长。在大是大非面前不迷失方向，在繁杂改革面前不偏离方向，在利益诱惑面前不模糊方向，善于把方向、管导向、抓倾向，扭住根本，审时度势，切实发挥好"一把手"的把关定向作用。要提高胆识修养。有胆无识，会导致不顾客观实际，急功近利，蛮闯胡干，出现拍脑门决策、拍胸脯实施、拍大腿反思的现象，给工作和事业造成不必要的损失；有识无胆，会优柔寡断，瞻前顾后，畏首畏尾，坐失机遇，工作不能顺利推进、如期完成。有胆有识，知谋善断，该出手时就出手。

二要有通盘考虑的专长。善于把县域工作放在全市、全省、全国的范围考量，善于在千变万化的形势和错综复杂的矛盾中，把好全局，抓住关键，既抓"牛鼻子"，又会"弹钢琴"，突出重点，兼顾一般，推动整体发展。

三要有处事沉稳的擅长。遇事不慌，头脑清醒，在重要任务、复杂局面、敏感问题面前，稳得住、看得准、有办法。关键时刻敢于负责，重大问题勇于担当，复杂局面稳妥驾驭。善于系统分析、把握规律，瞄准问题、井然处置，努力在细节中杜绝失误，在困境中找到出路,在无望中创造可能,在可能中干成事业。在困难和矛盾面前不绕、不等、不拖、不退,以百折不挠的勇气、开拓进取的锐气,坚决贯彻落实好上级党委的决策部署,以抓铁有痕、踏石留印、久久为功的韧劲,推动各项工作取得新的进展。

"宽"就是眼界宽、知识面宽、胸襟宽。

一是眼界要宽。当前改革进入深水区、攻坚期,发展进入新常态、调整期,稳定进入矛盾复杂化、问题高发期,谋划和推动县域经济社会平稳健康发展,特别需要县委书记具有开放性、务实性和前瞻性的战略思维。要勇于谋划振兴本县的大项目好项目,敢于改革创新区域社会治理的体制机制,善于推进保障和改善民生工作。作决策要多权衡,既高站位、远眼光,又切实际、接地气,广泛征集和采纳各个层面的意见建议;看事物要多角度,认真分析利弊得失,把工作的发展趋势和各种可能性想清楚、弄透彻,做好预警预判;用人要多考量,唯才是举,任人唯贤,既重业绩,又重经常,做到综合评价,知人善任。眼界宽还来自眼光敏锐。要练就一双能够敏锐发现问题的"慧眼",洞悉问题产生的原因,找准问题解决的办法,找到破解瓶颈的要害,指出落实工作的关键,安排部署工作有针对性、超前性,达到事半功倍的效果。

二是知识面要宽。要懂政策,认真学习党的路线、方针、政策,着力掌握中国特色社会主义理论体系,准确把握科学发展观的深刻内涵,吃透全面建成小康社会、全面深化改革、全面依法治国、全面从严治党这"四个全面"的精神实质,融会贯通,推动工作;要懂经济,认真学习市场经济知识,掌握市场经济规律,熟悉财税、规划、土地、环保等专业知识,着重研究经济学领域前沿理论和实用技能,真正成为抓经济的行家里手,勇于运用经济学思维研究区域发展;要懂管理,从提升领导能力的角度出发,注意加强对社会治理、行政管理、项目管理、企业管理、人力资源管理等方面知识的学习,不断拓宽自身的知识领域和视野,提高从政水平和管理能力。

三是胸襟要宽。要能容人。能容人之长，善于取他人长处补自己短处，互相砥砺，共同进步，不断推动事业向前发展。能容人之短，客观地看待别人的短处，善于避短扬长，让各类人才能够创业有机会，干事有舞台，发展有空间。能容人之功，不猜忌嫉妒，不排挤打击，尊重和重视他人的贡献，积极引导党员干部群众学习效仿，促使更多的人有所为、有所成。允许失误，鼓励担当。能容人之言，愿听"忠言"，能听"异言"，拒听"谗言"。

"高"就是理论素质高深、谋篇布局高远、工作艺术高超、道德情操高尚。

一是理论素质高深。要加强理论学习。带头强化学习意识，增强学习的紧迫感、自觉性，处理好工作与学习的关系，在紧张繁忙的工作之余，有计划地挤时间学习，为常委"一班人"作出榜样，为全体机关干部作出表率。要认真学习马克思主义、毛泽东思想，学习中国特色社会主义理论体系。习近平总书记系列重要讲话，要学深学透，不仅了解皮毛，更要掌握内涵，不单知其然，还要知其所以然。要注重理论思考。工作实践中，逐步养成对实践问题作理论思考的习惯，把总结经验教训作为拓展理论联系实际成果、提高自身素质的重要途径。要善于消化吸收，把经济发展、改善民生、维护稳定的方方面面联系到所学的理论知识上来，运用理论武器推动现实工作，让理论知识成为得心应手的本领，避免将先进理论变为枯燥的书本知识。

二是谋篇布局高远。对当地的经济社会发展规划和计划要坚持高标准、可持续原则，既不能守摊多年，涛声依旧，也不能只重眼前，竭泽而渔，要"为官一任，造福一方"，既重"显绩"，又重"潜绩"。要谋高远，把"潜绩"作为"显绩"的基础。牢固树立"功成不必在我"的理念，多干打基础、利长远的事情，把促进可持续发展的各项"潜绩"工作放在首位，在落实"潜绩"工作中突出重点、突破难点，干出成绩、干出口碑、干出民心。要抓重点，让"显绩"成为"潜绩"的阶段成果。不以重视"潜绩"为由而忽略发展的机遇和民生的需求，不让其成为看摊守业的借口。要沿着科学发展的轨道，有计划、有步骤、有梯次地推进工作，用一个一个实实在在的"显绩"来汇总成长远发展的"潜绩"。要找平衡，使"显绩"与"潜绩"有机统一。无论"显绩"还是"潜绩"，都要符合科学发展观的要求和人民群众的需要，不搞劳民伤财的"形象工程"。

三是工作艺术高超。要善于分工。工作不是哪一个人能够独立完成的。用人所长，避人所短，因材施用，大力支持副职的工作，赢得副职的信赖和支持。要善于协调。处理好正副职间、上下级间的关系；处理好改革与发展稳定、加快发展与可持续发展的关系。要统筹兼顾，以较少的资源和较短的时间完成高质量、高效率的工作。要善于应对。具备应对和解决突发问题的能力，遇事头脑清醒，在遵循法规、把握政策的基础上，调动积极因素，运用有效措施，解决问题，化解矛盾，推动工作。

四是道德情操高尚。要信念坚定。忠于党，忠于祖国，忠于人民，共产主义理想高于天。要在政治上、思想上、行动上，坚定不移地同以习近平同志为核心的党中央保持高度一致，不断坚定中国特色社会主义的道路自信、理论自信和制度自信。要公道正派。县委书记是全县干部群众领头雁、带头人，能否公道办事，直接影响当地社会的公平正义，影响党和政府的形象。要坚持正派为人，言行一致、表里如一，不搞亲亲疏疏、团团伙伙，"谋事"而不"谋人"，一门心思用在工作上、扑在事业上；坚持公道干事，胸怀一腔浩然正气，行得正、走得端，公正无私、不偏不倚，敢于担当、敢于负责。要勤政为民。切实做到"立党为公、执政为民"。要坚持权为民所用、情为民所系、利为民所谋，把人民群众的冷暖安危放在心上，谋富民之良策，行为民之善举，尽一切可能为群众多办好事、多办实事。要清廉如水。倍加珍惜组织的厚爱和重托，倍加珍惜群众的信任和期望，始终坚守清正廉洁这个立身之本。常修为政之德，常存敬畏之念，常思贪欲之害，常怀律己之心，认真遵守廉洁自律各项要求，讲政治，守规矩，守住底线，不越红线，不触高压线，做良好风气的倡导者、实践者和引领者，拒腐蚀、永不沾，干干净净干事。

县委书记的"正"与"定"

无论大与小，无论长宽高，总之是责任重如泰山。以至有县委书记慨叹，企业家搞经济是"责任有限公司"，县委书记搞政治则是"责任无限书记"。

其实古往今来，县官都难当。海瑞一生传奇，官至一国重相，他的体会是"官之至难者令也"。

正因为难，就要有办法过难关，有"绝招"当好官。请听听县委书记们自己怎么想、怎么说、怎么干。

有的说，当县委书记就要以焦裕禄为榜样，学习他"心中装着全体人民、唯独没有他自己"的公仆情怀，凡事探求就里、"吃别人嚼过的馍没有味道"的求实作风，"敢教日月换新天""革命者要在困难面前逞英雄"的奋斗精神，艰苦朴素、廉洁奉公、"任何时候都不搞特殊化"的道德情操。

有的说，县委书记这个岗位是最能为党和人民做实事的一个岗位，也是最能体现人生价值的一个岗位。作为一名县委书记，应把理想信念作为一种传承、一种坚守，化作一种自觉行动，在大是大非面前把握住原则、辨得明方向，在各种社会思潮面前做到立场坚定、旗帜鲜明。坚持把理论学习作为第一主课。理论上的"信仰度"，决定对党的"忠诚度"和对党的事业的"执着度"。

有的说，理想信念是精神之"钙"，只有理论扎实、政治坚定，才能在大是大非面前保持清醒头脑、把握正确方向。党性修养是根本，只有牢记宗旨、严于律己，才能不为"四风"所惑，永葆清正廉洁的共产党人本色。创新实干是关键，只有解放思想、务实守法，才能不懈怠、不漂浮、不逾矩，不断推动区域科学发展。能力

◇ 政治学

素质是保障，只有善于协调、运筹帷幄，才能不负组织重托，切实担负起团结各方力量、引领一域发展的使命。

　　有的说，县委书记要擦亮共产党人"实事求是"的金字招牌。从价值观上深刻把握实事求是是判断领导干部是否坚持党性原则的最高标准，也是领导干部应具备的基本品格。习仲勋同志指出："实事求是就是最大的党性。"领导干部是否敢于坚持实事求是，与自身修养密不可分。一个具有良好党性修养和优秀品格的领导干部，不仅自己能坚持实事求是，不说假话，不讲空话，而且会自觉同弄虚作假的行为做斗争。在新形势下，党员领导干部尤其需要坚持一切从实际出发，把实事求是作为一种境界来追求，作为一种纪律来要求，作为一种习惯来培养，以坚强的党性来保证做到实事求是，以实际行动彰显实事求是。

　　有的说，县委书记要把厉行法治作为重要执政责任，善用法治思维和法治方式推进全县各项工作加快步入法治化轨道。要科学把握国内外经济发展大势，引领全县各级党员干部在经济新常态下干出新作为。

　　有的说，适应新常态、推动新发展，县委书记必须要担当。担当精神是中国共产党人的政治品格。担当精神是保持党的先进性的必然要求。担当精神是从容应对挑战的现实需求。县委书记必须能担当。县委书记必须会担当。坚持依法依规担当，守住原则立场担当，抓住关键环节担当，敢于直面问题担当，善于改革创新担当。

　　有的说，县委书记处一县之地，当然要有威信，威从何来？要坚持以德立威，加强党性锻炼，提升自身素养；坚持以"绩"立威，树立实绩导向，引导干事创业；坚持以廉树威，自觉接受监督，守牢廉洁底线；坚持以行树威，率先争先领先，做到在工作面前敢叫"跟我来"，在纪律面前敢讲"跟我学"，在困难面前敢喊"跟我上"。

　　有的说，县委书记必须善于学习，善于重新学习，依靠学习走向未来。在工作热运行中，要有冷思考踱方步的机会。学习，只有不断地学习，才能增强工作的科学性、预见性、主动性，才能使领导和决策避免陷入少知而迷、不知而盲、无知而乱的困境，才能真正解决工作能力不足、本领恐慌、水平落后的问题。一定要持之以恒坚持学习，让学习成为自己加强自身修养提升能力和境界的人生常态。

有的说，县委书记要始终保持高尚的道德情操，敢于把清正廉洁、风清气正写在党委班子的旗帜上，净化工作圈、生活圈、社交圈和娱乐圈，不断自我净化、自我完善、自我提高。

有的说，党的县委书记，必须最讲党性，党性坚定。党性，是党员的原则、立场、态度、灵魂，是党员政治生命的精髓，是立党为公、执政为民的本质属性。坚持党性，党的宗旨观念就树得牢，为人民服务的旗帜就高高飘扬；坚持党性，党的原则就有了坚定性、科学性，就能永葆党的先进性；坚持党性，党就会永不腐败，永不变质，永远立于不败之地。县委书记坚强党性，是做好工作、树好形象的大前提。党性锻炼，关键是在党信党、在党爱党、在党忧党、在党为党。要把党性锻炼作为一门长期坚持的必修课，把讲党性内化为一种稳定的思想、品质和觉悟，外化为自觉行动，始终站在党的事业全局的高度来思考问题、开展工作，切实把党的政治思想、政治路线、政治主张转化为增强党性修养、提高思想觉悟、陶冶道德情操的自觉行动。

真是纸上得来终觉浅，绝知此事要躬行。这些县委书记自己的概括、体会，可谓"人人持瑾山之玉，个个握灵蛇之珠"。

虽是字字珠玑，也有点眼花缭乱。究竟怎么办？一位县委书记出来概括了——

说千道万，要有一身正气；头绪再多，要看政治定力。这一"正"一"定"，凝结成两个大字，就是"党性"。党的县委书记，必须党性最强，最讲党性。

说来也巧，习近平同志当年任县委书记的那个县，县名就叫"正定"。

◇ 政治学

正气与定力，是千锤百炼出来的。不经一番寒彻骨，怎得梅花扑鼻香？习近平同志回忆，当年我在正定时，省里的老领导见了我经常问：咧过嘴没有？咧嘴，这是河北话，意思是遇到困难了。我说：咧了！他们说：那就好！多咧几次就进步了。

"咧嘴"，咬牙，摔打，忍痛，曲折，坎坷，失落，坚守，困苦，诱惑，折腾，磨难，彻夜难眠的辗转反侧，悲欣交集的大彻大悟，"拿起""放下"的反复掂量，矢志不渝的执着追求，与群众融为一体的充实、自信，都是凝聚正气、锤炼定力过程中的必然，是中国版的"钢铁是怎样炼成的"。

党性，在这里生成、凝聚、升华。

在群众路线教育实践活动中，习近平总书记联系指导河北省、兰考县开展活动，他亲切地说，这次许多领导班子都咧嘴了，都豁出去了，红红脸、出出汗，扫走了好些思想灰尘，这是积大德的事，是大家都增益的事，习惯了就好了。

县委书记的"正"与"定"，是一种修养，一种历练，一种自觉，一种习惯。

县委书记的"四有"

县委书记的"正"与"定"是党性的集中体现，展开来就是习近平总书记要求的，"始终做到心中有党、心中有民、心中有责、心中有戒"。

这"四有"，既是基本标准、底线要求，又是高标准、严要求。既是对县委书记的要求，也是对全党的要求。

对全党来说——

心中有党，党要把党装在自己心中，党要姓党，党要管党，党要建党，始终保持定力，保持先进性。

心中有民，党要把人民装在心中，坚持立党为公，始终保持同人民群众的密切联系，全心全意为人民服务。

心中有责，党要把责任装在心中，始终做工人阶级的先锋队，中华民族的先锋队，民族复兴的推动者，共产主义的领路人，革命理想高于天，肩上责任重如山，坚定的战斗力永不衰。

心中有戒，党要把法律、纪律、规矩装在心中，始终保持纯洁性，直面四大挑战，警惕四个危险，千磨万击还坚劲，任尔东西南北风。

对县委书记来说就是——

心中有党，解决"我是谁"的问题。

心中有民，解决"依靠谁"的问题。

心中有责，解决"为了谁"的问题。

心中有戒，解决"认识自己是谁"的问题。

古希腊人就把"认识你自己"作为神谕，镌刻在巨石上，代代相传，足见其难。作为县委书记，更要不断自省自励，自觉自愿、锲而不舍地加强自我修养，始终严于律己，不断锤炼自己。此乃"官之至难者令也"之"至难"。

但当了县委书记，再难，也不难。因为——心中有党，定海神针；心中有民，一往情深；心中有责，兢兢业业；心中有戒，金刚不坏。

"做县委书记就要做焦裕禄式的县委书记，始终做到心中有党、心中有民、心中有责、心中有戒。"

中国改革的总动员和总部署[*]

◆纵观一部近、现代世界经济发展史，连续保持十年、二十年增长的国家有若干，但"三十而立"者寥寥，"四十而惑者"多多。

---

[*] 原载《人民论坛》2013年第34期。

◆我国发展已经走到关键路口，面临难得的机遇，也面临一堆突出的矛盾、问题和挑战，化解矛盾之法、解决问题之策、战胜挑战之方，唯有改革，别无他途。

◆这次改革，是历次改革中范围最广的，涉及国家治理、现代化建设各个层次，涉及改革进程各个阶段，全面深化改革的总部署，是"六个紧紧围绕"。

中共十八届三中全会审议通过《中共中央关于全面深化改革若干重大问题的决定》，对中国改革作出了总动员和总部署。

总动员：唯有改革，别无他途

改革，是由问题倒逼而产生的。

凡涉一国、一民族之改革，乃大势要改，人心思改，不能不改，是"置之死地而后生"逼出来的。沦为半殖民地半封建的旧中国，必然爆发翻天覆地的历史变革——新中国诞生了。新中国成立30年成就巨大，但"文革"使国民经济几近崩溃。邓小平同志大声疾呼：贫穷不是社会主义，不改革开放死路一条！于是，35年改革开放，使经济社会发展的活力在中华大地像火山一样迸发，使中国特色社会主义大放光芒。今天，我国经济总量已跃居世界第二位，综合国力快速增长，世界刮目相看。我们的日子也好过多了，并无"置之死地"之险境。

那么，当代中国面临什么问题？或者说，是什么问题在倒逼我们改革？

我们必须清醒地看到，我们在创造35年连续增长的奇迹的同时，要进一步保持可持续发展的难度加大了。世界上许多经济体的发展在多年连续增长后，往往出现拐点。盛极而衰，似乎是在劫难逃。纵观一部近、现代世界经济发展史，连续保持十年、二十年增长的国家有若干，但"三十而立"者寥寥，"四十而惑者"多多，能继续走好"第四个十年"的经济体，当代几乎没有。一些发展中

◇ 政治学

国家更是相继落入"中等收入陷阱"。中国经济能否迈过这个坎，走好"第四个十年"？事实上，当前我国经济已处于增长速度换挡期和结构调整阵痛期，经济下行的压力在增大。

我们必须清醒地看到，近代大国经济的发展，都是以工业化和城市化为基本模式，必然涉及对煤、石油和天然气等不可再生资源的大量需求，以及对市场、对资源不断扩张的需求。近代西方世界在崛起的过程中为满足这种需求，以坚船利炮、圈占土地和奴役他人来掠夺资源。这虽造就了西方世界近代以来的繁荣，也埋下了它与世界其他部分的仇恨。他们的发展路子是"国强必霸"。但"霸极必衰"，历史规律无情，衰败端倪已现。中国当然不会、也不可能再走这种大国崛起之路，必须坚持和平发展。但和平发展也有激烈竞争。逆水行舟，不进则退。当前国际局势继续发生深刻复杂变化，世界经济进入深度调整期，综合国力竞争日益激烈，各种矛盾错综复杂。各国都在加快推进变革，特别是新一轮科技革命和产业变革正在孕育兴起，中国不迎头赶上去，就会再次错失发展机遇。

我们必须清醒地看到，我们要聚精会神搞建设，一心一意谋发展。但外部环境中影响和平与发展的不稳定、不确定因素增多。我们仍将长期面对西方发达国家在经济和科技方面占优的压力。我们仍将长期面对西方敌对势力对我实施"西化""分化"战略的冲击。有人希望我们回到封闭僵化的老路，有人则鼓捣我们走改旗易帜的邪路。而我们这样一个大国，改革必须有原则，有定力。不能改的，怎么说也是不改。一旦在根本问题上出现颠覆性错误，就无法挽回，无法弥补。

我们必须清醒地看到，我国发展中不平衡、不协调、不可持续问题依然突出，科技创新能力不强，产业结构不合理，发展方式依然粗放，城乡区域发展差距和居民收入分配差距依然较大，社会矛盾明显增多，教育、就业、社会保障、医疗、住房、生态环境、食品药品安全、安全生产、社会治安、执法司法等关系群众切身利益的问题较多，部分群众生活困难，形式主义、官僚主义、享乐主义和奢靡之风问题突出，一些领域消极腐败现象易发多发，反腐败斗争形势依然严峻。

总之，当前国内外环境都在发生极为广泛而深刻的变化，我国发展已经走到关键路口，面临难得的机遇，也面临一堆突出的矛盾、问题和挑战。

中国要锐意进取，攻坚克难，实现健康发展、持续发展、科学发展，实现中华民族伟大复兴的中国梦，化解矛盾之法、解决问题之策、战胜挑战之方，唯有改革，别无他途！

总部署：全面深化，六个围绕

改革，已经进入攻坚区、深水区，如何推进？

党的十八届三中全会明确，最重要的是，坚持党的领导，贯彻党的基本路线，不走封闭僵化的老路，不走改旗易帜的邪路，坚定走中国特色社会主义道路，始终确保改革正确方向；坚持解放思想、实事求是、与时俱进、求真务实，一切从实际出发，总结国内成功做法，借鉴国外有益经验，勇于推进理论和实践创新；坚持以人为本，尊重人民主体地位，发挥群众首创精神，紧紧依靠人民推动改革，促进人的全面发展；坚持正确处理改革发展稳定关系，胆子要大、步子要稳，加强顶层设计和摸着石头过河相结合，整体推进和重点突破相促进，提高改革决策科学性，广泛凝聚共识，形成改革合力。

这次改革，一是全面。这次改革是历次改革中范围最广的，体现了改革顶层设计的综合性、统筹性和协调性。二是深入。这次改革内容涉及国家治理、现代化建设各个层次，涉及改革进程各个阶段，有社会主义市场经济性质的理论突破，有改革探索实践的政策确认，有成功改革经验的制度化完善，有解决现实问题和突出矛盾的攻关性创新。要进一步形成公平竞争的发展环境，进一步增强经济社会的发展活力，进一步提高政府的效率和效能，进一步实现社会公平正义，进一步促进社会和谐稳定，进一步提高党的领导水平和执政能力。

全面深化改革的总目标，是完善和发展中国特色社会主义制度，推进国家治理体系和治理能力现代化。必须更加注重改革的系统性、整体性、协同性，加快发展社会主义市场经济、民主政治、先进文化、和谐社会、生态文明，让一切劳动、知识、技术、管理、资本的活力竞相迸发，让一切创造社会财富的源泉充分涌流，让发展成果更多更公平惠及全体人民。

全面深化改革的总部署，是"六个紧紧围绕"：

——紧紧围绕使市场在资源配置中起决定性作用深化经济体制改革，坚持和完善基本经济制度，加快完善现代市场体系、宏观调控体系、开放型经济体系，加快转变经济发展方式，加快建设创新型国家，推动经济更有效率、更加公平、更可持续发展；

——紧紧围绕坚持党的领导、人民当家作主、依法治国有机统一深化政治体制改革，加快推进社会主义民主政治制度化、规范化、程序化，建设社会主义法治国家，发展更加广泛、更加充分、更加健全的人民民主；

——紧紧围绕建设社会主义核心价值体系、社会主义文化强国深化文化体制改革，加快完善文化管理体制和文化生产经营机制，建立健全现代公共文化服务体系、现代文化市场体系，推动社会主义文化大发展大繁荣；

——紧紧围绕更好保障和改善民生、促进社会公平正义深化社会体制改革，改革收入分配制度，促进共同富裕，推进社会领域制度创新，推进基本公共服务均等化，加快形成科学有效的社会治理体制，确保社会既充满活力又和谐有序；

——紧紧围绕建设美丽中国深化生态文明体制改革，加快建立生态文明制度，健全国土空间开发、资源节约利用、生态环境保护的体制机制，推动形成人与自然和谐发展现代化建设新格局；

——紧紧围绕提高科学执政、民主执政、依法执政水平深化党的建设制度改革,加强民主集中制建设,完善党的领导体制和执政方式,保持党的先进性和纯洁性,为改革开放和社会主义现代化建设提供坚强政治保证。

"六个紧紧围绕",是要解决当前经济社会发展中两个最突出的问题。一是集中反映了当前经济社会发展的需要,把经济体制改革作为全面深化改革的重点,核心问题是处理好政府和市场的关系,使市场在资源配置中起决定性作用和更好发挥政府作用,促使生产关系更加适应生产力的发展;二是集中反映人民群众基本的要求和期盼,坚定不移地走中国特色共同富裕的道路,使改革发展成果惠及全体人民,解决好社会公平问题。

走活一盘好棋的两个"眼"

全面深化改革的布局和推进,就像在下一盘头绪繁多、错综复杂、厮杀激烈的围棋,形势的驾驭、棋形的死活、力量的消长、最后的胜算,关键在是否作出两个"眼",而且必须是"真眼",不能是"假眼"。

这次全面深化改革的一个关键的"眼",就是使市场在资源配置中起决定性作用和更好发挥政府作用。

35年前,中国的改革始于邓小平同志说的"社会主义也有市场,资本主义也有计划"。1992年,党的十四大明确提出我国经济体制改革的目标是建立社会主义市场经济体制。十四大以来的20多年间,对政府和市场的关系,我们一直在根据实践拓展和认识深化寻找新的科学定位。党的十五大提出"使市场在国家宏观调控下对资源配置起基础性作用"。党的十六大提出"在更大程度上发挥市场在资源配置中的基础性作用"。党的十七大提出"从制度上更好发挥市场在资源配置中的基础性作用"。党的十八大提出"更大程度更大范围发挥市场在资源配置中的基础性作用"。我们的认识在不断深化,我国社会主义市场经济体制已经初步建立,但仍存在

◇ 政治学

不少问题，主要是市场秩序不规范，以不正当手段谋取经济利益的现象广泛存在；生产要素市场发展滞后，要素闲置和大量有效需求得不到满足并存；市场规则不统一，部门保护主义和地方保护主义大量存在；市场竞争不充分，阻碍优胜劣汰和结构调整；等等。这些问题，集中表现为行政干预过多、市场体系不完善、监管不到位三个突出矛盾，最突出的是政府行政干预过多的矛盾。进一步处理好政府和市场关系，实际上就是要处理好在资源配置中市场起决定性作用还是政府起决定性作用这个问题。

使市场在资源配置中起决定性作用，意味着要大力推进市场准入和竞争方面的改革。除了个别特殊行业外，各种所有制经济都可以进入，平等进入，公平竞争，同时也就需要加强监管，防范风险。资源配置指的是生产要素配置，包括劳动、资本、土地，还有技术管理，为此必然导出财税体制改革、土地改革、利率市场化和汇率决定机制等改革。市场经济强调消费者主权，又必然推动着金融改革。要加快形成企业自主经营、公平竞争，消费者自由选择、自主消费，商品和要素自由流动、平等交换的现代市场体系，着力清除市场壁垒，提高资源配置效率和公平性。要建立公平开放透明的市场规则，完善主要由市场决定价格的机制，建立城乡统一的建设用地市场，完善金融市场体系，深化科技体制改革。总之，把市场在资源配置中的"基础性作用"改为"决定性作用"，尽管是遵循市场经济一般规律的必然选择，却带来一场更全面、更深刻、更剧烈的变革。

30多年前的改革，一个"联产承包责任制"，就极大地调动了人民群众的积极性，解放了生产力；今天的改革，一个"使市场在资源配置中起决定性作用"，必将有利于全党全社会树立关于政府和市场的正确观念，有利于转变经济发展方式，有利于转变政府职能，有利于抑制消极腐败现象。市场的作用发挥出来了，群众求发展的积极性更高了，一切劳动、知识、技术、管理、资本的活力就有可能竞相迸发，一切创造社会财富的源泉就有可能充分涌流。

在使市场在资源配置中起决定性作用的同时,要更好发挥政府作用,主要是保持宏观经济稳定,加强和优化公共服务,保障公平竞争,加强市场监管,维护市场秩序,推动可持续发展,促进共同富裕,弥补市场失灵。

这次全面深化改革的另一个关键的"眼",是发展更加广泛、更加充分、更加健全的人民民主。

有一种误解,认为当前只是在着力推进经济体制改革,而政治体制改革则搁置不动、滞后不前。这次全面深化改革,明确部署了包括加强社会主义政治制度建设、推进法治中国建设、强化权力运行机制和监管体系等诸多方面内容的政治体制改革,目标就是建设社会主义法治国家,发展更加广泛、更加充分、更加健全的人民民主。

如何实现民主,许多发展中国家都在探索,主动或被动地充当西方民主制度"实验品"的都有,结果政治动荡、经济停滞、民不聊生。一系列严酷现实告诉人们,选择适合本国国情的民主新路,是一个民族走向成熟的标志。

我们的民主之路,要和平、稳定的民主政治,不要暴力连连、社会动荡;要统一、和谐的民主发展,不要国家分裂、一盘散沙;要繁荣发展的民主建设,不要经济停滞、生活倒退;要干部清正、政府清廉、政治清明的民主政治,不要官员腐败、政府变质;要吸收人类民主政治建设共同文明成果,又与本国实际结合,坚持党的领导、人民当家作主和依法治国的有机统一,避免封闭保守、简单照搬。

我们的民主之路,要有中国特色、中国创新。2006年,党中央就明确提出:"人民通过选举、投票行使权利和人民内部各方面在重大决策之前进行充分协商,尽可能就共同问题取得一致意见,是我国社会主义民主的两种重要形式。"在努力改进、逐步完善选举民主的同时,将协商民主作为民主形式之一,在国家权力中枢和社会公众之间建立起一道桥梁,增强政治体系的开放性和包容性,最大限度地反映民意，凝聚民智，维护人民群众的根本利益。两种民主形式结合起来，将有力推动民主政治的新发展。

这次全面深化改革的决定，把推进协商民主广泛多层制度化发展作为政治体制改革的重要内容，强调在党的领导下，以经济社会发展重大问题和涉及群众切身利益的实际问题为内容，在全社会开展广泛协商，坚持协商于决策之前和决策实施之中，构建程序合理、环节完整的协商民主体系，拓宽国家政权机关、政协组织、党派团体、基层组织、社会组织的协商渠道；深入开展立法协商、行政协商、民主协商、参政协商、社会协商；发挥统一战线在协商民主中的重要作用，完善人民政协制度体系，规范协商内容、协商程序，拓宽协商民主形式，更加活跃有序地组织专题协商、对口协商、界别协商、提案办理协商，增加协商密度，提高协商成效。

社会发展需要活力，但这种活力又必须是有序活动的，死水一潭不行，暗流涌动也不行。推进协商民主广泛多层制度化发展，必将有序地解放和增强社会活力。

当然，强调"两个眼"，绝不是只在某个领域某个方面进行单项改革。经济、政治、文化、社会、生态文明各领域改革和党的建设改革紧密相连，相互交融，任何一个领域的改革都会牵动其他领域，同时也需要其他领域改革密切配合。例如，推进协商民主广泛多层制度化发展的一项重要内容，就是完善中国共产党同各民主党派的政治协商，认真听取各民主党派和无党派人士意见。中共中央根据年度工作重点提出规划，采取协商会、谈心会、座谈会等进行协商。完善民主党派中央直接向中共中央提出建议制度。相应地，民主党派就要与时俱进，加强自身建设，建设中国特色社会主义参政党。要与中国共产党"肝胆相照"，自身也要"有胆有识"。相应地，作为民主党派的联合党校的中央社会主义学院，就必须以改革的精神加强正规化建设，向着建设名副其实的民主党派的高级政治学院发展和转型，跨越和升级。

总动员、总部署与凝聚改革共识

中国新一轮改革，在新的历史起点上启动了。

改革之难，首先难在凝聚共识。

过去的改革从重在提高效率起步；新一轮改革既要提高效率也要促进公平，必须着眼创造更加公平正义的社会环境，不断克服各种有违公平正义的现象，使改革发展成果更多更公平惠及全体人民。

过去的改革从让一部分群众、一部分地区先富起来破题；新一轮改革要从进一步均衡协调发展，根本改变城乡二元结构，根本扭转城乡发展差距拉大趋势，促进共同富裕入局。

过去的改革侧重于利益杠杆的撬动；新一轮改革要从整体增进人民的福祉，就必须看清各种利益固化的症结所在，突破利益固化的藩篱。

过去的改革多在体制外进行；新一轮改革则要克服体制内产生的障碍，尤其要超越来自各种既得利益的羁绊。

过去的改革可以摸着石头过河；新一轮改革在越来越深的水中前行，摸得着石头固然好，摸不着石头、只看见暗礁潜流漩涡，也得过河！必须识得水性，把握大局，顶层设计，稳中求进，全局和局部相配套，治标和治本相结合，渐进和突破相衔接，实现整体推进和重点突破相统一。

过去的改革，一个"联产承包责任制"就解放和活跃了生产力；新一轮改革，则要深入地使市场在资源配置中起决定性作用，使一切劳动、知识、技术、管理、资本的活力竞相迸发。经济体制改革的深入，必然牵引出政治、文化、社会、生态和党的建设一系列改革。

过去的改革是在僵化封闭、万马齐喑中启动；新一轮改革必须从社会结构深刻变动、利益格局深刻调整、思想观念深刻变化、社会思想空前活跃、众说纷纭中出发。

古往今来的一切改革，首先都难在凝聚共识。"提起中国民族工业、重工业不能忘记张之洞"（毛泽东语），但张氏之长叹，令人伤心："海内志士，发愤搤捥，于是图救时者言新学，虑害道者守旧学，莫衷于一。旧者因噎而食废，新者歧多而羊亡；旧者不知通，新者不知本。不知通则无应敌制变之术，不知本则有非薄名教之心。"意思是不知道变通就没有面对敌情变化制定相应对应之策的能力，不知道本原就会对名声和教化都产生怀疑。"夫如是，则旧者愈病新，新者愈厌旧，交相为瘉，而恢诡倾危乱名改作之流，遂杂出其说以荡众心。"

时代不同了，今天在需要改革这个重大问题上，全党全社会是有广泛认知的。但究竟改什么，怎么改？可以百花齐放见仁见智，不可以各行其是互相扯皮，尤其不可以听任"恢诡倾危乱名改作之流"来"杂出其说以荡众心"，把中国引向封闭僵化的老路、改旗易帜的邪路。越是认识不统一，就越要善于寻求最大公约数，把13亿人的改革共识凝聚起来。

党的十八届三中全会审议通过的《中共中央关于全面深化改革若干重大问题的决定》，是当代中国改革的总纲领、总动员、总部署。它深刻剖析了我国发展稳定面临的重大理论和实践问题，阐明了全面深化改革的重大意义和未来走向，提出了全面深化改革的指导思想、目标任务、重大原则，描绘了全面深化改革的新蓝图、新愿景、新目标，汇集了全面深化改革的新思想、新论断、新举措，反映了社会呼声、社会诉求、社会期盼，凝聚了全党全社会关于全面深化改革的思想共识和行动智慧。

中国共产党在关键时刻，总能够凝聚全民族共识。要说中国的优势，中国共产党的优势，中国特色社会主义的优势，这应该是一个方面，而且是很重要的一个方面。

凝聚改革共识，看我众志成城，可以无坚不摧，何惧路险水深。

中国巨轮持续远行的"核动力"

一百多年来,中华民族历经磨难,现在离民族复兴的梦想越来越近。但正因越来越近,再往前走,每一步都是惊险一跳,都是从量变到质变的巨大飞跃。为此,更需要注入强大而有序的活力,保持持续而健康的动力。在近四十年成功改革开放的基础上进一步"改革、开放、搞活",需要爆发活力,但要活而不乱;需要注入动力,但要持续不断;需要深化改革,但要发展不停;需要向外开拓,但要和而不战。中国这一艘巨大的航船继续又快又稳、迎风破浪前行,需要巨大、安全的"核动力"。

这"核动力"哪里去找?"众里寻他千百度,蓦然回首,那人却在灯火阑珊处。"我们优秀的传统文化中,本来就有这样的基因。中华文明之所以能够在世界四大古文明中延续至今,不曾中断,一直延续着特定的文化活力与动力。但历史进程中,也充满挫折、焦虑与冲突。一百多年前中华民族一度衰落,就是因为在近代世界的大变局中,我们传统文化的活力、动力机制也出了大问题。但今天,在实现民族伟大复兴的进程中,马克思主义与中国优秀传统文化特定的文化活力与动力相碰撞、相融合,则可以重新发掘、创造、聚合、爆发出"核动力"。

---

* 原载《人民论坛》2017 年第 17 期。

西方走向现代化的文化活力、动力机制有先天不足

欧洲文艺复兴以来,西方国家的活力与动力空前爆发,使中国的一时落伍更相形见绌。世界的现代化浪潮,起源于数百年前西欧历史上发生的一场持续200余年的文艺复兴运动。文艺复兴把"人"从"神"的束缚中解放出来,把生产力从封建社会的束缚中解放出来,带领西欧走出中世纪的蒙昧和黑暗,迎来了现代文明的曙光。

然而,这个曾令西方世界走向现代化的文化活力、动力机制,逐渐显露出其先天不足和负面效应。孙中山先生早前就敏锐地发现:欧洲近百年是什么文化呢?是科学的文化,是注重功利的文化,也是行霸道的文化。自欧洲的物质文明发达、霸道大行之后,世界各国的道德,便天天退步。文艺复兴带来的生产力解放使当代西方国家愈加发达,也不断扩大、加剧世界贫富两极的分化。近代大国经济的发展,都是以工业化和城市化为基本模式,必然涉及对煤、石油和天然气等不可再生资源的大量需求,以及对市场、资源不断扩张的需求。近代西方世界在崛起的过程中为满足这种需求,以坚船利炮、圈占土地和奴役他人来掠夺资源。这虽造就了西方世界近代以来的繁荣,也埋下了它与世界其他国家和地区的仇恨。

现代工业文明彻底打破了自然的和谐与宁静,生态危机频频出现。市场经济推动的现代化,带来了迷心逐物、心为物役、私欲膨胀、发展异化等现代病。地区动荡冲突不已,世界秩序混乱不堪,全球治理步履维艰,瞻前顾后危机四伏,有学者惊呼,西方已陷入"人类自杀之路"。

文艺复兴虽然极大地解放了"人",但"人"又付出了极大的代价。人类文明的交汇已走到量变到质变的临界点,人类危机呼唤

人本主义在否定之否定意义上的继承和发扬。一场新的文艺复兴——新的文明复兴，已躁动于时代的母腹，呼之欲出。

中华优秀传统文化蕴含修正现代性负面效应的因子

中国优秀传统文化的活力、动力机制，既可有效延续、继续扩大文艺复兴激发活力与动力的正能量，又能够以己所长，弥补西方现代性的先天不足，修正其负面效应。

一方面，几千年中华文明不曾中断的历史，尤其是近代虽也曾一度衰落，但依然自强不息，自我振兴、再度崛起的历史，证明中华优秀传统文化在马克思主义传入中国并实现中国化以来，可以在新的时代重新激发、爆发出新的活力与动力。另一方面，中华民族的文化传统，可以因应"后文艺复兴时代"修正负面效应的要求。正如英国历史学家汤因比所指出的，"避免人类自杀之路，在这点上现在各民族中具有最充分准备的，是两千年来培育了独特思维方法的中华民族"。

"独特思维方法"有哪些？天人合一——"天行健，君子以自强不息"；"地势坤，君子以厚德载物"。允执厥中——出自《尚书》："人心惟危，道心惟微；惟精惟一，允执厥中。"舜帝告诫大禹说，人心是危险难测的，道心是幽微难明的，只有自己一心一意，精诚恳切地秉行中正之道，才能治理好国家。在当前，允执厥中，是促进人类命运共同体建设的"中"，也是现代国家治理乃至全球治理恰如其分的"度"。此外还有仁者爱人、以和为贵、和而不同、众缘和合；讲仁爱、重民本、守诚信、崇正义、尚和合、求大同；等等。

概而言之，中华民族传承几千年而特别擅长、今天在实现民族伟大复兴的进程中又重放光芒的"独特思维方法"，就是自强不息，厚德载物，顶天立地；执"中"为度，以"和"为贵，求同存异。

这种文化传承，这种思维方法，今天依然能重新激发活力，并且有效地转化为生产力。

中华巨轮领航共商、共建、共享的新路

按照"后文艺复兴时代"西方列强"国强必霸"的逻辑，有人臆造出"中国威胁论"。那么，快速崛起的中国如何进一步对外开放？也要靠威胁、靠霸道来扩张吗？中国对外开放的途径和模式，与列强过去走过的路子截然不同。中国大力倡导并积极建设"一带一路"，要走出一条与世界各国共商、共建、共享，遵循平等、追求互利的新路。

"一带一路"首先是经济建设之路。开展跨国互联互通，提高贸易和投资合作水平，推动国际产能和装备制造合作，本质上是通过提高有效供给来催生新的需求，实现世界经济再平衡。特别是在当前世界经济持续低迷的情况下，促使顺周期下形成的巨大产能和建设能力"走出去"，满足沿线国家推进工业化、现代化和提高基础设施水平的迫切需要，实现走出国与参与国的平等互利。而今天世界各国看好"一带一路"，不仅因为这条新路有互利共赢的经济愿景，还因为这条新路有互利共赢的信心保障。因为这一开放途径和模式所包含的文化底蕴，避免了重蹈近代西方列强侵略扩张的老路，破解了"国强必霸""赢者通吃"的逻辑，走出了新兴国家与守成国家必有一争甚至一战的"修昔底德陷阱"。因为发起"一带一路"倡议的中国，有着独特的文化基因和文化底气。肇始于2000多年前的丝绸之路，既是贸易大走廊，也是文明大动脉，更是世界大桥梁。穿过历史的烟云，顺应各方的期待，今天的"一带一路"应运而生，这一构想凝聚了几千年的东方智慧，闪烁着中国优秀传统文化的当代光辉，承载着沿线地区的复兴梦想，迈出了共建"人类命运共同体"的坚实步伐。

"周虽旧邦，其命维新。"中国优秀传统文化，可以为我们民族

实现伟大复兴注入活力、持续动力。而迎接一场世界性的、并不逊色于历史上文艺复兴的、新时代的"文艺复兴",中国可以大有作为。

民族复兴离不开民营经济

当前,我们要加大投资来刺激经济增长,但投资的取向偏好大型国企,中小企业融资难的问题难以改观。然而吸纳就业的主力军是中小企业,因此需要激发目前不活跃的民间投资,进一步拓展消费增长的空间,以增强经济增长的内省动力和活力。无论是中小企业还是民间投资,民营经济都是最重要的载体。针对当前民营经济存在的出口难、融资难、人才引进难、产能过剩重复建设的问题,国家出台了《关于进一步促进中小企业发展的若干意见》等一系列扶持政策和措施。刚刚闭幕的中央经济工作会议,决定在市场准入等方面给予民营经济更大的帮助和支持。我们相信,未来民营经济发展的环境会越来越好,扶持政策会越来越多,投资空间会越来越大。

应对金融危机要加强政府的作用,政府往哪里使劲?非公有制经济面临转型升级,去哪里寻求支持?我注意到贾庆林主席提出了"四个着力":着力完善治理结构,提升非公有制经济的发展活力;着力实施"走出去"战略,提升非公有制经济的发展层次;着力加强自主创新,提升非公有制经济的核心竞争力;着力优化产业结构,提升非公有制经济的产业质量。我相信,中国的民营经济有了这"四个着力"的支持,一定会进入"柳暗花明又一村"的境界。而政府在自己宏观调控手段增强的时候,强调"四个着力"的政策导向和政策取向,可以说从一个方面显示了当代中国确实要放手让一切劳动、知识、技术、管理、资本的活力竞相迸发，让一切创造社会财富的源泉充分涌流的大气魄、大手笔、大气象。民族复兴的基础是经济振兴，经济振兴中离不开民营经济的振兴。

加强和完善党和国家监督体系研究*

《中共中央关于坚持和完善中国特色社会主义制度、推进国家治理体系和治理能力现代化若干重大问题的决定》（以下简称《决定》），把"坚持和完善党和国家监督体系，强化对权力运行的制约和监督"作为一个部分来安排，明确了这一制度必须坚持和巩固的根本点、完善和发展的方向，并从顶层设计作出了工作部署。落实这些制度安排和工作部署，要按照《决定》要求，重在加强，努力完善，严字当头，审时度势，因势而治，德治强基，民主监督，四种形态融合协同，激励机制相辅相成，进一步构成系统完备、科学规范、运行有效的党和国家监督体系。

一 严字当头

习近平总书记指出，反腐败斗争已经取得压倒性胜利。但是，对反腐败形势的严峻性和复杂性一点也不能低估。权力是最大的腐蚀剂。我们党全面领导、长期执政，党员、干部时刻面临被"围猎"、被腐蚀的风险。[①] 作为长期执政的党，我们党必须高度警惕并严加防范被权力腐蚀。

---

* 原载《理论动态》2019 年第 33 期。
① 《习近平新时代中国特色社会主义思想学习纲要》，学习出版社、人民出版社 2019 年版，第 239 页。

"善治病者，必医其受病之处；善救弊者，必塞其致病之源。"腐败发生的"受病之处"正是权力，其"致病之源"也是权力，"围猎"的"着力之点"更无一不是权力。而权力的异化，是在市场经济条件下越演越烈的。习近平总书记一针见血地指出，这"权力是最大的腐蚀剂"是对我们这个面临市场经济新考验、新挑战的全面执政的共产党，当头棒喝，敲响警钟。

在资本主义市场经济中，资本不断扩张的冲动和权力不断膨胀的欲望相结合，就有可能产生"核聚变"，冲击现有的一切界限，使法律的界限模糊，使道德的界限丧失。而不断扩大权力的边界，会滋生出一批贪得无厌、肆无忌惮、无法无天的蛀虫，毒化和败坏民风。当权力与资本相遇，当围猎、腐蚀权力成为常态，可以支配资本而又不受制约的权力，就会走向马克思主义所严厉批判的垄断资本主义。在社会主义市场经济条件下，如果我们不严防市场经济的负面效应，让商品交换观念肆意泛滥，就会导致严重的腐败。

人民群众最痛恨腐败现象，腐败是我们党面临的最大威胁。党和国家监督体系，首要的是从严治党，首列其要的是严字当头。只有以反腐败永远在路上、把严字当头贯彻到底的坚韧和执着，深化标本兼治，保证干部清正、政府清廉、政治清明，才能跳出历史周期率。《决定》将加强和完善党和国家监督体系，作为党在长期执政条件下实现自我净化、自我完善、自我革新、自我提高、反腐防腐的重要制度保障，锲而不舍，不懈坚持，全面覆盖，不断完善，强化对权力运行的制约和监督。从三个方面的制度建设，对健全党和国家监督制度，完善权力配置和运行制约机制，构建一体推进不敢腐、不能腐、不想腐体制机制，作出了坚定、科学、周密的部署，彰显了我们党严字当头、从严治党、一严到底、打铁必须自身硬的钢铁意志和决心。

二　审时度势

党和国家监督体系的加强，要在从严；其完善，又不仅仅归结为一个"严"字。古人云，"能攻心则反侧自消，自古知兵非好战。不审势即宽严皆误，后来治蜀要深思"。严加防范与及时整治，就必须立足、切合于社会主义市场经济发展的实际。不审时即宽严皆误。现在的"时"，就是大力发展社会主义市场经济。现在的"势"，就是不敢腐占了压倒性优势，不能腐正在加强工作，不想腐正在构筑堤坝。新构筑的堤坝，要正视、面对社会主义市场经济这股充满活力、源源不断、无孔不入的"一江春水"。这个堤坝要对这"一江春水"能疏能导。

毋庸讳言，一段时间内，腐败的情况愈加严重起来。邓小平同志指出，不过"自从实行对外开放和对内搞活经济两个方面的政策以来，不过一两年时间，就有相当多的干部被腐蚀了。卷进经济犯罪活动的人不是小量的，而是大量的"[1]。习近平总书记指出："有的国企内部管理混乱，侵吞、贪污、输送、挥霍国企资产现象大量发生，从近期揭露出来的一些国企中发生的腐败案件看，问题触目惊心！有的案件涉及的金额不是几十万、几百万，而是几千万、几个亿、十几个亿！有的人很会'靠山吃山，靠水吃水'那一套，侵吞国有资产如探囊取物，太方便了，如入无人之境。"反复出现的现象，要从规律、机制上找原因。普遍出现的问题，要从政策、制度上作剖析。为什么贪污腐败一度防不胜防、越防越多？如果讲问题导向，我们就不能不正视，这就是市场经济的挑战。

---

[1] 《邓小平文选》第 2 卷，人民出版社 1994 年版，第 402 页。

三　因势而治

加强和完善党和国家监督体系的题中应有之义，或者说需要在理论和实践上深入探索的问题，就是在社会主义市场经济条件下，如何把有效监督与社会主义市场经济的制度建设和制度实践紧密地结合起来，因势而治。这是一个亟须破题和探索、亟待建立有效机制的新课题。

必须正视，我们党从夺取政权到长期执政，是一场历史考验。各级党员干部从以清贫为本色与人民群众同患难，到以致富为追求带领人民群众奔小康，更是一场历史考验。党的工作要以经济建设为中心，无论是宏观调控还是各项经济活动的组织、推进和监督，党的各级组织、广大党员既要全面参与社会主义市场经济，又要防止市场经济负面的诱惑和腐蚀。在长期执政条件下，在社会主义市场经济条件下，各种弱化党的先进性、损害党的纯洁性的因素无时不有，各种违背初心和使命、动摇党的根基的危险无处不在，如果不严加防范、及时整治，久而久之，必将积重难返，小问题就会变成大问题、小管涌就会沦为大塌方，消极腐败就会猖獗横行。

我们今天的监督，是立足于社会主义市场经济的监督。这就会出现一系列的活思想、新问题，以及严格要求和积极引导相结合的一系列新办法、新规矩。其中，经过实践考验是正确的，就要逐步上升为制度、积淀为机制。

我们必须深刻认识党面临的执政考验、改革开放考验、市场经济考验、外部环境考验的长期性和复杂性。其中，市场经济考验是最严峻的挑战和考验。市场经济有两个基点：每一个经济主体都追求利润最大化，每一个现实个体都追求利益最大化。这两个最大化，在一定意义上形成了社会生产力不断发展的张力和动力，塑造着市场经济优胜劣汰的竞争格局。但从另一个角度说，这两个最大化又可能成为市场经济健康发展的阻力。如果放任这两个最大化，不进行严格有效的监管包括道德规范,就必然导致互相欺诈、物欲横流,市场经济的秩序就无法维持。由此看来,市场经济的自发运行存在一种道德悖论:既排斥道德又需要道德。一方面,资本追逐利润最大化、个人追求利益最大化,可能导致拜金主义、极端利己主义等非道德现象;另一方面,市场经济的健康发展必然要求人们遵守市场规则、进行道德自律,生产力水平的提高必然要求社会公平正义、人们的道德素质普遍提高。这就给监督带来了新问题。监督是他律和互律,但最终还是要落实到自律。市场经济中的道德调节,起点是道德的自律,终点还是道德的自律。如果普遍的道德水准下降,监督再严厉,也可能出现"法不责众"、防不胜防、漏洞百出的窘境。

四 德治强基

自有市场经济以来,就一直存在一个悬而未决的悖论,即所谓"斯密悖论"。西方古典经济学奠基人亚当·斯密有两部代表作《道德情操论》和《国富论》,其主要观点相互冲突。在《道德情操论》中,斯密基于人性本善的假设,把源于人的同情的利他主义情操视为人类道德行为的普遍基础和动机;在《国富论》中,斯密却把人性本恶作为经济学的前提假设,把个人利己主义的利益追求当作人类经济行为的基本动机。近代社会学家马克斯·韦伯在其《新教伦理与资本主义精神》一书中试图解决这个悖论,提出靠上帝解决问题。但这一套,在市场经济的冲击下显然也行不通,西方社会都在哀叹"上帝已经死了"。

我们的社会主义市场经济,必须能够破解这个悖论。中华民族的传统文化就强调厚德载物,今天我们讲厚德才能载市场经济。厚德,也是我们监督的严肃性、协同性、有效性的社会基础和道德基础。我们党作为执政党,尤其要自觉抵制市场经济的普遍法则——商品交换原则对党内生活的侵蚀,要把权力关进制度的笼子里。在社会主义市场经济的发展中，人民群众都要富起来，领导干部也要带领大家实现共同富裕。这就要求共产党人经得起考验，能够坚守底线、明晰边界，有所为、有所不为。

我们党在市场经济的考验下长期执政，必须也能够破解这个悖论。党员领导干部更要对组织和人民常怀感恩敬畏之心，对功名利禄要知足，对物质享受和个人待遇要知止。这份"不为耳濡目染所动、唯见明月清风"的情怀，正是来自取之不尽、用之不竭、光明无垢、强大坚韧的初心。《决定》特别把"不忘初心、牢记使命"从全党深入持续开展的教育活动，确立为要着力建立的常态的、重大的制度，作为加强党的建设的永恒课题和全体党员、干部的终身课题，形成长效机制，就是审时度势、因势而治、德治为基、强基固本的一项重大理论创新、实践创新和制度创新。

五　民主监督

毛泽东与民主人士黄炎培在延安窑洞有一段关于跳出历史周期率的著名对话。毛泽东说，我们能跳出这周期率。"我们已经找到新路，这条新路，就是民主。只有让人民来监督政府，政府才不敢松懈。只有人人起来负责，才不会人亡政息。"毛泽东将民主执政、强化人民群众对权力的制约和监督当作避免人亡政息、保持政权生机活力的"秘诀"。而制约和监督权力的最有效方法就是让权力在阳光下运行，也就是说，要把对权力运行的知情权、参与权、监督权交给人民，通过科学执政、民主执政、依法执政来防止权力失控、决策失误、行为失范，从而真正实现为人民掌好权、用好权。

《决定》强调，要依法实行民主选举、民主协商、民主决策、民主管理、民主监督。要加强中国特色社会主义政党制度建设，健全相互监督特别是中国共产党自觉接受监督、对重大决策部署贯彻落实情况实施专项监督等机制。完善党内监督体系，落实各级党组织监督责任，保障党员监督权利。重点加强对高级干部、各级主要领导干部的监督,完善领导班子内部监督制度,破解对"一把手"监督和同级监督难题。

要加强政协的民主监督。政协民主监督是一种协商式监督,协商是方式和原则,监督是手段和途径,协助党和政府解决问题、改进工作、增进团结、凝心聚力是目的。协商式监督侧重于决策的贯彻落实情况,更加注重通过调研查看发现问题、围绕履责不力提出批评、针对存在不足督促改进。《决定》强调提高政治协商、民主监督、参政议政水平,民主监督同履行政治协商、参政议政职能相结合,融协商、监督、参与、合作于一体。监督是真监督,坚持鼓励敢讲话、讲真话,尊重和包容不同意见、逆耳之言和尖锐批评,真正做到既畅所欲言、各抒己见,又理性有度、合法依章。对任何违背四项基本原则的言行,都必须态度鲜明、立场坚定地坚决反对,确保政协民主监督的正确政治方向。

六 四种形态融合协同

在深化纪检监察体制改革中,明确了纪检监察是监督专责机关,不是单纯办案机关,既要惩处极少数违法违纪者,更要教育帮助绝大多数同志少犯错误或不犯错误。在纪检监察执纪的实践中,创造了不仅是立案审查、党纪处分和移交司法,也包括尽力教育帮助的监察执纪四种形态。

今年前三季度,全国纪检监察机关共运用四种形态,批评帮助和处理100多万人次。其中,运用第一种形态,开展批评和自我批评(是"咬耳扯袖、红脸出汗"的严厉的批评和自我批评)占总人数的68.4%;第二种形态,党纪轻处分和组织处理占23.9%;第三种形态,对严重违纪的重处分、作出重大职务调整占3.8%;第四种形态,严重违纪涉嫌违法立案审查占3.9%。前两种形态占比92.3%,后两种形态占比7.7%,实现了惩治极少数、教育大多数的政治目的和社会效果,体现了党中央要求的严管厚爱。从监督制度本身来看，也在一定程度上增强了监督的严肃性、协同性和有效性。

从制度系统集成的层面来看，要进一步增强监督的严肃性、协同性和有效性，正如《决定》的制度安排，还必须一体推进不敢腐、不能腐、不愿腐的体制和机制，在推进不敢腐时注重挖掘不能腐、不想腐的功能，在推进不能腐时注重吸收不敢腐、不想腐的有效做法，在推进不想腐时注重吸收不敢腐的威慑，切实发挥叠加效应。

七　激励机制相辅相成

完善党和国家监督体系、深化纪检监察体制改革，则监督应该是有监有督，既要教育帮助绝大多数同志少犯错误或不犯错误，更要支持激励绝大多数同志敢担当、有作为、干得更好，也即将监督机制和激励机制系统集成。在强化一体推进不敢腐、不能腐、不想腐的体制和机制，还要深入探索如何进一步把严格监督制度与完善担当作为的激励机制、锤炼党员干部忠诚干净担当的政治品格有机地系统集成。

要防止"不干不错，动辄得咎"，防止"数豆子的人比种豆子的人多"，防止有约束无激励、强约束弱激励、约束层层加码激励层层递减。新时代全面从严治党碰到的新挑战、新问题，就是在市场经济条件下，越是从严治党，越是从严要求党员和干部，同时又越能搞活、越能激发活力——充分调动广大党员干部的积极性、主动性、创造性。构建一体推进的不敢腐、不能腐、不想腐的体制和机制的同时，还要建立广大党员干部想干事、能干事、干成事的体制和机制，使两者相辅相成。要把推动鼓励干事创业、担当制度化、常态化。

积极有效，真正具有严肃性、协同性和有效性的监督，也包括切实解决领导干部不作为、不担当、不进取的问题，消除一切思想顾虑，创造甩开膀子干事业、撸起袖子加油干的良好环境，真正使干事创业的人立得起、吃得香、闯得开、走得远。

社会主义制度的优越性，归根结底在于它是解放和发展生产力的最好制度。在解放和发展社会生产力、解放和增强社会活力、永葆党和国家生机活力之中，尤其包括广大党员干部干事创业、担当作为的生机活力。海晏河清的政治生态，也是各级干部的生机活力竞相迸发的政治生态。

党和国家监督体系的加强与完善，要系统集成补短板，守正创新强弱项，将监督机制和激励机制，融合协同发挥作用，系统集成一体推进。在系统集成和守正创新的基础上固根基、扬优势、补短板、强弱板，必须实事求是、求真务实，必须与时俱进、问题导向，必须坚定信心、保持定力，必须深入探索、开拓创新。这里所体现的，正是习近平新时代中国特色社会主义思想求真务实的理论品格和实践风格。

法治经济　法治政府　以法制权
依法治国必须做好棋"眼"*

党的十八届四中全会明确指出，全面推进依法治国，总目标是

---

* 原载《人民论坛》2014 年第 31 期。

建设中国特色社会主义法治体系,建设社会主义法治国家。要在中国共产党领导下,坚持中国特色社会主义制度,贯彻中国特色社会主义法治理论,形成完备的法律规范体系、高效的法治实施体系、严密的法治监督体系、有力的法治保障体系,形成完善的党内法规体系,坚持依法治国、依法执政、依法行政共同推进,坚持法治国家、法治政府、法治社会一体建设,实现科学立法、严格执法、公正司法、全民守法,促进国家治理体系和治理能力现代化。

在我们这样一个13亿多人口的发展中的社会主义大国,全面推进依法治国,是国家治理领域一场广泛而深刻的革命,是一个复杂的系统工程,要付出艰苦的努力。这个复杂的系统工程,布好局,破好题,全面展开,取得决胜,必须贯彻党的十八大、十八届三中全会精神,贯彻十八大以来党中央工作部署,体现全面建成小康社会、全面深化改革、全面推进依法治国这"三个全面"的逻辑联系。必须围绕中国特色社会主义事业总体布局,体现推进各领域改革发展对提高法治水平的要求,而不是就法治论法治。必须坚持改革方向、问题导向,适应推进国家治理体系和治理能力现代化要求,直面法治建设领域突出问题,回应人民群众期待,力争提出对依法治国具有重要意义的改革举措。

这个复杂的系统工程,打个比方,好比下一盘头绪繁多、错综复杂、厮杀激烈的围棋,形势驾驭、调兵遣将、腾挪绞杀,都要看能否纹枰对坐,从容谈兵,特别是在运筹帷幄、统揽全局中,能否提纲挈领,做好棋"眼"。

完善法治经济

依法治国切实去推动、完善法治经济,依法治国就能切中要害,全面落地。法治经济切实去保障、支撑依法治国,法治经济就能健康运行,蓬勃兴旺。

全面推进依法治国,必须完善以宪法为核心的中国特色社会主

法治经济　法治政府　以法制权　依法治国必须做好棋"眼"

义法律体系，加强宪法实施。宪法是国家的根本法。法治权威能不能树立起来，首先看宪法有没有权威。必须把宣传和树立宪法权威作为全面推进依法治国的重大事项抓紧抓好，切实在宪法实施和监督上下功夫。这需要从四个方面努力——健全宪法实施和监督制度，完善立法体制，深入推进科学立法、民主立法，加强重点领域立法。如此头绪繁多，当前"眼"在哪里？

经过三十多年改革开放，中国经济进入"新常态"，从粗放发展阶段转向科学发展阶段，必须通过法治克服短期化、功利化倾向；改革进入"深水区"，必须通过法治形成更加规范有序推进改革的方式；社会进入"转型期"，必须通过法治化解当下社会问题复杂性与应对方式简单化之间的矛盾。无论从改革方向、问题导向来看，还是从突出问题、人民期待来看，尤其从立法要切实符合宪法精神、反映人民意志、得到人民拥护、贯穿公平公正公开原则来看，这个"眼"应该是：完善法治经济。

社会主义市场经济本质上是法治经济。我们搞市场经济，不是要搞"市场社会"。使市场在资源配置中起决定性作用，不是要使市场在社会生活中也起决定性作用。何况，我们要搞的市场经济，本质上就是法治经济。法治是市场经济健康运行的基本保证，也是经济、社会良性互动的规范和引导。可以说，在大力推进市场经济的条件下，建设法治社会，推进依法治国，源头在完善法治经济。"问渠那得清如许，为有源头活水来。"依法治国切实去推动、完善法治经济，依法治国就能切中要害，全面落地。法治经济切实去保障、支撑依法治国，法治经济就能健康运行，蓬勃兴旺。这里，渗透着经济基础和上层建筑作用和反作用的辩证法。

使市场经济在资源配置中起决定性作用和更好发挥政府作用，都需要坚强有力的法治保障。必须以明晰产权、保护产权、维护契约、统一市场、平等交换、公平竞争为基本导向，完善社会主义市场经济法律制度。必须以法治为依托，健全以公平为核心原则的产权保护制度，加强对各种所有制经济组织和自然人财产权的保护。

还要及时清理有违公平的法律法规条款，探索、创新适应多种所有制形式的产权保护制度，加强对国有、集体资产所有权、经营权和各类企业法人财产权的保护。国家依法保护企业以法人财产权依法自主经营、自负盈亏，企业有权拒绝任何组织和个人无法律依据的要求。还要加强企业社会责任立法。完善激励创新的产权制度、知识产权保护制度和促进科技成果转化的体制机制。要加强市场法律制度建设，编纂民法典，制定和完善发展规划、土地管理、矿产资源和能源、农业、财政税收、金融等方面的法律法规，促进商品和要素自由流动、平等使用。依法加强和改善宏观调控、市场监管，促进合理竞争，维护公平竞争的市场秩序。

建设法治政府

政府的一切权力来自人民、源自法授。要严格规范公正文明执法，所有行政行为都应按正当程序依法办事。

党的十八届四中全会把深入推进依法行政，加快建设法治政府作为全面推进依法治国的重大任务。在全面推进依法治国的系统工程中，另一个"眼"，就是加快建设法治政府。

法律的生命力在于实施，法律的权威也在于实施。"天下之事，不难于立法，而难于法之必行。"[1] 现实生活中，以下现象和行为皆有之：不懂法、不尊法，以身试法、知法犯法；搞变通、打折扣，以言代法、以权压法；随大溜、存侥幸，视法律为儿戏，藐视、践踏法律。如果有了法律而不实施、束之高阁，或者实施不力，做表面文章，那么制定再多法律也无济于事。全面推进依法治国的重点应该是保证法律严格实施，做到"法立，有犯而必施；令出，惟行而不返"[2]。

---

[1] （明）张居正：《请稽查章奏随事考成以修实政疏》，《张文忠公全集·奏疏三》。
[2] （唐）王勃：《上刘左相书》，《王勃集》卷九。

政府是执法主体。对执法领域存在的有法不依、执法不严、违法不究甚至以权压法、权钱交易、徇私枉法等突出问题，老百姓深恶痛绝，政府必须下大力气解决。各级政府必须坚持在党的领导下，在法治轨道上开展工作，加快建设职能科学、权责法定、执法严明、公开公正、廉洁高效、守法诚信的法治政府。

《中共中央关于全面推进依法治国若干重大问题的决定》强调，必须依法全面履行政府职能，推进机构、职能、权限、程序、责任法定化，推行政府权力清单制度。健全依法决策机制，把公众参与、专家论证、风险评估、合法性审查、集体讨论决定确定为重大行政决策法定程序，建立行政机关内部重大决策合法性审查机制，建立重大决策终身责任追究制度及责任倒查机制。深化行政执法体制改革，健全行政执法和刑事司法衔接机制。坚持严格规范公正文明执法，依法惩处各类违法行为，加大关系群众切身利益的重点领域执法力度，建立健全行政裁量权基准制度，全面落实行政执法责任制。强化对行政权力的制约和监督，完善纠错问责机制。全面推进政务公开，坚持以公开为常态、不公开为例外原则，推进决策公开、执行公开、管理公开、服务公开、结果公开。

要依法推进政府职能转变。继续大力推进简政放权、放管结合，加快建立权力清单、责任清单和负面清单，让政府法定职责必须为、法无授权不可为，提高行政效能和服务水平。要加强和改进政府立法，健全政府依法决策机制，主动适应改革和经济社会发展的需要，坚持立改废释并举，推动重点领域立法，做到重大改革于法有据、决策和立法紧密衔接。要深化行政执法体制改革，梳理各部门执法权，推进综合执法，着力解决权责交叉、多头执法问题。全面推进政务公开，实现决策、执行、结果公开透明，增强政府公信力。

政府的一切权力来自人民、源自法授。要严格规范公正文明执法，所有行政行为都依法办事、程序正当。各级政府及工作人员都要带头遵守宪法和法律，不断提高法治意识和依法行政能力，用法治引领改革发展破障闯关、推动民生改善和社会公正。必须强化权力制约和监督，筑牢法治"篱笆"、遏制权力"越线"。

全面推进依法治国是一个系统工程，是国家治理领域一场广泛而深刻的革命。当然在这个系统工程中，不仅仅是做好完善法治经济、建设法治政府这两个"眼"。保证公正司法、提高司法公信力，增强全民法治观念、推进法治社会建设，加强法治工作队伍建设，加强和改进党对全面推进依法治国的领导，条条都很重要，必须全面部署，都要落到实处。一着不慎，满盘皆输。但棋要一步一步走，首先要做好完善法治经济、建设法治政府这两个"眼"，以利于在法治轨道上推进国家治理体系和治理能力现代化，在全面深化改革总框架内全面推进依法治国各项工作，在法治轨道上不断深化改革。

推进以法制权

以法制权要"三管齐下"：一是以法治来制约权力；二是坚定不移推进反腐败斗争；三是绝不能允许以权压法，以权力干扰执法、司法。

说经济离不开"赚钱"，说政府离不开"用权"，如果说"完善法治经济"好比管好了"钱"，"建设法治政府"好比管好了"权"，要进一步防止凡搞市场经济就容易出现的"钱权交易"，从根子上遏制腐败，关键是推进以法制权，也即在经济建设中切实用法治来规范、制约权力，把权力关进法治的笼子里。

最近，山西的政治生态一度出了问题，数名省级干部先后堕入贪腐，惊现"塌方式腐败"。常言山西"地灵人杰"。山西的"地"怎么了？"人说山西好地方"的歌还耳熟能详啊。山西的"人"怎么了？余秋雨的散文《抱愧山西》是无人不晓啊。今天的山西，怎么会落到如此田地？还得从官员自身剖析原因，敲响警钟，吸取教训。官员怎么就倒了一片呢？

法治经济　法治政府　以法制权　依法治国必须做好棋"眼"

毛泽东在《在中国共产党第七届中央委员会第二次全体会议上的报告》中说过:"可能有这样一些共产党人,他们是不曾被拿枪的敌人征服过的,他们在这些敌人面前不愧英雄的称号;但是经不起人们用糖衣裹着的炮弹的攻击,他们在糖衣炮弹面前要打败仗。我们必须预防这种情况。"今天,我们党在全新的条件下,领导全国人民以空前的规模从事经济建设,深化以市场在资源配置中起决定性作用为主导的经济体制改革,"在糖衣炮弹面前要打败仗"而腐败变质者早已不是20世纪50年代那种规模和档次了。邓小平同志说过,"自从实行对外开放和对内搞活经济两个方面的政策以来,不过一两年时间,就有相当多干部被腐蚀了,卷进经济犯罪的人不是少量的,而是大量的。犯罪的严重情况,不是过去'三反'、'五反'那个时候能比的。那个时候,贪污一千元以上的是'小老虎',一万元以上的是'大老虎',现在一抓就往往是很大的'老虎'"[①]。

山西的警钟敲响,山西的教训深刻。在大规模的市场经济运行中,必须用法治制约、规范权力。如果说价值规律管住了市场经济中那只"看不见的手",以法制权就是要管住市场经济中那只"看得见的手"。以法制权要"三管齐下":

一是以法治来制约权力。不受制约的权力难免腐败,绝对不受制约的权力有可能绝对腐败。如果只拥有权力而不承担责任,只行使权力而不接受监督,每一个执法者都有可能成为潜在的法律破坏者,而每一个公民都有可能成为这种破坏行为的受害者。孟德斯鸠在《论法的精神》中说过:"一切有权力的人都容易滥用权力,这是万古不变的一条经验。有权力的人使用权力一直到遇有界限的地方才停止。"当权力调控市场,当权力与资本相遇,不受制约的权力,难免导致普遍性、塌方型腐败。资本不断扩张的冲动和权力不

[①] 邓小平:《坚决打击经济犯罪活动》(1982年4月10日),《邓小平文选》第2卷,人民出版社1994年版,第402页。

断膨胀的欲望结合，会使道德的界限丧失，使法律的界限模糊，甚至成为马克思主义所严厉批判的垄断资本主义，彻底走向党和人民的反面。

习近平总书记强调，我们必须"坚决防止权力和金钱相结合、造成国有资产流失的现象"，要"把权力关进制度的笼子里"！把权力关在法治的笼子里，才能最大限度减少体制缺陷和制度漏洞，最大限度地防范市场利益的诱惑。要防止权力过多干预市场、边界不清——改革限权，确保权力界限清晰分明；防止权力取得无据、行使无序——依法确权，确保权力授予依法合规；防止权力过度集中——科学配权，确保权力架构相互制衡；防止"暗箱操作"——阳光示权，确保权力运行公开透明；防止权力滥用——全程控权，确保权力监督及时有效。要建立和实施更严格的党内法规制度，努力形成国家法律法规和党内法规制度相辅相成、相互促进、相互保障的格局。

二是坚定不移推进反腐败斗争。持续保持高压态势，做到零容忍态度不变，猛药去疴的决心不减，刮骨疗伤的勇气不泄，严厉惩处的态度不松，凡腐必反，除恶务尽。对山西惊现的"塌方式腐败"，我们完全有决心有信心根治。山西还是好地方，中国更是好地方。但别有用心的人难免要做文章。例如，有一种幸灾乐祸的怪论，说什么"不反腐败要亡党，真反腐败也要亡党"。此论不值一驳。不反腐败确实要亡党，真反腐败不仅不会亡党，而且能增强党自我净化、自我完善、自我革新、自我提高能力，保持党同人民群众的血肉联系，使中国共产党更坚强，更有力量。

三是要制约权力，就绝不能允许以权压法，以权力干扰执法、司法。必须坚守司法公正。司法是以法治规范权力的最后一道防线，培根说："一次不公正的审判，其恶果甚至超过十次犯罪。因为犯罪虽是无视法律——好比污染了水流，而不公正的审判则毁坏法律——好比污染了水源。"

法治经济，依法赚钱。法治政府，以法制权。法制好，好人可以充分干好事。法制不好，劣币驱逐良币，就谈不上公平竞争。完善的法治经济，坚强的法治政府，一定能使市场经济在资源配置中起决定性作用的同时更好发挥政府作用，一定能营造鼓励人们干事业、支持人们干成事业的良好社会氛围，促使一切劳动、知识、技术、管理和资本的活力竞相迸发，一切创造社会财富的源泉充分涌流。

在市场经济的赶考中交出优异答卷

习近平总书记在庆祝中国共产党成立100周年大会上的重要讲话中说:"过去一百年,中国共产党向人民、向历史交出了一份优异的答卷。现在,中国共产党团结带领中国人民又踏上了实现第二个百年奋斗目标新的赶考之路。"①

新的赶考之路,包括在发展社会主义市场经济中把党建设得更有力更坚强这一场新的大考,也要交出一份新的优异答卷。"新的征程上,我们要牢记打铁必须自身硬的道理,增强全面从严治党永远在路上的政治自觉,以党的政治建设为统领,继续推进新时代党的建设新的伟大工程,不断严密党的组织体系,着力建设德才兼备的高素质干部队伍,坚定不移推进党风廉政建设和反腐败斗争,坚决清除一切损害党的先进性和纯洁性的因素,清除一切侵蚀党的健康肌体的病毒,确保党不变质、不变色、不变味,确保党在新时代坚持和发展中国特色社会主义的历史进程中始终成为坚强领导核心!"②

---

① 习近平:《在庆祝中国共产党成立100周年大会上的讲话》,人民出版社2021年版,第22页。
② 习近平:《在庆祝中国共产党成立100周年大会上的讲话》,人民出版社2021年版,第19—20页。

一 新的大考

我们党从夺取政权到长期执政，是一场历史考验。从领导和驾驭计划经济到领导和驾驭市场经济，也是一场历史考验。各级党员干部从以清贫为本色与人民群众同患难，到以共同富裕为目标带领人民群众富起来，更是一场历史考验。社会主义建设规律告诉我们，要实现人民共同富裕，必须发展好社会主义市场经济。党的工作要以经济建设为中心，无论从宏观调控到各项经济活动的组织、推进和监督概莫能外，党的各级组织、广大党员也将全面参与到市场经济中来。

市场经济自身具有两重性：一方面，市场经济是一条推动生产力发展、促进社会整体财富积累的必由之路；另一方面，市场经济说到底又是一种以个人对自身利益的追求作为基础的交易共同体。市场经济有两个趋向最大化的基点：每一个经济的个体，都追求利润的最大化（资本的本质）；每一个真实的个人，都追求利益的最大化（自私的本性）。正是这两个最大化，进入市场经济运作，演出了一部竞争激烈、效率至上的交响曲，从整体上形成了推动市场经济不断发展的动力和市场经济优胜劣汰的规则。但同时它又会成为市场经济的强大阻力和破坏力，对两个最大化的"无限度"追求，必然导致互相欺诈、物欲横流，市场秩序就无法维持，经济活动就可能畸形演变，及至导致社会分化、社会动荡。我们已经看到这样一种矛盾现象，因大力发展市场经济，带来了物质的极大丰富和生活的极大改善，人们的物质生活水平普遍提高，可精神世界却缺少了关照，欲望吞噬理想，多变动摇信念，心灵、精神、信仰被物化、被抛弃。这是我们发展社会主义市场经济中必须警惕、防范和减少的负面现象。中国共产党是在当今世界人口数量最多、经济体量扩增最快、国民财富总量增长最快的国家，大力推动社会主义市场经济发展的执政党，如何防止市场经济负面效应对党员干部的诱惑、对党的肌体的腐蚀，更是我们党必须直面且必须消解的重大难题，是一场新的大考。

毛泽东同志早就告诫全党，"可能有这样一些共产党人，他们是不曾被拿枪的敌人征服过的，他们在这些敌人面前不愧英雄的称号；但是经不起人们用糖衣裹着的炮弹的攻击，他们在糖衣炮弹面前要打败仗。我们必须预防这种情况。"[①] 改革开放以来，在市场经济条件下，在时间轴上，大家都在"富起来"，也可以说都浸泡在"糖水"之中了。由新中国成立之初"糖衣裹着的炮弹的攻击"，渐次演进到"温水煮青蛙"似的"生态场景"，对广大党员干部的考验更为隐秘和严峻。

邓小平同志在改革开放之初就警示全党，"自从实行对外开放和对内搞活经济两个方面的政策以来，不过一两年时间，就有相当多的干部被腐蚀了。卷进经济犯罪活动的人不是小量的，而是大量的。犯罪的严重情况，不是过去'三反'、'五反'那个时候能比的。那个时候，贪污一千元以上的是'小老虎'，一万元以上的是'大老虎'，现在一抓就往往是很大的'老虎'"[②]。

党的十八大以来，以习近平同志为核心的党中央高度重视党风廉政建设和反腐败工作，习近平总书记在十八届中央政治局第一次集体学习时就语重心长地指出，"大量事实告诉我们，腐败问题越演越烈，最终必然会亡党亡国！我们要警惕啊！"为什么贪腐屡禁不止，在市场经济条件下甚至一度来势凶猛？我们在理论上既要有更为透彻的思考，在实践上也要有更强有力的措施。习近平总书记《在"不忘初心、牢记使命"主题教育总结大会上的讲话》深刻分析道："古人说：'天下之难持者莫如心，天下之易染者莫如欲。'一旦有了'心中贼'，自我革命意志就会衰退。"在党长期执政和市场经济的条件下，更是"难持者莫如心，易染者莫如欲"。当前，

---

① 《毛泽东选集》第4卷，人民出版社1991年版，第1438页。
② 《邓小平文选》第2卷，人民出版社1994年版，第402页。

市场经济法则几乎"无孔不入"地渗透，各种弱化党的先进性、损害党的纯洁性的诱惑无时不有，各种违背初心使命、动摇党的根基的危险无处不在，如果不严加防范、及时整治，久而久之，必将积重难返，小问题就会变成大问题、小管涌就会沦为大塌方，消极腐败就会猖獗横行甚至亡党亡国。

市场经济的考验要求我们，要更加始终坚定党的信念、根本宗旨、优良作风、道德情操。进一步发扬革命精神，始终保持艰苦奋斗的昂扬精神和共产党人克己奉公、一心为民的高风亮节，努力形成和确保持续河海清晏的政治生态。

市场是经济活动的生态基础，不可以有分秒间断，不可能把经济活动停下来再整党治党。必须在确保市场秩序可控、经济运行稳定的状态下果断行动，既刮骨去腐，也对症给药；既标本兼治，也激浊扬清。要善于把"不敢腐、不能腐、不想腐"，与建立广大党员、干部"很想干、很能干、很愿干"的体制和机制，相辅相成，一体推进。要在保持反腐倡廉高压态势的同时，使鼓励干事创业担当的体制机制，也制度化、常态化；要充分调动广大党员干部在发展市场经济中的积极性、创造性，从而在坚持反腐倡廉、实现风清气正的基础上，把社会主义市场经济搞得更好，把高质量发展搞得更好，让实现共同富裕的目标离我们更近，让党的队伍更加纯洁，更加富有生机活力。

二 确保坚守共产党人的道德高地

市场经济是"趋利"的。在市场经济考验中确保党不变质不变色不变味，把"利"与"义"协调起来，就成了很重要，但也不容易的难题。

改革开放四十多年，出了那么多"大老虎""小苍蝇"，是改革开放不对吗？不是。是我们党放弃了立党为公的宗旨和初心吗？不是。是我们没有在党员干部中对"糖衣炮弹"警钟长鸣、没有在社会上提倡正确的义利观和公私观吗？都不是。究其原因，我们要搞市场经济，而市场经济总体是趋利的，且追求的是"利"的规模、效率和效益。

共产党人强调，在义利冲突中必须坚定不移地先义后利、重义轻利、为义弃利，鼓励、向往大公无私、舍生取义的精神。当前，要深入研究从中华优秀传统文化中汲取培育和弘扬社会主义核心价值观的丰厚滋养，使道德成为市场经济的正能量。这既是一个重大理论问题，同时也是深刻的现实问题。"地势坤，君子以厚德载物。"中国特色社会主义之所以能席卷而来，浩浩荡荡，其特色之一，就是能以"厚德"而载市场经济。

实践证明，发展社会主义市场经济，就要尊重市场经济的规律，遵守市场经济的法则，追求市场经济的效率；但绝不能"一切向钱看"，把精神、信仰一概物化，把诚信、道德统统抛弃。手持利益这把"双刃剑"，身处社会这个共同体，就需要坚守底线、明晰边界，有所为，有所不为。这个底线和边界，就是"适中"。经过了个人利益的觉醒、市场经济的洗礼，如何把欲望冲动与道德追求、把物质富有与精神高尚结合起来，检验着我们社会的文明程度，关乎社会主义市场经济的成败，也考验着我们党的执政能力。初步研究，要确保做到以下几条。

第一，在推进市场经济中坚守共产党人的道德高地。

当市场在资源配置中起决定性作用时，执政党在领导和调配全国资源中起什么作用？不能不正视。中国文化有推崇君子人格的传统。诸如"君子喻于义，小人喻于利"的谆谆告诫，修齐治平、治国安民的政治理想，"载舟""覆舟"、居安思危的忧患意识，"国而忘家，公而忘私"的精神境界，"安得广厦千万间，大庇天下寒士俱欢颜……吾庐独破受冻死亦足"的民本情怀等，这些中国传统文化里的"君子之德"，与共产党人为实现共产主义前仆后继的远大理想，全心全意为人民服务的基本宗旨相契相合。党的各级领导干部不妨从传统的君子之德中，念好权力约束的"紧箍咒"，获得精神鼓舞的正能量，培养浩然正气。广大党员干部要在全社会带头培育和践行社会主义核心价值观，要建立现代市场经济发展所需要的"市场伦理"，把"资本"的冲动与"诚信"的建构成功结合起来，形成一个与现代市场体系配套的，勤勉做事平实做人、守信光荣失信可耻的社会氛围，构建和遵循适应社会主义市场经济的道德和行为规范。

第二，坚守道德高地要装好铁栅栏，把权力尤其是运作资本的权力关进制度的笼子里。

不受制约的权力难免腐败，绝对不受制约的权力有可能绝对腐败。在权力运作资本的过程中，不受制约的权力，会导致普遍性腐败，甚至成为马克思主义所严厉批判的垄断资本主义，彻底走向党和人民的反面。习近平总书记强调，我们必须"坚决防止权力和金钱相结合、造成国有资产流失的现象"，"依法治国，首先是依宪治国；依法执政，关键是依宪执政"，"党领导立法、保证执法、带头守法"。只有这样，才能把权力关进制度的笼子里，给权力涂上防腐剂。

习近平总书记强调，"中国共产党始终代表最广大人民根本利益，与人民休戚与共、生死相依，没有任何自己特殊的利益，从来不代表任何利益集团、任何权势团体、任何特权阶层的利益。任何想把中国共产党同中国人民分割开来、对立起来的企图，都是绝不会得逞的！9500多万中国共产党人不答应！14亿多中国人民也不答应！"[①]

第三，坚守道德高地要坚定文化自信，在推进市场经济中激活民族优秀传统的文化基因。

亚当·斯密在《道德情操论》中，基于人性本善的假设，把源于人的同情的利他主义情操视为人类道德行为的普遍基础和动机；

---

① 习近平：《在庆祝中国共产党成立100周年大会上的讲话》，人民出版社2021年版，第11—12页。

在《国富论》中，又把人性本恶作为经济学的前提假设，把个人利己主义的利益追求当作人类经济行为的基本动机。他提出了问题，却未能解决问题，给出的是一个"斯密悖论"。但他强调靠"人的本性"解决市场经济中的道德缺失问题的思路也启发我们，其实蕴含在中国传统文化中的中华民族的"民族本性"，本身即拥有巨大的能量，关键是我们如何在发展中国特色社会主义市场经济的新的历史条件下召唤它、激活它、放大它，使它成为强大的正能量。今天，诊治近利远亲、见利忘义、唯利是图、损人利己的道德失范现象，不妨从民族优秀的文化基因中，去找回和强化道德约束和慎终追远的定力，去增强我们民族在现代化浪潮中强身壮体的抗体，增强人们在各种物质诱惑面前的免疫机能，促使人们更好地做到见利思义、义利并举、先义后利。

第四，坚守道德高地要加强市场法治建设，形成海晏河清的政治生态。

市场经济的竞争要实现公平竞争，公平竞争需要法律的有效保护。法律面前人人平等，平等对待不同的市场主体。只有机会的公平才是实现社会公正和经济效率相统一的有效途径。制定的法律要具备可操作性和可诉性，全面、系统，不能留下法律空白区域，特别是市场经济的基础法律更是如此。

第五，坚守道德高地要加强市场伦理建设，使市场经济体制蕴含的善的伦理道德，成为全社会普遍认同的行为规范。

这包括，对所有参与市场经济活动的企业一视同仁。市场经济也需要政府"看得见的手"的作用，但应当有明确的边界。政府参与市场行为，也需要有严格的法律限定，并进行规范，而不是政府可以随心所欲甚至不负责任参与市场行为。政府不能"越位"，不能在决策上随意性较大，不能责任意识淡漠，对造成重大经济损失的行为后果，必须追究决策者的行政责任。尊重市场经济发展规律，政府的计划调控才会具有科学性、规范性。等等。

以上五条，就确保在市场经济考验中不变质不变色不变味来说，最重要的是促使每一位党员崇尚和践行高尚人格。中国共产党是执政党，是在中国领导一切的党。中国共产党有9500多万党员。在市场经济条件下，就更是"君子之德风，小人之德草，草上之风必偃"，大家都看着共产党人能否保持"君子之德"。在上面要求人、在后面推动人，都不如在前面带动人管用。各级官员特别是党员领导干部，都能经得起市场经济的诱惑和考验，常修为政之德，常思贪欲之害，常怀律己之心，在市场经济的考验中继续成为全心全意为人民服务的道德模范，做社会主义道德的示范者、诚信风尚的引领者、公平正义的维护者，以实际行动彰显共产党人的人格力量，群众才能"譬如北辰，众星共之"。

党要求每一个共产党员，都要坚定信念，不忘初心、不移其志，以坚忍执着的理想信念，以对党和人民的赤胆忠心，把对党和人民的忠诚和热爱牢记在心目中、落实在行动上，为党和人民事业奉献自己的一切乃至宝贵生命，为党的理想信念顽强奋斗、不懈奋斗；都要对人民饱含深情，心中装着人民，工作为了人民，想群众之所想，急群众之所急，解群众之所难，密切联系群众，坚定依靠群众，一心一意为百姓造福，以为民造福的实际行动诠释共产党人"我将无我、不负人民"的崇高情怀；都要把许党报国、履职尽责作为人生目标，不畏艰险、敢于牺牲，苦干实干、不屈不挠，展示共产党人无私无畏的奉献精神和坚忍不拔的斗争精神；都要保持共产党人艰苦朴素、公而忘私的光荣传统，不以功臣自居，不计较个人得失，不贪图享受，守纪律、讲规矩，明大德、守公德、严私德，清清白白做人、干干净净做事，做到克己奉公、以俭修身，永葆清正廉洁的政治本色。共产党人拥有如此高大、高尚的人格力量，就能永远保持同人民群众的血肉联系，始终同人民想在一起、干在一起，风雨同舟、同甘共苦。

确保在市场经济考验中执政党不变质、不变色、不变味，基础是建立和完善社会主义制度下的"市场经济+法治经济+道德经济"这个人类新的经济制度和经济模式，以上第四条、第五条有所涉及，尚待深入探索。中国共产党人在这个问题上，也在"赶考""应考"，要交出一份新的、有中国特色社会主义特色的优异答卷。

三 为什么加一条"不变味"

习近平总书记在庆祝中国共产党成立100周年大会上的重要讲话这篇新时代中国共产党人的"共产党宣言"中，强调"坚定不移推进党风廉政建设和反腐败斗争，坚决清除一切损害党的先进性和纯洁性的因素，清除一切侵蚀党的健康肌体的病毒，确保党不变质、不变色、不变味"[①]。

"不变质，不变色"反复讲，讲得多，为什么还要加一条"不变味"，而且语气更加严厉，意志更加坚决，决心更加坚定？

我认为，这正是针对党面临的市场经济考验来说的。市场经济之变，是潜移默化之变，是看起来色未变、质未变，却味已在变的量变到质变。生活中的常识是，某样东西变了味，常常是无声无息、不知不觉的。而如果变了味，质也会变。如果变了质，色必然变。

我们必须深刻认识党面临四大考验——执政考验、改革开放考验、市场经济考验、外部环境考验，其中最复杂的应该是市场经济考验；深刻认识党面临的四大危险——精神懈怠的危险、能力不足的危险、脱离群众的危险、消极腐败的危险，其中最严峻的应该是消极腐败的危险。读懂"坚决清除"和"不变味"的深意，对于我们在市场经济的考验中始终坚持党要管党、全面从严治党，增强全面从严治党永远在路上的政治自觉，着力建设德才兼备的高素质干部队伍，具有十分重要的现实意义和深远的历史意义。

我们还要警惕和防止一种"变味"：在全面从严治党的高压之

---

① 习近平：《在庆祝中国共产党成立100周年大会上的讲话》，人民出版社2021年版，第19—20页。

下，在党员干部普遍高度注重廉政建设之中，一些地方悄然发生变了味、走了样的倾向。诸如"不落腰包、不留痕迹"的隐性腐败，"为官不为、不愿担当"的庸政懈怠，"空喊不干、不干无错"的形式主义，"照搬照转、空谈空转"的官僚主义，"数豆子的比种豆子的还多""动辄得咎、不动最好"的种种奇形怪状的什么主义，都是对反腐倡廉的消极对抗，是"变了味"的腐败和腐朽，是必须清除的公害。不干，半点马列主义也没有。好政策在执行中变了味，是一个倾向性问题，长此以往，必将威胁党的肌体健康，给党的形象和党的事业带来严重危害。

面对市场经济的考验，百年大党的常青之道，就是必须着眼于解决党的建设的现实问题，尤其要始终警惕和有效防止"内部变质、变色、变味"。习近平总书记指出："堡垒最容易从内部被攻破。从某种意义上说，自从党成立以来，我们党面临的最大风险是内部变质、变色、变味，丧失马克思主义政党的政治本色，背离党的宗旨而失去最广大人民支持和拥护。"[1] 这段话掷地有声。习近平总书记以"四个不容易"告诫全党："功成名就时做到居安思危、保持创业初期那种励精图治的精神状态不容易，执掌政权后做到节俭内敛、敬终如始不容易，承平时期严以治吏、防腐戒奢不容易，重大变革关头顺乎潮流、顺应民心不容易。"[2] 这段话振聋发聩。

实践表明，"党的百年历史，也是我们党不断保持党的先进性和纯洁性，不断防范被瓦解、被腐化的危险的历史。要教育引导全党通过总结历史经验教训，着眼于解决党的建设的现实问题"[3]。市场经济的考验，是全新的、长期的、"富起来"的新考验，是在普遍富裕的诱惑下如何普遍做到拒腐蚀永不沾的更为复杂的考验。市场经济的法则是经济运行的普遍法则，但不能"普遍"到侵入或浸入党的肌体。党如何保持生机活力、如何保持先进性和纯洁性？如

---

[1] 习近平：《在党史学习教育动员大会上的讲话》，人民出版社2021年版，第18页。
[2] 《论学习贯彻习近平总书记"1·5"重要讲话》，人民出版社2018年版，第4页。
[3] 习近平：《在党史学习教育动员大会上的讲话》，人民出版社2021年版，第18页。

何让广大党员干部在市场经济中更好地发挥积极性创造性,既"很想干,很愿干,很能干",又"不敢腐、不能腐、不想腐"?广大党员干部如何始终做到"忠诚、干净、担当",不仅"贫困不能屈",更加"富贵不能淫"?这些问题都需要进一步探索。

　　回顾百年,党团结带领人民经受住了战争年代、执政、改革开放和市场经济环境下的一系列重大考验,驾驭了政治、经济、文化、外交和自然界的一系列风险挑战。党领导人民所取得的伟大成就举世瞩目,所遇到的艰难险阻是世界上任何政党所不能比拟的。中国共产党的百年历史,就是一部不断防范被瓦解、被腐化的危险的历史,是不断保持先进性和纯洁性的历史。在市场经济考验面前,我们要进一步做到居安而念危,则终不危;操治而虑乱,则终不乱。通过总结历史经验教训,着眼于解决党的建设的现实问题,不断提高党的领导水平和执政水平,不断增强拒腐防变和抵御风险能力,我们党一定能在世界形势深刻变化的历史进程中,始终走在时代前列;在应对国内外各种风险挑战包括市场经济考验的历史进程中,始终成为全国人民的主心骨;在坚持和发展中国特色社会主义的历史进程中,始终成为坚强领导核心。

中华民族复兴路上防范颠覆性风险的思考

一 "李约瑟之问"和"颠覆性风险"

在我们中华民族复兴的进程中，要防止出现颠覆性风险。现在看来，在病毒来袭，在逼近的瘟疫等现实挑战面前，我们可能有必要把公共卫生安全方面的风险作为民族复兴进程中颠覆性的风险之一来认真对待。我们民族复兴还有很长的路要走，就像我们保卫国土安全一样，要把它作为一个可能出现的颠覆性风险来考虑，这样很多问题就容易解决。如果我们已经判断未来公共卫生事件是我们民族复兴进程中颠覆性的考验，甚至概率比打仗还要高一些，那么就值得研究，值得花工夫去认真对待。这样来提出问题，是否可称作当代中国的"世纪之问"？这使人想起近代著名的"李约瑟之问"。李约瑟的问题是，"为什么直到中世纪中国还比欧洲先进，后来却会让欧洲人着了先鞭呢？怎么会产生这样的转变呢？"这个问题振聋发聩，促使一代一代中国人警醒、震惊、深思、探索、奋斗。现在对"李约瑟之问"，我们已有答案了：中国特色社会主义已经进入新时代，意味着近代以来久经磨难的中华民族实现了从站起来、富起来到强起来的伟大飞跃。否定之否定，转变再转变，历史又"转变"回来了！但对新的"世纪之问"，我们这代中国人，是不是也应该警醒、震惊、深思、探索、奋斗呢？

◇ 政治学

（一）

一代人有一代人的责任，作为以"为民族谋复兴，为人民谋幸福"为初心为使命的我们这一代中国共产党人，必须回答好、解决好这个"世纪之问"。就像一个接力赛，如果跑到我们该发起冲刺的这一棒，却因为没有应对好"颠覆性风险"而栽了跟斗甚至被"颠覆"，我们何颜告慰先烈先贤，我们何以面对后世后人？回答好、解决好这个"世纪之问"，当然远不是谈一点读书体会就可以完成的，这"至少要伴随我们实现第二个百年奋斗目标全过程"。但能提出问题并且开始讨论，就是善莫大焉、功莫大焉。

因为话题过于沉重，我们围绕这个话题的读书，就要读出道道；我们围绕这个话题的议政，就要议出道理。如王阳明所说："此道之在人心，皎如白日，虽阴晴晦明千态万状，而白日之光未尝增减变动。"[1] 我发表过一篇题为《社会学否定之否定的进程及其内在矛盾》的论文（1982 年《中国社会科学》杂志，1984 年获《中国社会科学》青年作者优秀论文奖），考察社会学作为一门新兴学科的诞生和发展，是伴随着人类对自然认识的发展，对社会的认识也从原始综合阶段向经验实证阶段发展再走向辩证综合阶段的产物。诚如马克思所说，19 世纪以来，自然科学从搜集材料的科学进入"本质上是整理材料的科学，关于过程、关于这些事物的发生和发展以及关于把这些自然过程结合为一个伟大整体的联系的科学"[2]。中国老子的"道可道，非常道""道法自然"，确是博大精深的哲学思维和战略思维，放之四海而皆准，时至今日亦精灵，但充其量恐怕还只是"认识的原始综合阶段"。而近代科学，无论是物理学、生态学，还是人类学、社会学，都注重以实证、实验、实践为基础。这恰是我们中国人今天讲科学启蒙、扬科学精神特别要

---

[1] 蔡方鹿：《中华道统思想发展史》，人民出版社 2019 年版，第 411 页。
[2] 《马克思恩格斯选集》第 4 卷，人民出版社 1972 年版，第 241 页。

注意的方法，也是今天我们读书值得注意的问题。例如，费孝通的《江村经济》一书，就是在其导师马林诺夫斯基指导下完成的博士论文，该书被誉为"人类学实地调查和理论工作发展中的一个里程碑"，成为国际人类学界的经典之作。《病毒来袭》和《逼近的瘟疫》这两本书，其特点无不是"经验实证"。我们今天在"新冠来袭"时读这两本书，彼时的"经验"正为此时所验，彼地的"实证"正为此地所证，"言之高下在于理，道无古今惟其时"，所以尽管是美国学者几年前的著作，现在读来也兴味盎然。《生命的法则》这本书，尽管是立足于"生命的演化历程、生物学思想的前沿探索"，但作者还是很小心地用"经验实证"的方法。本书的第一部分"万物有法"，揭示了生命系统通过调节手段使身体内部环境保持"稳态"的规律；第二部分"生命的逻辑"揭示了分子层面上的几种无处不在的调节机制，但本书的原名并未敢就叫"生命的法则"，这个题目是中国的翻译者按照中国的思维习惯定的。原作者更看重的，也就是本书的原名和第三部分的题目——"塞伦盖蒂法则"，即作者在塞伦盖蒂草原上，通过亲临其境的仔细观察和考证，得出的六条解释宏观生态系统运行规律的法则。尽管我不知道作者是怎么数清楚那些水牛、大象、角马、狒狒乃至蝴蝶、蚱蜢的变化数量的。作者最后提出"应对挑战的三大原则"今天读来仍发人深思，但还是小心地落在"经验实证"的案例上。《人类的终极问题》这本书，则是一位中国学者之作，胆子就比较大了，一上来就提出"人类终极""道生万物"的大问题，但他毕竟也还是借助"经验实证"的方法，"借助专业的科学背景、大量的阅读梳理、实地的采访调查"来写的。

（二）

在我们中华民族实现伟大复兴的关键时期，如何高度警惕和有效防范"颠覆性风险"这样一个沉重、复杂的"世纪之问"，需要博览群书，需要哲学思维。需要哲学思维观照下的博览群书，需要博览群书基础上的哲学思维。且这种读书并非坐而论道,要能知行合一。借王阳明的话说,是"知是行的主意,行是知的功夫。知是行之始,行是知之成",是"知之真切笃实处即是行,行之明觉精察处即是知"①。借钱穆的话说,乃"阳明讲学,偏重实行,事上磨练,是其着精神处"②。要再读毛泽东的《矛盾论》。因为《矛盾论》是马克思主义哲学史上系统地阐述对立统一规律的哲学专著,其论述紧密结合中国革命的实践,具有鲜明的中国特色,为中国共产党的思想路线奠定了哲学基础。我们博览群书,不妨再读此书。我们再读此书,更要多读新书。《矛盾论》从宇宙观的高度,指出形而上学总是用孤立的、静止的和片面的观点去看世界,简单地从事物外部去找发展的原因,否认唯物辩证法的事物内部矛盾引起发展的主张。而《生命的法则》一书揭示的"生命系统通过调节手段使自身内部环境保持稳态的规律",正是通过生物学的探索摆脱了形而上学,体现了"外因是变化的条件,内因是变化的根据,外因通过内因而起作用"的辩证法。人类必须对大自然有足够的敬和畏!我们对大自然有太多的未知。有那么多的生物、细菌和病毒我们根本不了解,有那么多的暗物质我们根本不认识,我们不能无畏地宣称能够战胜大自然。这种"敬畏"并不是以孤立的、静止的和片面的观点去看自然,无所作为甚至束手就擒,而是要以敬畏之心对待大自然,逐步认识,和谐相处,遵循规律,调节自身,保持稳态,生存发展。我们当然切勿妄言"改天换地",但也绝不放弃中华民族伟大复兴的伟大梦想。实现这个梦想,必会有"高峡出平湖,当惊世界殊"的一定意义上的"改天换地",这就需要,一方面与世界、包括与自然界,都要找到新的平衡点;另一方面也要为实现"站起来、富起来、强起来"伟大飞跃的14亿人,不断通过调节手段使自身内部环境保持稳态。这,也就是"改革要不断深

---

① 侯外庐等:《宋明理学史》(下),人民出版社1997年版,第202页。
② 钱穆:《阳明学述要》,九州出版社2015年版,第3页。

化、开放要继续扩大"的哲学诉求。习近平总书记说:"实现伟大梦想必须进行伟大斗争。"天下至理总相通。有一次,我问来自台湾的星云法师,你说"看见了梦想的力量",怎么看见的?他回答:"习主席提出了中国梦,中国人无不为之感奋。其实全世界的人都有梦想。梦想,就是希望。不过,希望会趋于渺茫,梦想却总有特别的力量。因为梦想包含着虔诚的心力和巨大的愿力。梦想是独特的意识,它可以上天入地,可以翻山越岭。人要有希望,更要有愿力、有梦想。我们中华民族一个大愿力,就是民族复兴。这也是我的愿望,我的梦。"尽管此为"佛言佛语",竟也符合"外因是变化的条件,内因是变化的根据,外因通过内因而起作用"的辩证法。"天道"默默无言,"自然"无比威严,外部风险剧烈,颠覆突如其来。怎么办?还是要以"问苍茫大地,谁主沉浮"的豪迈与勇气,去争取、去善于不断找到正确的因应外界变化、符合客观规律的调节手段,也要争取、要善于使自身内部环境在不断与外部的互动中总能保持稳态。这是"生命的法则",恐怕也是实现伟大梦想的"秘诀",是"两岸猿声啼不住,轻舟已过万重山"的希望所在。

(三)

我们的国歌一直在这样唱着:"中华民族到了最危险的时候,每个人被迫着发出最后的吼声!"

沉痛的教训总是要痛定思痛。4月5日清明,习近平总书记和大江南北14亿中国人一起,以国家的名义,一起为抗击新冠肺炎疫情斗争牺牲烈士和逝世同胞深切哀悼,向逝去的生命致哀,向坚韧不屈的生命致敬,向人间的大爱致谢。国旗半垂,汽笛长鸣,14亿人长达三分钟的默哀,既是举国同哀,也是举国同思。我们敢于和善于胜利,但绝不陶醉和夸大成功。我们重视和珍惜经验,也绝不看轻和忘记教训。我们缅怀英灵,悼念英雄,既是崇尚和勇于牺牲,前仆后继,也是在珍惜每一条逝去的生命。人民的利益高于一切，人民的生命重于一切，人民的沉痛痛彻心扉。清明时节雨纷纷，路上行人欲断魂。哀兵必胜从来事，举国沉思见精神。一个善于从灾难中总结经验和教训、汲取智慧和力量的民族，必将变得更加坚强、更加不可战胜；她在灾难中失去的，必将在自己的进步中获得补偿。我们沉思中很要紧、见精神的一条就是，要高度重视、警惕和防范可能对中华民族复兴大业带来重大冲击的"颠覆性风险"。有论者指出，公共卫生领域的颠覆性风险，具有未知性较强的特性，特别是对病毒的认知还有很多未知领域；具有不确定性较强的特性，病毒怎么来的，何时还会再来，不确定性较大；具有不可控性较强的特性，病毒属于微之又微的微生物界，还具有无隙不入的本领，控制难度较大；具有伤害性较强的特性，历史上大规模传染病对人类的伤害超过战争，对经济发展的影响也超过一般的经济危机；具有反复性较强的特性，21世纪以来除了SARS以外，还有多种疫情反复来袭，人类时常处于疫情威胁之中；具有广域性较强的特性，病毒没有国界，重大疫情对地区乃至世界都会产生重大影响；具有应对复杂性较强的特性，应对重大疫情需要多领域、多学科、多力量、多手段综合应对，组织协调难度非常大；具有前沿性较强的特性，从预警监视到全网信息共享，从病源探究到病理分析，从疫苗研发到特效药推出，从疫情分析到发展趋势研判等，都需要前沿科技支撑，尤其是大数据、地理信息系统、生物技术、生命科学和新材料等，需要动用最先进的科技手段，才能掌握抗疫主动权。颠覆性风险是不会一蹴而过的，是要一浪接一浪、后浪推前浪地扑过来的，是不以人的意志为转移的，是"勿谓言之不预"的，否则何以要标志为最高级别的风险？否则何以有颠覆14亿人民伟业的危险！"颠覆性风险"有时是"山雨欲来风满楼"，但只要众志成城，尚可"挽狂澜于既倒"；有时却虽只现蛛丝马迹，却也会如"风起于青萍之末"，不要说麻痹大意，哪怕一时疏忽就错过时机，就只能付出更为沉重甚至更为惨痛的代价。世界上怕就怕"认真"二字，我们对"颠覆性风险"就要最讲认真。"颠覆性风险"要放在历史的大趋势中来看。什么情况？SARS 的阵痛还殷鉴不远，一场新中国成立以来传播速度最快、感染范围最广、防控难度最大的重大突发公共卫生事件——新冠肺炎疫情，又突如其来。在抗击疫情的严峻斗争中，一批医护人员、干部职工、社区工作者因公殉职，许多患者不幸罹难。这是中华民族伟大复兴历史征程中又一次前所未有的考验。其实，必然性总是要通过偶然性表现出来、为自己开辟道路的，在种种偶然性的过程中往往包含着必然的东西，就看我们能不能反思，善不善"吃一堑长一智"。必然性是规律性的主要特征，只有认识必然性才能把握规律性。自由，无非就是对必然性的准确认识和自觉利用。习近平总书记2月14日在中央深改委第十二次会议讲话，大声疾呼："要全面研究全球生物安全环境、形势和面临的挑战、风险，深入分析我国安全的基本状况和基础条件，系统规划国家生物安全风险防控和治理体系建设，全面提高国家生物安全治理能力。"全面研究，深入分析，系统规划，全面提高，可谓字字千钧，语重心长，还要怎么说呢？我们真的需要这样来"最讲认真"了。"颠覆性风险"要放在世界的大环境中来看。什么情况？那个一度有人公然在大报上撰文幸灾乐祸、嘲笑"东亚病夫"的国度，那个直到现在还有什么议员忙于对中国污名化甚至对世卫组织也要泼脏水的国会，现在自己确诊的"病夫"已过几十万之众且还在见涨。而中国则以果断的决策部署、坚定的决心信心、真挚的人民情怀，凝聚起抗击疫情的强大合力，全党全国人民拧成一股绳，实现了疫情防控形势的大逆转，从最高日增万余确诊到如今本土疫情传播已基本阻断。我们是有着"己所不欲勿施于人"，"己欲立而立人，己欲达而达人"传统的国度，此时更向世界大声疾呼，病毒不分国界，也跨越种族；病毒不讲政治，对谁都传染。面对疫情给人类带来的严重威胁，只有国际社会团结起来，才能战而胜之。我们从来不会在朋友有难时袖手旁观，更不搞落井下石的勾当。国家虽各不相同，但我们生活在一个地球村，是命运共同体。面对这场空前危机，各国必须超越意识形态的

◎ 政治学

异同，摆脱各种无端的猜忌，尤其是要避免将抗疫合作政治化，团结一致、携手努力、共战疫情。"颠覆性风险"这个话题过于沉重，说起来难免慎终追远，还需要上升到哲学高度。就是《矛盾论》在论及矛盾的普遍性与特殊性的关系时所指出的，矛盾的普遍性就是共性、绝对性，而矛盾的各各特殊便造成个性、相对性。普遍性即寓于特殊性之中，共性即寓于个性之中，绝对即寓于相对之中。这一共性个性、绝对相对的道理，是关于事物矛盾问题的精髓。保持稳态是"生命的法则"，但稳态乃是矛盾的特殊性和相对性的存在形式，不断打破稳态的风险，不管你高兴不高兴、看见没看见，它就在那里，它总在那里，乃是矛盾的普遍性和绝对性的存在形式。我们只能在对立统一的矛盾运动中不断调节，在自身内部环境与外部的互动中不断适应，才能实现稳态、保持稳态，延续生命、好好活着。"调节"重要，如何调节？

二 "塞伦盖蒂法则"和被动中求变"调节"

（一）

《生命的法则》一书，以"稳态"理念为核心，以塞伦盖蒂"六大法则"为基础，以遵从生命法则的"八条宝贵经验"和应对挑战的"三大原则"为支撑，构成了一个完整体系。被学者誉为大自然的"天算"，顶尖科学家的上乘之作。

顶尖论断，是"稳态"；上乘之作，是"调节"。所谓"生命的法则"，就是"生命系统通过调节手段使自身内部环境保持稳态的规律"。关于维持生命稳态的调节，作者概括为正向调节、负向调节、双重负向调节、负反馈调节，不知然否？这种种"调节"，置之于塞伦盖蒂草原的生命系统，就是塞伦盖蒂"六大法则"；置之于当下的战疫实践，就是以快制快，断然封城，菩萨心肠，霹雳手段；置之于应对"颠覆性风险"，就是在对立统一的矛盾运动中不断调节，在自身内部环境与外部的互动中不断适应。

"调节",需要科学的支撑。这个科学,乃是自然科学与社会科学的结合,是经验实证与辩证综合的结合。自然科学和社会科学,都需要观察和认识世界并得出规律性结论,但是,它们的出发点和归宿却不相同。在指向上,自然科学研究指向自然界;社会科学研究指向人及人类社会。在方法上,自然科学更多的是解释(Explanation)世界——把自己变成思维机制看世界,通过归纳演绎,建立模型和体系,思考和呈现事件之间的关系,寻求超越当时当地的规则。社会科学则更多的是诠释(Interpretation)世界——从我出发理解世界,基于自己探求意义并提出改造世界的方案。

"调节",需要哲学的思维。例如,毛泽东《矛盾论》中说:"在复杂的事物的发展过程中,有许多的矛盾存在,其中必有一种是主要的矛盾,由于它的存在和发展规定或影响着其他矛盾的存在和发展。"所以我们要特别关注和防范"颠覆性风险"。又如,"事物内部矛盾着的两方面,因为一定的条件而各向着和自己相反的方面转化了去,向着它的对立方面所处的地位转化了去。"塞伦盖蒂法则无不也在验证此说。再如,"不但要研究每一个大系统的物质运动形式的特殊的矛盾性及其所规定的本质,而且要研究每一个物质运动形式在其发展长途中的每一个过程的特殊的矛盾及其本质。"善于"调节"的关键其实就在于此。哲学之说甚远,其用实近。各种病毒思之极恐,想来想去要想哲学。

"调节",需要"群学肄言"。既群言群策,集众人之智以攻坚,又立足实践和专业献计献策,借他山之石也攻玉。

《生命的法则》一书的"着精神"处,在结语部分"遵从生命的法则,共建美好家园"。看看今天新冠肺炎疫情世界大流行的现状,这段话真是金句:"虽然人类是生态系统中超主导性的存在,但是,如果不遵从自然法则并继续破坏生态环境,人类最终将成为最大的输家。现在,能够约束我们的就只剩下我们人类自己了。"结合当今世界抗疫、战疫的现实,这段话又是金句:"类似这种消灭疾病的工作,我们甚至没有必要讨论理论存在的瑕疵及技术实现

◇ 政治学

的困难，因为非技术性的社会因素将成为横亘在我们面前的巨大障碍，并最终阻断由理想走向现实的道路。"而书中从消灭天花的实践（人类首次战胜大流行疾病的成功实践）中总结的"八条宝贵经验"，其中最重要的是"全球化合作"，是"成功结盟"，今天展开看，这次疫情在各国都引起人们对人类、动物、生物多样性和大自然的和谐共存的必要性，疫情后各国与国际层面将会有不同形式的调查研究，吸取教训，包括重组卫生健康战略与未来工作。世界卫生组织、联合国粮农署和国际动物组织多年来在合作推动 One Health，但成效甚微。说起 One World, One Health，希望在此，只能如此。但国际合作，却受阻于"非技术性的社会因素"这一"横亘在我们面前的巨大障碍"，总是 Many World, Many Health，失望在此，往往如此。怎么办？《生命的法则》总结的人类战胜天花的宝贵经验是，可以"国际化目标，区域化管理"，可以相信"个人选择关系重大"，可以看到"面临重大挑战时，我们没有必要等待全球化行动的号角吹响再行动"，"如果选择坐等全球化统一行动，天花的消灭将推迟多年，甚至不能实现"。而彻底阻断一种病毒感染的最终途径，要靠疫苗实现人类普遍免疫。但人人注射疫苗，似乎又是"不可能完成的任务"。怎么办？可以去精准地找到、区分、确定出现疫情和有潜在疫情可能的人群，进行免疫接种，"将病毒传播道路上的所有'燃料'都变成'阻燃物'"。这种"免疫包围"的策略和实践，用有限的资源使疫情的暴发得到有效控制，为最终彻底战胜天花铺平了道路。

此招看似简单，实乃"调节"之高招。

（二）

接着谈"调节"。要补短板，强机制，善分析。

第一，补短板。我们历史上各个国家都一次又一次地因为战争导致了整个国家和民族的灭亡，所以任何一个国家都要有一支军队，还有一个共识，就是养兵千日，用兵一时。虽然用不到，但仍然要养这支兵。如果我们已经判断未来公共卫生事件是我们民族复兴进程中颠覆性的考验，甚至概率比打仗还要高一些，那么就值得研究，值得花工夫去认真对待。养兵为备战，骄惰兵必败。现在痛定思痛，我们的传染病监控网络体系，应急预案的响应与标准作业程序在实际中执行的效果如何？在疫情的压力测试下能承受多大内部控制失效的可能性？古希腊哲学家赫拉克利特说，人不能两次掉进同一条河中。中国俗话说，事不过三！习近平总书记指出："在这次应对疫情中，暴露出我国在重大疫情防控体制机制、公共卫生应急管理体系等方面存在的明显短板"[1]，短板就要尽快补齐。一只水桶能装多少水取决于它最短的那块木板。

第二，强机制。系统是有层次性的，系统调节必须抓主要矛盾和矛盾的主要方面。针对公共卫生安全可能上升为颠覆性风险，要调集精兵强将，及早排兵布阵；还要建立善于不断调节，实现动态平衡的系统机制。横向看，我们的事业包括方方面面；纵向看，世界面临百年未遇之大变局。太多的风险要防范，太多的工作要加强。行行都很重要，短板都要补齐。例如，从机构设置角度，补短板是强机构还是强机制？显然，补短板不能只靠强机构，关键在于强机制。系统的本质属性包括整体性、关联性、层次性、统一性。公共卫生体系建设，是整个社会系统的有机组成部分。重视什么就把什么独立出来的管理体系，会变成一种画地为牢的局面而独木难支。社会整体系统中的每一子系统作为有机组成部分，都要"守土有责，各负其责"，都要善于调节，保持"稳态"。

第三，善分析。守土有责，保持稳态，要建立在"具体问题具体分析"的基础上。"一切运动形式的每一个实在的非臆造的发展过程内，都是不同质的。……不同质的矛盾，只有用不同质的方法才能解决。"[2]（《矛盾论》）例如，关于宗教方面的矛盾调节，我在

---

[1] 习近平：《在统筹推进新冠肺炎疫情防控和经济社会发展工作部署会议上的讲话》，人民出版社2020年版，第27页。

[2] 《毛泽东选集》第1卷，人民出版社1991年版，第310—311页。

总结诸多案例的基础上，就做过以下分析。

一是累积性。宗教方面的人民内部矛盾，往往量大面广，往往是各种情绪、意见的累积，各种小摩擦、小纠纷的累积。量的累积，到一定程度，就会引起质的飞跃。

二是突发性。偶然的小事，星点的火花，或因互不相让迅速升级，或因官僚主义处置不当激化矛盾，或因意见不统一，当报不报、当断不断而贻误时机，很快由小事变成大事，由大事酿成乱子。事件的起因是偶然的，闹起来却有必然性，必然性总是通过偶然性为自己开辟道路的。

三是扩展性。宗教方面的矛盾，在一定范围内具有其特殊的凝聚力、号召力，借当年李维汉同志的分析，即有"神圣的旗帜与被黑暗势力所利用"的二重性。一旦有事，宗教信仰中的"神圣旗帜"效应会蔓延开来，煽动一种抗争的激情或盲目的热情；别有用心者趁机利用也在所难免。且群众情绪往往比较敏感，传播快速。信息社会中的大众传播手段，更有助于加速这一扩展进程。

四是变异性。或因矛盾性质转化，是非问题转化为敌我问题。或因矛盾激化，非对抗性激化为对抗性。

五是沉淀性。事情闹大了，靠说服教育的手段已难以奏效，不得不动用行政手段。结果表面上矛盾处理了，缓解了，其实沉淀到更深层次的民族心理或宗教心理中去了，成为潜意识的隔阂，同时也就累积起来，为今后的再度爆发或以其他形式爆发悄悄地做准备。

以上五性，构成"累积—突发—扩展—变异—沉淀—再累积"的循环。矛盾调节就是要具体到每个环节中去，中断这个非良性循环。这与前述的"将病毒传播道路上的所有'燃料'都变成'阻燃物'"的"免疫包围"策略和实践，其实相通。处理宗教方面的人民内部矛盾，宜解不宜结，宜疏不宜阻，宜散不宜聚。针对累积性、沉淀性，要在没有出事的时候防患于未然，注意加强对干部、群众的思想政治教育，加强对马克思主义宗教观和党的宗教政策的宣传，定期检查政策执行情况，提高宗教工作法治化水平，把工作抓前、抓早、抓准、抓紧、抓实、抓细。

结合自己曾经的专业、实践和读书，谈点浅见。拉拉杂杂，或许能多少为继续思考和研究"防止颠覆性风险"这样极为重大、深刻的"世纪之问"，抛砖引玉。

读书笔记写到这里，正值4月8日——"世界卫生日"。不禁感叹：世界卫生日，世界不卫生。"天道"正当日，向死而后生。

三 "修昔底德陷阱"与搞活"暖实力"

（一）

回答"在中华民族复兴的进程中，我们要防止出现颠覆性风险"这样的大问题，需要着眼于"伴随我们实现第二个百年奋斗目标全过程"，还不妨放眼于在人类发展全过程中共建人类命运共同体的大方略。这是读《人类的终极问题》一书，延伸出来的启示。

中华民族的伟大复兴，当然就是14亿人实现"站起来、富起来、强起来"的伟大飞跃。但无论如何飞跃，我们只能在同一个地球上飞跃，只能在全人类之中飞跃。我们不可能像塞伦盖蒂草原的角马那样去大迁徙，不可能到其他星球上去飞跃。如果竟然发生可以颠覆14亿人复兴伟业的风险，那必然也是全人类共同的大灾难、大风险。如果实现了14亿人复兴的伟业，也应当并必然给全人类的和平、发展、福祉带来大贡献、大进步。

当今世界说得最多的，莫过于"修昔底德陷阱"论。此论源自古希腊著名历史学家修昔底德的《伯罗奔尼撒战争》一书。史上雅典和斯巴达的战争之所以最终变得不可避免，是因为雅典实力的增长，以及这种增长在斯巴达所引起的恐惧。即在现实中，两个大国的战略判断与感情好恶的致命结合，随着时间的流逝，会导致健康的竞争变成你死我活的敌对，甚至更糟。于是现代有政治学家就断言有个"修昔底德陷阱"定律：一个新崛起的大国必然要挑战现存

◈ 政治学

大国,而现存大国也必然会回应这种威胁,这样战争将变得不可避免。按照这个逻辑,中国和美国不必言"合则两利斗则俱伤",只能是零和博弈,最终难免一战。

"修昔底德陷阱"论,是与"生命的法则"相对立的伪法则、伪理论。我们可以不信,但不能不防别人不传。正如病毒的危险在于可以不断增强传染性,"人传人,传死人"。政治病毒的危险,也在其传染性,人云亦云,人传亦传,同样是"人传人,传死人"。我们切不可掉以轻心。

美国很多人深信"修昔底德陷阱"论。习近平主席曾向世界大声疾呼,"我们都应该努力避免陷入'修昔底德陷阱',强国只能追求霸权的主张不适用于中国,中国没有实施这种行动的基因。""中华民族历来是一个爱好和平的民族,爱好和平的思想深深嵌入了中华民族的精神世界,今天依然是中国处理国际关系的基本理念。"[①]

美国很多人还是"谓予不信",他们说,"拿破仑曾预言,中国是一只沉睡的狮子,当这只睡狮醒来时,世界都会为之发抖。你们的基因,莫非是狮子的转基因?"

我们说,是的,中国这只沉睡的狮子已经醒了。经过四十余年改革开放,醒过来、站起来的狮子又富起来、强起来了。但狮子这个比喻,在中国,无非就是一家新的商店开张时人们的舞狮助兴。看着雄狮舞动,围观者当是面露笑容,和平喜悦。人类生活在同一个地球村,你中有我,我中有你。新店开张,鞭炮震天,雄狮舞动,难免"有点震惊",其实是恭喜发财,皆大欢喜。

中国这只沉睡的狮子已经醒了,但醒来的是一只和平的狮子。中国人民对战争带来的苦难有着刻骨铭心的记忆,对和平有着孜孜不倦的追求。深知和平是发展之基,发展是和平之本。强起来的中

[①] 习近平:《在纪念孔子诞辰 2565 周年国际学术研讨会暨国际儒学联合会第五届会员大会开幕会上的讲话》,人民出版社 2014 年版,第 3 页。

国无论发展到什么程度，永远不称霸，永远不搞扩张。

中国这只沉睡的狮子已经醒了，但醒来的是一只可亲的狮子。中国的发展不是自私自利、损人利己、我赢你输，中国深信"己所不欲勿施于人"，"己欲立而立人，己欲达而达人"。中国致力于推动世界建立更平等均衡的新型全球发展伙伴关系，大家在追求本国利益时兼顾他国合理关切，在谋求本国发展中促进各国共同发展，和衷共济。

中国这只沉睡的狮子已经醒了，但醒来的是一只文明的狮子。文明者，相对愚昧、浅薄、狭隘、粗鲁、野蛮而言。文明者，有坦荡荡的君子气度和君子胸怀。回顾历史，支撑我们这个古老民族走到今天的，支撑5000多年中华文明延绵至今的，是植根于中华民族血脉深处的文化基因。中华民族历来讲求"天下一家"，主张民胞物与、协和万邦、天下大同，憧憬"大道之行，天下为公"的美好世界。

中国这只沉睡的狮子已经醒了，但醒来的是一只宽厚的狮子。"处世以真诚为本，待人以宽厚为主。"今天在实现民族伟大复兴的路上迅跑的中华民族，正是如此真诚宽厚、坦坦荡荡立足世界，处事待人厚德载物，自然什么霸凌主义发起的挑衅，什么"修昔底德陷阱"的鬼魔，都能降服。

2018年11月，中国日报在西班牙马德里举行过一场"中国改革开放四十周年暨经济发展研讨会"，我应邀在会上发言。会后，索拉那先生（北约前秘书长）下来见到我就说，"你好，狮子！"

今天，在"硬实力""软实力"之说后，美国又说唯他们才有"巧实力"，而中国只是"锐实力"。我们不妨来个新提法——"暖实力"。经历了这次大灾难的寒冬，不必言谁"巧"谁"锐"，全球都会看到，究竟谁才有"暖实力"。疫情是全球性危机，不应是全球化危机。未来中国要做的，是进一步争取全球化信任，让人类命运共同体理念成为"暖实力"。

（二）

美国是最大的发达国家，中国是最大的发展中国家。发达的，要"让美国重新伟大"，继续发达。发展的，要实现"中华民族伟大复兴"，快速发展。发达，是美国的硬道理。发展，是中国的硬道理。都硬，是真的；都得讲道理，也是真的。

两大国虽处于不同发展阶段，只能相向而行，不可迎头相撞。如果发达的总想遏制发展的，天下只许我发达，不容人发展，只能自找麻烦，徒增烦恼。如果发展的总是与发达的对着干较劲，闷着头生气，也会引来麻烦，徒增干扰。

发达的，要有那么一点"包容性增长"的胸怀；发展的，要有坚持和平发展、科学发展的定力。地球只有一个，你要发达，我要发展，当然难免竞争。但竞争中还要合作，还要控制竞争、发展合作。竞争，不是固守冷战思维，不是去支持和加剧各种形式的动荡和地缘政治冲突从中谋利，不是在病毒来袭时先忙着甩锅、病急不投医狗急乱咬人，而是总能够"以和为贵"，在对抗加剧时也能以实力避免、缓解对抗，在对抗不断时也能致力于在不同领域和不同层次扩大和深化利益汇合点，寻求合作。

说百年未遇之大变局，还真有未见之新看点。说新旧秩序在转换，很大程度要看这两个体量最大的国家怎么干。当然，人在干，天在看。无论大国怎么干，都要小心来自塞伦盖蒂草原的"关键物种法则、影响力法则、竞争法则、体量法则、密度法则、迁徙法则"，莫惹"天谴"。

中国优秀传统文化中，"以和为贵"是透彻的法则，"上善若水"有深刻的智慧。

人与自然的和谐相处是人类社会发展的前提。中国文化提倡天人合一，要"与天地合其德，与日月合其明，与四时合其序"；要将"仁"的精神推广及于天下，泽及草木禽兽有生之物，天地万物人我一体，天地人合德并进，圆融无间。人可以认识自然，在与自然的和谐相处中谋生存、求发展；人不能破坏自然，有的古文明由盛而衰，就是对自然肆意开发和掠夺导致自然惩罚人类，酿成文明悲剧。

人与人之间的和睦相处是社会文明的重要标志，也是国家长治久安、国之相交相好、世界和平发展的基础。中国文化主张与人为善，推己及人，求同存异，以达到人际关系的和谐。孟子说"天时不如地利，地利不如人和"，只要人们和睦相处，什么困难都能克服。要真正实现人与人之间的和睦，就需要发展社会生产力，消除贫穷与落后，使人们过上富裕的生活；就需要实现社会的公平与正义，坚持法律面前人人平等，尊重和保障人权；就需要提倡不同民族、不同信仰的人们相互包容、相互尊重、与人为善、以邻为伴。

可以说，"和"是中国历史文化的特征向量、古代先哲的生命信仰和思维基础。"和"的思想反映了事物总是在对立统一的"稳态"中生存和发展的普遍规律，因而能够与时俱进、与时俱丰。中国的儒、释、道思想中都含有"和"。"和"的精神，是一种承认、一种尊重、一种感恩、一种圆融。"和"的基础，是和而不同，互相包容，求同存异，共生共长。"和"的途径，是以对话求理解，和睦相处；以共识求团结，和衷共济；以包容求和谐，和谐发展。"和"的哲学，是"会通"，既有包容，更有择优；既有融合，更有贯通；既有继承，更有创新，是一以贯之、食而化之、上善若水、美而趋之。"和"的佳境，是各美其美，美人之美，美美与共，天下和美。

我曾有疑虑，我们的口号不是"全世界无产者联合起来""这是最后的斗争"吗？今天怎么又强调"以和为贵"，"共建人类命运共同体"？其实，一看习近平总书记的讲话就会明白，"只要我们把政治底线这个圆心固守住，包容的多样性半径越长，画出的同心圆就越大"。

过去，中国共产党领导的伟大革命，要推翻三座大山，要"以斗为先"去"砸烂一个旧世界"，重在"无产者联合起来"。现在，中国共产党领导的伟大斗争，要实现中华民族的伟大复兴，要"以和为贵"（当然也绝非不要斗争，放弃斗争，实现伟大梦想必须伟大斗争）去"建设一个新世界"，不仅要继续"全世界无产者联合起来"，还要"建设人类命运共同体"。马克思早就说过，无产阶级只有解放全人类才能最终解放自己。

这，就是立足于更基础、更深厚、更广泛的中国文化自信和文化自觉的，立足于现阶段实现中华民族复兴伟大斗争实践的，中国马克思主义的新发展；是马克思主义的基本原理与中国革命实际相结合、与百年未有大变局相结合而与时俱进、与时俱丰、与时俱新、与时永在的新境界。

话说回来，"在中华民族复兴的进程中，我们要防止出现颠覆性风险"，不能按唯我优先、唯我优越的逻辑出牌，加大风险；而要韬光养晦，致力于"促进人类命运共同体"，防止风险。不是按"利益最大化"的逻辑出牌，独揽风险，而是以"提高自己的生存几率，避免系统性毁灭"的理性，共担风险；还要善于从"利益攸关"角度，对抗"非对称风险"。（参见［美］塔纳布《非对称风险》一书，该作者还有专论如何应对大概率危机的《灰犀牛》一书。）

（三）

读《人类的终极问题》一书有一个重要启发，"创造需要宽松的环境和空间"。按照"液态网络"理论，建立严格秩序和彻底混沌之间的中间地带——"混沌的边缘"，才能促进创造力实现。而"影响液态网络构建的主要问题，是对信息的不恰当管制"，言下之意，该放开的就要放开，放开才能搞活。由此想到，这些道理，可否简单通俗地说成："搞活"，方能促进和提高创造力。

回忆改革开放初期，我们的提法是"改革开放搞活"。后来，"搞活"就不大提，至少不与"改革开放"连在一起提了。

其实，"搞活"是必需的，因为创造力来自搞活，全民创新来自搞活，改革开放必然搞活，生产力的解放最欢迎搞活，"放手让一切劳动、知识、技术、管理、资本等要素的活力竞相迸发，让一切创造社会财富的源泉充分涌流"，就是最大的搞活。

但一般地提"搞活"，无界限无底线地"搞活"，只会与"搞乱""搞砸"相连。一部车跑得快跑得好跑得久，不能只看重动力系统，必须配置好刹车系统。

"搞活"，又难免"鱼龙混杂，泥沙俱下"。邓小平同志说："自从实行对外开放和对内搞活经济两个方面的政策以来，不过一两年时间，就有相当多的干部被腐蚀了。卷进经济犯罪活动的人不是小量的，而是大量的。犯罪的严重情况，不是过去'三反''五反'那个时候能比的。那个时候，贪污一千元以上的是'小老虎'，一万元以上的是'大老虎'，现在一抓就往往是很大的'老虎'。"[1] 毋庸讳言，随着40年改革开放不断深入，经济越来越活跃，"老虎""苍蝇"也空前地多了起来。我们越加清醒地看到，腐败乃我们党面临的最大威胁，"打虎""拍蝇"一刻不能放松。就"打虎"来说，十八大以来党中央批准立案审查的省军级以上党员干部及其他中管干部440人。党的十九大以来，立案审查调查的中管干部也达百余人。

搞活必须反腐，反腐才能搞活。如果腐败丛生，劣币驱除良币，还没等"搞活"就先"搞死"了！必须从严治党，正风肃纪，铁腕反腐；必须以反腐败永远在路上的坚韧和执着，深化标本兼治，才能保证干部清正、政府清廉、政治清明。唯有海晏河清的政治生态，才能保证"为有源头活水来"。

同时，从"搞活才有创造力"的意义上看，新时代全面从严治党碰到的新挑战、新问题之一，就是在市场经济条件下，越是从严治党，越是从严要求党员和干部，同时又越要能"搞活"，越能激发活力——充分调动广大党员、干部的积极性、创造性。我们强调

---

[1] 《邓小平文选》第2卷，人民出版社1994年版，第402页。

要构建一体推进的"不敢腐、不能腐、不愿腐"的体制和机制,可能还有个同时建立广大党员、干部"很想干、很能干、很愿干"的体制和机制,使两者相辅相成的问题,把推动鼓励干事创业、担当制度化、常态化。我们强调监督,"监督"应是有"监"有"督",既要教育帮助绝大多数同志少犯错误或不犯错误,也要支持激励绝大多数同志敢担当、有作为、干得更好。要把严格监督制度与完善担当作为的激励机制,与锤炼党员干部忠诚、干净、担当的政治品格,有机地系统集成。要防止"不干不错,动辄得咎";防止"数豆子的人比种豆子的人多";防止有约束无激励、强约束弱激励、约束层层加码激励层层递减。积极有效的"监督",也包括切实解决领导干部不作为、不担当、不进取的问题。要消除一切思想顾虑,创造甩开膀子干事业、撸起袖子加油干的良好环境,真正使干事创业的人立得起、吃得香、闯得开、走得远。

按照"液态网络"的逻辑,"搞活"其实就是要把握好边界,来促进创造力的实现。最"活"是气体,气体彻底混沌,新结构随时出现但又随时瓦解,气体的边界不可取。最"死"是固体,固体严格秩序,虽结构稳定,但杜绝新结构出现的可能性,固体的边界也不可取。只有液体,既能让新鲜事物顺利出现,又可以让好的创新稳定下来;既有确定不移的边界,又可以不断扩大边缘,探索"相邻可能"。善哉,"上善若水"。信哉,"液态网络"。

因讨论"人类的终极问题",说得有点远了。回到聚焦制度建设的主题,不管怎么说,社会主义制度的优越性,归根结底在于它是解放、发展生产力的最好制度。"解放和发展社会生产力、解放和增强社会活力、永葆党和国家生机活力"之中,尤其包括广大党员、干部干事创业、担当作为的生机活力。"海晏河清的政治生态",也是各级干部的生机活力和创造力竞相迸发的政治生态。这当然也是防范和抵御各种风险尤其是颠覆性风险,所需要的良性生态。

四 警惕新冷战格局和擦掌"太极拳"

(一)

"在中华民族复兴的进程中,我们要防止出现颠覆性风险。"这种大体量风险,如果说我们首当其冲,世界也难免深受其害。如果让我们首当其难,世界也必然日子难过。病毒一度使我们阵痛,也正让世界哀鸿一片,我们的确要痛定思痛。中美关系本麻烦不断,现在又可能使世界伤筋动骨的疫情,我们必须有战略思考。这种大概率风险,往往突如其来,常常事出有因。黑天鹅,是从世界大变局中飞出来的。灰犀牛,是从世界大混乱中冲过来的。"突破法律底线"的"国际流氓",是在疾病大流行中掩人耳目以售其奸的。说起冷战,不是一个轻易可谈的话题。但正如美国知名国际关系专家和防务专家格雷厄姆·艾利森的《注定一战——中美能避免修昔底德陷阱吗?》一书所言,"核大国领导人必须准备好冒险打一场无法取胜的战争","为了维护关键利益和价值观,即使战争可能导致毁灭,领导者也必须做好战争准备"。我想,关于冷战,其实道理也如斯。我们中国当前要警惕冷战,努力争取避免冷战,坚持对话,不打冷战。"如果有些人想追逐蝴蝶,我们为什么要和他们一起跳舞呢?"但正如要避免热战,我们的解放军就要时刻准备打仗,确保有强大的军事实力战而能胜;要避免冷战,我们也要冷静分析,底线思维,妥善应对,针锋相对,才能争取主动,争取降解和消弭冷战。立足底线思维,借鉴历史教训,还不妨剖析冷战成因,以史为鉴。总之,化解冷战风险,可能是中国和平崛起过程中,躲不过去的、必须稳妥迈过的一道"坎"!"二战"结束后,社会主义运动出现高潮,资本主义也繁荣发展,形成两大阵营对峙,逐渐演化为美苏争霸的两极格局。美国率先发起冷战,苏联不得不陷入冷战。但苏联虽步步为营却应对失当,与美国大搞军备和太空竞赛拼消耗,国内经济发展畸形。后来也知道改革了,但改革次序不当，关键时期不是加强和改善而是打散和放弃共产党的领导，推行戈尔巴乔夫"新思维"，祸起萧墙，终致解体。苏联也重视了发展，但从根本上说，败下阵来，实质上还是在发展上出了大问题，在生产力的较量、生产方式的较量上落伍了。发展是硬道理，最终拼硬实力。一个庞然大物"忽喇喇似大厦倾"，"颠覆性风险"成了"颠覆性现实"！今天，美国是世界最大的发达国家，一超独霸。中国是世界最大发展中国家，正在崛起。尽管谁也不愿意真的全面开战，因为正如该书作者说，"在相互确保摧毁的情况下，一国在决定消灭另一国的同时也就等于选择了全国自杀"，现在一国要选择重开冷战，恐怕自己也难免"战战兢兢"。我们要设法通过加强高层对话等办法，经常告诫美国"明白战略底线"。但不能不看到，无论其总统如何"明智"，无论其国会如何胡闹，无论其民意如何沸腾，今天的美国还真有发起冷战的苗头。这是来自一个昔日辉煌却开始下坡、大声疾呼"重新伟大"的大国的战略焦虑。我们可以不去妄谈，但不能不作细想。我们不必打草惊蛇，但确需战略设防。格雷厄姆·艾利森《注定一战——中美能避免修昔底德陷阱吗？》一书，值得一读。可以不赞同人家的观点，不能不佩服人家的用心良苦和大量占有材料基础上的战略考量。我们应坚持主见，不可不对世界的大变局有新的思考。该书作者作为"有智谋的政治家"立足于分析大量实例，讨论"为何战争可以避免"的"12条启示"，确能给人启示。我也不揣浅陋，谈谈关于冷战的"12条思考"。

关于冷战的"12条思考"

（1）中方作为后起国加速发展呈超越守成国美方的态势。老大难容老二。老二越发展，老大越焦虑，尤其要抓住遏制老二的"窗口期"出手。美方的"接触＋遏制"的策略开始向着"脱钩＋施压"调整。

（2）以根本制度对立为基础的价值观全面对立。美方仍谋求对中国进行"和平演变"。

（3）经济发展需要向国外争夺市场和资源。中方致力于巩固经济互利的"压舱石"，美方却翻为贸易摩擦的"大赌注"。

（4）双方都是大块头，都在国际舞台上有话语权，都有在国际上拉建阵营的能量，美方的单边主义与中方主张的多边主义冲突不断。

（5）中方民族主义高涨，美方民粹主义抬头。强强相遇，不断激起以国家意志较量为背景的"正当"博弈。

（6）美方因资本主义经济内生矛盾扩增产生结构性困局，有国内矛盾外移之需要。

（7）双方都不同程度存在内外策略互相抵消、互相降解的问题。

（8）"在现实中，两个大国的战略误判与感情好恶致命结合"（修昔底德语），美方妖魔化中方，看中方好处日少恶处日多。例如，当前随着疫情在全球蔓延，美国发起"超限法律战"，鼓动全球围堵中国。其行动环环相扣，无论从哪个角度看，都是一场"内政外交配合、政府民间勾连"的旷日持久大战。随着美国总统大选临近，其进度之快、布局之大、经略之深，超过了人们的想象空间，也突破了法律底线。

（9）双方共同利益趋于淡化、虚化，摩擦、冲突趋于增多、难控。合，未必见"两利"；斗，谋图"先下手为强"。

（10）日益剧烈的科学技术竞争（如当前围绕5G的较量）产生的发展焦虑。

（11）都有核威慑毁灭对方的手段，因而虽互相厌恶却不至爆发热战。但面对高科技竞争和文明冲突的新挑战，核均衡的脆弱性加大。随着对热战焦虑的增长，美方冷战焦虑抬头，冷战思维高涨。

（12）美方称霸全球的战略不会改变，必视坚持实现民族复兴的中国为威胁其战略目标的最大障碍。这种结构性矛盾冲突积聚的能量，总要找个出口释放。

结论：美方因内部资本主义社会固有矛盾难免引发的衰败，以及因维持外部帝国主义霸权难免滑向的衰落，日益加重着对正实质性进入世界舞台中心区的中方"威胁"的焦虑。民粹主义抬头，"美国优先"为重，难免使这种焦虑固化为发起冷战的冲动。美方坚持战略误判加剧紧张，中方意识到冷战对自己不利，力图以对话代替对抗，但恐怕难以一厢情愿。发起冷战的主动方在美方，中方有被迫拖入冷战的风险。我们准备好了吗？

（二）

回答好"在中华民族复兴的进程中，我们要防止出现颠覆性风险"这样的大问题，要有更为开阔、更加开拓的大视野；要有利益相关、风险分摊的大智慧；要有审时度势、乘势而上的大方略；要有推进和实施"建设人类命运共同体"的大魄力；要有在更广阔的空间、更展开的时间中，去争取、去维护、去延展战略机遇期的大手笔。何为"利益相关、风险分摊"？14亿人站起来、富起来、强起来，怎么会没有风险？14亿人的大动作，其他五六十亿人都在关注、在算计，乃至全世界甚至大自然界都在调节、在应对，这就叫"人在算，天在看"。我们是在走向全球化的新秩序、新潮流中崛起，在与全世界、与大自然和谐发展的新格局、新天地中复兴，这就出现了必须面对"非对称风险"的新挑战、新难题。如果光是中国一家来对付，就叫作"非对称风险"。前文提到，我们不能只按"利益最大化"的逻辑出牌，独揽风险，而要以"提高自己健康演进的几率，避免系统性毁灭"的理性，共担风险；还要按照"利益攸关"的原则，用我们的话来说就是在国际上也"善于团结一切可以团结的力量，调动一切积极因素"，来对抗"非对称风险"（参见［美］塔勒布《非对称风险》一书）。比如当前，尽管中国抗疫先一步取得胜利，但世界疫情蔓延加剧，我们就有如一艘在时刻提防渗透和倾覆的大海中的行船，也就是只能在严防死守输入性病毒中抵御"非对称风险",不得不费很大本来不一定要费的力气,不得不占很大本来不一定要占的资源。当前全球新冠病毒的攻击性特点,似乎还没出现控制住的局面。进一步说,如果世界新冠肺炎大流行的趋势长期不能缓解,人传人越演越烈,还真有可能出现进一步导致被动的局面。因为正如《病毒来袭》一书所言,在大数量的宿主中传播和长期共存,病毒有可能加大其适应人体、基因突变,来抵抗人体产生免疫抗体的概率。或许人类好不容易等到这列疫苗的末班车开走,新病毒又开始发车。我坚信,人类不可能坐以待毙,危机总会让人奋起,世界如斯。又如,按照塞伦盖蒂草原的"关键物种法则、影响力法则、竞争法则、体量法则",中美之间的博弈必然充满"非对称风险"。老大打老二,就是"非对称风险"。从历史经验看,老大总是要不断地打压老二。比如曾经的世界第二——苏联、英国、德国和日本,美国分别通过建立布雷顿森林体系、苏伊士运河事件、"星球大战"和经济掣肘,不遗余力地打压。结果,都没能当成老二。中国的 GDP 十年前就开始列居世界第二,成绩当然来之不易,我们也为之高兴,但不必忘乎所以,更不会被人忽悠。美国前国务院外交政策顾问埃利奥特·科恩的《新"大棒政策"》一书,有专门板块谈"中国威胁",认为"21 世纪最重要的国际现象,莫过于中国崛起成为世界经济和政治中心。对美而言,中国是一个不容忽视且精明强干的挑战者,但也有自身的局限","老大"的"磨刀霍霍"之声可闻。今天的中国,不当头,也不会做附庸。不惹谁,也不怕谁。不会损人利己,也不会吞下损害 14 亿人民根本利益的苦果。中国作为一个发展中的大国,当然要为亚太地区乃至世界的共同发展繁荣,尽力尽责,携手同行;但当然也要量力而行,承担自己应该且能够承担的国际义务;更要韬光养晦,埋头把自己的事情办好,加快转变经济发展方式,争取更为协调、平衡、可持续地发展。"老二"的帽子咱不戴,"二傻子"咱不当,"二杆子"咱不干。好在,还有塞伦盖蒂草原的"密度法则"。还有"天之道,损有余而补不足"的不二法门。

世界毕竟在走向全球化、多极化中，给出了我们难得的崛起、发展和复兴的战略机遇期。再进一步说，"在中华民族复兴的进程中，我们要防止出现的颠覆性风险"，就是一种"非对称风险"。可以在推进和实施"建设人类命运共同体"这一大方略中去化解。中国为什么要坚持履行与自身实力和发展阶段相适应的大国责任，秉持人类命运共同体理念，为建设一个持久和平、普遍安全、共同繁荣、开放包容、清洁美丽的世界作不懈努力？习近平总书记2017年12月在中国共产党与世界政党高层对话会开幕式上发表的《携手建设更加美好的世界》的主旨讲话中说："古往今来，过上幸福美好生活始终是人类孜孜以求的梦想。在几千年文明发展史上，人类创造了灿烂的文明成果，但战争和冲突从未间断，加上各种自然灾害、疾病瘟疫，人类经历了无数的苦难，付出了惨痛的代价。今天，互联网、大数据、云计算、量子卫星、人工智能迅猛发展，人类生活的关联前所未有，同时人类面临的全球性问题数量之多、规模之大、程度之深也前所未有。世界各国人民前途命运越来越紧密地联系在一起。面对这种局势，人类有两种选择。一种是，人们为了争权夺利恶性竞争甚至兵戎相见，这很可能带来灾难性危机。另一种是，人们顺应时代发展潮流，齐心协力应对挑战，开展全球性协作，这就将为构建人类命运共同体创造有利条件。"这番话，没有去谈大道理，而是谈事实，谈共识，从人类的别无选择谈开展全球性协作，就是"利益相关、风险分摊"的大智慧。在建设人类命运共同体中，谋我中华民族的伟大复兴，就是为对抗"不对称风险"创造条件的大手笔。

既然风险是非对称的，就应用非对称的办法去应对。经济实力的非对称，把我国自己的经济发展好，是最好的应对之策；科学技术的非对称，关键技术买不来，要像"两弹一星"一样，牢牢把科技命脉握在自己手中。我们的历史经验证明，我们从来都是由弱到强，在被动中争取主动，从极度困难，甚至困境中走出困境的，不可能任由风险真变成"蝴蝶的翅膀"。总之，面对"颠覆性风险"：

你抡大棒子，我有太极拳。有一个道理值得反复讲：和则双赢，斗则两害。相信有头脑的战略家都会作出理性的评估。我们有风险，你也不保险，你想玩"颠覆"，当心自己先翻船。

五 "上帝之死"和"新人文主义"

再谈"审时度势，乘势而上"。审时度势，审什么"时"，度什么"势"？我们现在举国上下，心心念念在现代化。不能不承认，现代化并非起源于我泱泱中华，而是起源于数百年前，西欧历史上发生的一场持续200余年的文艺复兴运动。"文艺复兴"并非仅在"文艺"，诚如马克思所言，"他们战战兢兢地请出亡灵来为自己效劳，借用它们的名字、战斗口号和衣服，以便穿着这种久受崇敬的服装，用这种借来的语言，演出世界历史的新的一幕"[1]。文艺复兴的实质，乃在于把"人"从"神"的束缚中解放出来，把生产力从封建社会的束缚中解放出来，带领西欧走出中世纪的蒙昧和黑暗，迎来了现代文明的曙光。文艺复兴是"黑暗时代"的中世纪和近代的分水岭，是使欧洲摆脱腐朽的封建宗教束缚，向全世界扩张的前奏曲。但是，现在，这新的一幕亟待翻新了。因为文艺复兴后已经出现"三个紧张"。一是人与社会的关系紧张。文艺复兴推动了以资本主义生产方式为基础的、早期现代化进程，形成了以"欧洲体系"为骨架的"世界体系"的初期形态，以世界市场为基础的现代世界体系。但这个市场体系，无疑延续了传统的帝国式殖民体系的政治结构，形成了一批殖民地、半殖民地。孙中山早前就敏锐地发现：欧洲近百年是什么文化呢？是科学的文化，是注重功利的文化，也是行霸道的文化。自欧洲的物质文明发达，霸道大行之后，世界各国的道德，便天天退步。资本主义生产方式的资本的私人占有与生产社会化的内在矛盾，外化为世界体系的剧烈动荡乃至

---

[1] 马克思：《路易·波拿巴的雾月十八日》，人民出版社2018年版，第9页。

分裂。两次世界大战、欧洲的危机与革命、亚非拉民族解放运动反映出这个世界体系形成之初，就开始解构。"二战"后，这个世界体系的中心区域重新整合：从西欧到美国。同时，这个世界体系之外，崛起了一股强大的与之对抗的力量——苏联及社会主义阵营。冷战以苏联解体告终。其结局说明，文艺复兴推动生产力发展产生的世界体系，是建立在资本运行的劳动分工和世界市场的基础上的。只要世界市场的基本结构及其运行机制仍然是资本主义生产方式主导，超越它的世界体系就建立不起来。但后冷战时代的冲突和危机也显示，随资本主义工业化而来的现代性矛盾，并未因冷战的结束而消除。以伊斯兰复兴运动为背景的伊斯兰激进主义运动，成为对抗西方世界和"现代性"的"文明冲突"。中国的大踏步崛起，更是"高峡出平湖，当惊世界殊"。二是人与自然的关系紧张。现代工业文明彻底打破了自然的和谐与宁静，人类成了自然的主人和敌人。人类生存的基本要素——天、地、水、空气都在遭到破坏。美国电影《黑客帝国》感叹："人类不是哺乳动物。因为地球上的每一种哺乳动物都会本能地发展和自然的平衡与周围环境的关系，但是人类并不这样。人类每到一处就拼命扩张，直到耗尽自然资源。人类生存的唯一出路就是扩张到新的地点。地球上只有一种生物与人类相似，那就是病毒。"这是极而言之。但此刻，新冠病毒确是在按照"生存的唯一出路就是扩张到新的地点"的逻辑大流行，与人类展开争夺战。三是人与人的关系紧张。当代西方社会在从"现代社会"向"后现代社会"转型的过程中，"上帝之死"带来了信仰迷茫和精神焦虑。美国把全世界都不断地搅和得很紧张。当代中国社会在向现代化转型的过程中，也出现了某些"远离崇高"和"信仰缺失"的精神现象。现代化带来了"迷心逐物"的现代病。人失落了信仰，也就失落了对自身存在意义的终极关怀。无论社会怎么发展，无论经济怎么繁荣，如果放弃了对崇高理想信念的追求，放弃了对"人类的终极问题"的思考和终极关切，大家都心浮气躁不思进取，心烦意乱不知所从，心高气盛欲壑难填，社会如何和谐稳定，发展又如何协调持续？可见，现在的"时"是，文艺复兴虽然极大地解放了"人"，但"人"又付出了极大的代价：文艺复兴使"人"从神的束缚中被解放出来，之后人又被神化、异化。那么，出路何在，"势"何所趋？一场新的文艺复兴——新的文明复兴，已躁动于时代的母腹，呼之欲出：它要把过度膨胀的人还原为和谐的人，要建设人与自然和谐、人与社会和谐、人与人和谐的和谐世界。这是世界面临百年未有之大变局，变过来变过去中的大势之所趋。审时度势，顺势而上，中国应当高举起促进"新的文明复兴"的大旗，高举起"人类和平、世界和谐"的大旗，站立在"建设人类命运共同体"的制高点；同时，也就为中华民族赢得和延长实现伟大复兴、重新跻身于世界民族之林的战略机遇期。中华民族的文化传统，因应着促进新的文明复兴的时代要求。中华民族实现民族复兴的伟大进程，肩负着推进一场新的文明复兴的时代使命。迎接这场并不逊色于历史上的文艺复兴的、新时代的文明复兴，中国应该有所作为。文艺复兴的实质是解放人，旗帜是人本主义。新的文艺复兴的实质是进一步解放人，旗帜是"新人文主义"。鉴于人类文明的交汇已走到量变到质变的临界点，人类危机呼唤人本主义在否定之否定意义上的继承和发扬，新时代对人本主义的呼唤，需要对传统人本精神继承吸收，发扬其积极成果，又要革故鼎新。因为西方近代人本主义多强调作为个体的自由与权利，尊重人的本能欲望，催生了迅猛发展的经济，也造就了膨胀的个人。面对第一次文艺复兴遗留下来的膨胀了的个人，新的文明复兴，将造就和谐的人。它既巩固第一次文艺复兴人本主义积极成果，又要对其过分地运用有所克制。此即所谓"新人文主义"。人类社会发展先后经历了罗马时期西塞罗人文主义、14—16世纪文艺复兴和启蒙时代的人文主义、18世纪德国人文主义、当代西方"新人文主义"。但"新人文主义"并不是西方文明的专利。五千年中华文明积淀了十分厚重的人文理念："刚柔交错，天文也。文明以止，人文也。观乎天文，以察时变。观乎人文，以化成天下。"

（《易经》）深厚的中国传统文化资源，加上当代中国大力贯彻"以人为本"为核心的科学发展观，顺应时代、借鉴创新、改革开放，在中国特色社会主义理论话语体系中，在人口最多的发展中大国的实践中，最广泛最深刻地凸显了"新人文主义"。当西方文明以霸权的形式推行其价值观的时候，我们需要新型的人与社会的关系；当传统的工业文明发展导致生态危机的时候，我们需要新型的人与自然的关系；当西方文明过分强调物质、商业和市场利益的时候，我们需要新型的人与人的关系。这种新型关系的潮流，就是新的文明复兴；这种新型关系的旗帜，就是"新人文主义"。"新人文主义"，乃是对马克思主义关于人的全面解放思想的继承和发展，《共产党宣言》是把人的解放作为共产党人的奋斗追求的；是中华传统文化"民本"思想的时代新篇，孟子的民本思想就是从人性本善启端的；是当今中国"以人为本"思想的生动体现，更能彰显人文精神；是这次中国伟大抗疫斗争精神的主要内容，生动地展现了人性光芒；也是人类命运共同体思想的具体化，用伦理道德之价值理念，从人性入手凝聚共识。人间充满大爱，抗疫守望相助。人类命运互联，文明复兴新路。在实现中华民族伟大复兴路上迅跑的中华民族，是以人为本，"化成天下"的；是以理服人，理直气壮的；是审时度势，乘势而上的。得道多助，何惧风险？顺势而上，天佑中华。

六　人类的先进文化与富起来的"颠覆性风险"

（一）

新冠病毒的袭击，将我们推到了"在中华民族复兴的进程中，防止出现颠覆性风险"这样一个根本性的命题面前。这个题目牵引方方面面，头绪繁多；它是生态系统，根系交错，枝叶相连。从防范病毒说到大国博弈，从中美冲突说到冷战，从补好短板说到复工复产，从当务之急说到战略考量，从防止"甩锅"说到国际合作……，归根结底，还要从外部因素说到内部因素。"唯物辩证法认为外因是变化的条件，内因是变化的根据，外因通过内因而起作用。"今天最大的"内因"，莫过于14亿人站起来、强起来、富起来。借《生命的法则》一书揭示的规律的话来说，这可是个需要通过若干调节才能实现动态平衡的、巨大无比的"生命的稳态"工程。站起来，道理清楚得很，民族要独立，人民要解放，新中国已如日东升。无须赘言。强起来，道理明确得很，不强就站不住，不强就站不稳，甚至还会重新倒下。但中国给自己强起来设定的"规定动作"是强起来在世界上也永不当头、不称霸，始终致力于建设稳态的人类命运共同体。寻求的是和平崛起。着眼点是"开放的世界"。开放意味着多样化人类活动以及多种文化的相互尊重，这与坚持中国特色并不矛盾。读懂中国文化和当代实践，就能读懂中国特色。富起来，口号敞亮，符合人的本性，是人民大众的普遍愿景。富是强的根基，是站起来追求的理想。但在这个作为"变化根据"的"内因"之中，恐怕还有若干问题值得深入探究。搞得不好，其中也会蕴含着、积累着我们不易察觉的"颠覆性风险"。中国有如一艘巨轮，如果被颠覆，外力乃为其次，内乱首推其害。富起来！我们理直气壮。邓小平同志说，"贫穷不是社会主义"，改革开放以来，党中央提出鼓励一部分地区一部分人先富起来的政策，逐步实现共同富裕。习近平总书记说："我们的人民是伟大的人民。我们的人民热爱生活。人民对美好生活的向往，就是我们的奋斗目标。"党的十九大明确，"中国特色社会主义进入新时代，我国社会主要矛盾已经转化为人民日益增长的美好生活需要和不平衡不充分的发展之间的矛盾"。这些，如一言以蔽之就是，14亿中国人要"富起来"！富起来，就要搞市场经济。在市场经济中，每一个"经济人"都追求利润最大化，由此演出了一部部市场竞争的活剧，优胜劣汰，效率大增。但追求利润难免导致金钱至上，甚至出现把精神、信仰物化，抛弃诚信、道德的倾向。面对利润这个"聚宝盆"，手持利益这把"双刃剑"，身处市场这个逐利场，同居社会这个共同体，如何坚守伦理底线，明晰道德边界，有所为，有所不为？如何把经济冲动与道德追求、把物质财富与精神境界成功结合起来？一句话，如何在市场经济中保持有效的道德调节？这历来是个难题。市场经济中的道德调节，存在着"二律背反"：一方面，资本追逐利润，个人追求利益，导致拜金主义泛滥，排斥道德；另一方面，社会追求公平、整体要求正义，导致市场要求自律，呼唤和遵守道德。亚当·斯密在《国富论》之外，还写下了《道德情操论》，而且后一本书他费的力气更多，改了多少稿，至死还在不断琢磨。如果说《国富论》探讨市场经济的经济学基础，那么《道德情操论》就在探索市场经济的伦理学基础。在《国富论》中，斯密把人性本恶作为经济学的前提假设，把个人利己主义的利益追求当作人类经济行为的基本动机。他说，"每个个人都努力使其生产物的价值达到最高程度……，他通常既不打算促进公共的利益，也不知道他自己是在什么程度上促进那种利益，他只是盘算自己的安全；由于他管理产业的方式目的在于使其生产物的价值达到最大程度，他所盘算的也只是他自己的利益"。在《道德情操论》中，斯密又基于人性本善的假设，把源于人的同情的利他主义情操视为人类道德行为的普遍基础和动机："无论人们会认为某人怎样自私，这个人的天赋中总是明显地存在着这样一些本性，这些本性使他关心别人的命运，把别人的幸福看成是自己的事情，虽然他除了看到别人幸福而感到高兴以外，一无所得。这种本性就是怜悯或同情，就是当我们看到或逼真地想象到他人的不幸遭遇时所产生的感情。""人总是以利己为出发点，但是，如果每个人都毫无节制地发挥自己利己心的话，社会必将混乱，最终导致毁灭。所幸的是，人的感情是多样的，利他心、慈善心、爱心……，它确立了法与统治的一般原理的基础——正义。"斯密的论述，实际上触及了市场人的经济理性与伦理理性的"二律背反"问题，但他无法解决这个问题。此即所谓"斯密悖论"。马克斯·韦伯试图解决这个问题。他的晦涩难懂的《新教伦理与资本主义精神》一书，被哈佛大学百名教授奉为经典。尽管我们认为，"资本来到这个世界，从头到脚，每一个毛孔都滴着血和肮脏的东西"（马克思语），韦伯却赞美"资本"，主张通过资本运作使钱生钱，赚钱光荣。但赚钱是讲伦理、有美德的：一要勤勉劳动，二要以诚信赢得信任、以合法方式赚钱，三要节俭以积累资本并进一步以钱生钱，这就是韦伯说的"资本主义精神"。韦伯说，"它的基本内容包括：人人应承担'诚实交易'、'遵守承诺'和'守时'等义务和责任，并且以'刻苦'、'勤奋'、'忠诚'等态度来对待各自的职业，以精确的理性计算，来使资本和劳动的组织合理化，小心而又有远见地追求经济成功"。问题是"人的天性"，总是趋向于既要"富起来"，又要少干活；满足"人的欲望"，是有钱就要花，有水要快流。韦伯认为，资本主义的衰落，恰是因为这种"人的天性和欲望"导致"资本主义精神"的缺失。但他惊喜地发现，16世纪脱离罗马天主教的新教各教派，却"伴随"有这种"资本主义精神"。马丁·路德提出了"劳动是唯一取悦上帝的方式"。加尔文的"预定论"则进一步说明，辛勤劳动取得工作成就被证明是得到上帝恩宠、列为上帝选民的唯一手段。而财富全是上帝的，人，只是代上帝管理和使用财富，因此"富起来"之后只有节制消费和热心公益，才能得到上帝的青睐。韦伯说，"圣徒们为了证明自己获得上帝的救赎，就要积极地勤劳致富，那么就要把现世的生活彻底理性化，完全受增添上帝的荣耀这个目的支配，他的一切言行都为着上帝的荣耀"。因此，资本主义发展与新教发展聚集区便高度重合，两者"伴随"发展。这里，他用了"伴随"一词，有意回避了"因果关系"的提法，但又忍不住说，"新教伦理不但赋予经济活动以伦理的意义，而且恰恰是由于把经济活动伦理化，而使经济活动理性化，从而导致'资本主义精神'"。韦伯断言，"一个人对天职负有责任乃是资产阶级文化的社会伦理中最具代表性的东西，而且在某种意义上说，它是资产阶级文化的根本基础"。"没有企业家阶层就没有资本主义的发展，没有道德宪章就没有企业家阶层，没有宗教信念就没有道德宪章。"我们当然不会去照搬什么"新教伦理"。从来就没有什么救世主,也不靠神仙皇帝。我们之所以不厌其烦地关注韦伯的这些说法,乃因为他提出了涉及"富起来"的"终极问题":为什么富起来,靠什么富起来,怎么富起来,富起来怎么办?他其实也回答不了、解决不了这些问题,所以,只能以"新教伦理"来回答,靠"上帝"的威严来解决。我们14亿人"富起来",是不是也涉及这些问题?我们当然不靠根本不存在的什么上帝,不靠以取悦上帝为基础的"新教伦理"。那我们靠什么来回答和解决有关"富起来"的这些既是"终极",更是现实的问题呢?

(二)

我们搞市场经济,也要面对在资本盈利和个人谋利这两个"起点"被启动、激活后(也就是"富起来"),人们如何提高自我约束力和道德水平的实际问题。如果不去正视市场经济中道德调节的"二律背反"难题,如果不经意间搞得金钱至上、诚信尽失、劣币驱除良币,乃至腐败丛生、积重难返,市场经济的正常秩序就难以为继,社会就会积累不满乃至引发动乱,以至"颠覆"!或可以说人类社会原本存在的结构性"二律背反",本身就构成了病毒袭击人类之前脆弱的"颠覆性基础"。诺贝尔经济学奖得主诺思曾有言:自由市场制度本身并不能保证效率。一个有效率的自由制度,除了需要一个有效的产权和法律制度相配合之外,还需要在诚实、正直、合作、公平、正义等方面,有良好道德的人去操作这个市场。我们可以不去理睬韦伯的《新教伦理与资本主义精神》那本晦涩难读的书,也不必去理会当年异国他乡的那些新教徒,那些奇怪的致富举动。但如何建立我们自己的、社会主义的现代市场经济发展所需要的"市场伦理",把"富起来"的诉求,把"资本"增长的冲动,与"勤劳""诚信""节俭""不害人、坑人"的仁德建构成功嵌合,激发勤劳致富、不断创新的活力,倡导爱国守法和敬业诚信,抑制拜金主义、享乐主义、极端个人主义的泛滥,建立"不想腐、不敢腐、不能腐"的机制，促进扶贫济困、礼让宽容的人际关系，形成勤勉做事、平实做人、守信光荣、失信可耻的社会氛围，构建传承中华传统美德、符合社会主义精神文明要求、适应社会主义市场经济的道德和行为规范，实在是我们"富起来"过程中需要探索、需要解决的大课题。今天，我们正在理直气壮地走向"富起来"，在大力发展市场经济中实实在在地"富起来"。尤其是跳出"均贫富"的困境，鼓励一部分人、一部分地区先富起来，促进先富带后富，实现共同富裕，卓有成效地"富起来"。14亿人走向"富起来"的图景如此波澜壮阔，当然不会也不可能是只去"想象着一个朦胧的远景"，当然应该有，也必须会有我们实实在在的、清晰管用的"市场伦理、致富伦理、经济伦理、社会伦理与社会主义精神"。但市场经济中道德调节的"二律背反"，是悖论，也蕴含着调节"生命稳态"的规律，是明明白白摆在那里的。我们党从夺取政权到长期执政，是一场历史考验。从领导和驾驭计划经济到领导和驾驭市场经济，也是一场历史考验。各级党员干部从以清贫为本色与人民群众同患难，到以致富为追求带领人民群众奔小康，更是一场历史考验。党的工作要以经济建设为中心，无论是宏观调控还是各项经济活动的组织、推进和监督，党的各级组织、广大党员既要全面参与市场经济，又必须防止市场经济负面的诱惑和腐蚀。如何自觉抵制商品交换原则对党内生活的侵蚀？如何把权力关进制度的笼子里，尤其是把支配资本的权力关进法制的笼子里？不受制约的权力难免腐败，绝对不受制约的权力有可能绝对腐败。如果只拥有权力而不承担责任，只行使权力而不接受监督，每一个执法者都有可能成为潜在的法律破坏者，而每一个公民都有可能成为这种破坏行为的受害者。孟德斯鸠在《论法的精神》中说过："一切有权力的人都容易滥用权力，这是万古不变的一条经验。有权力的人使用权力一直到遇有界限的地方才停止。"资本不断扩张的冲动和权力不断膨胀的欲望相结合，有可能产生"核聚变"，冲击现有的界限，使法律的界限模糊，使道德的界限丧失；不断扩大权力的边界，滋生出一批贪得无厌、肆无忌惮、无法无天的"苍蝇""老虎"；毒化和败坏党风、民风。当权力与资本相遇，可以支配资本而又不受制约的权力，难免导致普遍性、塌方型腐败，甚至成为马克思主义所严厉批判的"垄断资本主义"，彻底走向党和人民的反面。这一切并非耸人听闻，是真可能在"富起来"的过程中滋生、发展、蔓延、泛滥的。市场经济不断给我们带来"财气"，也形成无所不在的"地气"。一个以利益关系为基础的社会价值体系和作为其反映的价值观念体系，必须回应全社会的利益关切。对于发展市场经济过程中社会上业已出现的道德滑坡、信任缺失、腐败时现的现象，如果整个社会的核心价值观不能对症下药、刮骨疗伤，而束手无策任其病入膏肓，就没有说服力、缺乏生命力。只有让社会主义核心价值观接地气，与现代市场体系以及相应的社会结构更加紧密契合，才能够对准人们思想的共鸣点、群众利益的交汇点而生生不息，增强对广大群众的吸引力和感染力而生动活泼，进而成为人们自觉的利益诉求和价值愿望，成为人们世界观、人生观、价值观的总开关而无所不灵。

（三）

我们本来建设的就是社会主义市场经济。因此，培育和践行社会主义核心价值观，要落实到成功建立现代市场经济发展所需要的"市场伦理""经济伦理""社会伦理"和"致富伦理"。这决定了与人们生产生活和现实利益密切相关的具体政策措施，需要注重经济行为和价值导向的有机统一，经济效益和社会效益的有机统一，从而实现市场经济和道德建设良性互动。需要建立完善相应的政策评估和纠偏机制，防止出现具体政策措施与社会主义核心价值观相背离的现象。需要形成有利于弘扬社会主义核心价值观的良好政策导向、利益机制和社会环境。这次武汉乃至全国抗疫，大家已深刻体会到，医疗系统不能完全彻底交给"二律背反"左右的市场。其实，交响乐、芭蕾舞、非遗保护、博物馆、图书馆……，种种公共效用突出的文化事业，又岂能简单、不论死活地一概交给市场。让社会主义核心价值观接地气，必须解决好厚德载物、厚德载市场经济的问题。在"富起来"的过程中，正如习近平总书记所说，要"引导人们向往和追求讲道德、尊道德、守道德的生活，形成向上的力量，向善的力量"[1]，"只要中华民族一代接着一代追求美好崇高的道德境界，我们的民族就永远充满希望。"[2] 永远的希望，既是在一任接着一任"加油干"的"富起来"过程中，更是在"一代接着一代追求美好崇高的道德境界"中。总之，一步步的"富起来"的过程中，就要考虑"二律背反"与贫富差距结构性的存在；更需要看到，一个社会贫富差距的不断拉大，会引发巨大的社会风险。福兮祸所伏，祸兮福所倚，14亿人"富起来"的过程也蕴含"颠覆性风险"，或为肆虐的病毒疫情"颠覆性风险"提供引发"颠覆性"的社会基础。我们应该努力，在唯物史观的指导下，激活中华传统文化的优秀精神基因，建立适应社会主义市场经济的道德和行为规范，建立"君子厚德以载市场的人文环境"。

---

[1] 中共中央文献研究室编：《习近平关于社会主义文化建设论述摘编》，中央文献出版社2017年版，第138页。

[2] 中共中央文献研究室编：《习近平关于社会主义文化建设论述摘编》，中央文献出版社2017年版，第137页。

建设中国特色的统一战线学[*]

我们党在长期的革命实践中发展了统一战线的理论和政策。1945年5月,毛泽东同志在中国共产党第七次全国代表大会上首次提出"统一战线是一门专门科学"。党的老一辈革命家对此形成了

---

[*] 原载《光明日报》2014年1月4日第1版。

一致的认识。1979年3月，李维汉同志重申"统一战线是一门科学"。1985年2月，习仲勋同志再次强调"统一战线包括民族、宗教，是一门科学"。改革开放以来，在党中央的领导下，经过理论界学术界30多年的努力，已经形成了具有中国特色的统一战线理论，形成了关于统一战线的科学知识体系。在此基础上，应该进一步推进建设统一战线学。

一 为什么要建设统一战线学

统一战线学是中国共产党夺取革命、建设和改革事业胜利重要法宝的系统化知识，是经过长期实践检验的系统科学。

在中国共产党90多年的奋斗历程中，统一战线始终是党团结带领人民，夺取革命、建设和改革事业胜利的一个重要法宝。近代中国作为一个半殖民地半封建的东方大国，主要矛盾是帝国主义和中华民族、封建主义和人民大众的矛盾。围绕主要矛盾和各阶段的任务，我国工人阶级可以争取最广大的同盟军，把一切爱国人士团结在自己的周围，结成规模宏大的统一战线。中国共产党创造性地运用马克思列宁主义基本原理，根据各个阶段的革命性质、目标和各个阶级、各界人士对革命的态度，先后建立了民主联合战线、工农民主统一战线、抗日民族统一战线和人民民主统一战线，争取尽可能多的同盟军，最大限度地壮大革命力量，最大限度地削弱和孤立敌人，完成了新民主主义革命，实现了民族独立、人民解放。中华人民共和国成立后，中国共产党成为领导全国政权的执政党，人民民主统一战线达到了包括全国各民族、各民主阶级、各民主党派、各人民团体、广大华侨和其他爱国人士在内的空前广大的规模。团结一切可以团结的力量，调动一切积极因素，反对国内外敌人，巩固人民民主专政，实现了从新民主主义到社会主义的和平过渡，完成了社会主义革命，确立了社会主义基本制度，推进了社会主义建设的各项事业。党的十一届三中全会以来，中国共产党高举爱国主义和社会主义两面旗帜,建立了包括全体社会主义劳动者、社会主义事业建设者、拥护社会主义的爱国者和拥护祖国统一的爱国者在内的最广泛的爱国统一战线,进行了改革开放新的伟大革命,开创、坚持、发展了中国特色社会主义。正如习仲勋同志所说,统一战线理论"是一座大可攀登的科学高峰"。建立统一战线学,是关系党的思想理论建设的一个重要问题,是关系统一战线工作全局的大问题,也是历史赋予我们的光荣任务。

统一战线学是完善和发展中国特色社会主义制度,推进国家治理体系和治理能力现代化、加快形成科学有效的社会治理体制的治理科学。

党的十八届三中全会通过的《关于全面深化改革若干重大问题的决定》提出,要"完善和发展中国特色社会主义制度,推进国家治理体系和治理能力现代化","加快形成科学有效的社会治理体制,确保社会既充满活力又和谐有序"。我们党从领导人民夺取政权的革命党,到领导人民建设社会主义的执政党,在这个过程中,统一战线都是重要的法宝。中国共产党作为中国人民和中华民族的先锋队,作为中国特色社会主义事业的领导核心,要把各方面的人心都凝聚起来,把各方面的力量都汇聚起来,充分发挥总揽全局、协调各方的作用,提高党的领导水平和执政能力,就必须处理好政党关系、民族关系、宗教关系、阶层关系、海内外同胞关系这些政治领域和社会领域中涉及党和国家工作全局的重大关系。统一战线学重点研究这五大关系,科学地回答在中国这样一个地域辽阔、人口众多、变迁迅速的超大型发展中国家,如何既促进全体人民的一致性,又尊重和保持不同政党、不同民族、不同信仰、不同阶层以及生活在不同社会制度下的各方面人们的多样性;如何既坚持中国共产党的领导,坚持中国特色社会主义政治发展道路,又促进多党派团结合作,实现最广泛的人民民主;如何既维护国家统一、民族团结,又保障各少数民族的合法权利和利益,巩固和发展平等团结互助和谐的社会主义民族关系;如何既形成无神论者和有神论者政治上的团结合作，又互相尊重各自的信仰，保障宗教信仰自由，发挥宗教界人士和信教群众在经济社会发展中的积极作用；如何既维护工人阶级和农民群众的根本利益，巩固中国共产党执政的阶级基础，又照顾新的社会阶层的合理利益，扩大执政的群众基础，推动和实现全社会和谐相处、共同发展；如何既坚持一个中国原则，维护国家主权、安全、发展利益，实现和平统一，又尊重不同社会制度的差异，保持香港、澳门长期繁荣稳定，确保两岸关系和平发展，团结广大海外侨胞、归侨侨眷，共同致力于中华民族伟大复兴。运用统一战线正确把握和处理这些重大关系，对于调动各方面的积极因素，最广泛地动员和组织人民依法管理国家事务和社会事务、管理经济和文化事业，实现人民最广泛最有效的政治参与，对于推进国家治理体系和治理能力现代化、加快形成科学有效的社会治理体制，具有不可替代的作用。

统一战线学是中国共产党坚持走中国特色社会主义政治发展道路，充分发挥我国社会主义政治制度优越性，发展社会主义民主的政治科学。

统一战线汇聚了党外各方面代表人士，在反映统一战线各方面成员诉求、扩大公民有序政治参与、加强民主监督、保持社会和谐稳定等方面，发挥着不可替代的重要作用。统一战线学着眼于如何选拔和推荐更多优秀党外人士担任各级国家机关领导职务，充分发挥各级人大代表中党外各方面代表人物的作用；如何坚持和完善中国共产党领导的多党合作和政治协商制度，充分发挥人民政协作为协商民主重要渠道作用，增强民主协商实效性；如何坚持和完善民族区域自治制度，把国家的集中统一和少数民族自治结合起来，既维护国家主权统一，又保障少数民族管理本民族地区事务的自主权利；如何在城乡社区治理、基层公共事务和公益事业中发挥党外各方面代表人士的作用，提高群众自我管理、自我服务、自我教育、自我监督的质量和水平。统一战线学充实和发展了中国特色的社会主义政治学，是构建中国话语体系，维护国体，完善政体，抢占意识形态制高点的重要理论武器。

统一战线学是马克思主义中国化的重要成果，是具有鲜明中国特色中国风格中国气派综合性的社会科学。

中国共产党人在领导中国革命、建设和改革的长期实践中，将马克思列宁主义关于统一战线的思想运用于中国的具体实践，实现了马克思主义统一战线学说的中国化，形成了毛泽东统一战线思想和中国特色社会主义统一战线理论。统一战线学以马克思主义为指导，以中国共产党人在长期实践中积累的丰富经验和科学理论为支点，吸收中国传统政治文化的智慧，广泛借鉴并运用当代政治学、社会学、民族学、宗教学等相关学科可用的成果，综合研究我国政治领域和社会领域中涉及党和国家工作全局的错综复杂现象，以独具特色的视角分析解决中国的问题。比如，改革开放以来，我国社会阶级阶层关系发生了深刻变化，党和政府要正确处理各阶层关系就要正确认识这种变化。统一战线学把改革开放以来出现的"非公有制经济人士"和"自由择业知识分子"看作一个新的类别，称为"新的社会阶层"，他们同工人、农民、知识分子都是中国共产党执政的群众基础，进而研究如何协调关系、化解矛盾，推动和实现全社会和谐相处、共同发展。再如，我国是一个多民族、多宗教的国家，在现代化进程中，由于国内外各种因素相互交织，问题错综复杂。统一战线学以民族学和宗教学的科学知识为基础，坚持马克思主义民族观和宗教观，从政治联盟的角度，着眼于维护国家统一民族团结，着眼于协调政府同宗教界的关系，探索如何构建平等团结互助和谐的社会主义民族关系，如何引导宗教与社会主义社会相适应，把各民族人民群众，把宗教界人士和信教群众，团结在党和政府周围，共同为中国特色社会主义事业而奋斗。统一战线学具有鲜明的中国特色、中国风格、中国气派，是繁荣中国哲学社会科学的新的生长点。

二 建设什么样的统一战线学

每一门科学都有自己特定的研究对象，都要揭示某种现象的本质和规律。统一战线学作为一门科学，当然要揭示统一战线这种社会现象的本质和规律。从广义上说，统一战线是不同社会集团之间的政治联盟。统一战线学就是研究政治联盟这种特殊政治关系，揭示其本质和规律的科学。从狭义上说，当代中国的统一战线是中国共产党领导的全体社会主义劳动者、社会主义事业的建设者、拥护社会主义的爱国者和拥护祖国统一的爱国者的最广泛的联盟。在当代中国，统一战线学就是要研究如何巩固和发展最广泛的爱国统一战线，使中国共产党同各民主党派和无党派人士的团结更加巩固，各民族的关系更加和谐，社会各阶层的关系更加协调，各宗教与社会主义社会更加适应，大陆同胞和港澳同胞、台湾同胞、海外侨胞的联系更加密切，实现整个中华民族的大团结大联合，共同致力于实现国家富强、民族振兴、人民幸福的中国梦。概言之，统一战线学是关于统一战线的科学知识体系，是研究统一战线本质和发展规律的科学。

每一门科学都有自己的一套由概念、范畴、命题、规律组成的逻辑体系，有自己的研究领域。统一战线学也有自己的逻辑体系和研究领域。当代中国的统一战线学有四个基本概念，两对基本范畴，两个基本规律，五个重点研究领域。

领导者、同盟者、共同利益、政治联盟是统一战线学的四个基本概念。统一战线是不同社会集团基于共同利益结成的政治联盟。组成政治联盟的不同社会集团通常分为领导者和同盟者。领导者通常是作为先进阶级代表的政党，是统一战线的政治核心。围绕在领导者周围的其他阶级、阶层或政治集团则是同盟者，是统一战线的成员。统一战线学的逻辑起点是共同利益，终点是政治联盟，基本关系是领导者与同盟者的关系，核心问题是领导权。

◇ 政治学

　　同与异是统一战线学的第一对基本范畴。不同社会集团结成政治联盟的前提条件是共同利益，这是同，是一致性。没有同就谈不上联盟。但结成政治联盟的政治集团本身又是不同的，各有自身的特殊利益，这是异，是多样性。没有异就没有必要组成联盟。当代中国社会的一致性和多样性是统一战线存在和发展的客观基础，同与异的矛盾是统一战线内在的固有的基本矛盾。只有求同，才能在共同利益的基础上增进政治共识，加强一致性，建立统一战线；只有存异，才能在相互包容、照顾各方利益的基础上保持多样性，巩固和发展统一战线。这是统一战线学的第一个基本规律，可以简称为"同异律"。

　　合与分是第二对基本范畴。不同的政治集团联合在一起是合，即联合。联合以共同利益为条件。一旦社会形势发生了变化，原有的共同利益不存在了，联盟就面临破裂，这是分，即分裂。要维护联盟，巩固和发展统一战线，就需要统一战线的领导者正确处理联盟内部的关系，基本原则是"又联合又斗争"。这里所说的"斗争"，不是残酷斗争，无情打击，而是从团结的愿望出发，通过批评教育引导，纠正错误，增进共识，形成新的团结。毛泽东同志指出："以斗争求团结则团结存，以退让求团结则团结亡。"[①] 这个以斗争求联合、以批评求团结的法则，是统一战线学的第二个基本规律，简称"合分律"。

　　当代中国的统一战线学有五个重点研究领域，即政党关系、民族关系、宗教关系、阶层关系和海内外同胞关系。每个研究领域又有一套特殊的概念和命题，比如，政党关系研究领域就有民主党派、无党派人士、多党合作、政治协商、参政议政、民主监督等概念，有"各民主党派是同中国共产党通力合作的中国特色社会主义参政党""无党派人士是我国政治生活中的一支重要力量""长期共存、互相监督、肝胆相照、荣辱与共"等重要命题。

---

① 《毛泽东著作专题摘录》，人民出版社1964年版，第395页。

基本概念、基本范畴和基本规律贯穿于统一战线存在和发展的全过程，是对其内在本质和运动规律的科学揭示。五个研究领域是对统一战线纷繁复杂现象的分类把握，是实际工作在思维中的再现。特殊概念和命题是对实际工作中的对象、原则和方针政策的理论抽象和概括。由这些概念、范畴、命题、规律组成的逻辑体系，与五个重点研究领域一起，构成当代中国统一战线学的基本框架。

综上所述，我们要建设的统一战线学，是以马克思主义为指导，有中国特色的统一战线学。当然，这并不等于拘泥于中国的经验，更不等于拒绝人类共同文明的成果。统一战线学作为一门科学，对古今中外凡是有益的思想资源都要吸收，都要借鉴。从中国共产党领导统一战线的特殊经验出发，从当代中国的特殊问题出发，努力做到个别与一般相统一，特殊经验与普遍意义相统一，中国本土学术与人类文明成果相统一，揭示统一战线的一般本质和普遍规律，建设具有中国特色的统一战线学，这就是我们的目标。

协商民主：中国特色社会主义新篇章[*]

习近平总书记在庆祝中国人民政治协商会议成立 65 周年大会上的重要讲话，着眼于完善和发展中国特色社会主义制度、推进国家治理体系和治理能力现代化的总目标，从全面认识社会主义协商民主是中国社会主义民主政治的特有形式和独特优势这一重大判断，深刻把握社会主义协商民主是中国共产党的群众路线在政治领域的重要体现这一基本定性，切实落实推进协商民主广泛多层制度化发展这一战略任务三个方面，科学回答了社会主义协商民主何以必要、何以重要、何以有效等重大理论和实践问题，是中国特色社会主义实践和理论的新篇章。

从保证和支持人民当家作主
看协商民主何以必要

人民民主的实质，就是人民当家作主。中国共产党执政，不是代替人民当家作主，而是保证和支持人民当家作主，以实实在在的民主形式，在国家政治生活和社会生活之中，保证人民依法有效行使管理国家事务、管理经济和文化事业、管理社会事务的权力。

习近平总书记指出："人民是否享有民主权利，要看人民是否

---

[*] 本文作者叶小文、张峰。张峰，中央社会主义学院副院长。原载《光明日报》2014 年 9 月 23 日第 1 版。

在选举时有投票的权利，也要看人民在日常政治生活中是否有持续参与的权利；要看人民有没有进行民主选举的权利，也要看人民有没有进行民主决策、民主管理、民主监督的权利。"① 选举投票是人民的权利，包括民主决策、民主管理、民主监督在内的政治参与也是人民的权利，而且是必不可少的权利。要把"实现人民最广泛、最有效的政治参与"作为最大追求，在我国，就要保障人民民主权利是持续行使，而不是一时一事的。习近平总书记指出："保证和支持人民当家作主，通过依法选举、让人民的代表来参与国家生活和社会生活的管理是十分重要的，通过选举以外的制度和方式让人民参与国家生活和社会生活的管理也是十分重要的。"② 选举民主是人民通过选举出自己的代表进行授权委托参与国家和社会生活的管理，是间接性的而非直接性的政治参与。而且选举民主具有阶段性的特点，用政治学的术语讲是一种起点民主或断点民主。由此就会产生在投票之后或非选举期间人民如何行使权利问题，也就是习近平总书记所指出的"人民只有在投票时被唤醒、投票后就进入休眠期"的问题。协商民主则能使人民持续而直接地进行政治参与。

从坚持贯彻党的群众路线
看协商民主何以重要

"一切为了群众，一切依靠群众，从群众中来，到群众中去"的群众路线，是党的生命线。社会主义协商民主，是党的群众路线在政治领域的重要体现。回顾中国共产党的历史和新中国的历程，我们之所以能够取得事业的成功，靠的是始终保持同人民群众的血肉联系、靠的是"跟人民商量办事"的好传统。"商量办事"曾经

---

① 习近平：《在庆祝中国人民政治协商会议成立 65 周年大会上的讲话》，人民出版社 2014 年版，第 13 页。
② 习近平：《在庆祝中国人民政治协商会议成立 65 周年大会上的讲话》，人民出版社 2014 年版，第 14 页。

被毛泽东称为"新民主主义的议事精神",今天,"在中国社会主义制度下,有事好商量,众人的事情由众人商量,找到全社会意愿和要求的最大公约数,是人民民主的真谛"①。商量是个好东西,于事多有补,于民更有益。当然,现在人们思想活动的独立性、选择性、多样性、差异性明显增强,人民群众需求的多层次、多方面、多样化的特征更加明显,今天要商量办事复杂起来了。这就要更耐烦、更细致、更频繁、更深入地商量。涉及全国各族人民利益的事情,要在全体人民和全社会中广泛商量;涉及一个地方人民群众利益的事情,要在这个地方的人民群众中广泛商量;涉及一部分群众利益、特定群众利益的事情,要在这部分群众中广泛商量;涉及基层群众利益的事情,要在基层群众中广泛商量。

中国共产党来自人民、服务人民,党的人民性决定了党必须紧紧依靠人民治国理政、管理社会。习近平总书记指出:"全心全意为人民服务,始终代表最广大人民根本利益,是我们能够实行和发展协商民主的重要前提和基础。"② 执政长了,最大的危险就是脱离群众。"为官"久了,最易忽略的就是群众的呼声。对于群众正常、合理、善意的批评和监督,不论多么尖锐,我们都要欢迎,不仅"忠言不能逆耳",更要"敏于行"。作为执政者,我们政治智慧的增长、治国理政本领的增强,无不源于人民群众的实践。坚持把实现好、维护好、发展好最广大人民根本利益,作为我们一切工作的出发点和落脚点。重大工作和重大决策识民情、接地气,以人民群众利益为重、以人民群众期盼为念,知民情、解民忧、纾民怨、暖民心,这些都离不开多商量、会商量。

---

① 习近平:《在庆祝中国人民政治协商会议成立 65 周年大会上的讲话》,人民出版社 2014 年版,第 13 页。
② 习近平:《在庆祝中国人民政治协商会议成立 65 周年大会上的讲话》,人民出版社 2014 年版,第 17 页。

从推进协商民主广泛多层制度化发展看协商民主何以有效

协商民主要切实管用、作用实在，就要上下互动、左右联动，形成多样化、立体化、程序合理、环节完整的体系。习近平总书记强调："社会主义协商民主，应该是实实在在的、而不是做样子的，应该是全方位的、而不是局限在某个方面的，应该是全国上上下下都要做的、而不是局限在某一级的。"[1]

如何使社会主义协商民主实实在在推进，习近平总书记强调了三点：一是坚持协商于决策之前和决策实施之中的重要原则。"协商就要真协商，真协商就要协商于决策之前和决策之中，根据各方面的意见和建议来决定和调整我们的决策和工作。"[2] 凡事预则立，决策之前进行协商，有利于集中民智，实现决策的科学化、合理化，使决策的效益覆盖全体社会成员。决策实施之中进行协商，有利于集中民力，保证决策的完整性、可操作性，使决策更具有执行效力。二是坚持使协商成果真正有用的制度保障。"从制度上保障协商成果落地，使我们的决策和工作更好顺乎民意、合乎实际。"三是坚持在全社会开展广泛协商的发展方向。"要通过各种途径、各种渠道、各种方式就改革发展稳定重大问题特别是事关人民群众切身利益的问题进行广泛协商，既尊重多数人的意愿，又照顾少数人的合理要求，广纳群言、广集民智，增进共识、增强合力。"[3]

如何使社会主义协商民主全方位展开，习近平总书记强调了三点：一是拓宽协商渠道，将党的十八届三中全会概括的五种渠道细

---

[1] 习近平：《在庆祝中国人民政治协商会议成立65周年大会上的讲话》，人民出版社2014年版，第19页。
[2] 习近平：《在庆祝中国人民政治协商会议成立65周年大会上的讲话》，人民出版社2014年版，第19页。
[3] 习近平：《在庆祝中国人民政治协商会议成立65周年大会上的讲话》，人民出版社2014年版，第20页。

化为中国共产党、人民代表大会、人民政府、人民政协、民主党派、人民团体、基层组织、企事业单位、社会组织、各类智库等十种协商渠道。二是丰富协商类型，深入开展政治协商、立法协商、行政协商、民主协商、社会协商、基层协商等多种协商。三是建立健全协商方式，包括提案、会议、座谈、论证、听证、公示、评估、咨询、网络等多种方式，不断提高协商民主的科学性和实效性。

如何使协商民主真正落实，切实"落地"，习近平总书记强调了基层民主协商的工作重点，指出："涉及人民群众利益的大量决策和工作，主要发生在基层。要按照协商于民、协商为民的要求，大力发展基层协商民主，重点在基层群众中开展协商"[①]，涉及群众切身利益的实际问题大多是在基层发生的，群众利益无小事，协商民主如果不从基层搞起来，就难显现出它的作用，获得广泛的民意基础，保持持久的生命力。协商民主是人民群众的民主权利。宪法规定的公民言论自由的基本权利，党的十八大报告提出保障人民"表达权"，都应落实到人民群众在协商活动中的发言权。

如何开展基层民主协商？习近平总书记强调三点：一是凡是涉及群众切身利益的决策都要充分听取群众意见，通过各种方式、在各个层级、各个方面同群众进行协商。二是要完善基层组织联系群众制度，加强议事协商，做好上情下达、下情上传工作，保证人民依法管理好自己的事务。三是要推进权力运行公开化、规范化，完善党务公开、政务公开、司法公开和各领域办事公开制度，让人民监督权力，让权力在阳光下运行。

推进协商民主广泛多层制度化发展，要坚持发挥人民政协在发展协商民主中的重要作用。习近平总书记指出："人民政协以宪法、政协章程和相关政策为依据，以中国共产党领导的多党合作和政治

[①] 习近平：《在庆祝中国人民政治协商会议成立65周年大会上的讲话》，人民出版社2014年版，第20页。

协商制度为保障，集协商、监督、参与、合作于一体，是社会主义协商民主的重要渠道。"① 人民政协是我国专门协商机构，在推进协商民主广泛多层制度化、构建我国协商民主体系中发挥着不可或缺的重要作用。人民政协具有巨大覆盖面的组织架构，可以为构建我国协商民主体系提供基础性的组织作用；人民政协丰富的协商民主经验，可以为在党的领导下在全社会开展广泛协商提供有力的实践支持；人民政协比较成熟的协商议事规则和比较完备的制度体系，可以为构建程序合理、环节完整的协商民主体系提供坚实的制度基础；人民政协的政治协商，可以对其他协商渠道起到配合支持作用；人民政协长期形成的平等、宽容、友善的民主氛围，可以对发展社会主义协商起精神引领作用。按照习近平总书记对人民政协提出的新要求，人民政协把协商民主贯穿于履行职能全过程，推进政治协商、民主监督、参政议政制度建设，建立健全协商议题提出、活动组织、成果采纳落实和反馈机制，更加灵活、更为经常开展专题协商、对口协商、界别协商、提案办理协商，探索网络议政、远程协商等新形式，提高协商实效，努力营造既畅所欲言、各抒己见，又理性有度、合法依章的良好协商氛围，人民政协必将在谱写社会主义协商民主新篇章的伟大事业中有所作为、大有作为。

中国特色社会主义实践和理论的新篇章

中国特色社会主义推动中国快速发展，已是"高峡出平湖，当惊世界殊"。但西方有人还是在不断责难，好像西方制度总是比我们多了点"民主"。

此论谬也。民主是个好东西。中国的社会主义，物质财富不能少，民主也一点不能少。中国特色社会主义特就特在，唯有这个主

---

① 习近平：《在庆祝中国人民政治协商会议成立65周年大会上的讲话》，人民出版社2014年版，第8页。

义、这个制度、这条道路，既能在一个最大的发展中国家更有效地发展经济，也能更有效地实现民主。1980年邓小平同志在《党和国家领导制度的改革》中指出："我们进行社会主义现代化建设，是要在经济上赶上发达的资本主义国家，在政治上创造比资本主义国家的民主更高更切实的民主。"[①] "高"在哪里，"实"在何处？习近平总书记说："'名非天造，必从其实。'实现民主的形式是丰富多样的，不能拘泥于刻板的模式，更不能说只有一种放之四海而皆准的评判标准。人民是否享有民主权利，要看人民是否在选举时有投票的权利，也要看人民在日常政治生活中是否有持续参与的权利；要看人民有没有进行民主选举的权利，也要看人民有没有进行民主决策、民主管理、民主监督的权利。"[②] 中国特色社会主义的民主建设，有完整的制度程序，也有完整的参与实践，使人民当家作主"具体地、现实地体现到中国共产党执政和国家治理上来，具体地、现实地体现到中国共产党和国家机关各个方面、各个层级的工作上来，具体地、现实地体现到人民对自身利益的实现和发展上来"。

因此，我们的民主不是比西方"少一点"，而是比西方更高明、更切实，更"多一点"。"中国社会主义协商民主丰富了民主的形式、拓展了民主的渠道、加深了民主的内涵。"这集中体现在，"人民通过选举、投票行使权利和人民内部各方面在重大决策之前进行充分协商，尽可能就共同性问题取得一致意见，是中国社会主义民主的两种重要形式。在中国，这两种民主形式不是相互替代、相互否定的，而是相互补充、相得益彰的，共同构成了中国社会主义民主政治的制度特点和优势"。

优势所在：一是达成共识的优势，可以广泛达成决策和工作的最大共识，有效克服党派和利益集团为自己的利益相互竞争甚至相

---

① 《邓小平文选》第2卷，人民出版社1994年版，第322页。
② 习近平：《在庆祝中国人民政治协商会议成立65周年大会上的讲话》，人民出版社2014年版，第12—13页。

互倾轧的弊端；二是畅通渠道的优势，可以广泛畅通各种利益要求和诉求进入决策程序的渠道，有效克服不同政治力量为了维护和争取自己的利益固执己见、排斥异己的弊端；三是纠错机制的优势，可以广泛形成发现和改正失误和错误的机制，有效克服决策中情况不明、自以为是的弊端；四是群众广泛参与的优势，可以广泛形成人民群众参与各层次管理和治理的机制，有效克服人民群众在国家政治生活和社会治理中无法表达、难以参与的弊端；五是凝心聚力的优势，可以广泛凝聚全社会推进改革发展的智慧和力量，有效克服各项政策和工作共识不高、无以落实的弊端。

协商民主之所以是中国特色社会主义的民主政治中独特的、独有的、独到的民主形式，在于它独具"天时、地利、人和"，有深厚的文化、理论、实践、制度基础。它来源于中华民族长期形成的天下为公、兼容并蓄、求同存异等优秀政治文化，来源于在马克思主义与中国实际相结合、中国共产党领导人民进行革命、建设、改革的长期实践积累的丰富经验，来源于新中国成立后在政治制度上实现的伟大创造和改革开放以来在政治体制上的不断创新。因此中国社会主义的协商民主，可以"天行健，君子以自强不息；地势坤，君子以厚德载物"。

学习习近平总书记有关社会主义协商民主的系统阐述，我们看到了中国特色社会主义实践和理论的新篇章。

协商民主与国家治理[*]

党的十八届三中全会通过的《中共中央关于全面深化改革若干重大问题的决定》（以下简称《决定》）提出"完善和发展中国特色社会主义制度，推进国家治理体系和治理能力现代化"。这是中国共产党遵循历史唯物主义原理，不断适应经济基础发展完善上层建筑的重要举措。推进国家治理体系和治理能力现代化有多方面的内容，其中一个重要途径，就是全面深入地推进协商民主。协商民主以完善和发展中国特色社会主义制度为保障，以保证人民当家作主为根本，以扩大公民有序政治参与为重点，是实实在在的具有巨大优势的民主，是我们实现国家治理体系和治理能力现代化的重要步骤。

一 协商民主是我国社会主义民主政治的特有形式和独特优势

《决定》指出："协商民主是我国社会主义民主政治的特有形式和独特优势，是党的群众路线在政治领域的重要体现。"这是对协商民主性质、特点和优势的深刻揭示。

作为制度形式的协商民主，不是从国外搬来的，也不是封建社会留下来的，而是中国共产党在长期革命、建设、改革过程中创造

---

[*] 原载《光明日报》2013年12月28日第1版。

的。中国共产党从成立之初，就继承和发扬中华民族和而不同、兼容并蓄的优秀文化传统，注重运用协商方式建立联合战线、进行党际合作，开始了协商民主的探索。其中，抗日根据地的"三三制"政权建设是成功范例。周恩来同志曾指出，"三三制"的特点之一，"就是要各方协商，一致协议，取得共同纲领，以作为施政的方针"。1949年9月举行的中国人民政治协商会议第一届全体会议，代行全国人民代表大会的职权，运用政治协商形式建立起中华人民共和国，标志着社会主义协商民主正式形成。改革开放以来，协商民主得到广泛运用，并逐步完善，成为我国社会主义民主政治特有的制度形式。

协商民主的独特优势是什么？习近平总书记在关于《决定》的说明中作了简要概括："推进协商民主，有利于完善人民有序政治参与、密切党同人民群众的血肉联系、促进决策科学化民主化。"民主的实质，是人民当家作主。协商民主体现了社会主义民主的这一核心价值理念。共产党执政就是领导和支持人民当家作主，最广泛地动员和组织人民依法管理国家事务和社会事务、管理经济和文化事业，实现人民最广泛、最有效的政治参与。事实上，并非只有像西方国家那样实行"一人一票选总统"才是真正的民主。为了赢得更多的选票，政客们抛出的施政纲领，往往是花言巧语、政治作秀。普通民众的民主权利大多仅限于几年一次投票选举，至于对政府决策的影响，根本谈不上。有美国学者披露：大量调查结果显示，约70%的美国人对政策制定没有任何影响。因为他们在收入水平、财富等方面处于劣势，相当于被剥夺了参政的权利。美国人对政策制定的影响力与他们的财富水平呈正相关性。真正能够影响决策的，大概仅有1/10的美国人。正是为了弥补西方代议制选举民主易于引发社会冲突、难以形成共识、难以参与公共决策之类的弊端，西方国家也开始了对协商民主理论的讨论，这从一个侧面显示出协商民主作为一种现代民主形式而出现的趋势。协商民主通过协商、交流和对话，建立和巩固团结合作所需要的社会信任基础；强调求同存异，包容差异性，力求平等公正地对待不同利益群体的合法利益与合理要求，寻求社会最大公约数，谋求互利共存，内在地蕴含着政治行为文明。

《决定》把"涉及群众切身利益的实际问题"作为在全社会广泛开展的协商内容，具有鲜明的指向性。改革开放以来，我国形成了利益多样化的格局。科学统筹兼顾各方面利益，需要正确把握最广大人民根本利益、现阶段群众共同利益、不同群体特殊利益的关系。这就需要最广泛、最充分的协商，运用协商民主的方式建立形式多样、规范有序、畅通高效的诉求表达渠道，让群众能依法有序理性表达诉求，话有处说、冤有处诉、问有处答，并且通过平等的对话、沟通、商量、协调等办法来解决利益问题，化解社会矛盾，从而使党的群众路线真正得到贯彻落实，进一步密切党同人民群众的血肉联系。

党和政府的决策事关群众的切身利益，事关人民的福祉，必须遵循社会发展规律，必须体现人民意志。人民当家作主，在很大程度上体现为人民参与制定国家的大政方针政策，在国家的各项决策中起决定性作用。协商民主在国家权力中枢和社会公众之间建立起一道桥梁，既能够优化国家权力结构，增强政治体系的开放性，又能够广泛听取各方面意见，博采众长、广纳贤言，促成的决策能够达到多赢的结果，更好地代表和维护人民群众的根本利益。协商民主具有包容性强、社会面广、吸纳度高的特点，有利于增进共识、增强合力、扩大参与，是科学民主决策的重要工作机制。

二 推进协商民主广泛多层制度化发展

党的领导是发展社会主义民主政治的根本保证，也是协商民主形式健康有序运用的重要前提。协商民主是我们党长期探索形成的，我们党也要善于运用协商民主来健全民主制度、丰富民主形式，发展更加广泛、更加充分、更加健全的人民民主。为此，《决定》围绕党的十八大报告关于"推进协商民主广泛、多层、制度化发展"的总要求，提出了一系列重要举措。

协商民主具有强大的生命力和广阔的前景，需要大力提倡、在全社会广泛推广。要构建程序合理、环节完整的协商民主体系。在这个体系中，国家政权机关、政协组织、党派团体、基层组织、社会组织都是重要的协商渠道，都应该发挥应有的作用。选举民主和协商民主相结合，是具有中国特色的双重民主架构，是社会主义民主的一大特点，是我国政治体制的独创性优势之所在。国家政权机关通过表决进行重大决策之前，广泛开展协商，充分吸收对国家、对人民有利的意见和建议，进一步优化决策方案，有利于在尊重多数人意愿的同时，照顾少数人的合理意见和要求，在保证人民根本利益得到切实维护的前提下使社会各方利益最大化。社会组织作为协商渠道，有利于改进社会治理方式，激发包括社会团体、行业组织、中介机构、志愿者团体等在内的各种社会组织活力，建立社会参与机制，协调社会关系，解决社会问题。要丰富协商民主形式，《决定》要求："深入开展立法协商、行政协商、民主协商、参政协商、社会协商。"这五种类型的协商划分，蕴含着分类实施的要求。人大、政府、政协、党派团体、基层组织和社会组织，分别承担或主导与自身职责相关的协商，有分工，也有相互配合。

我国的协商民主是各个层次上人民广泛的政治参与，需要从不同层面上展开。我国的协商民主具有多层次性，上至国家层面的协商，中至各省市区县、各区域的协商，下到基层的协商，凡属于经济社会发展重大问题，人民最关心最直接最现实的利益问题，都可以进行协商，从而形成上下互动，左右联动，呈现多样化、立体化的格局。这也是当代中国的协商民主优势之所在。协商民主多层发展，基层民主协商是重点。相比于高层或上层的代表或精英人士的协商，基层民主协商是老百姓能直接感受到的协商，是事关群众切身利益的协商，是在全社会培育民主协商之风的基础和温床。《决定》强调："开展形式多样的基层民主协商，推进基层协商制度化，建立健全居民、村民监督机制，促进群众在城乡社区治理、基层公共事务和公益事业中依法自我管理、自我服务、自我教育、自我监督。"这是把基层协商民主引向深入的新要求。

协商民主的发展，制度建设是关键。《决定》围绕党的十八大报告提出的"健全社会主义协商民主制度"的要求，着眼于完善协商民主制度和工作机制，提出了一系列创新举措和制度安排。其中最重要的是构建程序合理、环节完整的协商民主体系，也就是加强程序性制度建设。中国共产党领导的多党合作和政治协商制度是我国的一项基本政治制度，也是一项实体性制度，还需要一系列程序性制度来保障、来实施。一些省级党委相继推出了"政治协商规程"或"加强政治协商工作"的意见、办法，是加强协商民主程序性制度建设的积极尝试。需要在认真总结的基础上，切实加强协商民主的制度化、规范化、程序化建设，使各种民主协商健康有序规范地开展起来。

三　充分发挥政治协商对协商民主的牵引作用

协商民主是中国共产党的伟大创造，其制度成果集中表现为中国共产党领导的政治协商制度。政治协商是我国协商民主的发源地和充分应用的领域，是我们党的传统优势，是社会主义协商民主的基本阵地。只有进一步搞好政治协商，才能带动和促进协商民主在其他方面广泛运用。在这种意义上，中国共产党领导的政治协商对我国整个协商民主发展具有牵引作用。

完善中国共产党同各民主党派的政治协商。政治协商是我国多党合作事业的重要组成部分。为促进我国政党关系的和谐，支持民主党派履行参政议政、民主监督职能，中国共产党实行与民主党派和无党派人士直接进行政治协商，为发展社会主义协商民主作出了表率。党的十八届三中全会《决定》起草过程充分征求了民主党派中央、全国工商联和无党派代表人士的意见，既是党的集体智慧的结晶，也是政治协商的杰出成果。为完善这种政治协商，需要增强协商的计划性和形式的丰富性。特别是要总结新经验，拓展新渠道。《决定》提出"完善民主党派中央直接向中共中央提出建议制度"，既是政治协商的开拓创新之举，也是对民主党派提出的新要求，为民主党派在协商民主建设中发挥更大更好作用提供了新的制度平台。

发挥人民政协作为协商民主重要渠道作用。人民政协是中国共产党领导的多党合作和政治协商的重要机构，其基本职能是政治协商、民主监督、参政议政。按照《决定》的要求，在新的历史条件下，发挥人民政协发展协商民主的作用，要在以下四个方面作出努力：一是重点推进制度化、规范化、程序化，完善人民政协制度体系，规范协商内容、协商程序。二是增强协商的计划性，各级党委和政府、政协制订并组织实施协商年度工作计划，就一些重要决策听取政协意见。三是拓展协商民主形式，更加活跃有序地组织多种协商。四是着眼于发挥政协委员的主体作用，健全委员联络机构，完善委员联络制度。概括起来说，就是要切实增强协商实效，规范协商内容，提高协商能力，强化协商成果运用，更好地展现社会主义协商民主的优势和价值，努力构建多层次、全方位协商格局，让人民政协真正发挥出对社会主义协商民主的示范、带动、推动作用。

协商民主作为我国社会主义民主政治的特有形式，是我们的传家宝，更是我们的新武器。今天，我们党要成为具有现代化的国家治理体系和治理能力的执政党，必须进一步推进协商民主广泛、多层、制度化发展。

从国家治理与政协功能看协商民主[*]

推进国家治理体系和治理能力现代化有多方面的内容,其中一个重要途径,就是全面深入推进协商民主。

现代治理和协商民主,内里相通、相辅相成。现代治理不同于传统控制、管理和统治的紧要处在于,治理的权威既来自政府,也来自其他相关社会主体;治理不仅是自上而下单向度的命令—服从,而是由政府主导和公众参与彼此互动、相辅相成。因此,治理本身即内含了对于协商民主的要求。现代治理和协商民主都依托于民主的深化,都遵循"官民"合作与共治的相同逻辑,两者实际上是一体两面、如影随形的关系。协商民主离不开现代治理,现代治理也离不开协商民主。没有协商民主,就不会有有序、有效的政治参与,就不会有持续互动的沟通对话,就不会有广泛的共识、科学的决策,政府因此而缺乏必要的权威,那自然就谈不上有效的治理,更遑论善治。

协商民主是国家治理现代化的应有之义。国家治理及其现代化的根本问题,在于确立和完善各领域的基本制度,保障这些制度良性运转,以维护由核心利益关系、核心价值观共同搭建起来的基本的社会秩序。我们的国家治理体系怎样完善?治理能力从何而来?答案是,既要坚持共产党和政府的正确领导,又要依靠社会各个方面和广大人民群众的积极参与。我国是人民民主国家,人民群众是

---

[*] 原载《光明日报》2014 年 9 月 21 日第 1 版。

国家的主人，是国家治理的主体。我们的国家治理必须走群众路线。走群众路线，就是要努力实现共产党领导和人民当家作主的有机统一。群众路线在国家治理中的具体落实，是实行包括协商民主在内的人民民主。协商民主汇集和依靠群众智慧，形成和尊重人民意志，致力于有效参与和有效治理的有机统一，因而是治理体系、治理能力现代化必不可少的重要内容。质言之，协商民主以尊重差异、多元兼容为前提，以理性平和的对话协商为方式，以化解矛盾、规避风险、增进共识、促进和谐为目的。因此，协商民主有利于构建和完善结构合理、系统完备、科学规范、行之有效的国家制度体系，有助于开启民智、汇聚民意、凝聚民力，促进党和政府决策的科学化、提高治理社会各方面事务的能力，有益于保障人民群众有序、有效的政治参与，有助于维护社会公平正义，协调社会关系，增进社会和谐。从这个意义上讲，协商民主既是实现人民当家作主的有效途径，又是推进国家治理体系和治理能力现代化、完善和发展中国特色社会主义制度的重要载体。

协商民主是在中国共产党领导下，通过政权机关、政协组织、党派团体、基层单位等渠道，就国家重大方针政策、经济社会发展重大问题，特别是涉及群众利益的实际问题进行广泛协商，以求增进共识、增强合力、拓展公民有序政治参与的人民民主的重要形式和工作机制。协商民主作为一种制度化体系，渗透到国家根本政治制度和基本政治制度运行的各个环节以及基本单位政治生活中，主要包括三个层面的协商，即政治协商（中国共产党同各民主党派以及各族、各界代表人士就国家重大方针政策和国家重大事务进行协商）、社会协商（执政党、人大、政府等国家权力中枢与社会公众、社会组织就社会发展重大问题和涉及人民群众利益的实际问题进行协商对话）、基层协商（基层领导机构与基层广大群众之间进行的一种协商议事和对话的制度）。其中，人民政协以其鲜明的特点和独特的功能，成为协商民主的重要渠道和载体。

人民政协作为中国人民的爱国统一战线组织，是中国共产党领

导的多党合作和政治协商的重要机构,是我国政治生活中发扬社会主义民主的重要形式。人民政协在协商民主中的重要地位体现在:

其一,人民政协由各政党、各民族、各团体、各阶层、各方面的代表性人士组成,具有极大的广泛性和包容性,能够比较全面、系统、综合地反映社会各个方面的诉求,实现最广大人民的民主权利,成为我国人民代表大会制度以外又一重要的民意吸纳、提取的制度机制。

其二,人民政协是我国特有的专事协商的政治组织,有着民主协商的优良传统和制度化的组织形式,有着人才荟萃、智力雄厚、位置超脱、下通上达的优势和特点。人民政协的协商,以宪法、政协章程和相关政策为依据,以中国共产党领导的多党合作和政治协商制度为保障,集协商、监督、参与、合作于一体,实现人民知情权、参与权、表达权、监督权的有机结合,体现社会主义民主的本质要求。

其三,人民政协是连接国家与社会的最大的体制组织。人民政协将国家权威与各方面、各领域的社会精英联系起来,并通过社会精英的代表性功能的发挥,将国家权威与社会公众连接起来。通过协商与合作,国家权威被自觉认可并获得稳定的支持来源,社会不同利益群体也有序参与到政策形成过程中,从而建立起国家与社会的密切合作与良性互动关系。在社会多元发展的时代条件下,通过人民政协的改革和完善,能够架构起一座国家与社会良性互动、和谐发展的桥梁。

人民政协的政治协商作为一种民主形态,其功能主要有以下方面:

——价值引领、导向功能。政治协商的过程是中国共产党实现党的领导、推进政治社会化的过程。

——利益表达、协调功能。面对社会和利益多元化,通过协商进行利益表达,求同存异,协调关系。

——决策协商、咨询功能。政协委员中人才众多,分布层面广，知识层次高，社会联系广泛，他们通过协商和咨询，对决策方案提出意见和建议，提供决策参考信息和政策选择方案，推进决策科学化，降低决策失误导致的政策风险和社会问题，使决策更能够全面反映各个方面的利益和要求。

——社会疏导、稳定功能。人民政协的政治协商为社会提供了一种制度化、组织化的政治参与路径，使社会不同阶层利益的维护有了合法的代表，公众意愿的上达有了制度化的方式，从而有利于避免或减少无序的、非理性的、抗争性的政治参与，保持社会的稳定。

——凝聚共识、整合功能。中国共产党作为政治权力中枢，与具有一定代表性的其他各政治主体通过民主的、平等的、真诚的协商来讨论公共事务，在广泛参与的基础上寻求共识，实现公共利益最大化，增强公众对公共政策的认同。政治协商使决策更加符合社会各个阶层的利益要求，从而能够得到社会各种力量的合作与支持。协商和讨论，使参与者体验到决策是共同作出的，增强执行政策的责任感和主人翁意识，推动政策的输出和执行，更加自觉履行服从国家权威的义务，更加主动地参与和维护政治体系。

完善人民政协的政治协商，是协商民主建设的重要内容。要深入贯彻党的十八大和十八届三中全会精神，站在国家治理现代化、完善和发展中国特色社会主义制度的战略高度，加强人民政协的制度建设，使人民政协作为协商民主重要渠道的作用得到切实有效的发挥。

一是进一步明确人民政协的法律地位，增强人民政协制度效力。

二是加强人民政协政治协商的制度化、规范化、程序化建设，切实提高人民政协履行职能的有效性。

三是与社会结构的变化相适应，调整和充实政协协商的主体。在社会结构深刻变化的时代条件下，着眼于扩大团结面，增强包容性，认真研究人民政协界别的合理设置和调整问题，最大限度地把新的社会力量和各个方面的代表人士吸纳到人民政协中来。

四是完善人民政协的界别组成机制。人民政协是由界别组成的统一战线重要工作机构，界别不仅体现为政协参与单位的广泛性，而且体现为不同特色政治力量的代表。

五是进一步完善人民政协的协商形式。当前人民政协的协商形式主要包括议事协商（全体会议、常委会议和主席会议对国家和地方重大方针政策进行协商）、资政协商（政协及政协委员与党政等权力部门之间的协商如专题协商、对口协商、提案办理协商等）、政协内部协商（界别协商、双周协商座谈会等）。完善人民政协的政治协商：一要进一步完善议事协商，关键是党和国家以及地方党委和政府的重大决策，在决策前和决策执行过程中，要进入人民政协协商程序。二要进一步完善资政协商，关键是强化人民政协与国家权力部门的良性互动，使民意能够迅速、准确地反映到党和政府政策制定和完善过程中，使人民政协在资政、监督方面发挥更加切实有效的作用。三要进一步完善政协内部协商，关键是要更加充分地开掘人民政协人才、智力集聚优势，汇聚各界别的智慧和力量。此外，还要探索政协委员与社会公众的协商和对话制度等各种新的协商形式，如政协信息公开制度、政协委员与社会公众对话制度、公众旁听和评议制度、应急协商制度等，搭建人民政协与社会公众联系的桥梁，扩大人民政治参与的深度和广度。

中国特色社会主义的一个重要制度定型[*]

——新时代人民政协的新方位新使命

中国特色社会主义进入新时代。这个新时代，是承前启后、继往开来，在新的历史条件下全体中华儿女勠力同心、奋力实现中华民族伟大复兴中国梦的时代。"苟日新，又日新，日日新。"作为已经诞生70年，具有辉煌历史和巨大成就，具有中国特色制度安排的最广泛的爱国统一战线组织，人民政协如何跟上时代之"新"而"出新""履新"，在新时代创造新业绩？

2018年，全国政协系统集中开展了包括全国和地方各级政协委员参与的，学习研讨习近平总书记关于加强和改进人民政协工作重要思想的活动。通过这个学习理论、武装思想的大举措，广大干部提高了认识，达成了共识，巩固了共同思想的政治基础，推动了政协工作在继承中发展、在发展中创新，推动参加政协的各级党派团体和各族各界人士聚焦中心任务，同频共振、同向发力，一起谱写新时代人民政协新篇章。

新方位新使命的两大要义

方位之"新"要站在新的政治高度。使命之"新"要挑起新

---

[*] 原载《中国党政干部论坛》2019年第4期。

的政治重担。新方位、新使命之"新",一是"制度成熟定型",即从政治制度建设的高度出新;二是"专门协商机构",即从发挥好专门协商机构的作用上出新。

"制度成熟定型"至关紧要。改革开放40年来的实践启示我们,制度是关系党和国家事业发展的根本性、全局性、稳定性、长期性问题。早在秦汉时期,作为中华民族特有治理体系传承的"大一统",就转化为政治实践,形成了"事在四方,要在中央"的中央集权制国家治理体系。由于这一治理体系符合我国国情,得到历代有为政治家和思想家的高度认同,拥有深厚的政治基础、思想基础和社会基础。中华民族长期凝聚不散,就是这一治理体系延续不断的结果。今天中国特色社会主义制度的"大一统",是坚持中国共产党的领导,强化"四个意识",坚定"两个维护"的高度集中统一。我们的集中,是在民主基础上的集中。我们的民主,是在集中指导下的民主。我们扭住完善和发展中国特色社会主义制度这个关键,是为了建立放手让一切劳动、知识、技术、管理、资本等要素的活力竞相迸发,让一切创造社会财富的源泉充分涌流的体制机制。这就必须从制度建设上,切实、充分发扬社会主义民主。

民主内涵包括搞好选举民主。正如习近平总书记指出的,"人民是否享有民主权利,要看人民是否在选举时有投票的权利,也要看人民在日常政治生活中是否有持续参与的权利;要看人民有没有进行民主选举的权利,也要看人民有没有进行民主决策、民主管理、民主监督的权利"。选举投票是人民的权利,包括民主决策、民主管理、民主监督在内的政治参与也是人民的权利,而且是必不可少的权利。在我国,要把"实现人民最广泛、最有效的政治参与"作为最大追求,要保障持续行使的,而不是一时一事的人民民主权利。"保证和支持人民当家作主,通过依法选举、让人民的代表来参与国家生活和社会生活的管理是十分重要的,通过选举以外的制度和方式让人民参与国家生活和社会生活的管理也是十分重要的。"① 选举民主是人民通过选举出自己的代表进行授权委托参与国家和社会生活的管理，是间接性的而非直接性的政治参与。选举民主具有阶段性的特点，用政治学的术语讲是一种起点民主或断点民主。由此就会产生在投票之后或非选举期间人民如何行使权利的问题，也就是习近平总书记所指出的"人民只有在投票时被唤醒、投票后就进入休眠期"的问题。协商民主则能使人民持续而直接地进行政治参与。

党的十八大以来，中国共产党把大力推进社会主义协商民主提到新高度。协商民主是中国特色社会主义民主政治中独特的、独有的、独到的民主形式，它独具"天时、地利、人和"，有着深厚的文化、理论、实践、制度基础。它来源于中华民族长期形成的天下为公、兼容并蓄、求同存异等优秀政治文化；来源于中国共产党在领导人民进行革命、建设、改革的长期实践中积累的丰富经验；来源于中华人民共和国成立后在政治制度上实现的伟大创造；来源于改革开放以来在政治体制上的不断创新。这是"制度成熟定型"的极为丰富和深刻的内涵。

协商民主是在中国共产党领导下，通过政权机关、政协组织、党派团体、基层单位等渠道，就国家重大方针政策、经济社会发展重大问题，特别是涉及群众利益的实际问题进行广泛协商，以求增进共识、增强合力、拓展公民有序政治参与的人民民主的重要形式和工作机制。协商民主作为一种制度化体系，渗透到国家根本政治制度和基本政治制度运行的各个环节以及基本单位政治生活中。它主要包括政治协商、社会协商、基层协商三个层面，其中，人民政协以其鲜明的特点和独特的功能，成为协商民主的重要渠道和载体。

人民政协作用的发挥离不开它的特点和功能。人民政协具有覆

---

① 习近平：《在庆祝中国人民政治协商会议成立65周年大会上的讲话》，人民出版社2014年版，第14页。

盖面广的组织架构，可以为构建我国协商民主体系提供基础性的组织作用；人民政协丰富的协商民主经验，可以为在党的领导下在全社会开展广泛协商提供有力的实践支持；人民政协比较成熟的协商议事规则和比较完备的制度体系，可以为构建程序合理、环节完整的协商民主体系提供坚实的制度基础；人民政协的政治协商，可以对其他协商渠道起到配合支持作用；人民政协长期形成的平等、宽容、友善的民主氛围，可以对发展社会主义协商民主起到精神引领作用。按照习近平总书记对人民政协提出的新要求，人民政协把协商民主贯穿于履行职能全过程，推进政治协商、民主监督、参政议政制度建设，建立健全协商议题提出、活动组织、成果采纳落实和反馈机制，更加灵活、更为经常开展专题协商、对口协商、界别协商、提案办理协商，探索网络议政、远程协商等新形式，提高协商实效，努力营造既畅所欲言、各抒己见，又理性有度、合法依章的良好协商氛围，人民政协发挥社会主义协商民主的重要渠道、载体和专门协商机构作用可以大有作为。

总之，政协的"协"就是"协商"，政协就是专门干"协商"这件事的机构。制度的构建，委员的履职，都要围绕专门协商机构的定位来进行。社会主义协商民主的渠道很多，但专门协商机构只有人民政协一家。"仅此一家"的专门协商机构，要有特别的政治站位和政治资质，高超的政治水平和协商能力，完善的协商程序和制度保障。要有一大批懂政协、善议政、会协商的委员作为支撑。专门协商机构，就要拿出"专"的样子和品质来。

人民政协的性质定位是三句话：统一战线的组织，多党合作和政治协商的机构，人民民主的重要实现形式。在此基础上，人民政协就成为国家治理体系的重要组成部分，具有中国特色的制度安排，社会主义协商民主的重要渠道和专门协商机构。落到"专门协商机构"上，人民政协这一具有中国特色的制度安排就更加成熟更加定型了。

新方位新使命如何"履新"

人民政协新方位新使命的立足点，是"四个坚持"。坚持中国共产党对人民政协的全面领导，切实把握中国人民政治协商会议这个庄严名称，也是这项成熟定型的基本制度所赋予的使命任务；坚持人民政协是政治组织，必须旗帜鲜明讲政治；坚持人民政协是人民民主的重要制度，必须以人民为中心履职尽责；坚持人民政协是专门协商机构，必须求真务实提高协商能力水平。立足于"四个坚持"，人民政协工作就创新有据、出新有戏。

人民政协新方位新使命的新亮点，是推动政协在建言资政和凝聚共识上双向发力。习近平总书记指出："只要我们把政治底线这个圆心固守住，包容的多样性半径越长，画出的同心圆就越大。"[①] 这就特别需要人民政协善于"双向发力"。人民政协是一致性和多样性相统一的统一体。一致性要有多样性基础，多样性必须一致性指导。既不能过于追求一致性，也不能过于放任多样性，关键是坚持求同存异。而"求同"，就要"把政治底线这个圆心固守住"，不断巩固共同思想基础，包括巩固已有共识，推动形成新的共识。不能因为要在不同情形下寻求最大公约数，就动摇了必须固守的政治底线。也不能因为政协发挥作用重在参政议政、建言资政，就松懈了思想政治引领。如果对打牢共同思想政治基础的思想政治引领工作不予重视，如果虽然口头重视但缺乏深入的研究和相应的制度机制保障，政治圆心就"固"不住，也"守"不了。只有政治圆心钉得更牢，拉长半径才游刃有余，拉得住，不游离。向心力越强，则延伸力越大。离心力越小，则外拉力越大，画出的"同心圆"也就越大。因此，加强和改进人民政协工作，就必然要求人民

---

① 《习近平关于社会主义政治建设论述摘编》，中央文献出版社2017年版，第131—132页。

政协以习近平新时代中国特色社会主义思想为指导,在"打牢共同思想基础、凝聚共识"上聚焦,在"拥有十三亿多中国人民聚合的磅礴之力"中发力。一方面引导各界委员有序表达意见诉求,另一方面协助党和政府多做解疑释惑、宣传政策,凝聚共识、汇聚力量,理顺情绪、化解矛盾的工作,这是人民政协在功能上更加成熟的表现。同时,不能因为政协工作中建言资政特别重要,思想政治引领工作就可以不要。政协提倡求同存异、体谅包容,畅所欲言、各抒己见,不打棍子、不扣帽子、不抓辫子,但政协委员中的共产党员,必须强化党的政治纪律约束,在政协活动中的一言一行都要符合党的理论和路线方针政策,在大是大非面前必须旗帜鲜明,对形形色色的错误言行不能无动于衷、置身事外。政协之"协",要特别注重互动性协商,在协商中深化认识,寓建言、支持、监督于协商之中,使协商议政的过程成为思想引领、宣传政策、释疑增信的过程,成为沟通情况、换位思考、交换看法的过程,凝聚起对党和国家大政方针的共识,形成同心同德贯彻落实党和国家决策部署的强大合力。

人民政协新方位新使命的新格局,是进一步把协商议政向常态化、多层次、各方面有序参与推进。2018年,全国政协坚持发扬民主与增进团结相互贯通、建言资政和凝聚共识双向发力,发挥专门协商机构作用。聚焦中心任务,紧扣打赢三大攻坚战和实现高质量发展协商议政。提高履职质量,助推民生改善和社会发展协商为民。坚持大团结大联合,在各个界别普遍开展协商议政,广泛凝心聚力协商求同,画出最大同心圆。2019年,全国政协将围绕统筹推进"五位一体"总体布局、协调推进"四个全面"战略布局,聚焦全面建成小康社会关键之年的关键问题、重大问题,开展协商议政活动,努力形成一批高质量建言成果。特别是就社会广泛关注的问题,如促进就业、共享经济发展等,在深入协商的基础上协商咨政。围绕打赢脱贫攻坚战、环境保护等开展协商式监督,助推党和国家相关决策部署落实。

人民政协新方位新使命的新探索，是崇尚创新、勇于创新、加强理论研究、完善制度机制、推动实践发展。习近平总书记指出："涉及人民群众利益的大量决策和工作，主要发生在基层。要按照协商于民、协商为民的要求，大力发展基层协商民主，重点在基层群众中开展协商。"[1] 政协作为"唯一的专门协商机构"，把民主协商扎实有效地向基层延伸，是政协工作新方位新使命的必然要求。中共中央政治局常委、全国政协主席汪洋同志指出，地方政协工作处在凝心聚力第一线、民主决策第一线、协商议政第一线、国家治理第一线。我们尤其要从理论阐述、政策指导、顶层设计等方面，深入理解和推进"治国理政第一线"的深刻内涵和新的要求。国家治理作为国家政治制度的重要组成部分，能否成熟定型，关键看是否扎根本国土壤，汲取充分养分，是否可靠、管用、有效。要把顶层设计和鼓励基层创新结合起来，总结地方政协在创新体制机制、规范协商程序、丰富协商形式、取得协商实效，推动协商民主向基层延伸，推动协商民主广泛多层制度化发展的新创造新经验，把在基层群众中开展协商作为市县政协工作的重点，推动协商工作向乡镇、街道延伸，把基层协商工作切实开展起来。这种延伸，不是通过增设机构来延伸手臂，而是通过创新机制来找准靶向。当前，决胜全面小康社会任务之重、矛盾风险挑战之多、利益诉求之复杂前所未有。今年一开年，习近平总书记就强调要坚持底线思维，着力防范化解重大风险，其中排第一的就是政治安全。政协的各项履职活动，特别是民主协商延伸到基层，可以面向社会阐释政策、疏导情绪、化解矛盾、协调关系，引导各方面客观看待国内外形势变化和改革发展所面临的风险挑战，努力画出共建共享全面小康社会的最大同心圆。

作为地方政协，党委要求什么，政协就议什么；政府干什么，

---

[1] 习近平：《在庆祝中国人民政治协商会议成立65周年大会上的讲话》，人民出版社2014年版，第20页。

政协就帮什么；群众期盼什么，政协就反映什么。作为地方党政，党政真重视，政协真有力；党政真支持，政协真聚力；党政真交办，政协真给力。政协作为专门协商机构，向基层延伸，推进民主协商，加强议事协商，有助于做好上情下达、下情上传工作，保证人民依法管理好自己的事务；通过发挥寓监督于协商之中的优势，推进权力运行公开化、规范化，让人民监督权力，让权力在阳光下运行。

伦 理 学

让道德成为市场经济的正能量[*]

如何从中华优秀传统文化中汲取培育和弘扬社会主义核心价值观的丰厚滋养，化解市场经济中的道德悖论，使道德成为市场经济的正能量，这是一个重大的理论问题和现实问题。

---

[*] 原载《光明日报》2014年4月17日第1版。

从"厚德载物"到"厚德载市场经济"

习近平总书记今年2月24日在中央政治局第十三次集体学习时的讲话中指出,"历史和现实都表明,构建具有强大感召力的核心价值观,关系社会和谐稳定,关系国家长治久安","一种价值观要真正发挥作用,必须融入社会生活,让人们在实践中感知它、领悟它"。

市场经济不断给我们带来"财气",也形成无所不在的"地气"。培育和践行社会主义核心价值观,不能不接好这个地气。一个以利益关系为基础的社会价值体系和作为其反映的价值观念体系,必须回应全社会的利益关切。对于发展市场经济过程中社会上出现的道德滑坡、信任缺失、腐败时现的现象,如果整个社会的核心价值观不能对症下药、刮骨疗伤,而束手无策任其病入膏肓,就没有说服力、缺乏生命力。

搞市场经济,不是要搞"市场社会"。

使市场在资源配置中起决定性作用,不是要使市场在社会生活中也起决定性作用。

国无德不兴,人无德不立。市场经济无德,也搞不好、搞不成。"地势坤,君子以厚德载物"。中国特色社会主义浩浩荡荡,其特色之一,就是能以"厚德"载市场经济。

市场经济中每一"经济人"都追求利润最大化,由此激烈竞争,优胜劣汰,效率大增。货币成了一般等价物,价值规律驱使人们不断追求和积累商品价值。市场经济当然要讲效率。但如果"一切向钱看",就会把精神、信仰一概物化,把诚信、道德统统抛弃。手持利益这把"双刃剑",身处社会这个共同体,就需要坚守底线、明晰边界,有所为,有所不为。经过了个人利益的觉醒、市场经济的洗礼,如何把经济冲动与道德追求、把物质富有与精神高尚成功结合起来,检验着我们社会的文明程度,也关乎社会主义市场经济的成功程度。

诺贝尔经济学奖得主诺斯说,一个有效率的市场制度,除了需要一个有效的产权和法律制度相配合之外,还需要在诚实、正直、合作、公平、正义等方面有良好道德的人去操作这个市场。因此,在"市场在资源配置中起决定性作用"的后面,还有"良好道德的人"对市场的决定性作用。

培育和践行社会主义核心价值观,要落实到成功建立现代市场经济发展所需要的"市场伦理",把"资本"的冲动与"诚信"的建构成功结合,形成一个与现代市场体系配套的,勤勉做事平实做人、守信光荣失信可耻的社会氛围,构建和遵循适应社会主义市场经济的道德和行为规范。

中央《关于培育和践行社会主义核心价值观的意见》明确指出:"确立经济发展目标和发展规划,出台经济社会政策和重大改革措施,开展各项生产经营活动,要遵循社会主义核心价值观要求,做到讲社会责任、讲社会效益、讲守法经营、讲公平竞争、讲诚信守约,形成有利于弘扬社会主义核心价值观的良好政策导向、利益机制和社会环境。与人们生产生活和现实利益密切相关的具体政策措施,要注重经济行为和价值导向有机统一,经济效益和社会效益有机统一,实现市场经济和道德建设良性互动。建立完善相应的政策评估和纠偏机制,防止出现具体政策措施与社会主义核心价值观相背离的现象。"

让社会主义核心价值观接地气——与现代市场体系以及相应的社会结构更加紧密契合,才能够对准人们思想的共鸣点、群众利益的交汇点而生生不息,增强对广大群众的吸引力和感染力而生动活泼,进而成为人们自觉的利益诉求和价值愿望而潜移默化,成为人们世界观、人生观、价值观的总开关而无所不灵。

我们的先人们,在长期实践中培育和形成了一整套传统美德规范。中华民族历来是讲道德、守诚信、有文化自信的民族。特别是新中国成立,中国人重新站起来了,我们更感到自豪,坚信社会主义好。虽然一度有挫折、迷茫和混乱，但经过拨乱反正和改革开放30多年，中国经济总量跃居世界第二位，人们生活条件得到大幅度改善，国家综合实力快速进步，我们更应该讲道德、守诚信，全民族精神更振奋了。但我们现在遇到一个新的课题，即进入了市场经济这样一个推动人类进步却充满矛盾的历史阶段，物质富有起来了，为什么精神反而贫乏？道德到底该怎么搞，人有没有底线？毋庸讳言，中华民族在走进市场经济、发展市场经济的过程中，也遇到了"迷心逐物""重利轻义"的挑战和考验。发展市场经济是实现现代化的必然过程，它使人们的物质生活水平普遍提高，可精神世界却容易缺少了关照。现代的人们拥挤在高节奏、充满诱惑的现代生活中，人心浮动，没有片刻安宁。欲望在吞噬理想，多变在动摇信念，心灵、精神、信仰在被物化、被抛弃。不少人好像得了一种"迷心逐物""精神缺钙"的现代病。如果失落了对自身存在意义的终极关切，人，靠什么安身立命？安身立命即"生命的安立"，作为中国文化的传统话题，不仅是儒家的追求，也是儒释道的通义。这一话题可演绎为关于生命的三条约定：热爱生命，追求幸福——这是安身立命的基本约定，也是今天现代化的动力；尊重生命，道德约束——这是追求幸福的集体约定；敬畏生命，终极关切——这是追求幸福的未来约定。现代化和市场经济不断放大、满足着安身立命的基本约定，但也难免刺激、放任个体对物质享受的过度追求，不断洗刷甚至消解追求幸福的集体约定和未来约定。于是，"天下熙熙皆为利来，天下攘攘皆为利往"，近利远亲、见利忘义、唯利是图、损人利己，甚至"要钱不要命"的道德失范现象，反而在促进生活提高、人类进步的现代化浪潮中沉渣泛起。

因此，让社会主义核心价值观接地气，必须解决好厚德载物、厚德载市场经济的问题。正如习近平总书记所说，要"引导人们向往和追求讲道德、尊道德、守道德的生活，形成向上的力量，向善的力量"①,"只要中华民族一代接着一代追求美好崇高的道德境界,我们的民族就永远充满希望"②。

中华美德的创造性转化与创新性发展

如何使社会主义核心价值观接地气,成为我们社会发展市场经济中的强大正能量,习近平总书记一直在深入地思考这个重大问题,去年12月30日在中央政治局第十二次集体学习时的讲话中指出,坚持马克思主义道德观、坚持社会主义道德观,在去粗取精、去伪存真的基础上,坚持古为今用、推陈出新,努力实现中华传统美德的创造性转化,创新性发展。

发展市场经济,使市场在资源配置中起决定性作用,必然强化市场经济主体的利益意识、自主意识、竞争意识和创新精神,促进其个性、能力和素质全面发展,并形成与之相适应的道德品格,诸如包容、诚信、守时、互利等。这无疑是巨大的进步。但毋庸讳言,市场经济的自发运行也可能导致道德失范。

市场经济有两个基点:每一个经济主体都追求利润最大化,每一个现实个体都追求利益最大化。这两个最大化在一定意义上形成了社会生产力不断发展的动力,形成了市场经济优胜劣汰的竞争格局。但从另一个角度说,它又可能成为市场经济健康发展的阻力:如果放任这两个最大化,不进行适当的监管包括道德规范,就必然导致互相欺诈、物欲横流,市场经济的秩序就无法维持。

由此看来,市场经济的自发运行存在一种道德悖论:既排斥道德又需要道德。一方面,资本追逐利润最大化、个人追求利益最大化,可能导致拜金主义、极端利己主义等非道德现象;另一方面,

---

① 中共中央文献研究室编:《习近平关于社会主义文化建设论述摘编》,中央文献出版社2017年版,第138页。
② 中共中央文献研究室编:《习近平关于社会主义文化建设论述摘编》,中央文献出版社2017年版,第137页。

市场经济的健康发展必然要求人们遵守市场规则、进行道德自律，生产力水平的提高必然要求社会公平正义、人们的道德素质普遍提高。在实践中我们也看到：社会主义市场经济的发展带来了社会生产力的解放和快速发展，与此同时，由于体制机制不健全等原因，一些经济主体拜金主义、享乐主义、极端个人主义有所滋长，部分社会成员世界观、人生观、价值观扭曲，出现坑蒙拐骗、制售假冒伪劣产品、权钱交易等种种丑恶现象。化解市场经济自发运行的道德悖论，是促进社会主义市场经济乃至整个经济社会健康有序发展的一个紧要课题。

中华民族作为一个有着深厚文化传统的伟大民族，在走向现代化、建设社会主义市场经济的过程中有没有办法化解市场经济的道德悖论？

习近平同志指出：中华文明积淀着中华民族最深层的精神追求，代表着中华民族独特的精神标识，为中华民族生生不息、发展壮大提供了丰厚滋养。这段论述使我们眼前一亮：化解市场经济自发运行的道德悖论，不妨在市场经济发展中激活中华民族的精神基因。

中华民族的精神基因在哪里？在传统文化里。但传统文化、传统道德过去没有、现在也不能把我们带进现代化。就此，习近平同志又指出，要加强对中华优秀传统文化的挖掘和阐发，努力实现中华传统美德的创造性转化、创新性发展。实现这一目标，需要持续不断地努力。当前，可着力研究和解决三个问题。

一是在推进市场经济中激活民族优秀传统的文化基因。

亚当·斯密在《道德情操论》中，基于人性本善的假设，把源于人的同情的利他主义情操视为人类道德行为的普遍基础和动机；在《国富论》中，又把人性本恶作为经济学的前提假设，把个人利己主义的利益追求当作人类经济行为的基本动机。他提出了问题，却未能解决问题，给出的是一个"斯密悖论"。但他强调靠"人的本性"解决市场经济中的道德缺失问题的思路也启发我们，其实蕴含在中国传统文化中的中华民族的"民族本性",有巨大的能量,关键是如何在发展市场经济的新的历史条件下唤回它、激活它、放大它,使它成为强大的正能量。今天,诊治近利远亲、见利忘义、唯利是图、损人利己的道德失范现象,不妨从民族优秀的文化基因中,去找回和强化道德约束和慎终追远的定力,去增强我们民族在现代化浪潮中强身壮体的抗体,增强人们在各种物质诱惑面前的免疫机能,促使人们做到见利思义、义利并举、先义后利。

二是在推进市场经济中确保坚守共产党人的道德高地。

当市场在资源配置中起决定性作用时,执政党在领导和调配全国资源中起什么作用?不能不正视,腐败之风已经在严重侵蚀我们的党政干部队伍。2013 年全国共查处各级党政干部 182038 人。中央纪委监察部对涉嫌违纪违法的中管干部已结案处理和正在立案检查的已有 30 多人。我们坚信,多数干部是好的,但这些数字毕竟够大了,总不能"老虎遍地有,苍蝇满天飞"。在依法严厉惩治腐败,坚持"老虎""苍蝇"一起打的同时,如何才能形成"不想腐""不能腐""不敢腐"的机制?

中国有推崇君子人格的传统。诸如"君子喻于义,小人喻于利"的谆谆告诫,修齐治平、治国安民的政治理想,"载舟""覆舟"、居安思危的忧患意识,"国而忘家,公而忘私"的精神境界,"安得广厦千万间,大庇天下寒士俱欢颜……吾庐独破受冻死亦足"的民本情怀等,这些中国传统文化的"君子之德",与共产党人为实现共产主义前仆后继的远大理想,全心全意为人民服务的基本宗旨相契相合。党的各级干部不妨从传统的君子之德中,念好权力约束的"紧箍咒",获得精神鼓舞的正能量,培养浩然正气。

三是在推进市场经济中实现法治与德治并举。

中国历史上,很多人主张"儒法并用""德刑相辅"。治理国家和社会是复杂的系统工程。党提出依法治国和以德治国相结合,一定程度上吸收了古人这方面的治理思想与经验。以德治国,是我们国家和民族的历史传统之一,是中华民族应该认真继承使之转化为新历史条件下进一步用好的最深厚的文化软实力之一。

不受制约的权力难免腐败，绝对不受制约的权力有可能绝对腐败。在权力运作资本的过程中，不受制约的权力，会导致普遍性腐败，甚至成为马克思主义所严厉批判的垄断资本主义，彻底走向党和人民的反面。习近平总书记强调，"依法治国首先是依宪治国，依法执政，关键是依宪执政"，"党领导立法、保证执法、带头守法"。只有这样，才能把权力关进制度的笼子里，给权力涂上防腐剂，使各级官员都经得起市场经济的诱惑和考验，常修为政之德，常思贪欲之害，常怀律己之心，在市场经济的考验中继续成为全心全意为人民服务的道德模范，群众对我们的干部，才能"譬如北辰，众星共之"。

总之，我们应该尝试，在唯物史观的指导下，激活中华传统文化的优秀精神基因，成功结合资本的冲动与诚信的构建，建立适应社会主义市场经济的道德和行为规范。当这个价值观的大问题基本解决了，当大家都富起来，且人人皆君子，就可以"君子以厚德载市场经济"，像习近平总书记所希望的那样："让13亿人的每一分子都成为传播中华美德、中华文化的主体。"

信仰之惑[*]

现代化改变着人类。无论东方西方，无论是已"后现代化"还是正在努力实现现代化，都面临一个共同的难题——信仰危机。

一个民族的崛起或复兴，常常以民族精神的崛起为先导。一个民族的衰落或覆灭，则往往以民族精神的萎靡为先兆。中华民族的伟大复兴，要在现代化的艰难进程中实现，现代化则要靠体现民族精神的信仰力量坚实支撑和强力推动。

现代化进程中的"信仰之惑"

现代化推动全球化。经济正融为一体，空间距离在减少，生活水平在提高。可是：我们居住在新的但污染着的环境之中；我们的食品色香味俱佳，但充满添加剂或转基因；各种各样好工具使生活变得既便利又复杂，无处不在的通信网络，快速更新的电器电脑，眼花缭乱的电视电影，使生活既丰富多样，又复杂多变；人类总体绝对生活水平在日趋提高，相对差距却在日趋加大，绝对贫困化仍在蔓延；人类的总体平均寿命在生命科学的进步中延长，但个体感受的不幸和痛苦却在同步增加；人们跑得更快，声音传得更远，看

---

[*] 原载《中国青年报》2012年4月2日。

见的东西更多，移动的幅度更宽，变成满身都是机器的血肉之躯，可精神却缺少关照；人们拥挤在高节奏的、充满诱惑的现代生活中，人心却没有片刻安宁。欲望在吞噬理想，多变在动摇信念；心灵、精神、信仰被抛弃，被物化——物质的发展，让心灵迷失。

当代西方社会在从"现代社会"向"后现代社会"转型的过程中，"上帝之死"带来了信仰迷茫和精神焦虑。

当代中国社会在向现代化转型的过程中，也出现了"远离崇高"和"信仰缺失"的现象。改革开放以来，我国思想文化领域发生了深刻变化。人们思想活动的独立性、选择性、多样性、差异性明显增强。一方面，人们的文化消费多层次、多方面、多样化的特征更加明显，求知、求乐、求美的愿望更加强烈，公平意识、民主意识、权利意识、法治意识、监督意识不断增强。另一方面，我国思想道德领域出现了一些不容忽视的现象，诸如一些人理想信念出问题，一些腐朽落后的思想文化沉渣泛起，拜金主义、享乐主义、极端个人主义有所抬头，部分社会成员思想道德失范，有些人世界观、人生观、价值观发生扭曲。

现代化带来了"迷心逐物"的现代病。人失落了信仰，也就失落了对自身存在意义的终极关怀。无论社会怎么发展，无论经济怎么繁荣，如果放弃了对崇高理想信念的追求，大家都心浮气躁不思进取，心烦意乱不知所从，心高气盛欲壑难填，社会不能和谐稳定，发展又如何协调持续？

现代化改变着人类。无论东方西方，无论已"后现代化"还是在努力实现现代化，都面临一个共同的难题——信仰危机。

市场经济冲刷"敬畏"之心

现代化是市场经济推动的。市场经济包含着以强调人的独立性和自我价值为特征的伦理精神和道德要求，具有巨大的历史进步意义。建立在"自由、平等、所有权"的前提下，产生的与市场经济相适应的道德维度,即尊重、诚信、守时、互利、效率等相关内容。在人的独立性基础上形成的主体利益意识、自主自立意识、竞争意识和开拓创新精神,促进了人的个性、能力的自由和多方面的发展,从而极大地促进了社会生产力的发展,起着巨大的解放和推动作用。但市场经济中的道德调节有明显的局限性。

市场经济本身并不能分辨善恶,市场可以容纳各种各样对整个社会来说极不道德的交易,如开设赌场、卖淫等,这些完全可以和"自由、平等、所有权"的原则相吻合。因为市场经济本身并不能规定什么样的人、什么样的东西可以或不可以在市场上进行交易,双方自愿交换,平等互利,这与市场经济原则并不相悖。同样,一些人把名誉、良心、权力和官位等当作商品与金钱进行交易,只要占有者愿意,都可以同货币相交换而商品化。市场经济的互利原则,实际是各方无意识的一种结果,是各方"自私"利益相互制约的结果,是"看不见的手"达到社会经济的"自然平衡"。但问题是,市场经济本身不存在产生利他占主导地位的道德机制。等价交换和平等互利原则是在力量对比和利益争夺的竞争中得到贯彻的,虽然市场机制和法制的完善能够有效地抑制过度的利己行为,但不可能消除产生这种行为的可能性。主要靠驱动个体利益运行的市场经济机制,不会自动产生为社会整体利益着想的道德意识。例如,市场经济本身只关注资源配置的最佳有效方式,却缺少对资源贮存和来源的合理考量。盲目开采、掠夺性的能源攫取、无节制的资源浪费和不负责任的环境污染,造成当今人类日趋严重的"生态伦理问题"。

毋庸讳言,当前存在的信仰危机,其形成主要肇始于市场经济条件下人们过度追逐物质利益,人的发展片面化,忽视或无视信仰和人生价值。有些人便会远离崇高,随顺世俗;人们思想活动的独立性、选择性、多变性、差异性明显增强,导致泥沙俱下,价值模糊;社会上的各种不良现象和社会问题,导致是非难分,荣辱莫辨;而信仰、道德教育虽有好的"顶层设计",却难接地气,给人以"两张皮"的老套虚空之感,在耀眼的金钱面前显得苍白无力。

而信任危机的蔓延,让传统道德在市场经济面前遭遇尴尬。进入市场,"天下熙熙皆为利来,天下攘攘皆为利往","利"字当头,"信"也低头,熙熙攘攘,信仰没了!

市场经济自身解决不了信仰危机问题。历史告诉我们,理想信仰会使人趋于高尚,会化为推动国家富强、民族兴旺的激情与能量。但当下市场经济大潮的冲击,却让中国社会悄然出现从理想主义到物质主义、功利主义的转换,价值多元也令信仰变得模糊。"一切向钱看"的风气不断消解着人们心底的神圣感。

实现现代化就要发展市场经济,但市场经济趋向不断追求物质利益,实现物质利益最大化,难免不断淡化和冲刷人们的"敬畏"之心——一切信仰得以建立和巩固的支柱。

宗教信仰却正是在"敬畏"这条上,有其所长。所以,面对市场经济中不断加剧的信仰危机,很多人都把目光投向了宗教。亚当·斯密主张要让企业家的血管里"流着道德的血液",而"在矫揉造作的理性和哲学时代出现很久以前,宗教,即使它只是最为粗陋的形式,便已经颁布了道德规则"。马克斯·韦伯的《新教伦理与资本主义精神》,则强调"新教禁欲主义的节俭必然要导致资本的积累","宗教禁欲主义的力量……提供了有节制的、态度认真、工作异常勤勉的劳动者"。教徒以世俗职业上的成就来确定上帝对自己的恩宠,并以此证明上帝的存在。于是创造财富成了一种神圣的天职,世俗经济行为的成功不是为了创造可供享受和挥霍的财富,而是为了证实上帝对自己的恩宠。

我们不妨从他们的研究中得到启示:宗教信仰中的"敬畏"之心可鉴。

人类精神的自律

人如果在金钱面前什么都不管不顾不怕不敬了，人就病入膏肓了；社会如果利令智昏恬不知耻肆无忌惮之徒比比皆是了，社会就危在旦夕了！如果拜金主义、功利主义大行其道，整个社会的健康肌体就会被侵蚀和损害。一个国家，什么时候也不能没有精神支柱。一个民族，缺什么也不能缺道德诚信。金钱的泛滥能使信仰沉睡，官场的庸俗能使理想失色，市场的失信能使社会畸形。信仰的动摇是危险的动摇，信念的迷茫是最大的迷茫，理想的摇摆是根本的摇摆，思想的滑坡是致命的滑坡。在信仰的荒漠上，立不起伟大的民族。

再放眼全球来看，今天的生态性、社会性的灾难很多都是人类自身的失范造成的。如贫困、饥荒、疾病、腐败、战争、资源匮乏、环境污染、人口膨胀、恐怖袭击、邪教肆虐、黄赌毒、自然灾害等，都与人类的无休止活动密切相关。这些情形的背后，更深刻的根源则是现代人思想观念上缺少了敬畏和因果的信仰。

因此，笔者认为应该研究"信仰—敬畏—自律（道德的自我规范）—他律（公德、法规）"这一链条中相辅相成的内在规律，给信仰、敬畏留下发挥作用的空间。马克思认为"道德的基础是人类精神的自律"。人之所以能"自律"，是因为人有敬畏之心的"他律"。这个"他"或许看不见却总在你心中。这个"律"可以支配一切而不被一切所支配。"守信"所以能"守"，是因为心存"敬畏"。

人应该不怕鬼神，但不能没有敬畏之心。人可以没有宗教信仰，但不能没有精神信仰，没有"敬畏"。在历史唯物主义者看来，一切宗教都不过是支配着人们日常生活的外部力量在人们头脑中的幻想的反映，在这种反映中，人间力量采取了超人间力量的形式，迫使人们去敬畏、信仰它。这种敬畏，说到底是盲目、不可取的。

但历史唯物主义者并不反对人要有敬畏之心、有慎惕之虑、有精神追求。

陈毅诗云："手莫伸，伸手必被捉。党与人民在监督，万目睽睽难逃脱。汝言惧捉手不伸，他道不伸能自觉，其实想伸不敢伸，人民咫尺手自缩。"常有敬畏之感，才能常怀律己之心。常有忌惮之虑，才能常思贪欲之害。常有人民之念，才能常修为政之德。

金融危机要防，信仰危机也不能不防。市场经济要搞，道德准则不能丢掉，"市场社会"不能搞。我们可以从多方面，包括从传统文化和西方文化中，千方百计去劝导人们建立诚信、纯洁信仰、追求理想，抵御拜金主义的诱惑和冲击。但凡真善美的事物总是相通的，不论它们以东方文化观念还是西方文化观念衡量，都有相同的地方。

信仰者，信，要感恩；仰，要敬畏。信仰的普遍确立要靠榜样引领，譬如北辰，众星共之。尤其当老师的要为人师表，当干部的首先要戒惧敬畏——常修为政之德，常思贪欲之害，常怀律己之心，就要常具敬畏之戒。

信仰是民族的根。我们可以没有宗教信仰，但不能总有信仰危机。如何使人从信仰危机中摆脱出来，澄清信仰的真实根基和意义，重塑当代信仰精神，从而赋予人生以真切的意义感和终极的价值关怀，就成为当代人需要解决的重大问题。正如德国哲学家费希特所说："人，在发觉诊治身体的药石业已无效时，才能急着找出诊治心灵的药方。"一个民族的崛起或复兴，常常以民族精神的崛起为先导。一个民族的衰落或覆灭，则往往以民族精神的萎靡为先兆。中华民族的伟大复兴，要在现代化的艰难进程中实现，现代化则要靠体现民族精神的信仰力量坚实支撑和强力推动。

核心价值观　关键在"核心"[*]

---

[*] 原载《光明日报》2013年8月6日第1版。

一 核心价值观的核心要扣住全部社会关系的主线

提炼核心价值观的工程，在认识不尽一致、观点不尽相同的情况下，为了最大限度地统一思想、凝聚共识，形成社会主义核心价值体系建设的强大合力，党的十八大报告采取了一种务实而开放的选择，提出："倡导富强、民主、文明、和谐，倡导自由、平等、公正、法治，倡导爱国、敬业、诚信、友善，积极培育社会主义核心价值观。"

三个层次 24 个字的归纳，覆盖了全国各方面关于社会主义核心价值观表述的意见，反映了现阶段全国人民的最大公约数。其中，富强、民主、文明、和谐体现了社会主义核心价值观在发展目标上的规定，是立足国家层面提出的要求；自由、平等、公正、法治体现了社会主义核心价值观在价值导向上的规定，是立足社会层面提出的要求；爱国、敬业、诚信、友善体现了社会主义核心价值观在道德准则上的规定，是立足公民个人层面提出的要求。

这一重要归纳，是立足社会主义核心价值体系建设实践的新的理论创新。其新意，不仅概括出覆盖各方面意见最大公约数的 24 字理念，更把政治理想、社会导向、行为准则相互联系、相互贯通，扣住了全部社会关系主线的三个层次——国家、社会（或集体）、个人（或公民），使核心价值观的核心越发清晰起来了。

无论哪个社会的核心价值观，其核心都要扣住全部社会关系的主线，都是对国家、社会、个人三者关系的规范。

传统社会对国家、社会、个人三者关系的规范，在东方，典型的是"己所不欲，勿施于人""己欲立而立人，己欲达而达人"；在西方则是"无论何事，你们愿意人怎样待你们，你们也要怎样待人"。于是，"世界宗教会议"（1993 年，120 个宗教团体、6000 人参加）通过的宣言据此强调，任何宗教都要奉行的"不可取消的原则",是"珍惜生命,正直公平,言行诚实,相敬互爱"。

资本主义社会的核心价值观,同样是对国家、社会、个人三者关系的规范。不妨看看奥巴马在连任总统的就职演说中怎么概括美国的核心价值观:"我们面临的挑战也许是新的,我们应对挑战的措施也许也是新的,但那些长期以来指导我们成功的价值观——勤奋、诚实、勇气、公平竞争、包容以及对世界保持好奇心,还有对国家的忠诚和爱国主义——却是历久弥新,这些价值观是可靠的。它们是创造美国历史的无声力量。我们现在需要的就是回归这些古老的价值观。"

新加坡的核心价值观是:国家至上,社会为先;家庭为根,社会为本;关怀扶持,尊重个人;求同存异,协商共识;种族和谐,宗教宽容。仍然是对国家、社会、个人三者关系的规范。

社会主义社会也需要对国家、社会、个人三者关系的规范。毛泽东就一再强调要正确处理国家、集体、个人三者利益关系。

党的十八大报告三个层面的社会主义核心价值观的表述,体现了同样的思想方法。

扣住全部社会关系主线的三个层次——国家、社会(或集体)、个人(或公民),就抓住了关键,既能简约地形成诸多价值观的"核心价值";又能展开衍生出4字、8字、16字、24字、32字……诸多价值观。

贯彻国家、社会、个人三个层次的基本的价值冲突,无非就是"公"与"私"的矛盾,提炼核心价值观不能不涉及这个问题。

二 核心价值观的核心要扣住全社会的利益关切

一个以利益关系为基础的社会价值体系和作为其反映的价值观念体系,必须扣住全社会的利益关切,简而言之就是要处理好公与私的矛盾。对于发展社会主义市场经济过程中社会上出现的道德沦丧、信任缺失的现象，如果整个社会的核心价值观不能对症下药，那么它就没有说服力，缺乏生命力。

市场经济中的每一个"经济人"追求利润都可能导致金钱至上，把精神、信仰物化，把诚信、道德抛弃。我们在大力推进市场经济的过程中，就必须面对在资本营利和个人谋利这两个"起点"被启动、激活后，人们如何提高自我约束力和道德水平的实际问题。诚如诺贝尔经济学奖得主诺斯所言，一个有效率的市场制度，除了需要一个有效的产权和法律制度相配合之外，还需要在诚实、正直、合作、公平、正义等方面有良好道德的人去操作这个市场。我们必须建立现代市场经济发展所需要的"市场伦理"，把"资本"的冲动与"诚信"的建构成功结合，形成勤勉做事、平实做人，守信光荣、失信可耻的社会氛围，构建适应社会主义市场经济的道德和行为规范。提炼社会主义核心价值观，不能不在这个方面对症下药。

在社会主义市场经济的经济基础上，如何扣住全社会的利益关切，培育社会主义核心价值观？邓小平同志1978年在《解放思想，实事求是，团结一致向前看》这篇纲领性讲话中，有明确的结论："不讲多劳多得，不重视物质利益，对少数先进分子可以，对广大群众不行，一段时间可以，长期不行。革命精神是非常宝贵的，没有革命精神就没有革命行动。但是，革命是在物质利益的基础上产生的，如果只讲牺牲精神，不讲物质利益，那就是唯心论。"

具体到公与私的矛盾：大公无私是圣人，公而忘私是贤人，先公后私是善人，公私兼顾是常人；私字当头是小人，假公济私是痞人，以公肥私是坏人，徇私枉法是罪人。我们要提升常人，提倡善人，学习贤人，向往圣人；也要教育小人，揭露痞人，改造坏人，惩治罪人。鉴于日常的、多数的是常人，要做的"常事"，就是修身律己，平实做人；要说的"常事"——让大家奉行的价值观，就只能"去掉一个最高分，去掉一个最低分"，把崇高的信仰和每个人对现实利益的追求，把集体主义和个人追求对接起来，把先进性和包容性统一起来。

因此，扣住全社会利益关切的价值观的核心，应该是"我为人人，人人为我"。恰如"十二五"规划建议所提出，"提倡修身律己、尊老爱幼、勤勉做事、平实做人，推动形成我为人人、人人为我的社会氛围"。

"我为人人、人人为我"的口号，过去提过、又放下，批了、再提倡。这种辗转反复，有如时代镜鉴，值得琢磨。

主张"为人民服务"，当然要强调"我为人人"，但并不因此就否定"人人为我"。一般即寓于个别之中，"人民"要体现在一个个鲜活的个体之中。如果要求一部分人只提供服务而不享受服务，"为人民服务"岂不失去了一部分服务对象？如果要求个人无条件为集体牺牲一切，甚至放弃合理正当的利益追求，这种无视个体权益的"集体主义"何来感召力，又何来"可持续发展"？"我为人人"，在物质条件匮乏的历史阶段有其合理性，但随着时代发展，"人人为我"的合理诉求也应逐步满足。总是忽视个人正当利益追求，必然影响个人活力和创造力的发挥，最终影响经济社会的整体发展。这方面，我们的教训是深刻的。

蛋糕要做大，也要分好。列宁说过："我们要努力把'大家为一人，一人为大家'和'各尽所能，按需分配'的准则渗透到群众的意识中去，变成他们的习惯，变成他们的生活常规。"在社会主义市场经济条件下，个体利益与社会整体利益从根本上并不矛盾冲突，反而可以实现双赢。正如马克思所说，要"实现人的自由、解放和全面发展"，也要求"每个人的自由发展是一切人的自由发展的条件"。

在市场经济中，每一个"经济人"都追求利润最大化，由此演出了一部部激烈竞争的活剧，优胜劣汰，效率大增。但如果一切向钱看，就会把精神、信仰一概物化，就会把诚信、道德统统抛弃。手持利益这把"双刃剑"，身处社会这个共同体中，恐怕还需要坚守底线，明晰边界，有所为，有所不为。

◈ 伦理学

经过了个人利益的觉醒、市场经济的洗礼，如何把经济冲动与道德追求、把物质财富与精神高度成功结合起来，检验着社会的文明程度。社会关爱人人，人人感恩社会。每一个社会成员都充分感受社会的温暖与和谐，反过来"滴水之恩，涌泉相报"，守望相助，蔚然成风。如此良性循环，不就是"我为人人、人人为我的社会氛围"吗？此中，生长着一种新型的社会文明，激扬着社会主义核心价值的感召力与生命力。

三 突出核心，就要有普遍与特殊、清晰与模糊的统一

核心价值观，是一个社会最根本、必不可少、最集中反映社会取向的价值观，是诸多价值观中的最大公约数，是诸多价值观的"核"，社会有机体的"心"，因而是诸多价值观中本质的体现。

社会主义核心价值体系的四个层面，既是国家整体、民族整体的追求，也是不同阶层、不同群体的追求，理论上应该可以成为每一个体、每个公民的追求。而一旦深入、内化到不同的社会阶层和特殊群体，就会像绚丽的阳光折射出五彩光芒，展现出不同的基本价值观。

范围小一点，核心价值观的特殊性要求就相对多一点，范围大了，核心价值观的普遍性要求就相对多起来。我们有三个范围的大团结，即以建设中国特色社会主义为基础，实现大陆范围人民的团结；以拥护祖国和平统一为基础，实现大陆同胞与港澳台同胞的团结；以促进中华民族伟大复兴为基础，实现海内外全体中华儿女的团结。团结的范围越大，存异的东西就越多。全社会的"核心价值观"，当然是要"求同"，但覆盖面越大就越要有包容性，有必要的"存异"。要处理好特殊性与普遍性结合、求同与存异结合的问题，才能成为具有向心力和凝聚力、团结一切可以团结的力量、凝聚一切可以凝聚的要素的"核心价值"。

中华民族历来是信仰充实的民族，是最讲信义的民族，是重"君子"轻"小人"的民族。但我们在经济社会转型中，确实感觉到了道德危机和价值观的嬗变、剧变。在大家都奔钱而去的过程中，出现了道德的迷失和信仰的错位。讲"核心价值观"，就不能不去关注重建信仰、充实精神支柱的问题。

共产主义信仰是一种科学信仰。科学信仰，需要科学理念来论证、来支撑。怎样把科学信仰变成精神信仰？信仰的支撑，仅靠科学的论证、理论的彻底是不够的，还要靠敬畏。人，总是要有一点敬畏之心的。讲"彻底的唯物主义者是无所畏惧"的，那是讲不信鬼不信神需要的思想状态。但不能放大为人什么都无所畏惧。共产党人不敬畏神灵，但要敬畏历史，敬畏人民。"君子终日乾乾，夕惕若厉，无咎。"

有了敬畏，才有自律。马克思认为"道德的基础是人类精神的自律"。只有道德主体将道德规范内化为自己的道德，完成他律向自律的转化，才能成为有效的道德规范。有了自律的基础，相互的他律——道德规范、社会公德、法律法规，才有实施的可能。

于是，我们提炼整个社会的"核心价值观"，就要注意这个链条："信仰—敬畏—自律（道德的自我规范）—他律（公德、法规）"，给"信仰"、给"敬畏"留下空间。不是论证清楚了才有敬畏之心，而是无条件、没商量地常怀敬畏之心。这样的"核心价值观"，才能高悬于上，普照四方，"譬如北辰，众星共之"。

四 抓住关键、突出核心，提炼社会主义核心价值观

综上所述，抓住关键、突出核心，社会主义价值观的一种选项，可表述为：以国为重，以人为本，我为人人，人人为我。

这种表述，反映了社会主义的本质规定和中国特色，扣住了全部社会关系——国家、社会、个人三个层次关系的主线，扣住了全

社会的利益关切，体现了作为"核心概念""母概念"的普遍与特殊、清晰与模糊的统一。

以国为重。在国家、社会、个人三者关系中，不是西方的那种个人至上，而是以国为重，这是中国传统与西方传统、社会主义社会与资本主义社会最重要的价值区别。

凝聚我们这个历久弥新的伟大国度的精神资源之一，正是那永不衰竭的家国情怀。我爱我的国，我爱我的家。"家"在"国"中同气相求，"国"在"家"中生生不息。未有我之先，家国已在焉；没有我之后，家国仍永存。多少沧桑付流水，常念家国在心怀。如此，每个中国人短暂而有限的生命，便融入永恒与深沉的无限之中，汇集成永续发展永葆青春的动力。

中国传统文化强调社稷为重，倡导"修身—齐家—治国—平天下"，由个人而家庭，由家庭而社会，由社会而国家，由国家而天下，把个人的追求与整体的核心价值统一起来。中华文化的基因里，总是保持着"君子以天下为己任"的情怀。君子立于天地之间，就要"天行健，君子以自强不息；地势坤，君子以厚德载物"；中华文化的基因里，总是渗透着"讲信修睦"的理念，"礼之用，和为贵，天下之道斯为美"。这种"天下情怀"至高无上、自上而下；"和谐理念"无处不在、自下而上。两者简明扼要，会通无碍。自上而下，站得高，高屋建瓴；自下而上，落得实，家喻户晓。中国人有此优秀遗传基因，践行社会主义核心价值体系，也可作如是观，以如是行。

具体到今天，以国为重，就是要坚定不移地沿着中国特色社会主义道路，实现国家富强、人民幸福、民族复兴的中国梦。

以人为本。在国家、社会、个人三者关系中，不是个人至上，而是以人为本。"以人为本"是文艺复兴和启蒙时代就提出过的口号。但西方近代人本主义过多强调作为个体的自由与权利，尊重人的本能欲望，催生了迅猛发展的经济，也造就了膨胀的个人，人与社会、人与人、人与自然的关系都搞得很紧张。人类文明的交汇已走到量变到质变的临界点，人类危机呼唤人本主义在否定之否定意义上的继承和发扬。我们的"以人为本"，则是中国特色社会主义理论话语体系中的"新人文主义"，作为科学发展观的核心，体现着发展依靠人民、发展为了人民，继承着中国共产党"全心全意为人民服务"的根本宗旨，把过度膨胀的人还原为一个"和谐"的人，建设一个人与自然和谐、人与社会和谐、人与人和谐的新的"和谐世界"。

而"以人为本"之"人"，既是"人人"，又是"个人"。人在国中，我在人中。我为人人，人人为我。

核心价值观要以"辨义利"为核心

——"叶小文看义与利"之一

陈来先生导读《孟子思想的现代价值和意义》,第一段就是辨义利。孟子的开篇《梁惠王》,开门见山正是辨义利。"王曰:'叟!不远千里而来,亦将有利吾国乎?'""孟子对曰:'王!何必曰利?亦有仁义而已矣。'"

陈来先生立足于对我国优秀传统文化的创造性转化和创新性发展,尖锐地提出了两个问题:

一是"今天我们特别强调社会主义核心价值,而且强调社会主义核心价值观的建立,要以中华优秀文化价值观作为基础和源泉",但我们现在的核心价值观的24个字不能说"就已经很完整地把古代文化的优秀价值观都体现出来了"。也就是说,"基础"和"源泉"的作用,还只是"应然"而非"实然"之态。

二是"我们今天讲社会主义核心价值观是分为三个层次,可这三个层次不相贯通"。那么应该如何贯通?陈来先生指出:"一个国家、一个社会一定要确定一个主流的价值观,而这个主流价值观的核心就是辨明义利,要对义和利的关系有一个明确的认识。""而古代的价值观,我们发现它有它一个特点,它的核心很清楚,强调义利问题;而这个义利观作为价值观,它既是治国理政的价值观,又是社会关系的价值观,也是人生道德选择的价值观。从这方面来看,中国古代文化对价值观的处理,它对我们今天来讲,还有重要的参考价值。"

陈来先生的确是功力深厚的学问大家,他提出的这两个问题,很值得深入研讨。

的确,社会主义核心价值体系和核心价值观,不能只重"体系"和"价值",却模糊了"核心"。社会主义核心价值体系的"价值",不仅在于它是个内涵丰富、外延开放的"体系",更在于它应具有"核心",有主心骨,有精气神。不能讲得出社会主义核心价值的"体系",讲不出社会主义价值体系的"核心"。不能强调是兴国之魂,但"魂"飘逸不定;强调是社会主义先进文化的精髓,但"髓"模糊不清;强调是融入全过程、贯穿各领域、体现到各方面的红线,但"线"杂而不精。核心是什么?精髓是什么?贯通靠什么?主线是什么?的确值得进一步研究。

我十分赞成陈来先生提出的,应该以"辨义利"为核心价值观的"核心",为贯通三个层面的"主线"。但我认为:

其理由,当然是但不仅限于体现"中华优秀文化价值观作为基础和源泉"的作用。因为你强调立足中国、强调重视历史、强调挖掘传统文化,人家可以更强调立足世界、强调面向未来、强调向现代化转型,就难免见仁见智、各持一端。而且,我们的社会主义核心价值观当然并不排斥,而要更高举起自由、平等、民主、法治、博爱、人权的旗帜。"代替那存在着阶级和阶级对立的资产阶级旧社会的,将是这样一个联合体,在那里,每个人的自由发展是一切人的自由发展的条件。"(《共产党宣言》)如果我们截然与自由、平等、博爱、人权这些虽被资本主义广泛使用,但也是人类发展进程中有进步意义的观念相对立,就会陷于不利、不义之地,甚至有倒退到与封建主义同流合污之嫌。我们只能在肯定资本主义进步、彻底超越封建主义的基础上,进一步超越资本主义。这可能是我们强调传统文化的基础、源泉作用时,也需要注意的另一面问题。

其理由,当然是但不仅限于对现在社会主义核心价值观三个层面的"贯通"作用。中国传统文化强调"修身—齐家—治国—平天下"的方式，由个人而家庭，由家庭而社会，由社会而国家，由国家而天下，把个人的追求与整体的核心价值统一起来，是有效、自然"贯通"的。而现在的社会主义核心价值观也是从国家、社会、公民三个层面说的，富强、民主、文明、和谐，体现了社会主义核心价值观在发展目标上的规定，是立足国家层面提出的要求；自由、平等、公正、法治，体现了社会主义核心价值观在价值导向上的规定，是立足社会层面提出的要求；爱国、敬业、诚信、友善，体现了社会主义核心价值观在道德准则上的规定，是立足公民个人层面提出的要求。从三个层面提出要求，在一定意义上说，还是借鉴了中国传统文化之"修齐治平"的"贯通"功能的。

将"辨义利"立为核心价值观的"核心"，其更重要、更深刻的意义在于：一个以利益关系为基础的社会价值体系和作为其反映的价值观念体系，必须扣住全社会的利益关切，简而言之就是要处理好公与私、义与利的矛盾。如果对发展市场经济过程中社会上出现的越来越严重的道德沦丧、信任缺失的现象，整个社会的核心价值观不能对症下药，就没有说服力，缺乏生命力。

市场经济中的每一个"经济人"都追求利润最大化，由此演出了一部部激烈竞争的活剧，优胜劣汰，效率大增。在大力推进市场经济的过程中，就必须面对在资本营利和个人谋利这两个"起点"被启动、激活后，人们如何提高自我约束力和道德水平的实际问题。如果一切向钱看，就会把精神、信仰一概物化，把诚信、道德统统抛弃。手持利益这把"双刃剑"，身处社会这个共同体中，需要坚守底线，明晰边界，有所为，有所不为。而一个有效率的市场制度，诚如诺贝尔经济学奖得主诺斯所言，除了需要一个有效的产权和法律制度相配合之外，还需要在诚实、正直、合作、公平、正义等方面有良好道德的人去操作这个市场。为此，必须建立现代市场经济发展所需要的"市场伦理"，把"资本"的冲动与"诚信"的建构成功结合，形成勤勉做事、平实做人、守信光荣、失信可耻的社会氛围，构建适应社会主义市场经济的道德和行为规范。提炼社会主义核心价值观，不能不在这个方面对症下药。

在社会主义市场经济的条件下，如何扣住全社会的利益关切，培育社会主义核心价值观？邓小平同志1978年《解放思想，实事求是，团结一致向前看》这篇纲领性讲话中，有明确的结论："不讲多劳多得，不重视物质利益，对少数先进分子可以，对广大群众不行，一段时间可以，长期不行。革命精神是非常宝贵的，没有革命精神就没有革命行动。……但是，革命是在物质利益的基础上产生的，如果只讲牺牲精神，不讲物质利益，那就是唯心论。"[①]

利益矛盾，义利之辨，具体到公私之间就是：大公无私是圣人，公而忘私是贤人，先公后私是善人，公私兼顾是常人；私字当头是小人，假公济私是痞人，以公肥私是坏人，徇私枉法是罪人。我们要提升常人，提倡善人，学习贤人，向往圣人；也要教育小人，揭露痞人，改造坏人，惩治罪人。鉴于日常的、多数的是常人，要做的"常事"，就是修身律己，平实做人；要说的"常事"——让大家奉行的价值观，就只能"去掉一个最高分，去掉一个最低分"，把崇高的信仰和每个人对现实利益的追求，把集体主义和个人追求对接起来，把先进性和包容性统一起来。

富起来，就必须搞市场经济，就必须搞好市场经济。但如何自觉抵制商品交换原则对党内生活的侵蚀？如何把权力关进制度的笼子里，尤其是把支配资本的权力关进法制的笼子里？如何建立我们自己的社会主义的现代市场经济发展所需要的"市场伦理"，在全社会树立正确的义利观，是我们"富起来"过程中需要探索和解决的大课题。如果听任一个社会贫富差距不断拉大，如果放任腐败不能制止，如果整个社会都重利轻义，会引发巨大的社会风险。

核心价值观以"辨义利"为核心，这是需要将优秀传统文化的历史的源泉，与现实社会主义市场经济的现实大海，紧密结合、深入探讨的大问题。感谢陈来先生提出的深刻见解。

[①] 《邓小平文选》第2卷，人民出版社1994年版，第146页。

市场经济下能"义利共赢"吗

——"叶小文看义与利"之二

我问陈来老师:"孟子虽然讲了先义后利的价值观,……但是他没有排除在我们人生、社会和国家治国理政的领域,是有二者可以得兼的,可以共赢的情形,应该努力开创,争取这种共赢得兼的局面。"这种局面,用今天的话来说,是否可以理解为"我为人人,人人为我"呢?

陈来老师回答:"在一定的定义下,'我为人人、人人为我'可以作为义利双行关系的一种。但就概念来讲,我们所说的,是义利的共赢,不是人我的共赢,意义更为普遍,故还应该有所不同。"

是的,"我为人人、人人为我"乃义利双行关系的一种,老师讲的是"人生、社会和国家治国理政的领域"的更普遍的义利共赢,既适宜国内不同群体,也可以推广至国与国间的义利共赢。

但问题是,在市场经济条件下,义利共赢常常也是应然而非实然的状态。如何实现共赢?很多大思想家都曾为此苦苦探索。

例如,如果说亚当·斯密的《国富论》探讨市场经济的经济学基础,那么《道德情操论》就在探索市场经济的伦理学基础。在《国富论》中,斯密把人性本恶作为经济学的前提假设,把个人利己主义的利益追求当作人类经济行为的基本动机。他说:

> 每个个人都努力使其生产物的价值达到最高程度……,他

通常既不打算促进公共的利益，也不知道他自己是在什么程度上促进那种利益，他只是盘算自己的安全；由于他管理产业的方式目的在于使其生产物的价值达到最大程度，他所盘算的也只是他自己的利益。

在《道德情操论》中，斯密又基于人性本善的假设，把源于人的同情的利他主义情操视为人类道德行为的普遍基础和动机：

无论人们会认为某人怎样自私，这个人的天赋中总是明显地存在着这样一些本性，这些本性使他关心别人的命运，把别人的幸福看成是自己的事情，虽然他除了看到别人幸福而感到高兴以外，一无所得。这种本性就是怜悯或同情，就是当我们看到或逼真地想象到他人的不幸遭遇时所产生的感情。

……

人总是以利己为出发点，但是，如果每个人都毫无节制地发挥自己利己心的话，社会必将混乱，最终导致毁灭。所幸的是，人的感情是多样的，利他心、慈善心、爱心……，它确立了法与统治的一般原理的基础——正义。

斯密的论述，实际上触及了市场人的经济理性与伦理理性的"二律背反"问题，但他无法解决这个问题。此即所谓"斯密悖论"。

马克斯·韦伯试图解决这个问题。他的晦涩难懂的《新教伦理与资本主义精神》一书，被哈佛大学百名教授奉为经典。尽管我们认为，"资本来到这个世界，从头到脚，每一个毛孔都滴着血和肮脏的东西"（马克思语），韦伯却赞美"资本"，主张通过资本运作使钱生钱，赚钱光荣。但赚钱是讲伦理、有美德的：一要勤勉劳动，二要依诚信赢得信任、以合法方式赚钱，三要节俭以积累资本并进一步以钱生钱，这就是韦伯说的"资本主义精神"。韦伯认为，其基本内容包括：人人应承担"诚实交易""遵守承诺"和"守时"等义务和责任，并且以"刻苦""勤奋""忠诚"等态度来对待各自的职业，以精确的理性计算，来使资本和劳动的组织合理化，小心而又有远见地追求经济成功。

问题是"人的天性"，总是趋向于既要"富起来"，又要少干活；满足"人的欲望"，是有钱就要花，有水要快流。韦伯认为，资本主义的衰落，恰是因为这种"人的天性和欲望"导致"资本主义精神"的缺失。但他惊喜地发现，16世纪脱离罗马天主教的新教各教派，却"伴随"有这种"资本主义精神"。马丁·路德提出了"劳动是唯一取悦上帝的方式"。加尔文的"预定论"则进一步说明，辛勤劳动取得工作成就被证明是得到上帝恩宠、列为上帝选民的唯一手段。而财富全是上帝的，人，只是代上帝管理和使用财富，因此"富起来"之后只有节制消费和热心公益，才能得到上帝的青睐。韦伯说："圣徒们为了证明自己获得上帝的救赎，就要积极地勤劳致富，那么就要把现世的生活彻底理性化，完全受增添上帝的荣耀这个目的支配，他的一切言行都为着上帝的荣耀。"因此，资本主义发展与新教发展聚集区便高度重合，两者"伴随"发展。这里，他用了"伴随"一词，有意回避了"因果关系"的提法，但又忍不住说，"新教伦理不但赋予经济活动以伦理的意义，而且恰恰是由于把经济活动伦理化，而使经济活动理性化，从而导致'资本主义精神'"。韦伯断言，"一个人对天职负有责任乃是资产阶级文化的社会伦理中最具代表性的东西，而且在某种意义上说，它是资产阶级文化的根本基础"。"没有企业家阶层就没有资本主义的发展，没有道德宪章就没有企业家阶层，没有宗教信念就没有道德宪章。"

我们当然不会去照搬什么"新教伦理"。从来就没有什么救世主，也不靠神仙皇帝。我们之所以不厌其烦地关注韦伯的这些说法，乃因为他提出了涉及"义利共赢"的"终极问题"：为什么富起来，靠什么富起来，怎么富起来，富起来怎么办？他其实也回答不了、解决不了这些问题，所以，只能以"新教伦理"来回答，靠"上帝"的威严来解决。

我们能否从中国优秀传统文化的"义利共赢"观中，引出令人信服的答案？孟子的学说，对解决这个问题能提供启示吗？

附　陈来先生的答复：

小文主任所论及的，相当重要，由此亦可见小文主任的理论基础与素养。此节笔记牵涉甚广，所提到的斯密和韦伯的思想，也是论述经济伦理与经济发展常常被引述的"经典"作品。但就我们讨论的以孟子为代表的义利之辨而言，韦伯理论的重点与我们的讨论也有差异之处，这就是，虽然韦伯自己也用宗教伦理这样的观念，但就《新教伦理与资本主义精神》此书的思想来说，在直接的意义上，韦伯处理的并不完全是我们所说的义利关系，我们所说的义利的义是指"价值理念"，而韦伯此书更注重的是"宗教信仰"。因此在他的书中，与谋取利润的行为相对的，不是道德价值，而是信仰形式，如天职、恩宠、救赎等。天职是对上帝的义务，救赎和恩宠都是基督宗教的信仰观念形式，加尔文教徒渴望救赎而产生的内心紧张即在此种观念下产生的心理，于是在动机上乃以荣耀上帝而去善尽世俗的经营。这些具体的思想特征与我们的义利之辨，还有一定的差别，这也是要加以分辨的。

义利之辨里的"中庸之道"

——"叶小文看义与利"之三

儒家学说的最高境界是"中庸之道",义利之间能否"取中",义利之辨里有无"中庸之道"?

在孟子的义利之辨中,讲得多的是义利冲突,无论人际关系、公与私的关系、整体与局部的关系,乃至社会里的关系、国与国的关系,往往权重的,都是"利"。故有"天下熙熙皆为利来,天下攘攘皆为利往"之说。所以孟子强调,对个人来说,当义利冲突时,舍身也要取义。"鱼,我所欲也;熊掌,亦我所欲也,二者不可得兼,舍鱼而取熊掌者也。生,亦我所欲也;义,亦我所欲也,二者不可得兼,舍生而取义者也。"对国家、社会来说,"苟为后义而先利,不夺不餍"。一个国家或者一个社会,它不能够先利而后义,如果是先义后利,或者是后义而先利,只能导致这个社会的利害争夺。从价值观来讲,必须要提倡、倡导先义而后利,这个国家才能够有序生存。如果一个社会是"上下交征利",那么这个国家、这个社会就非常危险。

在孟子思想里面,不论是个人道德,还是社会文化价值,还是国家的层面,二者不能得兼的时候,必须要舍生取义,先义后利。但是正如陈来先生所说,孟子并没有排除,也有二者可以得兼的情况,在我们人生里边,在社会交往里边,在国家治国理政上,如果二者能够得兼,就不必片面把那两者对立起来。

义利之辨里的"中庸之道"

现在的问题，还不是仅仅"如果二者能够得兼"。在现实生活中，我们要搞市场经济，而市场经济本质上是以个人利益追求和交换为基础的利益共同体，不能一概以"义利冲突"的模式来照套。良性的市场经济运行状态，恰恰不是"二者不可得兼"，而是义利"二者能够得兼"要成为常态。

联产承包责任制之所以成为中国改革的起点，就是中国的农民最先冲破了"二者不可得兼"的桎梏，从而带起了新一轮的思想解放和生产力解放运动。允许生产者和经营者适当取"利"，适当"得兼"，应该说符合市场经济的常理和应有之"义"，也竟然成为中国改革开放搞活的"大义"。

我们共产党人要牢记全心全意为人民服务的根本宗旨，以牢固的公仆意识践行初心，永远铭记人民是共产党人的衣食父母，共产党人是人民的勤务员，要始终坚定地践行先义后利，不惜舍生取义。但在市场经济条件下，如何在以经济建设为中心的同时又不被金钱所诱惑，"理财而不贪才"，"赚钱而不要钱"，在大力推进市场经济的同时又不被市场经济的负面效应所腐蚀？大家都要"富起来"，都要来"发财"。今天的"官"，不可能空谈"义"，不取"利"，要带领大家"发财"，实现共同富裕。自己却要经得起"利"的考验和诱惑，要有众人皆富，我也守得住清贫，安于清贫的定力，诱惑太多，"清官"难做啊。市场经济条件下，大量的现象是：受利益驱动的影响，公与私的考验非常直接、经常和严峻。一些党员干部高喊着"舍生取义，先义后利"，其实公与私的天平已经大幅度倾斜，弃义谋利已经成为自觉不自觉的习惯，最终导致其官德与私德严重分裂，台上大讲马列主义，台下大搞拜金主义，人格扭曲，人前做冠冕堂皇的好人，人后是贪得无厌的恶鬼。腐败分子，无不是在市场的诱惑下和义利剧烈的冲突中，修身律己不严，私欲膨胀，弃义谋利，以致不可收拾，滑向罪恶的深渊。我们现在突然惊诧地发现，不仅"贪官"多起来了，"两面人"也多起来了。

◈ 伦理学

所以，今天在市场经济条件下，我们强调在义利冲突中必须坚定不移地先义后利，更加大声疾呼重义轻利，为义弃利，鼓励、向往大公无私、舍生取义的精神。但同时也要研究，义利之间能否"取中"？义利之辨里有无"中庸之道"？这恐怕也是现实中应该关注的一个严重的理论困惑问题。

"中庸之道"就是"适中、取中、用中之道"，关键在于审时度势，因"时"顺"势"而取"中"。现在的"时"，就是大力发展市场经济。现在的"势"，就是"不敢腐"占了压倒性优势，"不能腐"正在加强工作，"不想腐"正在构筑堤坝。但新构筑的堤坝，必须正视、面对市场经济这股充满活力、源源不断、无孔不入的"一江春水"。这个堤坝对这"一江春水"不仅能防能堵，还要能疏能导。反腐要彻底，彻"腐败"的底，持续高压，零容忍，全覆盖；也要彻"市场经济"的底，源头治理，因势利导，正本清源，从广义上说也是要找到义利二者得兼的"中道"。否则，反腐还是有可能陷入"问君能有几多愁，恰似一江春水向东流"的"如之奈何"境地。

为此，我问陈来老师，孟子既然没有排除在我们人生、社会和国家治国理政的领域，义利二者可以得兼、可以共赢的情形，您提出"应该努力开创，争取这种共赢得兼的局面"，这种局面，用今天的话来说，是否可以理解为"我为人人，人人为我"呢？陈来老师回答："在一定的定义下，'我为人人、人人为我'可以作为义利双行关系的一种。但就概念来讲，我们所说的，是义利的共赢，不是人我的共赢，意义更为普遍，故还应该有所不同。"

我认为，"我为人人，人人为我"，其内涵虽然特指"人"与"我"之间的义利双行关系，其外延也可扩大，即把社会、国家视为放大的"人"与"我"，如集体乃个人之和，国家是公民整体，"我为人人，人人为我"就可以上升到"道"的高度，成为一种义利之辨里的"中庸之道"。

"我为人人，人人为我"，这个口号，似曾相识却也新鲜，似很简单其实深刻,看看明白常常糊涂。

如果只讲"人人为我",使不得。马克思、列宁都引用过狄德罗的话,人人围着转的大写的"我",就像一架"发疯的钢琴"。钢琴发疯,节奏就乱了;人发疯,方寸就乱了;都发疯,世界就毁了,钢琴也没了声响,"我"也就消失了。

如果都来"我为人人",当然好。中国传统文化崇尚"为天地立心,为生民立命""先天下之忧而忧,后天下之乐而乐"的君子情怀;今人更应向往"自己活着,就是为了使别人过得更美好","人的生命是有限的,可是,为人民服务是无限的。我要把有限的生命,投入到无限的为人民服务之中去"的雷锋精神。这才是动人心弦的召唤,是理想社会慷慨高歌的不懈追求。

毋庸讳言,这个慷慨高歌,在市场经济条件下难以作为现实社会人人遵循的普遍要求。所以,应该两方面都讲——既要我为人人,也要人人为我,才比较全面,比较可行。

孔夫子说"己所不欲,勿施于人","己欲立而立人,己欲达而达人",耶稣说"无论何事,你们愿意人怎样待你们,你们也要怎样待人",与我们今天讲的"我为人人,人人为我",道理是相通的。但孔子教诲、耶稣圣谕,在市场经济面前,都会遭遇"言者谆谆,闻者藐藐"的尴尬。市场经济中,每一经济的个体都追求利润的最大化,这是资本的本质;每一真实的个人都追求利益的最大化,这是人的本性。由此演出了一部部惨烈竞争的活剧,形成了优胜劣汰的秩序,从而在整体上推动了效率至上的发展。但市场经济的求金逐利,难免让人迷心逐物。如果一切向钱看,就会把精神、信仰一概物化;如果人人向钱看,就会把诚信、道德统统抛弃。市场经济使人们的物质生活水平普遍提高,可精神世界却缺少了关照。现代的人们拥挤在高节奏、充满诱惑的现代生活中,人心浮动,没有片刻安宁。欲望在吞噬理想,多变在动摇信念,心灵、精神、信仰在被物化、被抛弃。在市场经济的进程中,有些人好像得了一种"迷心逐物"的现代病。

◇ 伦理学

怎么办？马克斯·韦伯倡导"新教伦理与资本主义精神"，提出在基督教文明中推进的资本主义市场经济，要靠一种"宗教精神的力量"来维持和制衡。据说这一套也曾管用，可是在华尔街鼓捣出的金融危机面前显然失灵了。美剧《纸牌屋》更把金钱万能的勾当揭露得淋漓尽致。

今天，我们搞社会主义市场经济，同样也不能不去面对：在资本盈利和个人谋利被激活后，如何把资本冲动与诚信道德、把物质追求与精神信仰成功结合的问题。市场经济不断给我们带来"财气"，也形成无所不在的"地气"。界定和处理人我关系，不能不接好这个地气。一个以利益关系为基础的社会价值体系和作为其反映的价值观念体系，必须回应全社会的利益关切。

在市场经济中，共产党人当然必须牢记全心全意为人民服务的根本宗旨，当然要强调"我为人人"，但并不因此就否定"人人为我"。一般即寓于个别之中，"人民"要体现在一个个鲜活的个体之中。如果要求一部分人只提供服务而不享受服务，"为人民服务"岂不失去了一部分服务对象？如果要求个人无条件为集体牺牲一切，甚至放弃合理正当的利益追求，这种无视个体权益的"集体主义"何来感召力，又何来"可持续发展"？"我为人人"，在物质条件匮乏的历史阶段有其合理性，但随着时代发展，"人人为我"的合理诉求也应逐步满足。总是忽视个人正当利益追求，必然影响个人活力和创造力的发挥，最终影响经济社会的整体发展。这方面，我们的教训是深刻的。

蛋糕要做大，也要分好。列宁说过："我们要努力把'大家为一人，一人为大家'和'各尽所能，按需分配'的准则渗透到群众的意识中去，变成他们的习惯，变成他们的生活常规。"① 在社会主义市场经济条件下，个体利益与社会整体利益从根本上并不矛盾冲突，反而可以实现双赢。正如马克思所说，要"实现人的自由、

---

① 《列宁全集》第31卷，人民出版社1958年版，第104页。

解放和全面发展",也要求"每个人的自由发展是一切人的自由发展的条件"。

人我关系,既简单又复杂。在市场经济中,手持利益这把"双刃剑",身处社会这个共同体中,必须坚守底线,明晰边界,有所为,有所不为。

人我关系,既稳定又发展。经过了个人利益的觉醒、市场经济的洗礼,如何把经济冲动与道德追求、把物质财富与精神高度结合起来,检验着社会的文明程度。搞市场经济,不是要搞市场社会。在社会主义市场经济中,应该社会关爱人人,人人感恩社会,每一社会成员都充分感受社会的温暖与和谐,反过来"滴水之恩,涌泉相报",守望相助,蔚然成风。如此良性循环,形成我为人人、人人为我的社会氛围。此中,生长着一种新型的社会文明,体现着社会主义道德的基本要求。人人皆富起来——人人为我,人人皆君子——我为人人,就可以"君子以厚德载市场经济"。党中央发布的《关于培育和践行社会主义核心价值观的意见》就要求:"开展涵养社会主义核心价值观的实践活动","形成我为人人、人人为我的社会风气"。

义利之辨里的"中庸之道",不要说去具体提倡和真正奉行,就是论证起来都要费一番口舌。但我们还是要向着它去努力。毕竟,"人心惟危,道心惟微;惟精惟一,允执厥中"(《尚书·大禹谟》)。这是儒学乃至中国文化传统中的"十六字心传"。"圣人之道,中而已矣,尧、舜、禹三圣人为万世法,一'允执厥中'也。"(明·方孝孺《夷齐》)这是中国传统文化中的"圣人之道"。

义利之辨里的"中庸之道",关乎"得其心法",近乎"圣人之道"。

义利之辨与"惟精惟一,允执厥中"

——"叶小文看义与利"之四

陈来先生对我的《义利之辨里的"中庸之道"》批改云:

> 不能一般地提义利之间能否取中,不能一般地提义利之辨里有无中庸之道的问题。从社会的主流价值观来说先义后利是不可动摇的。从个人的道德选择来说,在发生二者的尖锐冲突时,孔子讲的杀身成仁,孟子讲的舍生取义,都是不能含糊的。总的讲,义利之辨和中庸之道是不同的问题,义利之辨首先是价值观问题,中庸之道则涉及实践智慧。当然在一定范围内和条件下,义利有可能并行兼得,但似不必引入"中"的概念亦可解决。

先生的答复简明、清晰、决断、雄辩。义与利的矛盾关系,有时是统一的,有时是对立的。当义利不能两全时,则舍利取义,从孔子"杀身成仁",到孟子"舍生取义",仁义与孔孟合而为一,召唤着无数志士仁人,长存于天地之间而正气沛然、震烁古今。

的确,从社会的主流价值观来说先义后利不可动摇,从个人的道德选择来说先义后利不能含糊,这应该是基本共识、基本原则和基本前提。但沿此深入下去,无论从对义利之辨中对"义"和"利"的界定,还是从对优秀传统文化的继承发展和创新,尤其从市场经济条件下践行社会主义核心价值观、建立以正确义利观为基础的社会主义市场经济伦理的当代实践来看，是有问题需要深入探讨的。

"在义利之间取中"不是要"折中"，而是在义利的取舍上要争取"适中合义"。

张其成曾细分"义利之辨"的三层演进：其一：孔子，"君子喻于义，小人喻于利"，义利对立，义以为上、先义后利；其二：孟子当然也强调先义后利，为义舍利，但主张先义后利，反对先利后义，义和利已经不是截然对立的关系，而是先后关系。而且如陈来先生所说，孟子并没有排除，也有二者可以得兼的情况；其三，在《周易·文言传》中，将乾卦卦辞"元亨利贞"解释为四德，其中解释"利"字："利者，义之和也"，"义"和"利"更是有机统一起来，作为君子也是可以求"利"的，但必须符合"义"，要以义取利。

陈来先生引司马迁为孟子作传记的感想，太史公讲："余读孟子书，至梁惠王问，何以利吾国，未尝不废书而叹也。嗟乎！利诚乱之始也。"（《史记·孟子荀卿列传》）讲国家乱的根源就在大家都一心求利，以求利为先，说明先义后利关系到国家治乱之大道，这是无可辩驳的。问题在于，正如孙来燕先生所说，讲先义后利，需要对这个"利"作个定义。这个"利"应指"己所不欲皆施于人""己之所欲则无他人"的，获得不该得而得的利；或为了利己，丧失根本道德原则而换取的利。在这种情况下必须把"义"挺在前面，决定取舍。但对一国的领导者而言，他的仁义，就体现在爱民利民富民，不能仅为一己之私、一己之利。对于普通人而言，比如劳动者工作一天获得应有报酬，企业家经营管理获得应有报酬，科研工作者搞技术发明创造获得应有报酬，即按劳分配所获得报酬，应该不在那个"利"的范畴，而属于"利者，义之和也"，就不存在先义后利的问题。因而，"义"也有"适宜"之义，获利适宜就是合义，既适宜自己也适宜他人也是合义的，这其实就是道

— 319 —

义、道德的内涵。他还进一步提出了"将行道义和幸福快乐挂钩"的思考。

我认为"义利之间取中",也不是要"折中",不是要在义利对立时砌墙,甚至在义利无法兼顾时模糊动摇舍生取义的崇高原则,而是主张在义利的取舍上,要争取"利者,义之和也"的适宜、"适中",以义取利。例如,"安得广厦千万间,大庇天下寒士俱欢颜,风雨不动安如山!"这当然是取大利天下之义。"呜呼!何时眼前突兀见此屋,吾庐独破受冻死亦足!"从个人来讲当然是为大义而弃私利,我认为也可以理解为"适中合义"之"取中"。

义利之辨和中庸之道,二者既是不同的价值观层面和实践智慧,又可以统一于取舍义利的"惟精惟一,允执厥中"。

如果我们说儒家学说的最高境界是"中庸之道",作为价值观层面的义利之辨,其实践智慧中也不排除"取中"境界,义利之辨也可以符合"中庸之道"。

讲中庸之道,最精要的莫过于《尚书·大禹谟》所揭示的儒学乃至中国文化传统中著名的"十六字心传",即"人心惟危,道心惟微;惟精惟一,允执厥中"。意思是舜帝告诫大禹说,人心是危险难测的,道心是幽微难明的,只有自己一心一意,精诚恳切地秉行中正之道,才能治理好国家。"允"就是诚信的意思。

"人心惟危"即危险难测的"人心","危"在何处?在不断发生的现实利害冲突中,难以究竟义利之辨,难以权衡取舍之心,因而是摇曳、危险的。所以要"战战兢兢,如临深渊,如履薄冰"(《诗经》)。所以要"豫兮若冬涉川,犹兮若畏四邻"(《道德经》第十五章)。当然,义先利后、取义弃利甚至舍生取义,应该是对"惟危"之"人心"的毋庸置疑的断然选择。用今天的话来说,好一个"危"字了得,"中华民族到了最危险的时候,每个人被迫着发出最后的吼声",这是大义将灭之大"危",万众一心的"惟危"之"心"。

"道心惟微"的"道心",乃"君子所性,仁义礼智根于心"

（《孟子·告子上》）。《荀子·解蔽篇》指出："人心之危，道心之微。危微之几，惟明君子而后能知之。"在义利冲突面前，君子要"明"什么？当然要明"道心"。而"道心"之要却在"执中"。朱熹认为，"重刚不中，居下之上，乃危地也。"危地恰是"不中"。所以，"不偏之谓中；不易之谓庸。中者，天下之正道。庸者，天下之定理"（程颐语）。这个"中"，不是现代语义的"折中"，而是合正道、同定理、求大义之"中"。

"惟精惟一，允执厥中。""心一也，自人而言，则曰惟危；自道而言，则曰惟微。罔念作狂，克念作圣，非危乎？无声无臭，无形无体，非微乎？"（《陆九渊集·语录上》）"审问、慎思、明辨、笃行者，皆所以为惟精而求惟一也。"（《王阳明全集·传习录上》）切勿"罔念作狂"，力求"克念作圣"，始终慎思慎独，知行合一，把握独一无二之真心，体悟天人合一的境界，方是"惟精惟一"，才能"允执厥中"。而"中也者，天下之大本也。和也者，天下之达道也。致中和，天地位焉，万物育焉"（《中庸》）。

所以，义利之辨中，义先利后，必要时舍身取义，是"惟精惟一"的境界；而"允执厥中"，是天下之大本，天下之达道，"惟精惟一者，所以执中而已矣"是义利之辨中的应有之义。

义利之辨与市场伦理建设

——"叶小文看义与利"之五

这样去深入讨论"义利之辨",不是咬文嚼字,坐而论道。其现实意义实质上关系到在今天,先义后利、以义取利,如何才能真正"成为全民的价值观,成为全民的道德规范。尤其是企业家更要树立这一价值观"。而"所谓树立价值观就是要真正成为一种信仰",不仅仅是一种主流价值导向,一种高大上的榜样,一种理直气壮的要求,一种光明正大的向往。

曾有人问,"考察一下,改革开放以来多少企业家就是倒在没有遵循这一价值观上?"其实更厉害的,如邓小平同志所说:"自从实行对外开放和对内搞活经济两个方面的政策以来,不过一两年时间,就有相当多的干部被腐蚀了。卷进经济犯罪的人不是小量的,而是大量的。犯罪的严重情况,不是过去'三反'、'五反'那个时候能比的。那个时候,贪污一千元以上的是'小老虎',一万元以上的是'大老虎',现在一抓就往往是很大的'老虎'。"① 现在改革开放40多年了,这种现象愈演愈烈,出了多少"大老虎""小苍蝇"?为什么会这样呢?是改革开放不对吗?不是。是我们党放弃了立党为公的宗旨和初心吗?不是。是我们没有在党员中对"糖衣炮弹"警钟长鸣、没有在社会上提倡正确的义利观和公私观吗?

---

① 《邓小平文选》第2卷,人民出版社1994年版,第402页。

都不是。究其原因，正如阎晓宏先生所言："市场经济总体是趋利的，追求的是规模效益，而这又是由'利'主导的，把'利'与'义'协调起来，很重要，但是也很不容易。"在我看来，就是今天在市场经济条件下，我们强调在义利冲突中必须坚定不移地先义后利，更加大声疾呼重义轻利，为义弃利，鼓励、向往大公无私、舍生取义的精神；同时也必须深入研究，义利之间能否"取中"？义利之辨里有无"中庸之道"？也即如何从中华优秀传统文化中汲取培育和弘扬社会主义核心价值观的丰厚滋养，化解市场经济中的道德悖论，使道德成为市场经济的正能量。这是一个重大的理论问题和现实问题。

国无德不兴，人无德不立。市场经济无德，也搞不好，更搞不成。"地势坤，君子以厚德载物"。中国特色社会主义浩浩荡荡，其特色之一，就是能以"厚德"载市场经济。市场经济中每一"经济人"都追求利润最大化，由此激烈竞争，优胜劣汰，效率大增。货币成了一般等价物，价值规律驱使人们不断追求和积累商品价值。市场经济当然要讲效率。但如果"一切向钱看"，就会把精神、信仰一概物化，把诚信、道德统统抛弃。手持利益这把"双刃剑"，身处社会这个共同体，就需要坚守底线、明晰边界，有所为，有所不为。这个底线和边界，就是"适中"。经过了个人利益的觉醒、市场经济的洗礼，如何把经济冲动与道德追求、把物质富有与精神高尚成功结合起来，检验着我们社会的文明程度，也关乎社会主义市场经济的成功程度。

培育和践行社会主义核心价值观，要落实到成功建立现代市场经济发展所需要的"市场伦理"，把"资本"的冲动与"诚信"的建构成功结合，形成一个与现代市场体系配套的，勤勉做事平实做人、守信光荣失信可耻的社会氛围，构建和遵循适应社会主义市场经济的"适中""守中""惟精惟一，允执厥中"的道德和行为规范。只有这样才能让社会主义核心价值观接地气——与现代市场体系以及相应的社会结构更加紧密契合，才能够对准人们思想的共鸣点、群众利益的交汇点而生生不息，增强对广大群众的吸引力和感染力而生动活泼，进而成为人们自觉的利益诉求和价值愿望而潜移默化，成为人们世界观、人生观、价值观的总开关而无所不灵。

我们现在遇到一个新的课题，就是进入了市场经济这样一个推动人类进步却充满矛盾的历史阶段，物质富有起来了，为什么精神反而贫乏？道德到底该怎么搞，人有没有底线？恐怕不是简单地、反复地倡导先义后利、提倡舍生取义就能解决问题的。毋庸讳言，中华民族在走进市场经济、发展市场经济的过程中，也遇到了"迷心逐物""重利轻义"的挑战和考验。发展市场经济是实现现代化的必然过程，它使人们的物质生活水平普遍提高，可精神世界却容易缺少了关照。现代的人们拥挤在高节奏、充满诱惑的现代生活中，人心浮动，没有片刻安宁。欲望在吞噬理想，多变在动摇信念，心灵、精神、信仰在被物化、被抛弃。不少人好像得了一种"迷心逐物""精神缺钙"的现代病。市场经济的自发运行存在一种道德悖论：既排斥道德又需要道德。一方面，资本追逐利润最大化、个人追求利益最大化，可能导致拜金主义、极端利己主义等非道德现象；另一方面，市场经济的健康发展必然要求人们遵守市场规则、进行道德自律，生产力水平的提高必然要求社会公平正义、人们的道德素质普遍提高。在实践中我们也看到：社会主义市场经济的发展带来了社会生产力的解放和快速发展，与此同时，由于体制机制不健全等原因，一些经济主体拜金主义、享乐主义、极端个人主义有所滋长，部分社会成员世界观、人生观、价值观扭曲，出现坑蒙拐骗、制售假冒伪劣产品、权钱交易等种种丑恶现象，贪污腐败也一度泛起。化解市场经济自发运行的道德悖论，是促进社会主义市场经济乃至整个经济社会健康有序发展的一个紧要课题。

中华民族作为一个有着深厚文化传统的伟大民族，在走向现代化、建设社会主义市场经济的过程中，有没有办法化解市场经济的道德悖论？中华民族的精神基因在哪里？还是在我们优秀的传统文化和生生不息的文化基因里。但传统文化、传统道德过去没有、现在也不能把我们带进现代化、带进市场经济。就此，习近平同志指出，要加强对中华优秀传统文化的挖掘和阐发，努力实现中华传统美德的创造性转化、创新性发展。实现这一目标，需要持续不断地努力。当前，可着力研究和解决四个问题。

一是在推进市场经济中激活民族优秀传统的文化基因。亚当·斯密在《道德情操论》中，基于人性本善的假设，把源于人的同情的利他主义情操视为人类道德行为的普遍基础和动机；在《国富论》中，又把人性本恶作为经济学的前提假设，把个人利己主义的利益追求当作人类经济行为的基本动机。他提出了问题，却未能解决问题，给出的是一个"斯密悖论"。但他强调靠"人的本性"解决市场经济中的道德缺失问题的思路也启发我们，其实蕴含在中国传统文化中的中华民族的"民族本性"，有巨大的能量，关键是如何在发展市场经济的新的历史条件下唤回它、激活它、放大它，使它成为强大的正能量。今天，诊治近利远亲、见利忘义、唯利是图、损人利己的道德失范现象，不妨从民族优秀的文化基因中，去找回和强化道德约束和慎终追远的定力，去增强我们民族在现代化浪潮中强身壮体的抗体，增强人们在各种物质诱惑面前的免疫机能，促使人们做到见利思义、义利并举、先义后利。

二是在推进市场经济中确保坚守共产党人的道德高地。当市场在资源配置中起决定性作用时，执政党在领导和调配全国资源中起什么作用？不能不正视，腐败之风曾经一度严重侵蚀我们的党政干部队伍。中国有推崇君子人格的传统。诸如"君子喻于义，小人喻于利"的谆谆告诫，修齐治平、治国安民的政治理想，"载舟""覆舟"、居安思危的忧患意识，"国而忘家，公而忘私"的精神境界，"安得广厦千万间，大庇天下寒士俱欢颜……吾庐独破受冻死亦足"的民本情怀等，这些中国传统文化的"君子之德"，与共产党人为实现共产主义前仆后继的远大理想，全心全意为人民服务的基本宗旨相契相合。党的各级干部不妨从传统的君子之德中，念好权力约束的"紧箍咒"，获得精神鼓舞的正能量，培养浩然正气。

三是在推进市场经济中实现法治与德治并举。中国历史上，很多人主张"儒法并用""德刑相辅"。治理国家和社会是复杂的系统工程。党提出依法治国和以德治国相结合，一定程度上吸收了古人"礼乐刑政其极一也"的治理思想与经验。以德治国，是我们国家和民族的历史传统之一，是中华民族应该认真继承使之转化为新历史条件下可以进一步用好的最深厚的文化软实力之一。

四是尝试在唯物史观的指导下，激活中华传统文化的优秀精神基因，成功结合资本的冲动与诚信的构建，建立适应社会主义市场经济的道德和行为规范的，"利者，义之和也"的义利兼顾与统一，"适中合义"的"市场伦理"与实践。这项研究是有难度的，概念需要厘清，理论需要创新，底线必须守住，"适中、时中、实中"；是要特别正视"人心惟危，道心惟微"的，是要不懈追求"惟精惟一，允执厥中"的；是要向着"中也者，天下之大本也。和也者，天下之达道也。致中和，天地位焉，万物育焉"的境界不断努力的；是要"厚德载物，厚德载市场经济"的。这也就是主张研究"义利之辨的中庸之道"，其现实意义之所在。

市场伦理建设也要纳入治国理政的大范畴

——"叶小文看义与利"之六

治国理政价值观和市场经济法则，是需要有所区分的。尤其是执政的共产党在市场经济的挑战面前，必须自觉抵制商品交换原则对党内生活的侵蚀。何况搞市场经济，也不能就等同于要搞"市场社会"，使市场在资源配置中起决定性作用，也不是使市场在社会生活中起决定性作用。

市场经济当然是竞争经济、法治经济，首要的并非市场伦理建设而是市场法治建设。没有好的法治环境，市场主体的独立性、市场竞争的有效性、政府行为的规范性和市场秩序的有序性都将缺乏根本的保证。因此，只有建立在法治基础上的现代市场经济，才是实现资源有效配置和富民强国的有效途径。法的内容应当体现公正性，真正体现市场经济的公平竞争和对法律的有效保护。法律面前人人平等，平等地对待不同的市场主体。只有机会的公平才是实现社会公正和经济效率相统一的有效途径。已制定的法律还在于它具备可操作性和可诉性。制定的法律应当全面、系统，不能留下法律空白区域，特别是市场经济的基础法律更是如此。但法治与德治毕竟是相辅相成、相得益彰的，市场经济的法治建设也需要市场伦理建设的配合。法律专家吕忠梅指出，民法典作为市场经济的基础性法律，也有对"义利"的价值判断，对"追不追""扶不扶"等问题作出了回答；对"头顶上的安全""舌尖上的安全"等现象也有明确回应。也请大家关注民法典中的"好人条款""坏人条款"，研究民法典中的"义利观"。

完善市场经济体制，就要使市场经济体制蕴含的善的伦理道德，最终成为全社会普遍认同的行为规范。这包括，对所有参与市场经济活动的企业一视同仁。市场经济需要政府"看得见的手"的作用，但应当有明确的边界。政府参与市场行为，也需要有严格的法律限定，并进行规范，而不是政府可以随心所欲甚至不负责任参与市场行为。政府不能"越位"，不能在决策上随意性较大，不能责任意识淡漠，对造成重大经济损失的行为后果，必须追究决策者的行政责任。

在现代经济中，政府要加大对市场的监管力度，有效的市场监管能够为营造良好的道德氛围创造条件。作为市场监管主体，政府通过规范各类经济主体的行为，限制各种不正当的经济行为，创造公平竞争的市场秩序。要以政府的有效监管引导市场主体采取守信行为，惩戒失信行为，营造良好的社会诚信环境，确保市场经济的健康发展。以诚信为例，市场经济作为契约经济，必须将诚信放在重要地位。现代诚信制度实际上就是建立在诚信基础之上的契约关系。有诺必践，违约必究，经济活动才能正常运转。诚信度越高，经济运行就越顺畅；诚信度越低，经济运行成本就越高。说到这里，政府"治国理政"之一个重要职责"对市场的监管"，还是离不开市场伦理建设。

市场经济条件下，道德调节是有明显局限性的。市场经济本身并不能分辨善恶，市场可以容纳各种各样对整个社会来说极不道德的交易。因为市场经济本身并不能规定什么样的人、什么样的东西可以或不可以在市场上进行交易，双方只要自愿交换，平等互利，丝毫不和市场经济原则相悖。同样，一些人把名誉、良心、权力和官位等当作商品与金钱进行交易，只要占有者愿意，都可以同货币相交换而商品化。市场经济的互利原则，实际是各方无意识的一种塌方型的腐败。资本不断扩张的冲动和权力不断膨胀的欲望结合，会使道德的界限丧失，使法律的界限模糊，甚至成为马克思主义所严厉批判的垄断资本主义，彻底走向党和人民的反面。所以习近平总书记一再强调，我们必须"坚决防止权力和金钱相结合"，要"把权力关进制度的笼子里"；同时又谆谆告诫"承担公共事务责任的官员"，古人说："内无妄思，外无妄动。"党的领导干部更要对组织和人民常怀感恩敬畏之心，对功名利禄要知足，对物质享受和个人待遇要知止。"惟江上之清风，与山间之明月，耳得之而为声，目遇之而成色，取之不禁，用之不竭。"苏轼这份情怀，正是今人所欠缺的，也是最珍贵的。生不带来，死不带去，想通这个道理，就一定能以身作则，以上率下，以清廉养浩然之气！我体会，习近平总书记是把对官员的崇高道德要求、市场经济的伦理建设，都纳入治国理政的大视野了。

不管社会主义还是资本主义，只要搞市场经济，就要面对在资本盈利和个人谋利这两个"起点"被启动、激活后，人们如何提高自我约束力和道德水平的实际问题。如果不去正视市场经济中道德调节的"二律背反"，如果在市场经济中普遍地重利轻义甚至逐利弃义，不经意间搞得金钱至上、诚信尽失、劣币驱除良币，乃至腐败丛生、积重难返，市场经济的正常秩序就难以为继，社会就会积累不满乃至引发动乱！所以，市场也有伦理。这个市场伦理，当然要以"治国理政关注的社会价值观"即政治伦理、社会伦理为重要导向，也要以治国理政需要关注的市场伦理为重点关切。毕竟政治伦理、社会伦理和市场伦理，既要求一致又有所不同。简单照搬照套、一应笼统要求，恐未必管用。

应该肯定，韦伯的《新教伦理与资本主义精神》一书的意义，在于开始了对人类如何建立市场伦理的思考和探索。他认为：市场伦理的基本内容包括：人人应承担"诚实交易""遵守承诺"和"守时"等义务和责任，并且以"刻苦""勤奋""忠诚"等态度来对待各自的职业，以精确的理性计算，来使资本和劳动的组织合理化，小心而又有远见地追求经济成功。

问题是怎么做得到？韦伯以当年异国他乡的新教徒们的致富举动为例，来证明"圣徒们为了证明自己获得上帝的救赎，就要积极地勤劳致富，那么就要把现世的生活彻底理性化，完全受增添上帝的荣耀这个目的支配，他的一切言行都为着上帝的荣耀"。他就此得出结论，"没有企业家阶层就没有资本主义的发展，没有道德宪章就没有企业家阶层，没有宗教信念就没有道德宪章"。在他看来，这个问题最终是靠宗教信念解决的。

但显然这个问题没有解决，靠上帝帮忙解决不了市场伦理问题。正如《21世纪资本论》一书所揭示的，市场经济还有一只"看不见的手"在起支配作用，资本收益的增长大于经济收益增长的趋势是总要起决定性作用的，严重的两极分化而导致社会危机的局面是迟早要来的。

如何建立我们自己的、社会主义的现代市场经济发展所需要的"市场伦理"，把"富起来"的诉求，把"资本"增长的冲动，与"勤劳""诚信""节俭""不害人、坑人"的仁德建构成功嵌合？如何创造一种新的谋利和致富基因，在激发勤劳致富、不断创新的活力的同时，都能爱国守法和敬业诚信？如何抑制拜金主义、享乐主义、极端个人主义的泛滥，建立"不想腐、不敢腐、不能腐"的机制？如何促进扶贫济困、礼让宽容的人际关系，形成勤勉做事、平实做人、守信光荣、失信可耻的社会氛围，构建传承中华传统美德、符合社会主义精神文明要求、适应社会主义市场经济的道德和行为规范即新的市场伦理？这些，是我们"富起来"过程中需要探索、需要解决的大课题，也是今天"义利之辨"尚需见仁见智、深入研究的问题。

写到这里，文已冗长，但话题沉重，意犹未尽。我就再鼓起勇气说一句：市场伦理建设也要纳入治国理政的大范畴。

民族复兴中国梦的
文化根基与价值支撑*

——"核心价值观百场讲坛"首场报告

时间：2014 年 5 月 30 日
地点：中国人民大学逸夫会堂
嘉宾：中央社会主义学院党组书记、第一副院长叶小文

---

* 原载《光明日报》2014 年 6 月 4 日第 5 版。光明网记者章丽鋆、蒋正翔整理。

◇ 伦理学

今天"核心价值观百场讲坛"我来开讲，抛砖引玉。玉在哪里？玉在后面一场一场的讲座里，玉在今天听讲的各位老师、同学和网上的朋友那里。在座的各位都是"人人握灵蛇之珠，家家抱荆山之玉"。我今天很荣幸来讲"民族复兴中国梦的文化根基与价值支撑"。这个题目有一点难，我从三个方面来讲。第一，三君子问出"文化焦虑"。第二，中国梦呼唤"文艺复兴"。第三，富起来更要"厚德载物"。

三君子问出"文化焦虑"

第一个是黄炎培之问：我生60多年，耳闻的不说，所亲眼看到的，真所谓"其兴也勃焉，其亡也忽焉"……都没能跳出这周期率的支配力……中共诸君如何找出一条新路？第二个是梁启超之问：郑和下西洋乃"有史以来，最光焰之时代"，"而我则郑和之后，竟无第二个郑和"？第三个是李约瑟之问：如果中国的朋友们在智力上和我完全一样，为什么直到中世纪中国还比欧洲先进，后来却会让欧洲人着了先鞭呢？怎么会产生这样的转变呢？

何来文化焦虑？

三君所问，无不凝聚折射着文化焦虑。人无文化，浮躁浅薄，难免"其亡也忽焉"。文化涵养，有助于跳出"人亡政息"的周期率。民无文化，行也不远，当然"竟无第二个郑和"。文化繁荣，催生着"江山代有才人出"的新局面。国无文化，急功近利，能有几个人愿意锲而不舍地艰苦创业？文化底蕴，才能孕育以爱国主义为核心的民族精神和以改革创新为核心的时代精神。

三君子所问，我认为根本答案就在二字，文化！

三君子问出了文化焦虑。他们焦虑什么呢？中国是最有文化的，先秦诸子、汉唐气象、宋明风韵……五千年文脉涵养出泱泱中华，多元一体的中华民族创造了万紫千红的文化。

那何来文化焦虑？近代以来，中国沦为半殖民地半封建社会。

古国蒙羞，生灵涂炭，国将不国，文化安在？

可是中国人一直就没有停止过追求民族复兴、追求文化强国的梦想。只有新中国成立，站起来的中国人民才能改天换地，才能自己穿上一件新的衣服。可是一穷二白，还是挥之难去啊！我是新中国成立后长大的，记得50年代"大跃进"我们意气风发，超英赶美，拼命干啊。可是毛泽东还是沉痛地说，我们一为"穷"，二为"白"。"穷"就是没有多少工业，农业也不发达。"白"就是一张白纸，文化水平、科学水平都不高。毛泽东着急啊！

文化荒漠立不起伟大民族

建设军事强国、经济强国，还要建设文化强国，这是几代中国人的强国梦。在文化信念的荒漠上，立不起一个伟大的民族。今天习近平总书记提出民族复兴的中国梦，这个梦要有文化的根基，要有价值的支撑。

经过30多年的改革开放，"穷"的帽子大体甩掉了，但是"白"呢？外人看我脱穷，都惊讶地睁大眼睛。几年前我去香港出差，女儿让我买一个LV包。一看价格一万二，我说这么贵，是不是多写了一个零，我就犹豫：买吗？尽管我是个部级干部，工资也不低，如果买，一个月工资没了，如果不买回去怎么交代呢？正犹豫，旁边来了一个人，衣服还扣错了，说"拿十个"，看都不看，钱一甩，就走了。我说老板这是什么人，你们商店都是什么人来得多？他说，前些年是日本人，后来是台湾人，他们钱多。可这两年都是大陆的，最近来的全是十个二十个拿。我说这是哪里的人呢？这是山西的煤老板。（全场笑）

可是，外人观我治"白"，却不屑地耸耸肩膀。撒切尔夫人，她不像现在的卡梅伦那么客气。中国对英国的出口贸易量大，她说那有什么呢？中国注定成不了强国，出口了那么多电视机，出口过一部电视剧吗？这就讲到我们的软肋了。我们的电视剧很多，这些年开始出口了，前些年可没有出口。但是电视剧题材一窝蜂，一会儿都是清朝格格那点事儿，有段时间全是反间谍片，而且间谍一定是美女。这些片子怎么出口呢？所以外人觉得我们的文化还不太行。

但不管外人如何看我们，我们不必妄自菲薄。我们的文化建设已经出现了发展里程碑。现在文化基础设施大为改善：广播电视村村通，文化站到处都有，农村电影到处放，还有很多农村书屋，是世界第三大电影生产国、第一大电视剧生产国、出书数量第一。可是，我们还算不上文化强国，我们的文化还是繁而未荣啊！

文化上"人强我弱"要改变

现在，文化强国不仅是梦想、期待，还是具有紧迫性的强烈需求了。向外看，经济上的"人强我弱"变了，文化上的"人强我弱"也要改变。江泽民同志说，必须把弘扬和培育民族精神作为文化建设极为重要的任务。胡锦涛同志指出，全面建成小康社会，实现中华民族伟大复兴，必须推动社会主义文化大发展大繁荣，兴起社会主义文化建设新高潮。习近平同志讲，中华民族创造了源远流长的中华文化，中华民族也一定能够创造出中华文化新的辉煌。

大家知道，当人均 GDP 低的时候，主要是物质文化需求。我是 20 世纪 50 年代出生。那时候谈恋爱，女孩穿军装就美得不行了。我太太穿了一套军装，我就开始追求她。今天看在座的女孩子哪个衣服一样了？都百花齐放了嘛！你满大街去找，能找到两个一样的吗？找到就说今天撞衫了，回去换一件。（全场笑）

我们的精神生活需求是越来越厉害。我们富了吗？我们富了。但我们中国是文明古国，书香门第，再富也不能浮躁。沉静、从容、大气、平和，有其境界，是文化大国的气质。不应该有了钱就狂了、疯了，不知道该怎么办了，就"我爸是李刚"，这怎么搞得？（全场笑）

文化啊文化，三君所问，今天还在撞击着我们的心灵！

中国梦呼唤"文艺复兴"

中国在现代化浪潮中的崛起有数可算。连续 30 多年保持平均

9.8%的增长,这在世界上没有过。现在经济下行的压力已经来了,各种问题扑面而来,让人应接不暇。经济增速的换挡期,结构调整的阵痛期,要保证经济持续、良性增长,整个国家必须有一股精气神,必须保持持续振奋的民族精神和旺盛的创新活力,必须团结奋进,所以实现民族复兴中国梦一定要有文化根基和价值支撑。

中国梦为什么呼唤文艺复兴?人类文明进步的历史充分证明,没有先进文化的积极引领,没有人民精神世界的极大丰富,没有全民族创造精神的充分发挥,一个国家、一个民族不可能屹立于世界先进民族之列。

同学们都知道文艺复兴。今天世界的现代化起源于数百年前的西欧历史上发生的一场持续200余年的文艺复兴运动。文艺复兴把"人"从"神"的束缚中解放出来,把生产力从封建社会的束缚中解放出来,带领西欧走出中世纪的蒙昧和黑暗,迎来了现代文明的曙光。

文艺复兴"后遗症"

文艺复兴真的很伟大,但是我们也不能不承认文艺复兴之后解放了的人有一点儿膨胀,搞得人与自然的关系紧张,人与人的关系也紧张了。

比如,人和自然关系的紧张。天、地、水、空气,是人类生存最基本的要素。现代工业文明彻底打破了自然的和谐与宁静,人类成了自然的主人和敌人。

我们糟蹋老天,对着天疯狂地吹,温室效应不断加剧,使世界气象组织发出警告。但存方寸地,留与子孙耕。青山绿水,就是金山银山。然而我们的地怎么样了?生态恶化,粮食紧张,水源污染,鱼死滩头……

讲到空气,北京人感受最多的就是雾霾。我前几天去广东出差,听到广东的同志说:"你们好好工作,不好好工作调你们到北京去。"(全场笑)

客观上看,有个"环境库兹涅茨曲线",讲环境退化和经济增长的关系。在经济增长的前期阶段会使环境遭到破坏，到一定的拐点，经济质量提高了，人均收入增长了，环境就开始得到保护，环境污染会由高趋低。

据说，美国是 11000 美元才拐，日本 8000 美元就拐了，德国 7000 美元就拐了，我们 4000 美元就开始考虑拐了。我们现在正处于 4000 美元到 10000 美元的爬坡阶段，处于倒 U 型曲线的左侧，即增长要以加速整体生态环境恶化为代价的阶段。而中国生态环境脆弱，资源相当紧缺。我们只能选择一条发展道路：在保持经济增长势头的同时延缓和尽量避免整体生态环境的恶化，并尽可能地节省能源。你看中国办点事难不难？

再比如，人与人关系的紧张。《共产党宣言》里说，"资产阶级撕下了罩在家庭关系上的温情脉脉的面纱，把这种关系变成了纯粹的金钱关系"。当代西方社会在从"现代社会"向"后现代社会"转型的过程中，"上帝之死"带来了信仰迷茫和精神焦虑。当代中国社会在向现代化转型的过程中，也出现了某些"远离崇高"和"信仰缺失"的精神现象。文艺复兴极大地解放了"人"，但"人"又付出了极大的代价——文艺复兴使"人"从神的束缚中被解放出来，之后人又被神化、异化。

"新的文明复兴" 中国应该有所作为

出路何在？一场新的"文艺复兴"，我将其称为新的文明复兴，已躁动于时代的母腹，呼之欲出。这场新的文明复兴，要把过度膨胀的人还原为一个"和谐"的人，要建设一个人与自然和谐、人与社会和谐、人与人和谐的新的"和谐世界"。

中华民族的文化传统，因应着这个时代要求。英国的历史学家汤因比说过，避免人类自杀之路，在这点上现在各民族中具有最充分准备的，是两千年来培育了独特思维方法的中华民族。

什么独特思维方法？就是天人合一，允执厥中，仁者爱人，以和为贵，和而不同，众缘和合。其核心，就是"和"。"礼之用，和为贵，先王之道斯为美。"人类文明的交汇已走到量变到质变的临界点，人类危机呼唤人本主义在否定之否定意义上的继承和发扬。中华民族实现民族复兴的伟大进程，肩负着推进一场新的文明复兴的时代使命。迎接这场并不逊色于历史上的文艺复兴的、新时代的"文艺复兴"，中国应该有所作为。

富起来更要"厚德载物"

周虽旧邦，其命维新。富起来更要"厚德载物"。民族复兴中国梦要有价值支撑。习近平同志特别强调指出，人类社会发展的历史表明，对一个民族、一个国家来说，最持久、最深层的力量是全社会共同认可的核心价值观。它承载着一个民族、一个国家的精神追求，体现着一个社会评判是非曲直的价值标准。

核心价值观在家国情怀中

在中国，说不完道不尽的，正是家国情怀。史书万卷，字里行间都是"家国"二字。无论社会变迁沧海桑田，不管乡野小农高官巨贾，人皆知"万物本乎天，人本乎祖"的规则，都遵循"敬天法祖重社稷"的古训。

"家是最小国，国是千万家"，"我爱我的国，我爱我的家"。有一个情感是共同的，"为什么我的眼里常含着泪水，因为我深爱着脚下的土地"。中华民族同样属于一个伟大的、不可替代的族群。凝聚我们这个历久弥新的伟大国度的精神资源之一，同样是那永不衰竭的家国情怀。

未有我之先，家国已在焉；没有我之后，家国仍永存。多少沧桑付流水，常念家国在心怀。如此，每个中国人短暂而有限的生命，便融入永恒与深沉的无限之中，汇集成永续发展永葆青春的动力。"家"在"国"中卿卿我我，吉祥如意；"国"在"家"中生生不息，兴旺发达。核心价值观就在我们的心中，就在家国之中。民族复兴中国梦，一定要有核心价值观的支撑！

◈ 伦理学

核心价值观要对症下药

党的十八大报告从三个倡导提出积极培育践行社会主义核心价值观。中央发布《关于培育和践行核心价值观的意见》，标志着我们从讨论核心价值观到开始践行的飞跃。核心价值要变成基本动力，要有完备的理论体系，也要有更凝练的观点，才能形成基本动力。

要怎么凝练呢，要接地气，必须植根于中国传统文化，同时你要有活力，要吸收世界的创新。这里面的核心无非是要解决公和私、人和己的关系。核心价值观的要害是要处理好市场经济中公和私、人和己的关系问题——道德问题，要对症下药，对症施治。

中国是最守诚信的国家，可是一个有着诚信悠久传统的民族，在发展市场经济中遇到了诚信缺失症的难题。对于发展市场经济中社会上出现的道德沦丧、信任缺失、腐败时现的现象，如果整个社会的核心价值观不能对症下药、刮骨疗伤，而任其病入膏肓束手无策，就没有说服力，缺乏生命力。搞市场经济不是搞市场社会，使市场在资源配置中起决定性作用，不是要使市场在社会生活中也起决定性作用。

国无德不兴，人无德不立。市场经济无德，也搞不好、搞不成。"地势坤，君子以厚德载物"。中国特色社会主义浩浩荡荡，其特色之一，就是能以"厚德"载市场经济。所以核心价值观建设在道德问题上聚焦，道德问题在市场经济发展中凸显。市场经济中的道德问题，尤以信用缺失症为重，所以我想讨论市场经济中的信用缺失症的诊和治。

信用缺失症四大症状

这是一个病啊，我们现在诊断一下，望闻问切，看到了它的四种表现：一切向钱看，信用缺失症在细胞滋生；有钱啥都干，信用缺失症向肌体蔓延；权钱做交易，信用缺失症使器官腐败；为钱可逆天，信用缺失症让大家疯狂。

致富是大家的期盼，穷病穷病，都是穷出来的病，但是富怎么也出来病呢？改革开放极大地根治了穷病，但不能"富得只丢掉了魂，穷得只剩下钱"哪！不能搞得大家都心浮气躁不思进取，心烦意乱不知所从，心高气盛欲壑难填哪！

信用缺失症使器官腐败。我们大多数的干部都是兢兢业业的，但是不能不正视腐败之风已经严重侵蚀我们的党政干部队伍，总不能"老虎遍地有，苍蝇满天飞"。所以在依法严惩腐败的时候，坚持"老虎""苍蝇"一起打的同时，必须建立"不想腐、不能腐、不敢腐"的机制，必须解决有效的道德调节问题。

市场经济下的道德调节问题

无论东方西方，无论已"后现代化"还是在努力实现现代化，都面临一个共同的问题——市场经济条件下的道德调节问题。

我曾与国学大师南怀瑾有一个对话：现代化使人们的物质生活水平普遍提高，可精神世界却缺少了关照。现代的人们拥挤在高节奏、充满诱惑的现代生活中，人心浮躁，没有片刻安宁。大家好像得了一种"迷心逐物"的现代病。如果失落了对自身存在意义的终极关切，人靠什么安身立命？问题是现代化和市场经济不断放大满足安身立命的基本约定，刺激、放任个体对物质享受的过度追求。于是，"天下熙熙皆为利来，天下攘攘皆为利往"。近利远亲、见利忘义、唯利是图、损人利己甚至"要钱不要命"的道德失范现象，在生活提高、人类进步的现代化浪潮中沉渣泛起。

市场经济有两个起点，每个经济的个体都追求利润的最大化，这是资本的本质；每一个真实的个人都追求利益的最大化，这是自私的本性。社会转型带来了信任模式的断层，许多不道德、不诚信的行为与市场经济中的不规范、不发达相伴相生。社会运行机制失当也给社会信任机制带来负面影响。

市场经济是好东西，能推动社会生产力的发展，有巨大的进步意义。但是市场经济的道德调节有明显局限性：它本身是不分善恶的。市场经济要逐利，就管不了那么远，管不了整体利益、长远利益，于是，人类日趋严重的"生态伦理问题"就出来了。

◈ 伦理学

市场经济对道德是"二律背反"。一方面，资本追逐利润，个人追求物质利益，导致拜金主义——排斥道德；另一方面，社会整体追求公平、正义，市场规则要遵守，道德要自律——要求道德。这个病就难治了。

诊治信用缺失症的六味药方

我今天先开出六种药方，当然更寄希望于"核心价值观百场讲坛"后面那么多大家一起来群策群力。

第一要法治，不受制约的权力难免腐败，绝对不受制约的权力有可能绝对腐败。习近平总书记强调："党领导立法、保证执法、带头守法。"只有这样，才能把权力关进制度的笼子里，使各级官员都经得起市场经济的诱惑和考验。常修为政之德，常思贪欲之害，常怀律己之心，在市场经济的考验中继续成为全心全意为人民服务的道德模范。如此，群众对我们的干部才能"譬如北辰，众星共之"。

第二要规治。党的十八大报告提出，深入开展道德领域突出问题专项教育和治理，加强政务诚信、商务诚信、社会诚信和司法公信建设。要让"骗子过街人人喊打，信用不良寸步难行"。

第三要德治，自己管住自己。康德说过，有两样东西一直让我心醉神迷，那就是头顶的星空和内心的秩序。内心的秩序是什么？今天就是要倡导爱国守法敬业诚信，要构建传承中华传统美德、符合社会主义精神文明要求、适应社会主义市场经济的道德和行为规范。提倡修身律己、尊老爱幼、勤勉做事、平实做人，推动形成"我为人人、人人为我"的社会氛围。

第四要心治，最难治的病是心病。和谐世界，从心开始，最难的就是这个心。1989年我在《中国社会科学》杂志发表长篇论文《变革社会中的社会心理：转换、失调与调适》，结论很清晰，经济快速增长引起紧张，高度紧张造成焦虑。现在大家脾气很大，所以要心治。佛教讲"心安则众生安，心平则天下平"，可供我们借鉴。

第五要综治。这是关键。市场经济对道德的"二律背反"，需要自律，需要互律，需要他律。我们要加大政府自身的改革，推进政治文明进程；我们要提高法的公正性；我们要进一步完善市场经济体制，要加大对市场的监管力度；我们要提高"合力"的作用。互律也好，他律也好，关键是自律。我们要使有德的人多起来，道德的土壤厚起来，厚德载物，厚德载市场经济。

第六要长治。长效药在哪里？我写了一篇文章《让道德成为市场经济的正能量》，发表在今年4月17日的《光明日报》头版头条上。中华民族作为一个有着深厚文化传统的伟大民族，在走向现代化、建设社会主义市场经济的过程中有没有办法化解市场经济的道德悖论？

习近平同志指出：中华文明积淀着中华民族最深层的精神追求，代表着中华民族独特的精神标识，为中华民族生生不息、发展壮大提供了丰厚滋养。这段论述使我们眼前一亮：化解市场经济自发运行的道德悖论，不妨在市场经济发展中激活中华民族的精神基因。中华民族的精神基因在哪里？在传统文化里。但传统文化、传统道德过去没有、现在也不能把我们带进现代化。就此，习近平同志又指出，要加强对中华优秀传统文化的挖掘和阐发，努力实现中华传统美德的创造性转化、创新性发展。

◇ 伦理学

总之,我们应该尝试,在唯物史观的指导下,激活中华传统文化的优秀精神基因,成功结合资本的冲动与诚信的构建,建立适应社会主义市场经济的道德和行为规范。当这个价值观的大问题基本解决了,当大家都富起来,且人人皆君子,就可以"君子以厚德载市场经济"。

今天围绕"民族复兴中国梦的文化根基与价值支撑"这个题目,我从三个方面谈了自己的学习体会,抛砖引玉,敬请批评。

(全场掌声)

自我革命的伦理自觉

党的十九大报告指出，要深刻认识党面临的执政考验、改革开放考验、市场经济考验、外部环境考验的长期性和复杂性；深刻认识党面临的精神懈怠的危险、能力不足的危险、脱离群众的危险、消极腐败的危险的尖锐性和严峻性。

我认为，四大考验中，最为长期最为复杂的考验是市场经济的考验。四大危险中，最为尖锐最为严峻的危险是消极腐败的危险。正如习近平总书记指出的："我们党作为执政党，面临的最大威胁就是腐败。"①

我在《自我革命——跳出历史周期率的第二个答案》一书②的《自我革命的伦理自觉》一章（第六章）中，集中讨论了这个问题。

习近平总书记强调，我们党"永不脱离群众，与群众有福同享、有难同当，有盐同咸、无盐同淡"，讲得生动、透彻、深刻。"与群众有难同当"，不言而喻，我们党就是这样走过来的；"与群众有福同享"，这更不成问题，但面对新情况、新问题，要研究、实施新办法，走对、走好新路子。其中，强化并构建市场经济条件下自我革命的伦理自觉，是一个使中国共产党永葆青春活力的特殊

---

① 习近平：《在庆祝中国共产党成立95周年大会上的讲话》，人民出版社2016年版，第24页。

② 甄占民等：《自我革命——跳出历史周期率的第二个答案》，人民出版社2022年版。

◇ 伦理学

重要任务所在，也是一个影响人们正确认识与思考自我革命问题的特殊难点所在。

一 "心中贼"会使自我革命意志衰退

对于中国共产党而言，从夺取政权到长期执政，是一场历史考验；从领导和驾驭计划经济到领导和驾驭市场经济，也是一场历史考验；各级党员干部从以清贫为本色与人民群众同患难，到以致富为追求带领人民群众富起来，更是一场历史考验。按照社会发展规律，实现人民共同富裕，必须发展好市场经济。党的工作要以经济建设为中心，从宏观调控到各项经济活动的组织、推进和监督，党的各级组织、广大党员应全面参与市场经济。

然而，市场经济自身具有"二重特性"。一方面，市场经济是一条推动生产力发展、促进社会整体财富积累的必由之路；另一方面，市场经济是一种以个人对自身利益的追求作为基础的交换共同体。市场经济的两个起点：每一个经济的个体，都追求利润的最大化（资本的本质）；每一个真实的个人，都追求利益的最大化（自私的本性）。正是这两个最大化进入市场经济运作，演出了一部剧烈竞争、效率至上的交响曲，从整体上形成推动市场经济不断发展的动力，形成了市场经济优胜劣汰的秩序；但不可否认，其也是市场经济的严重阻力和破坏力，两个最大化的"无限度"追求会导致互相欺诈、物欲横流，使得市场经济秩序无法维持下去。于是，可以看到一些现象：因为大力发展市场经济，市场极大丰富，生活极大改善，人们的物质生活水平普遍提高，但精神世界却缺少了关照。欲望会吞噬理想，多变会动摇信念，心灵、精神、信仰会被物化、被抛弃。如何防止市场经济负面影响对党员的诱惑、对党的机体的腐蚀，就是我们党必须面对的新情况、必须解决的新问题。

党的十八大以来，以习近平同志为核心的党中央高度重视党风廉政建设和反腐败工作，全面从严治党不断向纵深推进。为什么在市场经济条件下贪腐屡禁不止，甚至一度来势凶猛？习近平总书记在"不忘初心、牢记使命"主题教育总结大会上的讲话中深刻分析道："古人说：'天下之难持者莫如心，天下之易染者莫如欲。'一旦有了'心中贼'，自我革命意志就会衰退。"① 在党长期执政和市场经济的条件下，更是"难持者莫如心，易染者莫如欲"。市场经济法则几乎"无孔不入"地渗透，各种弱化党的先进性、损害党的纯洁性的诱惑无时不有，各种违背初心使命的危险无处不在，如果不严加防范、及时整治，久而久之必将积重难返，小问题就会变成大问题、小管涌就会沦为大塌方，消极腐败就会猖獗横行。

市场是经济活动的生态基础，不可以有分秒间断，不可能把经济活动停下来再整党治党。必须在确保市场秩序可控、经济运行稳定的状态下果断行动，既刮骨去腐，也对症给药；既标本兼治，也激浊扬清。要善于把"不敢腐、不能腐、不想腐"一体推进，努力取得更多制度新成果和更大治理成效，还要与建立广大党员、干部"很想干、很能干、很愿干"的体制和机制相辅相成、一体推进。

如何使我们党不断保持党的先进性和纯洁性，不断防范被瓦解、被腐化的危险，这在市场经济时代是个极大的问题。市场经济的考验，是全新的、长期的、"富起来"的考验，是在利益诱惑下如何普遍做到"拒腐蚀、永不沾"的更为复杂的考验，是党的建设最需要着眼、最需要面对的现实问题。市场经济的法则是经济运行的普遍法则，但不能"普遍"到侵入或浸入党的政治肌体。党如何保持生机活力、如何保持先进性和纯洁性？如何让广大党员干部在市场经济中更好地发挥积极性创造性，既"很想干、很能干、很愿干"，又"不敢腐、不能腐、不想腐"？广大党员干部如何始终做到"忠诚、干净、担当"，不仅"贫困不能屈"，更加"富贵不能淫"？这些问题，在理论上要有更为透彻的思考，在实践上要有更

---

① 习近平：《在"不忘初心、牢记使命"主题教育总结大会上的讲话》，人民出版社2020年版，第16页。

◇ 伦理学

强有力的措施。

我们要在保持反腐倡廉高压态势、把严的基调长期坚持下去、保持强大的正风肃纪反腐力量常在的同时,使鼓励干事创业担当的体制机制制度化常态化,充分调动广大党员干部在发展市场经济中的积极性创造性,从而在坚持反腐倡廉、实现风清气正的基础上,把社会主义市场经济搞得更好,把高质量发展搞得更好,让实现共同富裕的目标离我们更近,让党的队伍更加纯洁,更加富有生机活力。这就需要进一步研究如何建设好共产党人"市场经济伦理"等问题。

二 建设共产党人的"市场经济伦理"

市场经济与道德建设存在一个"二律背反":一方面,资本追逐利润,个人追求物质利益,导致拜金主义——排斥道德;另一方面,社会追求公平,市场遵守规则,道德要求自律——要求道德。尤其共产党人应该始终是全社会的道德楷模。正是这种"二律背反"从两端形成的强大张力,使得"两面人"等现象出现。

中国共产党是执政党,领导干部是拥有权力的管理者,今天的用权、施政、管理,甚至治国理政的大事,都要围绕经济建设展开,经济建设又是在市场经济、资本运作中进行的。资本在这里与权力相遇了,不受制约的权力难免腐败,绝对不受制约的权力有可能绝对腐败。当权力调控市场,当权力与资本相遇,不受制约的权力,难免导致普遍性、塌方型的腐败。资本不断扩张的冲动和权力不断膨胀的欲望结合,会使得道德的界限丧失,使得法律的界限模糊,甚至成为马克思主义所严厉批判的垄断资本主义,彻底走向党和人民的反面。孟德斯鸠在《论法的精神》中说过,"一切有权力的人都容易滥用权力,这是万古不易的一条经验。有权力的人使用权力一直到遇有界限的地方才休止"。所以,习近平总书记一再强调,必须"坚决防止权力和金钱相结合",要"把权力关进制度的笼子里"，同时谆谆告诫，"古人说，'内无妄思，外无妄动'。党的领导干部更要对组织和人民常怀感恩敬畏之心，对功名利禄要知足，对物质享受和个人待遇要知止。'惟江上之清风，与山间之明月，耳得之而为声，目遇之而成色，取之无禁，用之不竭。'苏轼的这份情怀，正是今人所欠缺的，也是最为珍贵的。生不带来、死不带去。想通这个道理，就一定能够以身作则、以上率下，以清廉养浩然正气"。由此可以看出，习近平总书记已经把对官员的崇高道德要求以及市场经济的伦理建设，都纳入共产党常青之道的大视野中了。

不管是社会主义还是资本主义，只要搞市场经济，就要面对在资本盈利和个人谋利这两个"起点"被启动、激活后，人们如何提高自我约束力和道德水平的实际问题。如果不正视市场经济中道德调节的"二律背反"，如果在市场经济中普遍地重利轻义甚至逐利弃义，乃至腐败丛生、积重难返，市场经济的正常秩序就难以为继，社会就会积累不满乃至引发动乱。所以，市场也有伦理。这个市场伦理，当然要以"治国理政关注的社会价值观"，即政治伦理、社会伦理为重要导向。毕竟政治伦理、社会伦理和市场伦理，既要求一致，又有所不同。简单照搬照套、一并笼统要求，恐未必管用。

应该肯定，韦伯的《新教伦理与资本主义精神》一书的意义，在于开始了对人类如何建立市场伦理的思考和探索。他认为，"它的基本内容包括：人人应承担'诚实交易''遵守承诺''守时'等义务和责任，并且以'刻苦''勤奋''忠诚'等态度来对待各自的职业，以精确的理性计算，来使资本和劳动的组织合理化，小心而又有远见地追求经济成功"。问题是怎么做得到？韦伯以当年异国他乡的新教徒们的致富举动为例："圣徒们为了证明自己获得上帝的救赎，就要积极地勤劳致富，那么就要把现世的生活彻底理性化，完全受增添上帝的荣耀这个目的支配，他的一切言行都为着上帝的荣耀。"就此，韦伯得出结论，"没有企业家阶层就没有资本主义的发展，没有道德宪章就没有企业家阶层，没有宗教信念就没有道德宪章"。在他看来，这个问题最终是靠宗教信念解决的。但显然这个问题并没有解决，靠上帝帮忙是解决不了市场伦理问题的。正如《21世纪资本论》一书所揭示的，市场经济还有一只"看不见的手"在起支配作用，即"R＞G"，资本收益的增长大于经济收益增长的趋势是起决定性作用的，严重的两极分化而导致社会危机的局面是迟早会到来的。

如何建立我们自己的、社会主义市场经济发展所需要的、共产党人的市场伦理，把"富起来"的诉求以及"资本增长"的冲动，与"勤劳""诚信""节俭""不害人、不坑人"的仁德建构成功嵌合？如何创造一种新的谋利和致富基因，在激发勤劳致富、不断创新的活力的同时，坚守爱国守法和诚信敬业？如何抑制拜金主义、享乐主义、极端个人主义的泛滥，建立"不敢腐、不能腐、不想腐"的机制？如何促进扶贫济困、礼让宽容的人际关系，形成勤勉做事、平实做人、守信光荣、失信可耻的社会氛围，构建传承中华传统美德、符合社会主义精神文明建设要求、适应社会主义市场经济发展的道德和行为规范（即新的市场伦理）？还有许多问题，需要去实践、去探索、去创新，其中一个重要方面，就是要化解市场经济自发运行的道德悖论。

三　化解市场经济自发运行的道德悖论

改革开放四十多年，为什么会出现"大老虎""小苍蝇"，是改革开放不对吗？不是。是我们党忘记了为人民服务的根本宗旨吗？不是。是我们没有在社会提倡正确的义利观和公私观吗？都不是。究其原因，我们要搞市场经济，而市场经济总体是趋利的，且追求的是"利"的规模、效率、效益，把"利"与"义"协调起来，很重要，但也很不容易。

毋庸讳言，中华民族在走进市场经济、发展市场经济的过程中，也遇到了"迷心逐物""重利轻义"的挑战和考验。在实践中我们也看到：社会主义市场经济的发展带来了社会生产力的解放和快速发展，与此同时，由于体制机制不健全等原因，一些经济主体拜金主义、享乐主义、极端个人主义有所滋长，个别社会成员世界观、人生观、价值观扭曲，出现制假售假、权钱交易等丑恶现象，贪污腐败也一度泛起。化解市场经济自发运行的道德悖论，是促进社会主义市场经济乃至整个经济社会健康有序发展的一个紧要课题。

当前，在市场经济条件下，我们共产党人强调，在义利冲突中必须坚定不移地先义后利，更大声疾呼重义轻利、为义弃利，鼓励大公无私、舍生取义的精神；同时也必须深入研究，如何从中华优秀传统文化中汲取培育和弘扬社会主义核心价值观的丰厚滋养，使道德成为市场经济的正能量。这是一个重大的理论问题和现实问题。

"地势坤，君子以厚德载物"。中国特色社会主义之所以能席地而来、浩浩荡荡，其特色之一就是能以"厚德"载市场经济。不可否认，市场经济中的每一个"经济人"都追求利润最大化，由此激烈竞争、优胜劣汰。货币成为了一般等价物，价值规律驱使人们不断追求和积累商品价值。市场经济当然要讲效率，但如果"一切向钱看"，就会把精神、信仰一概物化，把诚信、道德统统抛弃。手持利益这把"双刃剑"，身处社会这个共同体，就要坚守底线、明晰边界，有所为、有所不为。这个底线和边界，就是"适中"。经过了个人利益的觉醒、市场经济的洗礼，如何把经济冲动与道德追求、物质富有与精神高尚成功结合起来，检验着我们社会的文明程度，也关乎社会主义市场经济的成功程度。

共产党人必须在全社会带头培育和践行社会主义核心价值观，要建立现代市场经济发展所需要的"市场伦理"，把"资本"的冲动与"诚信"的建构成功结合，形成一个与现代市场体系配套的、提倡勤勉做事平实做人、守信光荣失信可耻的社会氛围，构建和遵循适应社会主义市场经济的道德和行为规范。只有这样，才能让社会主义核心价值观接地气——与现代市场体系以及相应的社会结构更加紧密契合，才能对准人们思想的共鸣点、群众利益的交汇点而生生不息，增强对广大人民群众的吸引力和感染力而生动活泼，进而成为人们自觉的利益诉求和价值愿望而潜移默化，成为人们世界观、人生观、价值观的总开关而无所不灵。

作为一个有着深厚文化传统的伟大民族，中华民族在走向现代化、建设社会主义市场经济的过程中，有没有办法化解市场经济的道德悖论？中华民族的精神基因在哪里？答案就在中华优秀传统文化的基因里。但传统文化、传统道德过去没有、现在也不能把我们带进现代化、带进市场经济。就此，习近平总书记指出，"要加强对中华优秀传统文化的挖掘和阐发，努力实现中华传统美德的创造性转化、创新性发展，把跨越时空、超越国度、富有永恒魅力、具有当代价值的文化精神弘扬起来，把继承优秀传统文化又弘扬时代精神、立足本国又面向世界的当代中国文化创新成果传播出去"[①]。实现这一目标，需要持续不断地努力。当前，可着力研究和解决五个问题。

一是在推进市场经济中激活中华优秀传统文化的基因。英国思想家亚当·斯密在《道德情操论》一书中，基于人性本善的假设，把源于人的同情的利他主义情操视为人类道德行为的普遍基础和动机；在《国富论》一书中，把人性本恶作为经济学的前提假设，把个人利己主义的利益追求当作人类经济行为的基本动机。他提出了问题，却未能解决问题，给出的是一个"斯密悖论"。但他强调靠"人的本性"解决市场经济中的道德缺失问题的思路也启发我们：蕴含在中华传统文化中的中华民族的"民族本性"具有巨大的能量，关键是如何在发展市场经济的新的历史条件下唤回它、激活它、放大它，使之发挥强大的正能量。今天，诊治近利远亲、见利

[①] 《习近平谈治国理政》第1卷，外文出版社2018年版，第106页。

忘义、唯利是图、损人利己等道德失范现象，不妨从中华优秀传统文化的基因中找回和强化道德约束以及定力，增强人们在现代化浪潮中强身壮体的抗体，增强人们在各种物质诱惑面前的免疫机能，促使人们做到见利思义、义利并举、先义后利。

二是在推进市场经济中确保坚守共产党人的道德高地。当市场在资源配置中起决定性作用时，执政党在领导和调配全国资源中起什么作用？不能不正视，腐败之风曾经一度严重侵蚀我们的党政干部队伍。中国有推崇君子人格的传统，诸如"君子喻于义，小人喻于利"的谆谆告诫，修齐治平、治国安民的政治理想，"载舟覆舟"、居安思危的忧患意识，"国而忘家，公而忘私"的精神境界，"安得广厦千万间，大庇天下寒士俱欢颜"的民本情怀，等等，这些都是中华优秀传统文化中的"君子之德"，与共产党人为实现共产主义前仆后继的远大理想、全心全意为人民服务的根本宗旨相契相合。党的各级领导干部不妨从传统的"君子之德"出发念好权力约束的"紧箍咒"，获得精神鼓舞的正能量，培养浩然正气。

三是在推进市场经济中实现法治与德治并举。在中国历史上，曾有很多人主张"儒法并用""德刑相辅"。治理国家和社会是一项复杂的系统工程。我国提出依法治国和以德治国相结合，一定程度上吸收了古人"礼乐刑政，其极一也"的治理思想与经验。以德治国，是我们国家和民族的历史传统之一，是中华民族应该认真继承使之转化为新的历史条件下可以进一步用好的最深厚的文化软实力之一。

四是在唯物史观的指导下，激活中华传统文化的优秀精神基因，成功结合资本的冲动与诚信的构建，建立适应社会主义市场经济的道德和行为规范的、义利兼顾与统一的、"适中合义"的市场伦理。

五是使市场经济体制蕴含的善的伦理道德，最终成为全社会普遍认同的行为规范。这包括，对所有参与市场经济活动的企业一视同仁；市场经济需要政府"看得见的手"的作用，但应当有明确的边界；政府参与市场行为，也需要有严格的法律限定，并进行规范，而不是政府可以随心所欲甚至不负责任地参与市场行为；政府不能"越位"，不能决策随意，不能责任意识淡漠，对造成重大经济损失的行为后果必须要追究决策者的行政责任；尊重市场经济发展规律，政府的计划调控才会具有科学性、规范性；等等。可见，市场经济体制的改革，需要政府对市场伸出"看得见的手"，但也离不开市场伦理建设。如何建立和完善社会主义制度下的"市场经济+法治经济+道德经济"这个人类新的经济制度和经济模式，尚在路上，还需探索。

为什么我们相信中国共产党能够建构基于市场经济而又超越市场经济的伦理道德？这是因为这个政党及其成员有着与其他别的性质的政党本质的不同，这个本质的不同就是这个政党及其成员追求"我将无我、不负人民"的至高境界。

四 涵养党员干部无私无畏的崇高境界

"工人阶级政党从成立之日起就注重自我更新和自我革命，通过严格的组织管理来实现组织政治目标的实现，从而体现了一种高度的道德反省和伦理调适能力。"无私才能无畏，出于公心才能筑牢底气。我们党自我革命的勇气从哪里来？说到底，是从党的性质和人民立场中来，是从"没有任何私利"的无私无畏革命情怀中来。关于共产党人的"无私"立场，《共产党宣言》作了经典表述："过去的一切运动都是少数人的，或者为少数人谋利益的运动。无产阶级的运动是绝大多数人的，为绝大多数人谋利益的独立的运动。"[①] 列宁在《共产主义运动中的"左派"幼稚病》一文中指出："一个政党对自己的错误所抱的态度，是衡量这个党是否郑重，是否真正履行它对本阶级和劳动群众所负义务的一个最重要最可靠的

---

① 《马克思恩格斯选集》第 1 卷，人民出版社 2012 年版，第 411 页。

尺度。公开承认错误，揭露犯错误的原因，分析产生错误的环境，仔细讨论改正错误的方法——这才是一个郑重的党的标志。"① 毛泽东强调，全心全意为人民服务，就是向人民负责，为人民的利益而勇于坚持真理，勇于修正错误。他指出："我们的责任，是向人民负责。每句话，每个行动，每项政策，都要适合人民的利益，如果有了错误，定要改正，这就叫向人民负责。"② 他还说："共产党人必须随时准备坚持真理，因为任何真理都是符合于人民利益的；共产党人必须随时准备修正错误，因为任何错误都是不符合于人民利益的。"

"马克思主义始终具有鲜明的政治立场和价值指向，这就是始终站在以无产阶级为代表的最广大人民群众的政治立场上，它是由马克思主义政治伦理思想的根本性质决定的，也是马克思主义政治伦理不同于以往其他一切政治伦理的本质区别所在。"③ 中国共产党作为马克思主义政党，把全心全意为人民服务作为自己的宗旨，始终以实现中华民族伟大复兴为己任。中国共产党除了国家、民族和人民的利益，没有任何自己的特殊利益，所以才有资格有底气敢于直面问题、勇于自我革命。"在革命、建设、改革各个时期，我们党一次次拿起手术刀革除自身病症，一次次依靠自身力量和与群众结合的力量解决自身问题，攻克了一个又一个看似不可攻克的难关，创造了一个又一个彪炳史册的人间奇迹。"因为我们是为人民利益而奋斗的，为人民利益可以舍得一切，只要对人民有益的批评意见，我们都要善于接受，勇于修正错误，才能不断克服自身的缺点、自我完善，始终不背离全心全意为人民服务的根本宗旨。"无欲则刚"讲的就是这个道理；"人民是我们党执政的最大底气"，背后也是这个道理。

---

① 列宁：《列宁全集》第 39 卷，人民出版社 2017 年版，第 37 页。
② 毛泽东：《毛泽东选集》第 4 卷，人民出版社 1991 年版，第 1128 页。
③ 戴木才、彭隆辉：《论中国共产党执政伦理建设的首要问题》，《伦理学研究》2021 年第 4 期。

◇ 伦理学

习近平总书记指出，我们共产党人为的是大公、守的是大义、求的是大我，更要正心明道、怀德自重，始终把党和人民放在心中最高位置，做一个一心为公、一身正气、一尘不染的人。[①] 只有时时处处摆正公与私、义与利、是与非的关系，坚持"以革命利益为第一生命，个人利益服从革命利益"，才能保持强大的人格力量，才能保持自我牺牲的崇高境界。《入党誓词》要求："为共产主义奋斗终身，随时准备为党和人民牺牲一切。"从自我革命角度来看，共产党人必须是具备党的"理想人格"的"政治人"。在公与私、义与利、是与非方面，涵养强大的党内政治文化氛围，不是一件容易的事情。因此，对于党员、干部来说，必须不断加强党性修养、强化公仆本色，坚持党的事业第一、人民利益第一，保持克己奉公、大公无私的情怀，始终做到甘于奉献、甘于付出。要进一步强化中华优秀传统文化、革命文化和社会主义先进文化对广大党员干部的浸润滋养作用。《老子》有言，"吾所以有大患者，为吾有身，及吾无身，吾有何患"。只有摆脱了个人利益的束缚、摆脱了部门和地方利益的局限，才能以浩然正气、昂扬锐气、蓬勃朝气涵养自我革命的无畏勇气。

[①]《习近平谈治国理政》第 4 卷，外文出版社 2022 年版，第 534 页。

信仰的荒漠，立不起伟大民族[*]

——独家对话中央社会主义学院党组书记叶小文

在道德失范事件时有发生的当下，"信仰"一词一再被人们提及。

---

[*] 原载《解放日报》2013 年 7 月 12 日。本报记者曹峰、实习生张澍。

信仰究竟是什么？信仰是否遥不可及？信仰对于一个人、一个国家、一个民族有着什么样的意义？

面对这些"信仰之问"，国家宗教事务局原局长、中央社会主义学院党组书记叶小文在参加山东卫视《新杏坛》节目录制期间接受了《解放周末》的独家专访。

对当前备受关注的信仰危机，他忧心忡忡："信仰的荒漠上，立不起伟大的民族。"

"三无道德"的引导下，必然生产出"三无产品"

解放周末：今天我们谈论信仰，不少人的第一反应可能是，这么一个抽象、宏大的概念和我们的实际生活有什么关联？因此不免产生疑问，我们为什么要关注信仰？

叶小文：这个问题很重要。因为我们正好在山东，所以我想用孔夫子的话来回答。《论语》里有一段"子贡问政"。子贡请孔子说三个为政最重要的东西。孔子的回答是："足食，足兵，民信之矣。"子贡请他去掉一个。孔子说："去兵。"子贡请他再去掉一个。孔子回答："去食。自古皆有死，民无信不立。"在孔子看来，信仰、信誉、信念是最重要的。国家可以不搞军备，甚至可以忍饥挨饿，但不能把信仰丢掉。

解放周末："民无信不立"，对于现实有什么意义？

叶小文：今天我们还能感觉到这句话的分量，的确是"哲人其萎，其言犹存"。在现代化的过程中，各种各样的物质创新使得生活既便利又有趣，生活形态丰富多样，生活水平普遍提高。但是，物质的发展也让一些人的心灵迷失，迷心逐物引起了信仰的迷茫和精神的焦虑。

解放周末：而现在发生的一些道德失范的事情，常被归因到信仰缺失。

信仰的荒漠，立不起伟大民族 ◇

叶小文：信仰、信念缺乏，欲望吞噬理想，出现了一些冲破道德底线的现象和事件，一次次刺激人们的心灵。比如长春盗车杀婴事件、小悦悦事件等，可说是舆论哗然，人神共愤。

当然，这些都是较为少数的极端事件。但是应该看到，没有信仰，也就毫无诚信可言、毫无善意可言、毫无责任感可言。"三无道德"的引导下，必然生产出"三无产品"，扰乱正常的社会秩序。比如食品作假，弄得人心惶惶：吃荤的怕激素，吃素的怕色素，喝白水都怕有害元素，老百姓慌了——到底吃什么好？似乎好多东西都是假的，有人调侃说，是不是只有骗子才是真的？生活越来越现代化，但个体感受到的不安全感和痛苦却有所增加。

解放周末：这是信仰缺失的后果，这些后果是不是也恰恰说明了信仰的重要？

叶小文：对。所以，在这个时候回头看孔夫子的话，就感觉分外沉重。"民无信而不立"，在信仰的荒漠上，立不起伟大的民族。现在中央提出"中国梦"，非常好；但不能一边做着梦，一边信仰空虚。没有理想信念、没有道德伦理，没有精神支柱，"梦"就只能是梦。说实话，信仰离我们并不远，它其实就在我们中间，在每个人的生命进程中，在中华民族的伟大复兴里。

"看不见的手"能够优化资源配置，却无法优化道德行为

解放周末：金融危机要防，信仰危机更是不能不防。您认为信仰危机产生的原因是什么？

叶小文：当前的信仰危机，主要还是由于市场经济条件下人们过度追逐物质利益造成的。

虽然市场经济包含着以强调人的独立性和自我价值为特征的伦理精神和道德要求，具有巨大的历史进步意义。在"自由、平等、

所有权"的前提下，也产生了与市场经济相适应的道德维度，比如尊重、诚信、守时、互利、效率等。但是，市场经济中的道德调节有明显的局限性。因为市场经济本身是不会分辨善恶的，只要符合"自愿交换""平等互利"的原则，市场就可以接纳各种对整个社会来说极不道德的交易，比如开设赌场、卖淫等。同样，一些人把名誉、良心、权力和官位当作商品和金钱进行交易，只要双方愿意，这些都可以商品化，都可以成为买卖。

解放周末：为什么市场这只"看不见的手"在优化资源配置的时候是个好手，但在优化道德行为上就"肌无力"了呢？

叶小文：因为市场经济的互利原则实际是各方无意识的一种结果，是各方"自私"利益相互制约的结果。所以，市场经济本身不存在"利他"占主导地位的道德机制，不会自动产生为社会整体利益着想的道德意识。

解放周末：于是问题就产生了，开始"一切向钱看"了？

叶小文：在市场经济大潮的冲击下，我们的社会确实经历了从理想主义到物质主义、功利主义的悄然转换。你所说的"一切向钱看"的风气，不断瓦解着人们心底的神圣感。过度追逐物质利益，导致了发展的片面化。信仰和人生价值或被忽视，或干脆就被无视了。

解放周末：有人说，信仰缺失是中国特有的，原因在于经济发展得很快，但法制还没跟上。那么在市场经济发展得较为充分的西方，信仰就不缺失吗？

叶小文：信仰的迷茫和失落，其实是当代西方和东方的共同感受。当代西方社会在从现代社会向"后现代社会"转型的过程中，"上帝之死"所带来的信仰迷茫也使西方人陷入了"生命不能承受之轻"的精神焦虑之中。在今天的西方，很多生态性、社会性灾难都是人类自身的失范造成的，比如环境污染、人口膨胀、恐怖袭击、邪教肆虐、黄赌毒等。虽然市场机制和法制的完善能够抑制过度的利己行为，但不可能消除这种行为的产生。

无神论不等于无精神论，没宗教信仰不等于没有信仰

解放周末：重塑当代信仰，已经迫在眉睫。但具体谈到重建信仰，有些人会有疑惑——难道要提倡宗教信仰吗？

叶小文：从全人类来看，说到信仰，首先想到的确实是宗教。因为，世界上自认为有宗教信仰的人约占全部人口的84%。也就是说，五个人之中约有四个人信仰宗教。

解放周末：信仰是否等同于宗教信仰？

叶小文：信仰不能和宗教画等号，没有宗教信仰不等于没有信仰。《简明不列颠百科全书》《大英百科全书》将"信仰"解释为：在没有充分的理智认识足以保证一个命题为真实的情况下，就对它予以接受同意的一种心理状态。

这句话很重要，因为它意味着，在不同的精神领域都存在信仰。人类信仰是多元的，除了宗教信仰外，还有科学信仰、文化信仰、政治信仰乃至生活信仰等。比如科学信仰，它就是一种对真理的追求与执着。

解放周末：从历史上来看，宗教和科学似乎是矛盾冲突的。您所谓的宗教信仰和科学信仰有什么异同？

叶小文：打个比方来说：科学是个"，"，它依循着科学的逻辑始终在不断推进；哲学是个"？"，不断地追问事物的本源；而宗教则是"！"，不告诉你为什么，就告诉你是什么，强调的是"信"。

而科学信仰是"，+？"：科学信仰除了笃信科学的力量之外，还需要哲学一起来论证。譬如共产主义是我们的信仰，但共产主义社会究竟是什么样？需要依靠历史唯物主义、辩证唯物主义的哲学指导，按照社会发展的客观规律，随着时间的推移和历史的演进，而修正、完善、丰富我们的认识。而宗教信仰则是"！+？"，因为

◎ 伦理学

宗教信仰同样需要哲学来论证，甚至是唯心主义哲学，否则难以维系发展。

解放周末：您的这个说法很有意思。那么精神信仰与科学信仰和宗教信仰有何区别与联系？

叶小文：精神信仰介于科学信仰、宗教信仰之间，从一定意义上说，是一种把科学信仰和宗教信仰的长处结合起来的信仰。也就是说：精神信仰等于"，+？+！"。

首先，精神信仰可以是科学的信仰，它要朝着理想前景前进；但是还需要通过哲学思考进行论证，进而坚定我们的信仰；在某些时候，还得靠感叹号"说了算"——信仰是需要敬畏和无条件相信的。

解放周末：有人说，中国人是没有信仰的。按照您的分析，这显然是一种误解。

叶小文：不少人确实存在这种认识误区，尤其是西方人，总说中国人没信仰。事实上，无神论不等于无精神论，没有宗教信仰不等于没有信仰，不怕鬼不等于无所畏惧。今天我们说重塑信仰，不是指回到狭隘的宗教信仰，而是重塑广义上的精神信仰，寻找到契合当前时代特征的价值观、世界观。

我们不提倡无谓受苦，更反对自我毁灭，追求幸福是每个人的正当权利

解放周末：中华民族五千年的传统文化中有很多关于信仰的阐述，其中哪些内涵是今天仍然值得我们重视和珍惜的？

叶小文：在中华文化传统中有一个重要命题——"生命的安立"。生命要平安，生命要站立。只有信仰充实的人，他的心才是和谐安宁的；只有信仰强大的人，他才能坚强地站立。因此，"生命的安立"和信仰紧密联系在一起，也是儒、释、道都在不断讨论的话题。

解放周末：怎么才能做到生命的安立呢？

叶小文：我从"生命的安立"出发，归纳了中国传统信仰中的三条共同约定。

第一，要热爱生命，追求幸福。我们的传统信仰不提倡无谓受苦，更反对自我毁灭，追求物质幸福和精神幸福是每个人的正当权利。

第二，尊重生命，道德约束。每个人都在追求幸福，互相之间就难免产生利益碰撞，那么就要尊重他人，形成集体的约定，这就是道德的约束。比如，不要贪财、不要贪色、不要贪官。

第三，就是终极关怀。人不是鸡、狗、马，人总有精神生活、精神追求。如果完全没有这些，那就变成动物了。这种精神追求的约定，这种对人类自身存在意义的追问，就是终极关怀。

解放周末：相较前两者而言，"终极关怀"听起来较为虚幻。

叶小文：确实。很多人说它大而空，远得不着边际。"我们管它干嘛？钱捞一把是一把嘛。"这就是只看眼前利益，而忘记了作为一个人应该要有精神支柱，作为一个民族更需要有精神信仰的力量。

不让信仰成为空谈，首先就应该把"公"与"私"的问题想清楚

解放周末：现在一提信仰就觉得很飘忽，看不见摸不着。我们怎么才能紧握住信仰？信仰的根在哪里？

叶小文：邓小平同志曾说过，"不讲多劳多得，不重视物质利益，对少数先进分子可以，对广大群众不行，一段时间可以，长期不行。革命精神是非常宝贵的，没有革命精神就没有革命行动。但是，革命是在物质利益的基础上产生的，如果只讲牺牲精神，不讲物质利益，那就是唯心论"。

可见，信仰必须紧紧地与个人利益、物质利益联系在一起，这

样的信仰才是有根的。否则只能流于空话、套话，成为无法指导现实行为的形式主义。

解放周末：怎样才能不让信仰成为空谈呢？

叶小文：首先就应该把"公"与"私"的问题想清楚。因为贯穿个人、家庭、种族、社会的基本价值冲突，跟信仰紧紧联系在一起的，就是"公"与"私"的矛盾。

处理"公"与"私"的矛盾，我把它分成八种态度：大公无私是圣人，公而忘私是贤人，先公后私是善人，公私兼顾是常人；私字当头是小人，假公济私是痞人，以公肥私是坏人，徇私枉法是罪人。

我们讲信仰，就是要向往圣人，学习贤人，提倡善人，提升常人；另一方面，当然也要教育小人，揭露痞人，改造坏人，惩治罪人。

解放周末：日常生活中绝大多数人都是常人，作为一个常人应该怎么追求信仰？

叶小文：要做"常事"，说"常理"。做"常事"，就是勤勉做事，平实做人；说"常理"，就是奉行的价值观不宜要求过高，只能"去掉一个最高分，去掉一个最低分"，把崇高的信仰和每个人对现实利益的追求，把集体主义和个人追求对接起来，把先进性和包容性统一起来。归根到底还是那句话，"我为人人，人人为我"。

解放周末：这个口号我们并不陌生。

叶小文：但它似相识又新鲜，似简单也深刻，似明白常糊涂。

如果只讲"人人为我"，何其卑劣。那么，都来"我为人人"呢？当然很好。但这种理想社会慷慨高歌式的追求，还难以作为现实社会人人遵循的普遍要求。只有两者互相结合，而且首先是"我为人人"，然后才是"人人为我"，才能推动整个社会和谐相处，健康有序地发展。

应该让有信仰的人"出彩"，
而不是谁有信仰谁吃亏

解放周末：不可否认，全民族的坚定信仰是推进现代化、实现"中国梦"的坚实支撑和强力推动。在您看来，我们该如何重塑信仰的力量？

叶小文：信仰实际上是一种他律和自律。从内部看，需要每个人心中存有敬畏；从外部看，需要形成有利的社会氛围。

马克思认为，道德的基础是人类精神的自律。而人之所以能自律，是因为存有敬畏之心。《易经》中说："君子终日乾乾，夕惕若厉，无咎。"就是说，君子每天都提心吊胆，到了晚上还要检查自己这一天有没有做错事，有没有起歹念，就像碰到了厉鬼一样，这样就不会犯错误了。

解放周末：那么，对于不信鬼神的人而言，是否就可以无所畏惧了？

叶小文：绝对不是。人总要给自己留一个敬畏的空间。我们不信鬼神，但要敬畏历史，敬畏人民，还要敬畏祖宗。正如孔夫子所说："慎终追远，民德归厚矣。"慎终追远，害怕自己的后事不能妥善安置，所以慎重虔诚地祭祀祖先。如果大家都这么想，"德"就厚实起来了，信仰也就建立起来了。

解放周末：这是每个人心里都应该有的敬畏。那么，作为无神论者，共产党员要敬畏什么？

叶小文：对于共产党员的自律问题，陈毅同志早已说得很清楚：我们共产党人不相信鬼神，但是"手莫伸，伸手必被捉。党与人民在监督，万目睽睽难逃脱。汝言惧捉手不伸，他道不伸能自觉，其实想伸不敢伸，人民咫尺手自缩"。可见，党和人民就是心中的神。常有敬畏之感，才能常怀律己之心；常有忌惮之虑，才能常思贪欲之害；常有人民之念，才能常修为政之德。

解放周末：如果人人都能自律，那么社会不难形成普遍的核心价值观。反过来，如果社会形成了核心价值观，也自然能推动每个人的自律。

叶小文：就是这个道理。"中国梦"讲求每个人都要有"出彩"的机会。社会需要有信仰、有信念、讲诚信的人。社会也应该让这样的人能够"出彩"，而不是谁有信仰谁吃亏、谁倒霉。让老实人不吃亏，让有信仰的人得到普遍尊重和更多的发展机会，这是我们应该形成的社会氛围。

哲　学

"矛盾问题的精髓"说探源[*]

毛泽东同志在《矛盾论》中论及矛盾的普遍性与特殊性的关系时,明确指出:矛盾的普遍性就是共性、绝对性,而矛盾的各各特殊便造成个性、相对性。共性个性、绝对相对的对立统一关系,"是关于事物矛盾的问题的精髓,不懂得它,就等于抛弃了辩证法"。

在哲学史上,像这样把共性个性、绝对相对的辩证关系提到"矛盾问题的精髓"的高度,还是第一次。究竟能否看作是对马克思主义的唯物辩证法的丰富和发展?回答这一问题,需要从认识史(特别是唯物辩证法创立以来)关于一般与个别问题的探索过程中,去探寻"矛盾问题的精髓"说形成的理论渊源。

一

共性个性、绝对相对的问题,在认识发展史上,主要表现为"一般"与"个别"的问题。这是古往今来哲学家们一直争论不休的问题。直至1978年第十六届世界哲学大会,还在把"共相的哲学问题"作为集中讨论的八大议题之一。纵观认识史上对一般与个别问题的探索过程,除了辩证唯物论者外,总是殊途同归,用不同方式将一般与个别相割裂。

---

[*] 原载《贵州社会科学》1982年第2期。

◇ 哲　学

　　唯心论（特别是客观唯心论）把一般与个别相割裂，往往是夸大一般，否认个别。由于思维要求把一般从个别中抽象出来，任何一个最简单的概念都是这种抽象的结果，就提供了夸大这种抽象，把一般变成独立的、先于具体的单个物而存在的、超物质的实体的可能性。"人类认识的二重化和唯心主义（＝宗教）的可能性已经存在于最初的、最简单的抽象中。"① 例如柏拉图的"理念论"，中世纪的唯实论，黑格尔神秘的"绝对观念"，程朱理学的"万理一源"，"理一分殊"（《朱子语类》卷一），等等，都是著名的典型。

　　各种旧唯物论把一般与个别相割裂，则多是夸大个别，否认一般，结果只能通向主观唯心论。著名的有中世纪的唯名论；霍布斯把观念（一般）看作是一种随意出现或消失的"记号""偶性"②；洛克把普遍概念只看作是对观念的简单抽取和分离、理智的发明和创造。此后，这种夸大个别、否认一般的方法常为主观唯心论者所用。如看作是理智的发明和创造。主观唯心论进而否认一般，如贝克莱强调只有"个别的东西"存在着，观念的内容不可能是客观的③；以及现代西方流行的逻辑实证主义与语义哲学；等等。

　　此外还有一些将一般与个别割裂的手法。如公孙龙的诡辩论和主观唯心论，休谟通过否认一般，说"观念只是一种外在的名称"，进而否定对个别的认识④，等等。

　　那么，在唯物辩证法创立以前，有没有克服将一般与个别相割裂这种通病的尝试或努力呢？当然有。如亚里士多德曾指出，柏拉图"理念论"的错误，在于臆造了并不存在的"同单一并列和离开单一的普遍"⑤。王廷相主张理在气中，理随气变（这里理和气类似于一般和个别），批评朱熹的理在气先说是"支离颠倒"（王

---

　　① 引自列宁《哲学笔记》，人民出版社1974年版，第421页。
　　② 《十六—十八世纪西欧各国哲学》（1975年版）中霍布斯《论物体》，第86页。
　　③ 贝克莱：《人类知识原理》绪论，第21节。
　　④ 《十六—十八世纪西欧各国哲学》中休谟《人性论》，第589页；《人类理智研究》，第655页。
　　⑤ 列宁：《哲学笔记》，人民出版社1974年版，第417页。

— 370 —

廷相《太极辨》）。斯宾诺莎企图将"实体"（指物质一般）与"样式"（指个别的东西）统一起来，等等。但他们或者不能清楚地说明一般与个别的辩证关系，或者自相矛盾，仍难免将一般与个别相割裂，用列宁批评亚里士多德的话来说，就是"在一般与个别的辩证法……上陷入稚气的混乱状态"。①

在唯物辩证法创立以前关于一般与个别问题的探索过程中，贡献最突出的是黑格尔。他打破了在传统逻辑看来概念不可能有具体性，而只能是孤立于特殊东西之外的共相的形而上学观点，提出了"具体概念"的光辉命题。黑格尔说："概念是完全具体的东西……概念的每一环节只有直接地自它的对方而来并和它的对方一起，才可以得到理解。"概念的各环节是指普遍性、特殊性和个体性，三者互为"对方"又相互联结，统一而为"具体概念"。"在普遍性里同时包含有特殊的和个体的东西在内"，特殊性"是自身普遍的并且是作为个体的东西。同样，个体事物也须了解为（主体）或基础，它包含有种和类于其自身，并且本身就是实体性的存在。这就（表明）了概念的各环节有其异中之同，有其差别中的（确立的）不可分离性。"② 黑格尔在概念的辩证法中，已经猜测到一般与个别互相联结、互相渗透；既有差别，又不可分离；同寓于异之中，不可分离性寓于差别之中，一般寓于个别之中的道理。列宁在《黑格尔〈逻辑学〉一书摘要》中，高度评价黑格尔关于"不只是抽象的普遍，而且是自身还包含着特殊东西的丰富性的普遍"的说法，称赞这是"绝妙的公式"，"好极了！"③ 好就好在黑格尔开始用对立统一方法来探索普遍（一般）与特殊（个别）的关系，从这里已经透出了彻底克服把一般与个别割裂的通病，解决人类认识一直未曾解决的问题的曙光。但这曙光"是穿过迷雾般的极端'晦涩

---

① 列宁：《哲学笔记》，人民出版社1974年版，第416页。
② 黑格尔：《小逻辑》，商务印书馆1980年版，第334—335页。
③ 列宁：《哲学笔记》，人民出版社1974年版，第98页。

的'叙述才'透露出来的'"①。黑格尔关于一般与个别的辩证法的阐述,被他的唯心论体系所窒息。他强调:"宁可说概念才是真正的在先的。事物之所以是事物,全凭内在于事物并显示它自身于事物内的概念活动。"② 这里显然又夸大一般,否认个别,回到柏拉图"理念论"去了。

从人类认识发展史上关于一般与个别问题的探索中,可以归纳出如下几点:

(1) 将一般与个别相割裂,是除辩证唯物论者外谁也不能克服的通病。历来的哲学家,无论其自觉与否,都从不同侧面,以不同方式,按不同世界观,在不同程度上,回答了普遍存在于客观现实中的一般与个别的关系问题。尽管不少哲学家往往只是把一般与个别及其相近的范畴作为普通逻辑范畴来看,也并没有这方面的专门著述,事实上都要以对这一问题的不同回答,作为构成其唯物论或唯心论体系的方法论基础。但他们又总是不能正确回答这一问题,而是用不同方式、在不同程度上将一般与个别相割裂。

(2) 一般与个别的问题,需要与认识运动的过程与方法联系起来考察。科学地说明思维从个别到一般的抽象,说明一般怎样离开个别,又回到个别,是正确认识客观事物中一般与个别相互联结的要点之一。我们既要承认,一般与个别这对范畴存在于客观事物之中,它们在客观事物中是互相联结、不可分离的,并且随着事物的运动发展而运动发展,又要看到,在认识中却需要区分一般与个别,思维的抽象过程,就是从个别中分离出一般,从个别上升到一般的过程,但科学的抽象有别于主观随意的割裂。认识客观世界必须经过抽象的途径,但抽象并非认识的目的。认识的目的是通过抽象后再回到具体,以便从事物具体性上去表现和把握事物。认识只限于从个别到个别,就停滞不前;限于从一般到一般,就空洞无

---

① 列宁:《哲学笔记》,人民出版社 1974 年版,第 188 页。
② 黑格尔:《小逻辑》,商务印书馆 1980 年版,第 334—335 页。

物。因此，从认识运动的过程来看，是特殊——一般—特殊；从认识运动的方法来看，是具体—抽象—具体。而这两个公式，就是一般与个别的辩证关系在认识运动上的体现，是对客观事物中一般与个别这种对立面的实在统一的反映。一般与个别的矛盾也就是整个认识运动共有的矛盾。

（3）一般与个别的问题，需要与对立统一规律结合起来研究。由上述（2）可以看到，一般与个别在认识运动中显现出对立面的同一，它们既相联系，不可分离，又相区别，需要分离，在一定条件下互相转化。认识史上屡犯的将一般与个别相割裂的通病，其病因正在于不懂得这种对立面同一的关系。从上述（1）、（2）还可看到，通常仅作为说明概念种属关系的逻辑学范畴的一般与个别，其实也是辩证法和认识论的范畴。一般与个别是渗透于辩证法、认识论、逻辑学的基本范畴。那么，它与作为辩证法的实质和核心且同样贯串于三领域的对立统一规律，必然有某种内在的有机联系。揭示这种联系，即结合对立统一规律来研究一般与个别问题，是透彻地把握客观事物中一般与个别的辩证关系的又一要点。

在人类认识长期探索一般与个别问题的基础上，马克思解决了上述（1）、（2）的问题，列宁、毛泽东则逐步深入地解决了上述（3）的问题。这就是毛泽东同志提出"矛盾问题的精髓"说之理论渊源。

二

马克思在阐述政治经济学的方法时，从认识运动的过程与方法的角度揭示了一般与个别的辩证法。[①] 他把政治经济学的方法概述为两条道路。"在第一条道路上，完整的表象蒸发为抽象的规

---

① 参见马克思《〈政治经济学批判〉导言》"政治经济学的方法"一节。以下所引马克思语均出自此节。

定",即从感性的具体到理性的抽象的过程,从特殊到一般的过程。"在第二条道路上,抽象的规定在思维行程中导致具体的再现",即从理性的抽象到理性的具体的过程,从一般到特殊的过程。两条道路的联结,即具体—抽象—具体,也即特殊——般—特殊。

在从感性具体到理性抽象的"第一条道路"上,唯心论往往抽掉理性抽象的基础——感性具体,否认感性具体的客观实在性,片面夸大理性抽象。这样,他们的一般就不是从现实个别中抽象出来的一般,成了无源之水,无本之木。为此,马克思强调作为认识起点的感性具体的客观实在性,指出抽象离不开具体,抽象的东西不能先于具体的东西而存在,"最一般的抽象总只是产生在最丰富的具体的发展的地方"①,何况抽象的规定性本身就是具体的产物。

旧唯物论是承认"第一条道路"的。如17世纪的资产阶级古典经济学家,也将从丰富的个别中获得的完整表象作为基础,用"思维着的悟性(知性)"从中找出一些有决定意义的抽象的一般关系,但他们就此停步,忽略了再从一般进到个别。

针对这种错误,马克思强调在"第一条道路"的基础上,还必须沿着"第二条道路"继续前进,即从一般(经过从个别到一般的科学抽象,不仅是作为个别的共同点,而且是作为个别的本质的一般)上升到个别,从理性抽象上升到理性具体,也即"从抽象上升到具体的方法"。显然,这方法吸取了黑格尔"具体概念"说中"不只是抽象的普遍,而且是自身还包含着特殊东西的丰富性的普遍"② 这一"绝妙的公式",并把它进一步发挥。具体是许多规定的综合,多样性的统一,感性的具体直观地反映了实在具体的杂乱的多样性、丰富性,理性的抽象则舍弃了具体的许多规定,离开了具体的多样性,以抓住具体中的作为本质的共性,可谓"攻其一

---

① 《马克思恩格斯全集》第12卷,人民出版社1962年版,第754页。
② 《列宁全集》第55卷,人民出版社1990年版,第83页。

点，不及其余"。由于理性的抽象离开了实在具体，只是一种"抽象的普遍"，思维还必须一步一步地把"特殊东西的丰富性的普遍"即实在具体的多样和丰富性重新综合进来，从理性抽象上升到理性具体（黑格尔称为"具体概念"），从一般上升到个别。马克思说，感性具体"是现实中的起点，因而也是直观和表象的起点"，理性具体则"在思维中表现为综合的过程，表现为结果，而不是表现为起点"。这样，认识过程似乎绕了一个圆圈，从感性具体出发，回到理性具体，从起点回到作为终点的新起点。正是：起点是潜在的终点，终点是展开的起点。起点是抽象的终点，终点是具体的起点。

马克思把具体→抽象和抽象→具体这两种认识方法有机结合起来，为科学的政治经济学提供了方法论基础，同时也就把个别→一般和一般→个别这两个认识阶段有机结合起来，从认识论的角度，第一次唯物而又辩证地解决了一般与个别的关系问题，结束了人类认识探索这一问题长期陷入的混乱状态。

一部《资本论》，是马克思运用从抽象上升到具体的认识方法和一般与个别的辩证法分析矛盾、解决矛盾的光辉典范。马克思从资本主义普遍存在的具体——大量的、现实的交换活动中，抽象出商品一般。然后从商品一般这个理性抽象一步一步地上升，直到从理性具体的整体上把握资本主义的全部经济形态，揭示了资本主义的基本矛盾及其发展的一般规律，指明了社会主义代替资本主义的必然趋势。列宁说："在《资本论》中，逻辑、辩证法和唯物主义的认识论〔不必要三个词：它们是同一个东西〕都应用于同一门科学。"①《资本论》中从抽象上升到具体的认识方法跟一般与个别的辩证法，正是同一个东西。

马克思首先从认识论的角度揭示了一般与个别的辩证法。但限于他所处时代的历史条件和革命任务，他的主要精力，还不能放在

---

① 列宁：《哲学笔记》，人民出版社1974年版，第357页。

着重探讨唯物辩证法各规律和范畴之间的内部联系以及它们在这门科学中所居的地位这类问题上,因此尚未结合对立统一规律来直接阐述一般与个别的辩证法。这一任务,是由列宁开始而由毛泽东同志完成的。

列宁时代,坚持把马克思主义的普遍真理与本国革命的具体实践相结合已成迫切问题,要求哲学阐明这种结合的方法论基础,阐明一般与个别的辩证法。列宁把一般与个别的辩证法作为"一般辩证法的阐述(以及研究)方法",在《谈谈辩证法问题》这篇作为他的研究辩证法总结的短文中,在阐述了对立统一规律后,在未及继续展开其他规律和范畴之前,却笔锋一转,阐述起绝对与相对、特别是一般与个别的关系来。这绝非偶然信笔所至,而是列宁经过对辩证法丰富内容的全面研究和反复思考,在把对立统一规律确立为辩证法的实质和核心的同时,也把一般与个别这对范畴摆到了辩证法极为重要的位置上。这里,列宁似已有意将阐述一般与个别、绝对与相对范畴的关系作为对立统一规律的重要说明和发挥之一。可以说,毛泽东同志提出"矛盾问题的精髓"学说之最直接的理论渊源,我们正是从这里探寻出来了。

针对人类认识总是把一般与个别相割裂的通病,列宁吸取了亚里士多德、黑格尔、斯宾诺莎等在一定程度上把一般与个别相联结的辩证思想,特别是继承了马克思《资本论》把一般与个别相联结的辩证法,进而阐明了一般与个别相互联结、相互渗透的对立统一关系。

从个别来看,"个别一定与一般相联而存在","任何个别(不论怎样)都是一般",就是说,任何个别都含有一般的东西。这一个别与其他个别是在相联系、相比较中认识的。如果不从个别中抽象出它们共有的一般,个别之间就无法联系,也无从比较。个别就不成其为个别。白马与黑马是不同的个别,因为它们同是马。人和马是不同的个别,因为同是动物。世界的统一性在于它的物质性。就是说,任何作为个别的事物、现象、过程之中,都包含着物质的运动或运动的物质这个最高的一般。因此，它们各自作为相互区别的个别而存在（每个个别中都有与一般不同的东西），同时又与其他个别相联系（每个个别都含有一般）。一般就是个别相互转化的桥梁，联系的环节。

从一般来看，"一般只能在个别中存在，只能通过个别而存在"，"任何一般都是个别的（一部分，或一方面，或本质）。任何一般只是大致地包括一切个别事物。任何个别都不能完全地包括在一般之中。"[1] 思维为了具体地、现实地、本质地把握个别，需要通过抽象把一般与个别区分开来。初级的抽象还只能抽取作为个别的一部分或一方面，作为个别的共同点的一般，科学的抽象则要把握作为个别的本质、共性的一般。但是，一般与个别在客观事物中总是相互联结、不可分离的，而任何一般都不包括个别的一切特征，因此，主观思维在把一般与个别相区分时，还必须注意客观现实中一般与个别的相互联结，注意在抽象出一般时所舍弃的个别的丰富特征，才不致停留在一般上，而能从整体把握现实的具体个别。其方法，就是马克思的从抽象上升到具体、从一般再回到个别的方法。

一般相当于马克思所定义的"理性抽象"的阶段，它既要反映个别事物的本质、规律，又因丧失了个别事物的丰富特征而是僵死的、不纯粹的、不完全的，它必须向着"理性具体"迈进，即回到个别。这就是思维中相互对立的一般与个别也必须是同一的，相互联结、相互渗透的根本原因。

三

粗略回顾了认识史上（特别是唯物辩证法创立以来）对一般与个别问题的探索过程，就不难比较：毛泽东同志所阐述的共性个

---

[1] 以上均引自列宁《谈谈辩证法问题》。

性、绝对相对的道理，究竟在何处继承了认识史上有关的积极思想成果，特别是直接继承了马克思和列宁，在何处又有其独创，从而丰富和发展了唯物辩证法呢？

先看继承的方面。第一，如前所述，马克思首先从认识运动的过程与方法，揭示了一般与个别的辩证法。毛泽东同志在《实践论》中，指出从感性认识能动地飞跃到理性认识，从理性认识能动地飞跃到革命实践；在《矛盾论》中将认识过程归结为特殊——一般——特殊的循环往复过程；在《人的正确思想是从哪里来的?》中，又将认识过程概括为在实践基础上的物质——精神——物质的循环往复过程。这些，从认识论来看当然是对马克思主义哲学的发展。从继续在认识运动的过程和方法中揭示一般与个别的辩证法这个角度来看，则是对马克思的直接继承。第二，也如前述，列宁发掘、继承了前人探索一般与个别问题的积极思想成果，针对认识史上将一般与个别相割裂的通病，精辟阐明了一般与个别范畴自身的对立统一关系。毛泽东同志在阐述共性个性、绝对相对范畴自身的对立统一关系方面，也是直接继承了列宁。在《矛盾论》中就几处直接引用了列宁《谈谈辩证法问题》的有关论述。

毛泽东同志的独创之处，对唯物辩证法的丰富和发展首先在于，他在根据列宁的论述说明和发挥辩证法的实质和核心并建立一整套矛盾学说的同时，在列宁揭示了一般与个别范畴自身的对立统一关系的基础上，进一步揭示了共性个性、绝对相对这一渗透于辩证法、认识论、逻辑学的基本范畴，与对立统一规律这一辩证法的核心规律之间的有机联系，并用共性个性、绝对相对概括整个矛盾学说，把它规定为"矛盾问题的精髓"。

《矛盾论》提出了矛盾的普遍性和特殊性，主、次要矛盾和主、次要矛盾方面，矛盾的同一性和斗争性，对抗性矛盾和非对抗性矛盾等一系列科学范畴，并逐一对它们的规定性及其相互关系，它们在矛盾学说中的地位和作用，加以精细的考察。在考察这一套有机统一的科学范畴的基础上，经过再抽象（这些范畴本来就是从无数个现实的、具体的矛盾中抽象出来的，这里说在这些范畴基础上的第二级抽象，故曰"再抽象"），就得到了共性个性、绝对相对这两对更基本的范畴。用这两对范畴来代替认识发展史上一直在探索的一般与个别的范畴，是说明和发挥辩证法的核心的必然结果。如果说一般与个别是从客观事物中抽象出来的范畴，共性个性、绝对相对，则是把客观事物看作活生生的对立统一体并对之进行具体分析的基础上所抽象出来的范畴。列宁曾把哲学范畴比作帮助人们认识和掌握客观现象之网的网上纽结。那么，共性个性、绝对相对作为渗透于辩证法、认识论、逻辑学的基本范畴，则是认识之网上贯穿于各个环节的网上纽结。人们只有借助于矛盾分析法才能建立清晰的认识之网，也只有立足于矛盾分析法才能更好地把握这无所不在的网上纽结。因此共性个性、绝对相对作为立足于矛盾分析基础上抽象出来的范畴，就比一般与个别范畴来得更深刻，其外延更为广泛，其内涵也更加确切了。

矛盾的普遍性，概莫能外，所以是共性。矛盾的特殊性，各各不同，所以是个性。如果不认识作为一切事物的共性的矛盾的普遍性，就无从发现事物运动发展的普遍原因或普遍根据，无从建立辩证法这门科学。如果不研究作为各个矛盾个性的矛盾的特殊性，就无从区别一事物不同于他事物的特殊的本质，无从发现事物运动发展的特殊原因或特殊根据，也就无从区分科学研究的领域。而共性个性是对立面的同一，无个性即无所谓共性，无共性也无所谓个性。每一事物内部都包含了作为矛盾普遍性的共性和作为矛盾特殊性的个性，普遍性即寓于特殊性之中，共性即寓于个性之中。我们一接触事物，一分析矛盾，即令从最简单、最普通、最常见的东西开始，从任何一个命题开始，都离不开共性个性的道理的。而任何事物普遍存在着矛盾这一点是绝对的、无条件的，因而共性又是绝对性。各具体的、特殊的矛盾的存在都是暂时的、有条件的，因而个性又是相对性。

从《矛盾论》结论来看，同一性、斗争性也可归于广义的特殊性、普遍性范畴，即矛盾同一的特殊、相对性；矛盾斗争的普遍性、绝对性。矛盾的同一性是具体的，有条件、暂时的，因而具有相对性。矛盾的斗争性是无条件的，因而具有绝对性。相对与绝对必须相互联结，相对和绝对的差别也是相对的。相对既不排斥绝对，绝对也不排斥相对。"有条件的相对的同一性和无条件的绝对的斗争性相结合，构成了一切事物的矛盾运动。"又因相对的同一性总是各具其具体条件，是各各特殊的，所以相对性又是个性。绝对的斗争性是任何矛盾共有的属性，所以绝对性又是共性。共性即寓于个性之中，绝对即寓于相对之中。我们分析任一矛盾，都要分析其具体的矛盾同一性及寓于其中的矛盾斗争性，因而都离不开绝对相对、共性个性的道理。

在研究矛盾的特殊性、相对性、个性的时候，要注意区别主、次要矛盾和主、次要矛盾方面。如果不是在共性指导下研究个性，不经过从个性到共性的抽象认识矛盾的本质，就无从区别主次。在研究矛盾的普遍性、斗争性、共性的时候，要注意区别矛盾的各种不同的斗争形式。如果不懂得任何个性都不能完全地包括在共性之中，不从抽象上升到具体，从一般再回到个别，从舍弃了矛盾的丰富特征的共性进而把握各现实、具体的矛盾整体的个性，就会把斗争形式简单化、机械化，成为"一刀切"，找不到解决不同性质矛盾的不同方法。

可见，共性个性、绝对相对的道理，不仅渗透于矛盾的普遍性、特殊性、斗争性、同一性之中，也渗透于主、次要矛盾和主、次要矛盾方面，对抗性矛盾和非对抗性矛盾之中，渗透于全套矛盾分析方法之中，并且可用来概括整个矛盾学说，因而是"矛盾问题的精髓"，是辩证法之精华的重要的内容之一，"不懂得它，就等于抛弃了辩证法"。

毛泽东同志揭示了共性个性、绝对相对这一基本范畴与对立统一这一核心规律间的有机联系，进而丰富和发展了唯物辩证法，这是我们理解"矛盾问题的精髓"说的要点。近年来关于"精髓"

问题讨论中有些看法，似乎就并没有抓住这个要点。

有一种意见认为，"矛盾问题的精髓"即"核心中的精髓"。此说值得商榷。应该从基本范畴与核心规律的有机联系来考察基本范畴，不等于基本范畴就只是属于核心规律。"矛盾问题"的核心是对立统一规律，对立统一规律却并非全部"矛盾问题"。整个辩证法都是关于"矛盾问题"的学说。"矛盾问题的精髓"，即辩证法之精华的或重要的内容之一。如只是从"核心中的精髓"的意义上去理解，那么就会引出一个悖论："共性个性、绝对相对的关系……并不能回答事物是否发展、为什么发展以及如何发展、发展的源泉和动力是什么等一系列有关发展观的根本问题，……所以当然不是矛盾问题的精髓。"① 这是由"核心中的精髓"说得出的归谬法。共性个性、绝对相对作为基本范畴，并不仅仅是核心规律中的基本范畴，因此它们并不负有回答"有关发展观的根本问题"的使命。但这并不排斥其作为基本范畴，作为整个矛盾问题的精髓。

又有一种意见，则认为要说"矛盾问题的精髓"，只能是矛盾的同一性和斗争性，或矛盾的普遍性和特殊性，并非共性个性、绝对相对的道理。这种意见也值得讨论。

我们既不应把对立统一规律和共性个性、绝对相对范畴看作一方完全包含一方的关系，也不能忽视或否定二者间的有机联系。毛泽东同志正是在说明和发挥核心规律的一整套有机统一的范畴中，进一步阐述共性个性、绝对相对的道理。如果我们仅仅从这整套范畴中抽出某一对范畴，如单独抽出矛盾同一性和斗争性的关系，或单独抽出矛盾普遍性和特殊性的关系作为"矛盾问题的精髓"，就并没有理解毛泽东同志将共性个性、绝对相对的道理作为"精髓"的深刻用意。

诚然，《矛盾论》中明确说过，矛盾的普遍性就是共性、绝对

---

① 姚伯茂：《关于矛盾问题精髓的探讨》，《社会科学》（上海）1980年第6期。

性，矛盾的特殊性就是个性、相对性。从这个意义上，当然也可以说矛盾普遍性和特殊性即"精髓"。但需要说明，这里的矛盾普遍性和矛盾特殊性范畴，就应该是广义的而不是狭义的了。矛盾普遍性的含义，就不仅仅是矛盾存在于一切事物的发展过程中及存在于每一事物发展过程的始终，而应包含着同类事物的共同本质，包含着矛盾斗争的普遍性、绝对性。矛盾特殊性的含义，就不仅仅是指"矛盾的事物及其每一个侧面各有其特点"，而且矛盾同一性"又是矛盾的特殊性和相对性"。《矛盾论》的"结论"，正是用这种广义的矛盾普遍性和矛盾特殊性范畴，也即共性个性、绝对相对范畴，把矛盾学说的一整套有机统一的范畴贯穿起来的。为此，如果简明、准确地说，"精髓"即共性个性、绝对相对的道理，才更为合乎《矛盾论》的原意。

还有一种意见认为，毛泽东同志1937年所拟的《辩证唯物论讲授提纲》中列举的辩证法若干范畴，就没有一般个别、共性个性、绝对相对，足见同年所著《矛盾论》中提到的"矛盾问题的精髓"并非共性个性、绝对相对范畴。持这种意见者仍未理解，在说明和发挥核心规律中，在整套矛盾学说中去阐述，而不是单独去阐述共性个性、绝对相对的道理，恰恰是毛泽东同志的独创，是对唯物辩证法的丰富和发展。《矛盾论》不是离开对具体矛盾的具体分析来孤立地论证矛盾的普遍性、特殊性、同一性、斗争性诸范畴；同样，也没有离开这些范畴孤立地论证共性个性、绝对相对的道理，对这一道理的论述就有机地贯穿、结合在对这些范畴的论述之中。

"矛盾问题的精髓"说其所以是对唯物辩证法的丰富和发展，还表现在它已被毛泽东同志创造性地化为基本的思想方法和工作方法，从而与实践密切地统一起来。首先，这一学说的产生不仅有其理论渊源，更重要的是为了满足实践的需要，从而具有鲜明的实践特征。在中国革命的实践中，只见共性不见个性的教条主义和只见个性不见共性的经验主义，一度是危害革命的两种倾向，而尤以教条主义为害更大。如何阐明理论和实践相结合这一马克思主义根本原则的哲学理论基础，以反对教条主义和经验主义，反对主观与客观相分裂、认识和实践相脱离、共性和个性相割裂，使马克思主义在中国具体化，使之在其每一表现中带着必须有的中国的特性，是一个比列宁时代更为重大、尖锐、迫切的问题。为此，就要求丰富和发展马克思主义哲学中关于一般与个别的理论。其次，毛泽东同志不仅根据实践的需要，在《矛盾论》中阐述了共性个性、绝对相对的道理并将其规定为"矛盾问题的精髓"，而且在他指导和参加的大量革命实践活动中，在他对新民主主义革命和新中国成立初期的极其丰富的实践经验的概括和总结中，经常在直接或间接地阐述、运用"矛盾问题精髓"，将其化为具体的思想方法和工作方法。例如，在《中国革命战争的战略问题》一文中，从一般战争规律与特殊战争规律的相互联结入手，通过具体分析中国革命战争的特殊情形和特殊性质，来把握中国革命战争的规律。《论持久战》运用共性个性、绝对相对的道理，具体分析中日战争互相矛盾着的基本特点，得出"中日战争是持久战，最后胜利是属于中国的"科学预见。《关于领导方法的若干问题》提出从群众中集中起来，又到群众中坚持下去，一般号召和个别指导相结合，领导和群众相结合的工作方法。《论十大关系》运用共性个性、绝对相对的道理，具体分析并提出了正确处理我国政治经济生活中十大矛盾的方法，等等。总之，在毛泽东思想的活的灵魂中，就贯穿着"矛盾问题的精髓"。实事求是，就是从实际出发，理论联系实际，就是要把马列主义普遍原理同中国革命具体实践相结合，也就是要把共性和个性、一般和个别相结合。因为"实事"就是客观存在着的一切事物，就是无数客观、现实的"个别"；而"是"就是客观事物的内部联系即规律性，就是寓于个别中的一般，寓于个性中的共性。如果不懂得共性个性的辩证关系，就难以从"实事"中求出"是"来，难以研究客观事物的矛盾的特殊性，难以找出解决不同性质矛盾的不同方法。而体现群众路线的基本工作方法，就是把群众的意见（大量的"个别"）集中起来，化为系统的意见（从个别到一般），又到群众中坚持下去（用一般指导个别），在群众的行动中考验这些意见是否正确（用实践基础上的大量"个别"来检验丰富"一般"）。如此循环往复，就是个别——一般—个别的循环往复，就是"矛盾问题的精髓"的具体运用。作为唯物辩证法的丰富和发展的"矛盾问题的精髓"说，在中国革命实践中有其特别重大的意义。

折中主义与辩证法的本质区别[*]

人们通常把折中主义与辩证法的本质区别归纳为三条：矛盾调和论与矛盾论中的结合论的区别；矛盾均衡论与两点论中的重点论的区别；罗列事物个别特征与全面性要求的区别。把握这些区别是必要的，但尚不足以鉴别折中主义与辩证法相混淆的种种复杂现象。这些区别只是不甚深刻的本质间的区别，还必须进一步认识和把握它们更深刻的本质间的区别。

在探讨这一问题之前，不妨看看黑格尔对诡辩的批判。诡辩与折中主义一样，也常与辩证法相混淆。黑格尔深刻地指出，"诡辩的本质乃在于承认孤立的片面的抽象原则本身即是对的，只要这原则能够适合个人当时特殊情形下的利益"。而"辩证法的出发点，是就事物本身的存在和过程加以客观的考察"[①]。黑格尔切中了诡辩的要害，指出它的本质是唯心主义，因而他能够对诡辩作出马克思主义以前最为杰出、深刻的批判。但他毕竟只能以客观唯心主义反对主观唯心主义，因而便不能彻底揭示诡辩的唯心主义本质，不能彻底划清诡辩与辩证法的界限，有时自己也不得不陷入诡辩。

列宁在改造黑格尔的概念的辩证法时指出，概念的达到了对立面同一的灵活性，如果加以主观的应用，是折中主义与诡辩；加以

---

[*] 原载《社会科学战线》1981年第1期。
[①] 黑格尔：《小逻辑》，第188—189页。

客观的应用,是辩证法。① 这就从更深一个层次,揭示了折中主义与辩证法的本质区别——是主观还是客观地运用概念的达到对立面同一的灵活性。概念是对客观事物本质的反映,概念的达到了对立面同一的灵活性,就是对一切作为对立统一体存在的客观事物,其本质自身中都具有对立面同一的灵活性的反映,是对"物质过程的全面性及其统一的灵活性"②的反映,因此,可将折中主义与辩证法的更深刻的本质区别直接表述为:是主观地还是客观地运用对立面同一的灵活性。在区分折中主义与辩证法时,如果只在是否运用了对立面同一的灵活性上兜圈子,忽略了是主观运用还是客观运用,以至于把运用对立面同一的灵活性都看成折中主义,而固守僵死的对立,势必又陷入形而上学。我们强调抓住更深刻的本质区别,并非孤立、抽象、空洞地理解它,而要具体地研究:辩证法怎样客观地运用对立面同一的灵活性,折中主义怎样冒充辩证法而主观地运用对立面同一的灵活性,形而上学又怎样打着"批判折中主义"的幌子取消对立面同一的灵活性。因此,把握通常所归纳的三条本质区别诚然是必要的,但却是很不够的,我们必须从不甚深刻的本质进到更深刻的本质,要注意这些区别中贯穿、体现着更深刻的本质区别。以下即从三个方面分别论述。

不抓住更深刻的本质区别,就难以辨认何为折中主义的矛盾调和论,何为矛盾论中的结合论

对立面的同一具有灵活性,是因为这种同一是具体的、相对的,是随着不同的客观条件的变化(包括内、外部条件)而变化发展的。灵活,是建立在客观条件基础上的灵活。客观地运用对立面同一的灵活性,就要研究对立成为同一的现实、具体的条件,研究各个矛盾呈现的个别的同一形态,以便在对立面的统一中准确、恰当、客观地把握对立面——既把握对立面的同一,又把握对立面的

---

① 列宁:《哲学笔记》,人民出版社1960年版,第112页。
② 列宁:《哲学笔记》,人民出版社1960年版,第112页。

斗争，在条件成熟时不失时机地促进对立面的转化。也可以说，灵活性的界限，就在于达到了对立面的同一。旧的对立面的同一因客观条件的变化而难以维持，矛盾破裂，发生转化，又在新的条件下去达到新的对立面的同一。主观地运用对立面同一的灵活性，实际上只能破坏这种灵活性。因为随意抹杀对立成为同一的客观条件，以主观联系代替客观事物本质自身中的联系，把对立面的同一变成取消对立的、任意机械的拼凑，实际上属于形而上学的僵死的绝对同一。从生产力与生产关系的有机结合来看，生产力不断发展要求一定的生产关系与之适应，生产关系又以一定阶段的生产力发展水平为基础，两者的同一是相对的、有条件的，因而是灵活的。客观地运用对立面同一的灵活性，就要对客观存在的生产关系作具体分析，看其能否调动人们的劳动积极性和提高科学技术水平的积极性，能否发挥现有生产资料的效用和推动人们去获得新的生产资料，能否创造较高的劳动生产率，使国民收入迅速增长、劳动者生活水平不断提高，从而判断生产关系适应生产力的状况。基本不适应，就要进行社会革命；部分适应、部分不适应，就要积极调整、改革不适应的部分，谨慎地保护、巩固适应的部分；基本适应，则要着重于完善、发展现存生产关系。这不是折中主义，而是辩证法。相反，主观地运用对立面同一的灵活性，不顾客体条件大搞生产关系的"不断革命，彻底革命"，或在生产关系的改革上极不慎重，"灵活"得朝令夕改，失信于民，这些做法，似与折中主义绝缘，实与形而上学同宗。

由于人们过去总以是否调和矛盾作为区分折中主义与辩证法的标准，忽略了更深刻的本质区别，给打着"批判折中主义"为幌子实际上反对辩证法的人留下了可乘之机。"四人帮"对"一方面，另一方面"这类公式的"批判"，正是利用了这一点。现在人们已经认识到，折中主义的特征绝不在于"又是这个，又是那个""一方面，另一方面"，而在于它企图把两种互相排斥、互相对立的观点调和起来，在两种互相排斥、互相对立的观点中间既"同意"这个,又"同意"那个。这种认识是否彻底澄清了"四人帮"混淆折中主义与辩证法所造成的混乱呢?仍然没有。因为并未抓住主观地还是客观地运用对立面同一的灵活性这个症结。

辩证法能否在两种互相排斥、互相对立的观点中调和,既同意这个,又同意那个呢?在地质学上,关于岩石的形成问题,曾有持"水成论"与"火成论"的两派争论。岩石的客观成因是既有水成又有火成,因而必须在不相容的理论中既同意这个又同意那个。这里的"同意",就是客观的、辩证的调和,是既扬弃这个又扬弃那个。物理学上绵延了三个世纪的光究竟是波还是粒子,以及其后电子究竟是粒子还是波之争,也以光和电子都具有波粒二象性作结论,因为在量子物理学世界中,波和粒子密切结合在一起是一种客观存在。初等数学的一个量只能是某一确定的值,高等数学的微分运算,却把无限小量作为既是零又不是零,才使初等数学无法解决的问题迎刃而解。人民内部矛盾是在人民利益根本一致基础上的矛盾,大都可以在一定条件下调和……既然自然界和社会运动过程中客观存在着一部分可以调和、应该调和的矛盾,就难以仅仅用是否调和矛盾来区分折中主义与辩证法,而要深入一步,看是主观随意的调和,还是矛盾运动客观需要的调和。辩证法在适当的地方、在客观上可以调和的矛盾中承认亦此亦彼并使对立互为中介,即是客观地运用对立面同一的灵活性;折中主义则在一切地方承认亦此亦彼并抹杀对立,即是主观地运用对立面同一的灵活性。前者是矛盾论中的结合或调和,后者是矛盾调和论。

必须反对矛盾调和论,但不能因此就反对一切矛盾调和,也不能在一切矛盾的对立面之间划一条绝对分明和固定不变的界限,坚持无条件的普遍有效的非此即彼。例如,物质无限可分与宇宙空间无限的观点无疑是正确的,但现代物理学提出了疑问。在实验基础上建立起来的量子色动力学提出了夸克"禁闭"论,大爆炸宇宙学则给出了宇宙有限的结论。这些物理学的新观点与正确的哲学观点发生了尖锐矛盾。哲学的物质无限可分与宇宙空间无限论,如果不能根据科学提供的新材料作必要的补充和修正，不能客观地运用有限与无限的对立面同一的灵活性，不能解决新问题，就会成为僵死无用的教条。

不抓住更深刻的本质区别，也难以将矛盾均衡论与两点论中的重点论相区别

均衡、均势、平衡，是对立面同一的灵活性，在矛盾诸方面力量对比关系上的表现形态。辩证法客观地运用对立面同一的灵活性，就要在相对平衡与绝对不平衡的辩证统一中，在平衡与不平衡交替（或转化）的客观过程中，研究平衡在不同的物质运动形式、过程、阶段中各自特殊、具体的表现形态，以及维持这种形态的现实、具体条件，据以巩固，或打破，或重建某种平衡，促进事物发展。在这里，如果忽略主观地虚构平衡与客观地把握平衡这一更深刻的本质区别，只在是否搞矛盾均衡上兜圈子，则易发生两方面的错误：或者因盲目地反对折中主义的矛盾均衡论而破坏客观平衡；或者把两点论的重点论变成以孤立、静止的重点代替非重点的一点论。

矛盾均衡论把平衡与不平衡割裂开来，把相对的平衡无条件地凝固化、永久化，在平衡问题上表现出对共性个性、绝对相对的主观随意的割裂。我们不能基于这种主观割裂，因矛盾均衡论只重平衡，就反过来只重不平衡而反对一切矛盾平衡。"个别运动趋向于平衡，而整体运动又破坏个别的平衡。"[①] 个别运动中包含着绝对的不平衡这种整体运动的共性，个别运动又具有趋向于平衡的个性。我们不能离开共性来考察个性，同样，也不能离开作为运动个别的趋于平衡性来考察作为运动一般的不平衡性。而且，整体运动是现实、具体的个别运动之综合，我们不能抽象地把握整体运动，也不能抽象地把握矛盾运动的不平衡性。必须通过具体研究个别运动的趋于平衡性，来把握其中的不平衡性。讲不平衡是绝对的，平衡是

---

① 《马克思恩格斯选集》第3卷，人民出版社1971年版，第589页。

◇ 哲　学

相对的，也因为不平衡是运动一般的共性，平衡是运动个别的个性。如果不在这样的意义上理解绝对的不平衡与相对的平衡，就会以为不平衡比平衡重要，以不平衡排斥平衡，或者反过来只重平衡。因此，当我们在强调世界上没有绝对地平衡发展的东西，我们必须反对平衡论，或均衡论的同时，也应当注意考察和把握具体的个别运动的趋于平衡性，保护事物发展所需要的平衡。"有时因为主观安排不符合客观情况，发生矛盾，破坏平衡，这就叫做犯错误。"①

矛盾均衡论除了把相对的平衡绝对化外，又把平衡状态中对立双方力量对比绝对均衡化，所谓一半对一半，折之于"中"。辩证法反对这种主观虚构的绝对平衡，指出在复杂的事物发展过程中必定存在着主要矛盾和主要矛盾方面，因而必须坚持两点论的重点论。但须注意，重点论是就"复杂的事物的发展过程"而言的。强调重点，是因为在总的过程中矛盾力量对比不平衡是共性、绝对性。既然是在过程中，两点论的重点就不是亘古不变之点，不是用僵死的 A > B 来反对折中主义僵死的 A = B。既然是在过程中，主、次要矛盾和主、次要矛盾方面就可以互相转化，互易其位。在这种转化、易位阶段，对立双方力量对比出现暂时乃至瞬间的均等状态，也是一种客观存在。毛泽东同志在《矛盾论》原稿中曾写道："无论什么矛盾，也无论在什么时候，矛盾着的诸方面，其发展是不平衡的。"后来正是考虑到上述情形，才把"也无论在什么时候"删去，并特此致函李达同志："你写解说时，请加注意为盼！"②从这一删改，我们不难得到两点启示：第一，兼顾重点与非重点，注意其相互转化、易位，也是坚持两点论中的重点论的题中应有之义；第二，对客观过程中可能出现的难以区分重点与非重点的均势状态请加注意，在这种状态中恰恰容易把即将出现的重点与非重点

---

① 《毛泽东文集》第 7 卷，人民出版社 1999 年版，第 216 页。
② 《哲学研究》1978 年第 12 期。

搞错。只有抓住主观地还是客观地运用对立面同一的灵活性这一更深刻的本质区别,才不致因反对折中主义的矛盾均衡论就反对一切矛盾均衡,不致离开事物发展过程来片面地讲重点论。

在罗列事物个别特征与全面性要求这一本质区别中,同样贯穿、体现着更深刻的本质区别

把对立面同一的灵活性看作矛盾本质自身中的内在属性,其外在表现形态,就是任何事物都呈现的各种现象特征及其同他物的相互关系。折中主义在这些特征、关系中,随心所欲地东抽一点,西抽一点,把它们偶然、机械地拼凑起来,用以冒充事物的本质,代替对立面的同一。这与黑格尔所批判的诡辩按"各人的意态和观点"来抉择"形式的根据"[1] 同出一辙。或者,折中主义也尽可能"全面"地抽出许多点来,将事物的现象特征罗列一堆,使人感到一种似是而非的满足,似乎考虑了过程的一切方面,但实际上并没有对事物的发展过程作出任何完整的分析。因为建立在主观基础上的"全面",充其量只能机械地拼凑个别特征,无法理解在客观事物中,本质不等于现象的堆砌,整体不等于部分的总和。辩证法的全面性要求,则以客观地运用对立面同一的灵活性为基础。事物本质中的对立面同一的灵活性,不是建立在抽象的公式上,而是表现于事物的具体现象和关系之中。因此,"要真正地认识事物,就必须把握、研究它的一切方面、一切联系和'中介'",以防止错误和僵化。[2] 现代系统论证明,任何物质对象都是由一定数量的因素组成的整体,是按一定层次构成的、动态的立体网络。如不客观地运用对立面同一的灵活性,就难以从这复杂网络中揭示各因素、各系统之间的有机联系,难以认识系统的整体功能,也就不可能达到辩证法的全面性要求。而且,随着人们对多元复杂系统认识的丰富和深入,将日益难以鉴别这种认识所属折中主义的貌似全面,还是

---

[1] 黑格尔:《小逻辑》,第272页。
[2] 《列宁选集》第4卷,人民出版社1995年版,第419页。

辩证法的力求全面。

　　综上所述，主观地还是客观地运用对立面同一的灵活性，是折中主义与辩证法的更深刻的本质区别。客观情况是错综复杂的，我们难以用一定的模式，划分出能调和与不能调和的矛盾类型，来鉴别对哪种矛盾进行调和便是折中主义。只能具体分析客观情况，弄清"在什么时候用什么方法可以而且应当把对立面统一起来"[①]，也就是要客观地运用对立面同一的灵活性。我们必须认识折中主义与辩证法的更为深刻的本质区别，才能坚持辩证法，摒弃折中主义和形而上学。

[①]《列宁选集》第4卷，人民出版社1995年版，第376页。

物反不要必极

作家秦似同志在一篇随笔中写道:"宁左勿右害了国家,害了人民,但决不能说:那么,宁右勿左大概是好的。物极必反,但物反不要必极。"这是富有哲理也切中时弊的议论。

"物极必反",意思是事物发展到极度时就会向相反的方向转化。因为任何事物都是质和量的统一,而质和量都会发生变化。所谓物极必反的"极",就是事物的质所规定的量发生变化的穷极、极限。物极必反的"反",就是事物的量变超过了这个极限,使事物在性质上发生转化,由一种形态转化为另一种形态。

说物反不要必极,就是要依据事物本身的性质和条件,去认识、把握、利用事物自身存在的界限,即事物的量的规定和质的区别,而不要不加区别、不加分析、主观盲目地把事物矛盾着的对立面推向极端。当然,也并非凡物反皆一概不可极之。比如,无产阶级尽可能地发动群众,组织群众,通过暴力革命砸碎旧的国家机器,建立无产阶级政权和社会主义社会。这样的物极必反,客观上符合社会发展的规律,主观上正是革命者要达到的目的。如果像古代哲学家老子那样,认为"兵强则灭,木强则折",害怕物极必反而一味地抱残守缺,贵柔守雌,反对革命和进取,搞什么"柔弱胜刚强",显然是不足取的。但不能因此又作这样的引申,以为凡事要走极端才好,要就这样,要就那样,以僵硬的、直线的思想方法

---

* 原载《光明日报》1982年6月5日第3版。

◇ 哲　学

看待一切。例如，经济建设上，要积累就不顾消费，盲目增高积累率，结果适得其反，造成国民经济比例失调。政治上要就"宁左勿右"，把正确的东西偏说成"右了"，以至抵制党的十一届三中全会以来的正确路线、方针、政策；要就"宁右勿左"的，以至怀疑和动摇党的四项基本原则，搞资产阶级自由化。同志之间，要就一团和气，你好我好；要就残酷斗争，无情打击。凡此种种，物反就要必极，何苦来哉？

或许有人认为，这些现象也在所难免，好在物极必反，不妨听其自然，无为而治，到了极端，总要反回来的。岂知任其反来反去，在两极跳跃，正是大家都经历过、都厌恶、都不能容忍、不愿再现的现象——折腾。其实，认为物极必反就只好任其折腾的想法，古已有之。"物极必反"一语，源于先秦著作《鹖冠子》。有位隐居深山者，姓名不详，以鹖（一种鸟）羽为冠，因以代号。他看到了"物极则反"的辩证法，但不懂得某些事物是可以把握其自身存在的界限，防止它向相反方向转化的，因而叹曰："物极则反，命曰环流"，也就是听其自然，任其折腾。难道我们还要以现代"鹖冠子"自居，明知物极必反，却又无可奈何，听任物反必极而自我折腾吗？须知折腾不已，翻来覆去，是要亡党亡国的。

我们应该通过实践努力把握决定事物性质的量的界限。这并不是要来个不偏不倚的中庸之道，而是要符合事物发展的客观规律。如对于我国积累和消费的比例问题，经过1949年以来国民经济两次大起大落的经验教训，我们就把握了20%—30%之间这个适度的积累率。又如对于思想战线存在的资产阶级自由化倾向，我们必须挺身而出，拿起批评与自我批评的武器，坚决加以克服，不能任其滋长泛滥。或多或少卷入这种错误倾向的同志，也必须猛醒，不能滑向与党和人民为敌的极端。同时又应看到，解决思想问题，也不能物反必极，而要对于发表过严重错误言论的人们，采取分析态度，区分不同情况，加以正确对待。

物极必反，但物反不要必极。

"结合"的方法论*

把马克思主义的基本原理同中国革命和建设的具体实际相结合，是党七十年来一直在做的一篇大文章。在这篇大文章中，有过反复曲折的探索，更有过许多精彩之笔、辉煌篇章。什么时候我们党比较好地实现了这种结合，党的事业发展就比较顺利，我们的成就就比较明显；反之，党的领导就会发生这样那样的失误，革命和建设事业就会遭受或多或少的损失。把马克思主义的基本原理同中国革命与建设的具体实际相结合，是我们党的胜利之本、成功之路；也是回顾七十年党的光辉历史，明确今后的重大责任所必须涉及、必须回答的基本问题。

"结合"的意义和方法论

讲话指出："在七十年的斗争中，我们党积累了极其丰富的经验，归结到一点，就是把马克思主义的基本原理同中国革命和建设的具体实际相结合，走自己的道路。"作为党的根本经验，在今后的实践中如何继续贯彻和适用，其中有没有方法可依？有没有规律可循？讲话对此作了明确的回答，即不是一般地强调、重申"结合"如何重要，而是进一步系统地阐述了实现"结合"的方法论。

我体会，"结合"的方法论有下述几个要点：

---

* 原载《中国青年报》1991年8月15日。

◇ 哲　　学

　　——实现结合的基本目标：确定符合中国特点的前进道路和战略策略；

　　——实现结合的基本前提：深刻认识和掌握马克思主义，深刻认识和掌握中国的国情；

　　——实现结合的基本原则：把两个"深刻认识和掌握"正确地统一于革命和建设的实践之中；

　　——结合是过程；

　　——在实现结合的过程中，必须始终坚持党的思想路线、群众路线和党总结长期历史经验得出的基本结论这三者的统一；

　　——结合的光辉典范之一：毛泽东同志和毛泽东思想；

　　——结合的光辉典范之二：邓小平同志和他提出的关于建设有中国特色社会主义的理论、路线、方针和原则；

　　——实现结合的基本立场：永远高举马列主义、毛泽东思想的伟大旗帜，把老一辈无产阶级革命家开创的事业进行到底。

　　这样，结合的方法论中就包含了目标、前提、原则、立场诸要素，包含了结合的过程论、认识论和辩证法。

"结合"的基本前提和基本原则

　　基本前提有两个。一是"关键在于深刻认识和掌握马克思主义"。当前，社会主义、马克思主义正在世界范围内面临着严峻的考验。世界有风，国内便有浪。资产阶级自由化思潮鼓吹马克思主义"过时论"，妄图取消马克思主义；鼓吹"变形论"，攻击马克思主义与中国实际相结合；鼓吹"学派论"，企图把马克思主义降低到与各家学说并列的地位，淡化马克思主义的指导作用。因此，我们对中国革命和建设为什么必须以马克思主义为指导，要有清醒、坚定、深刻的认识。马克思主义之所以是无产阶级和劳动人民认识世界和改造世界的不可替代的强大思想武器，是因为唯有它揭示了世界发展的普遍规律特别是人类社会历史发展的普遍规律，揭示了社会主义必然代替资本主义和建设社会主义、最终实现共产主义的普遍规律。深刻认识马克思主义是为了掌握它、运用它的基本原理和立场、观点、方法观察分析问题。马克思主义的生命力，就在于它同实际生活密切结合，在于它能够为解决实际生活提出的问题开辟道路。二是"关键在于深刻认识和掌握中国的国情"，这就要有客观的、全面的、辩证的、发展的观点。国情是多种因素的组合，最重要的是认识对中国革命和建设有重大影响的一切有利的和不利的现实因素，立足这个基础，运用马克思主义才能有的放矢。国情又是错综复杂、发展变化的，这就特别需要从现象中找出本质，从若干矛盾中找出主要矛盾，即认识中国社会的性质和发展阶段，认识社会主要矛盾和它的变化，依据这个判断，运用马克思主义，才能高屋建瓴。

在强调实现结合的两个基本前提之后，讲话提出了"把两者正确地统一于革命和建设的实践之中"的重要命题，即进一步明确了实现结合的基本原则。这是党的十一届三中全会以来强调实践标准的理论成果，是我们党在实现结合的问题上更加自觉、更加成熟的表现。两个基本前提，犹如要求吃透两头。但唯有在实践中才能吃透两头，唯有通过实践才能融为一体。实践是结合的载体，正确地统一于实践之中是正确地实现结合的载体。很多人并不是没有去钻研马克思主义，也不是没有去认识中国国情，但是由于不能把两者正确地统一于实践之中，这种钻研就始终掌握不了精神实质，这种认识也始终把握不住中国问题的真谛，就不能达到主观和客观、理论和实践、知和行的具体的历史的统一，就难免出现各种离开具体历史的"左"的或右的错误思想。实践是检验真理的唯一标准，也是检验结合成功与否的唯一标准。结合是胜利之本、成功之路，实践则是结合不断成功之源、理论长青之树。

讲话不仅指出了"结合"是过程，而且进一步揭示了这过程中党的思想路线、群众路线和历史结论三者的统一。

党的思想路线，是一切从实际出发，理论联系实际，实事求是；党的群众路线的重要内容，是从群众中来到群众中去，集中人民群众的实际经验和智慧，再到群众中坚持下去；而坚持独立自主地分析和解决中国的问题，找出适合我们情况的前进道路，是我们经过长期探索、总结历史经验得出的基本结论。这三者，本来是有机统一的。一切从实际出发，就必须从广大群众这个最基础的"实际"出发，而这三者的有机统一，又只有在"结合"的过程中才得到了充分的体现。旧中国是一个落后的东方大国，同西欧资本主义国家的差异极大，把马列主义成功地运用到中国这样的国家，需要极大的理论勇气和创造精神，关键在于从中国的实际出发，认真分析中国国情，认真研究群众的实践经验，解放思想，敢于创新。毛泽东正是这样通过实践开辟了一条独特的中国革命道路，实现了马克思主义认识史上的一次飞跃。同样，在社会主义建设中，从照搬别国模式到"走自己的道路"，也需要有非凡的理论勇气和无畏的革命胆略。党的十一届三中全会以来，以邓小平同志为核心的党中央在拨乱反正、正本清源的基础上，积极探索具有中国特色的社会主义建设道路。有中国特色的社会主义本身就是马克思主义理论与我国实践相结合的产物，是亿万群众生气勃勃地实践、创造的产物。这个结合，不是一次完成的，而是不断发展、不断深化的。社会主义在中国的特色，正是在这种结合的历史过程中得到形成、丰富和发展的。只要我们坚持从实际出发，集中群众的实践经验和智慧，创造性地解决实践中不断出现的新情况、新问题，建设有中国特色的社会主义道路就会越走越宽阔，我们就必将实现马克思主义认识上的又一次飞跃。

实现"结合"的方法论是关于普遍真理的普遍真理

邓小平同志指出："马克思列宁主义的普遍真理与本国的具体实际相结合，这句话本身就是普遍真理。"由此想到"结合"是普遍真理，实现"结合"的方法论，可不可以说就是关于普遍真理的普遍真理。因为只有科学地总结这些基本方法，正确地把握和运用这些基本方法，普遍真理才能普遍地生效，变成强大的物质力量。也因为"结合"的方法论的哲学基础，就是毛泽东在《矛盾论》中所揭示的矛盾的共性个性、绝对相对的道理这一事物矛盾问题的精髓；在《实践论》中所总结的我们的结论是"主观和客观、理论和实践、知和行的具体的历史的统一"，它具有极大的普遍性和真理性。掌握了"结合"的方法论，胜利之本就能不断用来争取胜利，成功之路就能始终保证取得成功，"结合"的大文章就会越做越生动，越做越精彩。

学习毛泽东同志关于具体分析
具体情况的理论与实践[*]

列宁曾将"具体地分析具体的情况",归结为"马克思主义最本质的东西。马克思主义的活的灵魂"[①]。继列宁之后,毛泽东同志从理论上系统地阐述了具体分析具体情况的一整套科学理论,为马克思主义的理论宝库增添了瑰宝;并用以成功地解决了中国革命的一系列重大问题,指导革命从胜利走向胜利,在中国革命史上建立了不朽的功绩。毛泽东思想是马列主义的普遍真理与中国革命的具体实践相结合的产物,因此可以说,具体分析具体情况这一马克思主义最本质的东西与活的灵魂,正是毛泽东思想的精髓。

毛泽东同志关于具体分析具体情况的大量系统而周密的阐述告诉我们,所谓具体分析具体情况,就是依据对立统一规律,具体地分析矛盾的特殊性,分析矛盾特殊性与普遍性的相互联结。在这种矛盾分析过程中,要力求全面性,力求深入认识事物的本质。而与此相反的是片面性与表面性,也就是主观性。要克服主观性,就必须坚持一切从实际出发,注重调查研究,"时时了解社会情况,时时进行实际调查。"[②]但客观世界是千变万化,错综复杂的,在调查

---

[*] 原载《贵州社会科学》1981年第4期。收入甘肃省委宣传部理论教育处编《伟大的认识工具——学习毛泽东同志哲学思想论文选编》一书。

[①]《列宁选集》第4卷,人民出版社1972年版,第290页。

[②]《毛泽东传》第1册,中央文献出版社2011年版,第224页。

研究过程中，只有善于抓住主要矛盾和矛盾的主要方面，才不会顾此失彼，迷失方向。这样，在反复调查研究的基础上，通过对矛盾各个方面，特别是矛盾的主要方面的具体分析，进而综合起来，从总体上把握矛盾的特殊本质，找出解决不同质的矛盾的不同方法，实现对客观世界的正确认识与能动改造。毛泽东同志关于具体分析具体情况的理论，是有机统一的整体。现分层加以说明。

具体分析具体情况，就要依据对立统一规律，具体地分析矛盾的特殊性。毛泽东同志在《矛盾论》中，将人们所要认识、分析的一切具体情况，都归结于分析矛盾的特殊性，即分析矛盾着的事物及其每一侧面各自的特点。事物是各依其特点而相区别的。有区别才能确立科学研究的对象，有区别才能建立我们不同的政策。而认识一事物区别于他事物的特殊本质，应从以下几种情形去展开具体分析：第一，分析各种物质运动形成的矛盾的特殊性。第二，分析各种运动形式在各个发展过程中矛盾的特殊性。第三，分析各个发展过程中矛盾的特殊性。第四，分析各个发展过程在其各个发展阶段上矛盾的特殊性。第五，分析各个发展阶段上矛盾各方面的特殊性。像毛泽东同志这样将分析具体情况归结为分析矛盾的特殊性，并对矛盾特殊原理进行全面系统的阐述，这在马克思主义发展史上还是第一次。

具体分析具体情况，就要具体分析矛盾特殊性与普遍性的相互联结。列宁早就指出，人的认识不是直线运动，而是无限地近似于一串圆圈，近似于螺旋曲线运动。那么，具体分析具体情况与这种曲线运动过程是什么关系呢？毛泽东同志根据矛盾特殊性与普遍性相联结的原理指出，人们总是从实践中的具体的特殊矛盾的分析开始，概括普遍的矛盾规律，上升为理论，又用这个理论进一步去分析具体的特殊的矛盾，然后又从中找出较为普遍的规律，作为更进一步具体分析的指导。这就是特殊——一般——特殊的相互联结，也就是实践、认识、再实践、再认识的不断循环往复的认识发展过程，是创造性的马列主义者所必须遵循的认识运动规律。它说明了在具体分析具体情况时，依据什么作为理论武器来分析，依据的理论从何而来的问题。此外，毛泽东同志还根据矛盾特殊性与普遍性相联结的原理，生动形象地提出了一个具体分析具体情况的重要方法——"解剖麻雀"的方法。

具体分析具体情况，就要力求全面性，深入认识事物的本质，避免片面性和表面性。将具体分析具体情况的方法归结为矛盾分析法，其方法上的意义就在于，体现了辩证法的根本要求，即对于所观察的事物的发展过程进行全面的、深刻的认识，避免了形而上学的片面性、表面性。具体情况具体分析，这里的"具体"，不仅体现着各事物的质的区别，也显示出各自内容的丰富。马克思说，"具体之所以具体，因为它是许多规定的综合，因而是多样性的统一。"① 因此在"具体分析"时，就必须注意辩证法的全面性要求，正如列宁指出的："要真正地认识事物，就必须把握、研究它的一切方面，一切联系和'中介'。"② 毛泽东同志发展了马克思、列宁的这些深刻的辩证法思想，指出全面性要求就是要了解矛盾各方的特点，不能只见局部不见全体，只见树木不见森林。要分析事物在一定的具体历史条件下包含哪些主要的矛盾方面，这些矛盾方面之间各占何等的地位，有着怎样一些相互斗争相互依赖的关系，这些矛盾的发展怎样在一定条件之下使事物向自己的对立面转化，怎样引起事物的质变。只有如此，才能避免片面性。而片面性总是与表面性相联系的。"表面性，是对矛盾总体和矛盾各方面的特点都不去看，否认深入事物里面精细地研究矛盾特点的必要。"③ 克服片面性和表面性的办法，就是"将丰富的感觉材料加以去粗取精、去伪存真、由此及彼、由表及里的改造制作工夫"④。毛泽东同志提出的

---

① 马克思：《〈政治经济学批判〉导言》，《马克思恩格斯选集》第2卷，人民出版社1972年版，第103页。

② 列宁：《再论工会，目前局势及托洛茨基和布哈林的错误》，《列宁全集》第4卷，人民出版社1995年版，第419页。

③ 《毛泽东选集》第1卷，人民出版社1991年版，第308页。

④ 《毛泽东选集》第1卷，人民出版社1991年版，第291页。

"两去""两由"的方法，是具体分析具体情况过程中必须始终把握的重要方法。

具体分析具体情况，就要坚持一切从实际出发，注重调查研究。"片面性、表面性也是主观性，因为一切客观事物本来是互相联系的和具有内部规律的。"① 克服主观性，就必须坚持从实际出发，通过反复的调查，占有大量材料。这也是进行具体分析的前提条件。为此，毛泽东同志一贯强调调查研究的极端重要性，坚持"没有调查就没有发言权"，并且总结出调查研究的一般方法：通过大略的调查、初步的分析发现问题、提出问题，进而经过系统、周密的调查、分析过程，暴露事物的内部联系。② 不言而喻，不掌握调查研究的艺术，就不可能做到具体分析具体情况。

具体分析具体情况，还要善于抓住主要矛盾和矛盾的主要方面。我们在进行调查研究时，面对着千变万化、错综复杂的客观世界，不可能没有侧重，无所不包地认识一切客观现象。调查研究体现了"观察的客观性"，但观察的对象"不是实例，不是枝节之论"。③ 因此，毛泽东同志提出了具体分析具体情况所必须把握的又一重要方法："……详细地占有材料，抓住要点。材料是要搜集得愈多愈好，但一定要抓住要点或特点（矛盾的主导方面）。"④ 只有如此，在复杂的具体情况中进行具体分析才不会迷失方向，才能在许多矛盾构成的矛盾总体中找出主要矛盾，在矛盾的两个方面中找出主要的矛盾方面，把握特定事物的矛盾运动规律。

具体分析具体情况，是分析与综合的有机统一。无论是认识矛盾的特殊性，还是认识矛盾特殊性与普遍性的相互联结，力求全面、深入、客观地认识矛盾，抓住矛盾的主要方面，归根到底要掌握建立在调查研究基础上的暴露矛盾的方法，即分析与综合有机统

---

① 《毛泽东选集》第1卷，人民出版社1991年版，第308页。
② 《毛泽东选集》第3卷，人民出版社1991年版，第791页。
③ 列宁：《辩证法的要素》，《哲学笔记》，人民出版社1974年版，第238页。
④ 毛泽东：《关于农村调查》（1941年9月13日），《人民日报》1978年12月13日。

一的方法。具体情况具体分析也可说是具体情况具体综合。因为矛盾各方面的分析绝不是离开综合孤立地进行的。分析是综合的前提，又在综合的基础上进行，并以综合为目的。毛泽东同志深刻地揭示了分析与综合的实质。要把事物整个地具体地在思维中再现出来，就是要"暴露事物发展过程中的矛盾在其总体上，在其相互联结上的特殊性"，而"只有从矛盾的各个方面着手研究，才有可能了解其总体。"①这种不是把矛盾各方当作孤立部分来考察，而是从总体上研究矛盾各方的工作，就是以综合为前提的分析。经过周密而系统的分析，问题的面貌已经明晰，事物的内部联系已经暴露，"然后综合起来，指明问题的性质，给以解决的办法"②，此即分析基本上的综合，也就是马克思的从抽象上升到具体的方法，是"抽象的规定在思维行程中导致具体的再现"③的过程。至此，前一个具体分析具体情况的过程才告完结，而下一个具体分析具体情况的过程又由此开始。

总之，具体分析具体情况，是理论与实践相结合的必由途径。它不仅是认识事物的基础，同时也是实践的基础。认识是为了实践，为了改造世界，也就是为了解决矛盾。只有不断地对具体情况进行具体分析，才能不断地找到解决不同质的矛盾的不同质的方法。

"具体分析具体情况"，从理论上来看似乎是一个简单的命题。但它是马克思主义最本质的东西，在这个命题中实际上凝结了辩证唯物论的认识论和方法论的极其丰富的内容，体现了认识论、方法论、逻辑学三者的同一。这是我们从毛泽东同志关于具体分析具体情况的一整套科学理论中不难体会到的。

毛泽东同志关于具体分析具体情况的一整套理论，是从中国革命极其丰富的经验中总结出来的，又反过来指导了中国革命的伟大

---

① 《毛泽东选集》第1卷，人民出版社1991年版，第308页。
② 《毛泽东选集》第3卷，人民出版社1991年版，第839页。
③ 《马克思恩格斯选集》第2卷，人民出版社1995年版，第18页。

实践。

半个多世纪以来，毛泽东同志同他的战友们一道，坚持具体分析具体情况，把马列主义的普遍真理同中国革命的具体实践相结合，运用马列主义的立场、观点和方法，剖析中国历史、中国社会、中国民族的特点，不断地研究中国革命的实际问题，阐明了中国革命的基本特点和规律；在长期的革命斗争实践中，运用和发展马列主义，坚持从中国革命的实际出发，从中国人民长期的斗争经验出发，敢于抛弃马列主义理论中某些不适合中国实际的原理和结论，善于创造适合中国国情的新原理和新结论，形成了中国化的马列主义理论——毛泽东思想，创造性地解决了中国革命的一系列根本问题，从而领导了全党和全国人民取得新民主主义革命的彻底胜利，并进而取得社会主义革命和社会主义建设的伟大胜利。

毛泽东同志是我们党坚持马列主义普遍真理同中国革命具体实践相结合的最杰出的代表。在革命斗争的实践中，毛泽东同志提出的关于新民主主义革命的理论和政策，包括中国式的武装夺取政权的新道路，关于武装斗争、统一战线、党的建设的原理和政策，以及革命根据地建设的方针和政策……；关于革命转变和社会主义改造的理论和政策，包括人民民主专政的学说、对资本主义工商业实行和平赎买的方针和政策，在社会主义的基础上建立和发展新的工农联盟的思想和政策……；关于社会主义建设的理论和政策，包括正确处理人民内部矛盾的学说，独立自主、自力更生为主的方针，中国工业化的道路，统筹兼顾、适当安排的原则，调动一切积极因素为社会主义服务，实行"百花齐放，百家争鸣"的方针和一整套"两条腿走路"的方针，以及建立和发展反霸统一战线的政策原则……；关于辩证唯物主义的思想方法和工作方法等理论原理，都不是照抄马列本本，而是具有新的特点，是具体分析具体情况的结晶，是马列主义在中国的新发展。

本文限于篇幅，不可能详尽地从理论上论述毛泽东同志在他毕生的伟大革命实践中怎样坚持具体分析具体情况，在中国革命的各

◇ 哲 学

个历史时期所建立的丰功伟绩。这里我们仅以毛泽东同志在探索中国革命道路问题上所作出的特殊贡献为例，以资说明。

第一次大革命失败后，中国处于极端残酷的反革命恐怖之中，革命力量大大被削弱。在这样极为困难的条件下，党的"八七会议"确定了土地革命和武装反抗国民党反动派的总方针。这时具体寻求中国革命道路的问题已尖锐地摆在党的面前。列宁在领导俄国革命中，根据帝国主义时代资本主义经济政治发展不平衡的规律和俄国社会的具体情况，得出社会主义可以首先在少数甚至一个资本主义国家首先胜利的新结论，成功地举行了城市武装起义，把革命从城市推向农村，开辟了无产阶级夺取政权的胜利道路。中国革命能不能照搬俄国的道路？中国革命的道路如何走？当时党内有各种不同的回答。陈独秀取消主义者面对蒋介石的反动政权建立的既成事实宣称中国资产阶级民主革命已经结束，无产阶级只有等待将来去进行所谓"社会主义革命"，而现在只能在蒋介石统治下进行合法运动、议会斗争，梦想走所谓"议会道路"。"八七会议"上，在反对右倾错误时，没有注意"左"倾情绪的滋长，以致此后形成的第一次"左"倾路线又混淆民主革命和社会主义革命的界限，否认大革命失败后中国革命处于低潮，强调城市工人暴动是革命胜利的关键，搞"城市中心论"。显然，按照"左"、右倾机会主义者制定的"革命道路"去走，只能把革命引入歧途。为寻求中国革命的正确道路，当时中国共产党人用鲜血和生命进行了艰苦的探索。周恩来、贺龙、叶挺、朱德、刘伯承等同志领导了八一南昌起义，这是我们党独立领导革命战争的开始，意义非常重大。但南昌起义部队没有同当时农民运动相结合，终于失败。参加南昌起义的3万多人，最后只剩下八九百人。张太雷、苏兆征、叶挺、叶剑英等同志领导了广州起义，向反革命势力又一次进行了英勇的冲击，但起义在优势敌人的进攻下同样失败了。从1927年秋到1928年底，全国各地先后发动的百余次武装起义都在不同程度上打击了反动势力，但都没有找到正确的革命道路，先后都失败了。

学习毛泽东同志关于具体分析具体情况的理论与实践

毛泽东同志1927年9月在湖南、江西边界组织了工农革命军，发动了秋收起义。在起义部队向长沙进攻受挫后，毛泽东同志及时分析了当时敌大我小、敌强我弱的形势，当机立断，决定放弃占领中心城市的方针，转向罗霄山脉中段进军，实现了中国革命的一个伟大转折。10月下旬部队登上井冈山，创建了革命根据地，革命力量独立地生存下来。井冈山的红旗不倒，代表了中国革命的方向和希望，使中国共产党人在大革命失败后极端险恶的情况下，受到了鼓舞，增加了革命的信心。由于井冈山革命根据地的创建和巩固，才有南昌起义余部和湘南起义农民武装在井冈山的胜利会师，才有鄂豫皖、湘鄂西等地红军的发展，也才开创了中国革命的新局面。

南昌起义、广州起义的队伍都比秋收起义力量大，为什么都相继失败了，只有毛泽东同志领导的革命力量独立地生存下来呢？这正是因为在大革命失败后的紧要关头，对于中国革命的道路问题，只有毛泽东同志在理论上和实践上正确解决了。这条道路就是：实行"工农武装割据"，以农村包围城市，最后夺取全国胜利。

开创这条正确的革命道路，必须从我国革命的实际出发，具体分析具体情况，首先要充分说明农村的红色政权在当时中国特定的历史条件下能否存在？为什么能存在？为什么"星星之火可以燎原"？毛泽东同志按照从特殊到一般，再从一般到特殊的认识规律，从对中国社会经济、政治、文化各方面大量矛盾的具体分析中，综合出这些矛盾在总体上的特殊性及其由它所规定的特殊本质，深刻地揭示了中国社会的基本性质和中国革命的一般规律，又以这个基本性质和一般规律为指导，深入考察红色政权能够存在的各种具体的、现实的条件，以及这些条件之间的有机联系。

毛泽东同志指出大革命失败后中国的社会性质并没有改变，"现在国民党新军阀的统治，依然是城市买办阶级和农村豪绅阶级的统治，……全国工农平民以至资产阶级，依然在反革命统治底

◇ 哲　　学

下，没有丝毫政治上、经济上的解放。"① 由于引起革命的矛盾一个也没有解决，反帝反军阀反地主的斗争就像干柴一样布满了全国，将不可避免地会烧成熊熊烈火，而受过第一次国内革命战争影响的地方，更可以选择为红色政权建立和巩固的基地。因此红色政权能够跟着革命形势的发展而长期存在，革命力量也就能逐渐地发展和壮大。这样，毛泽东同志通过具体分析，从政治上驳斥了"红旗能打多久"的悲观论调，说明了红色政权存在的可能性。

此外，毛泽东同志又深入到经济方面展开具体分析。他依据中国社会的半封建性质，分析城市和农村矛盾的特殊性，分析中国经济的具体特点，指明了中国的经济不是统一的资本主义经济，而是"微弱的资本主义经济和严重的半封建经济同时存在，近代式的若干工商业都市和停滞着的广大农村同时存在"②。这种经济上的不平衡，形成了农村可以自给自足，可以不完全依赖城市。因此，脱离了城市建立独立的农村根据地是可能的。同时，这种经济上的不平衡，又形成了政治上的封建割据和冲突，这也为红色政权的存在提供了有利条件。

毛泽东同志还具体分析了各帝国主义国家间的矛盾以及反革命营垒内的矛盾。指明了由于中国社会的半殖民地性质，帝国主义在中国划分了势力范围，各帝国主义国家为争夺在中国的利益就形成了它们之间的矛盾；帝国主义分裂中国的状况存在，就必然造成受它们操纵和嗾使的反革命营垒内部各派军阀和反动集团的不统一，充满着矛盾和斗争，这就为红色政权的存在留下了可乘的间隙。"我们只须知道中国白色政权的分裂和战争是继续不断的，则红色政权的发生、存在并且日益发展，便是无疑的了"③，许多农村小块革命根据地就能够在反革命政权的包围下发生、坚持和波浪式地向前发展。

---

① 《毛泽东选集》第 1 卷，人民出版社 1991 年版，第 47 页。
② 《毛泽东选集》第 1 卷，人民出版社 1991 年版，第 188 页。
③ 《毛泽东选集》第 1 卷，人民出版社 1991 年版，第 49 页。

对于支持红色政权存在的主观条件，毛泽东同志也实事求是地作了具体分析。指出支持红色政权的正式红军必须解决无产阶级思想领导的问题，领导红色政权的中国共产党组织必须制定政治、经济各方面的正确政策，学会治国安民的本领。

毛泽东同志从各个方面深入分析了红色政权能够存在和发展的条件，进而提出了建立红色政权——农村革命根据地的必要性和伟大意义：只有把落后的农村改造成先进的、巩固的革命根据地，才能聚集革命力量，鼓舞胜利信心，推动全国革命高潮；才能逐渐动摇反动统治基础，从农村包围城市，最后夺取城市，取得全国胜利。基于这一整套客观的、系统的具体分析，毛泽东同志又提出了以"工农武装割据"为中心的革命战略思想，在政治上、军事上创造了一整套路线、方针和政策。毛泽东同志关于中国红色政权能够存在和发展的理论，正确地回答和解决了关系着中国革命成败、关系着中国革命前途和命运的最基本的问题。按照毛泽东同志的理论，中国革命走上了正确的道路。

开创中国革命的正确道路，这是毛泽东同志的伟大创举，是将马列主义普遍真理同中国革命具体实践相结合的光辉典范，是毛泽东同志在艰难时期挽救了革命，在中国革命史上所建立的不朽功绩之一。如果没有毛泽东同志的卓越贡献，我们党就将在黑暗中摸索更长的时间。

总之，毛泽东同志所创造的关于具体分析具体情况的一整套科学理论和方法，是对马克思主义的重大发展。在他为中国革命毕生奋斗的实践中，基本上将这些理论和方法贯彻始终，坚持马列主义的普遍真理与中国革命的具体实践相结合，在与党和人民的集体奋斗中，创立了毛泽东思想的科学体系。毛泽东同志对中国人民的革命事业、对中华民族的贡献是极其巨大的。

当前，我们正继承毛泽东同志和老一辈无产阶级革命家的遗志，在我们这样一个贫穷落后、人口众多的大国建设社会主义现代化。我们必然会面临许多未被认识的新情况、新问题，需要不断摸

◇ 哲　　学

索，也可能犯这样那样的错误。但只要坚定不移地坚持毛泽东同志为我们党创立的思想路线，坚持在实践中运用和发展毛泽东同志关于具体分析具体情况的一整套科学理论和方法，坚持马列主义、毛泽东思想的科学体系，我们就可以不断揭示社会主义建设的客观规律，善于找出解决不同质的矛盾的不同方法，尽可能少犯错误、避免错误，在实现四化的宏伟壮丽的事业中，把马列主义、毛泽东思想推向前进。

体悟"阳明心学"坚韧内心定力

当前,中国正处于实现"两个一百年"奋斗目标的历史交汇期和实现中华民族伟大复兴的关键期,面对前进道路上日益复杂的风险考验、难以想象的惊涛骇浪,尤其需要全体党员不忘初心,牢记使命,于己坚韧内心定力,于人凝聚万众之心。习近平总书记在谈到"共产党人的'心学'"时,十分注重从中华优秀传统文化中汲取智慧,曾先后引用过"种树者必培其根,种德者必养其心"[1]"身之主宰便是心""不能胜存心,安能胜苍穹"[2]"欲事立,须是心立"[3] 等来论述修心的重要意义。他在多个场合提到过阳明心学,指出其"正是中国传统文化中的精华,也是增强中国人文化自信的切入点之一",并作出"希望继续深入探索,深入挖掘,创造出新的经验"[4] 的重要指示。

"阳明心学"是坚韧内心定力之学

王阳明是我国明代著名的思想家、哲学家、军事家、教育家和

---

[1] 习近平:《在全国党校工作会议上的讲话》,《求是》2016年第9期。
[2] 李卓:《习近平用典摘读:身之主宰便是心》,中国纪检监察杂志网站,http://zgjjjc.ccdi.gov.cn/bqml/bqxx/201607/t20160726_84177.html。
[3] 刘学智:《欲事立,须是心立》,《光明日报》2018年2月22日。
[4] 《生态文明贵阳国际论坛2016年年会"阳明文化主题论坛"举行》,搜狐网,http://www.sohu.com/a/103461940_119665。

文学家，其所创立的阳明心学博大精深，列其要点，主要是"心即理""知行合一"和"致良知"。

心即理，理即"至善"，"至善"只求诸"心"。阳明心学是炼心的学问，揭示了人的一种价值存在，有了这种价值存在，人生就获得了一个价值支撑、价值出发点。阳明心学认为一切战斗都是心战，内心的强大才是真正的强大。在个人层面上，它主张让每个人找到内心的光明，打破生命的桎梏，确定人生的格局，获得行动的智慧。在族群层面上，它引导大家反思历史，追慕先贤，从善如流，固守良知，滋养民族心灵，强大内心定力，从而使中华民族获得超越时空、不断前进的力量。

知行合一是指"知是行的主意，行是知的功夫；知是行之始，行是知之成"。钱穆认为"阳明讲学，偏重实行，事上磨练，是其着精神处"，孙中山说"日本的旧文明皆由中国传入，五十年前维新诸豪杰，沉醉于中国哲学大家王阳明的'知行合一'说"。习近平总书记也曾在多个场合的讲话中提到"知行合一"。

致良知，良知即"天理"。"夫天之本体，即天理也。天理之昭明灵觉，所谓良知也。""良知"之说是王阳明长年日积月累、历尽千辛万苦后的大彻大悟，是阳明心学思想的核心命题。他曾说："某与此良知说，从百死千难中得来，不得已与人一口说尽，只恐学着得知容易，把做一种光景玩弄，不实落用处，负此之尔。"

概括来说，阳明心学围绕一个"心"字提出，"心即理"，讲心之定力；"事上练"，讲心增定力；"致良知"，讲心聚定力。作为一种信仰哲学，阳明心学只有被实践时才有意义。王阳明本人融儒释道三家之长，提出振聋发聩的"知行合一""致良知"，就是要强调内圣外王，将心性之学转化为卓越的事功。通过"心即理"，塑造人生乃至民族之气象；通过"事上练"，增进人生乃至民族之智慧；通过"致良知"，构建人生乃至民族之境界。

中华民族是具有强大内心定力的民族

习近平总书记说:"中华民族伟大复兴,绝不是轻轻松松、敲锣打鼓就能实现的,实现伟大梦想,必须进行伟大斗争。在前进道路上我们面临的风险考验只会越来越复杂,甚至会遇到难以想象的惊涛骇浪。我们面临的各种斗争不是短期的而是长期的,至少要伴随我们实现第二个百年奋斗目标全过程。""在各种重大斗争中,我们要坚持增强忧患意识和保持战略定力相统一、坚持战略判断和战术决断相统一、坚持斗争过程和斗争实效相统一。"[①] 面临惊险一跳,尤其需要"定心";面对美国打压,尤其需要"定力";实现祖国统一,尤其需要"定数"。在各种重大、复杂斗争的全过程中,尤其需要"欲事立,须是心立""人心净化,志向高远,便力量无穷";尤其需要"滋养民族心灵,培育文化自信"。定心、定力、定数,都是要"坚韧内心定力",包括建立"共产党人的心学"。因此,深入挖掘中华优秀传统文化蕴含的思想观念、人文精神、道德规范,结合时代要求继承创新,让中华文化展现出永久魅力和时代风采;深入探索作为中国传统文化中的精华、作为增强中国人文化自信的切入点之一的阳明心学,让其为我们坚韧内心定力、磨炼"此心光明",提供价值支撑、历史借鉴和当代启示,可谓正当其时。

近代以来,中华民族历经磨难,现在离民族复兴的目标越来越近。正是因为越来越近,再往下走,每一步都是惊险一跳,都是从量变到质变的巨大飞跃。历史上,一步走错满盘皆输、功亏一篑、积重难返的教训不少。国际经验表明,人均 GDP 在 3000 美元至 10000 美元的阶段,既是中等收入国家向中等发达国家迈进的机遇

---

① 《习近平在中央党校(国家行政学院)中青年干部培训班开班式上发表重要讲话 发扬斗争精神增强斗争本领 为实现"两个一百年"奋斗目标而顽强奋斗 王沪宁出席》,新华网,http://www.xinhuanet.com/politics/2019-09/03/c_1124956081.htm。

期,又是矛盾增多、爬坡过坎的敏感期。这一阶段,经济容易失调,社会容易失序,心理容易失衡,内外挑战严峻,步子容易迈错,机遇容易丢失。过去讲"不能输在起跑线上",现在是"岂能倒在终点线前"!可以预见的是,在实现中华民族伟大复兴的进程中,我们必然会面临各种各样的困难、坎坷、风险、陷阱,其中包括三个必须跨越的陷阱,即"心为物役陷阱""修昔底德陷阱""周边纷扰陷阱"。

以强大的内心定力跨越"心为物役陷阱"

社会主义市场经济的繁荣发展,带来了人们物质生活水平的普遍提高,可是却忽略了对人们精神世界的关照。现代社会的人们拥挤在高节奏、充满诱惑的现代生活中,人心浮动,没有片刻安宁,大家好像得了一种"迷心逐物"的现代病。南怀瑾先生认为,当整个时代陷入声色犬马之中,对物质生活的追求超越精神生活的时候,那么一个时代都会因为找不到前进的方向,而掉到"心为物役陷阱"之中。

当前,我们要深刻认识到,在党所面临的各种考验和危险面前,市场经济考验是最严峻的考验,消极腐败是最大的危险。在长期执政条件下,在市场经济条件下,各种弱化党的先进性、损害党的纯洁性的因素无时不有,各种违背初心和使命、动摇党的根基的危险无处不在,如果不严加防范、及时整治,久而久之,必将积重难返,小问题就会变成大问题、小管涌就会沦为大塌方,消极腐败就会猖獗横行。

王阳明讲"万事万物之理不外于吾心",告诉我们要相信自己,倾听内心,树立起强大的主体意识。我们党不同于世界上其他政党的优势,不仅在于能够铁腕反腐,刀刃向内,还在于在长期执政的条件下,形成了一条实现自我净化、自我完善、自我革新、自我提高的有效途径,这就是始终坚持立党为公,坚守初心使命。从一定意义上说，这就是我们党的信仰哲学，形成了我们党坚不可摧的内心的强大定力，体现了独特的中国文化内涵和深厚的文化自信。

以强大的内心定力跨越"修昔底德陷阱"

所谓"修昔底德陷阱"是指一个新崛起的大国必然要挑战现存大国，而现存大国也必然会回应这种威胁，这样战争变得不可避免。美国很多人深信这个说法，习近平总书记则明确地说，"我们都应该努力避免陷入修昔底德陷阱，强国只能追求霸权的主张不适用于中国，中国没有实施这种行动的基因。"[①]"中华民族历来是一个爱好和平的民族，爱好和平的思想深深嵌入了中华民族的精神世界，今天依然是中国处理国际关系的基本理念。"[②] 美国很多人还是"谓予不信"，他们说，"拿破仑曾预言，中国是一只沉睡的狮子，当这只睡狮醒来时，世界都会为之发抖"。

我们说，是的，中国这只沉睡的狮子已经醒了。但醒来的是一只和平的狮子。中国人民对战争带来的苦难有着刻骨铭心的记忆，对和平有着孜孜不倦的追求。深知和平是发展之基，发展是和平之本。强起来的中国无论发展到什么程度，永远不称霸，永远不搞扩张。中国这只沉睡的狮子已经醒了，但醒来的是一只可亲的狮子。中国的发展不是自私自利、损人利己、我赢你输，中国深信"己欲立而立人，己欲达而达人"。中国致力于推动世界建立更平等均衡的新型全球发展伙伴关系，大家在追求本国利益时兼顾他国合理关切，在谋求本国发展中促进各国共同发展，同舟共济，和衷共济。中国这只沉睡的狮子已经醒了，但醒来的是一只文明的狮子。文明者，有坦荡荡的君子气度和君子胸怀。回顾历史，支撑我们这个古

---

① 申孟哲：《大国如何避免"修昔底德陷阱"?》，《人民日报》（海外版）2015年11月27日第16版。
② 《习近平强调延续民族文化血脉 推进各种文明交流融合》，人民网，http：//culture.people.com.cn/n/2014/0925/c172318-25730701.html。

老民族走到今天的,支撑5000多年中华文明绵延至今的,是植根于中华民族血脉深处的文化基因。中华民族历来讲求"天下一家",主张民胞物与、协和万邦、天下大同,憧憬"大道之行,天下为公"的美好世界。中国这只沉睡的狮子已经醒了,但醒来的是一只宽厚的狮子。"处世以真诚为本,待人以宽厚为主。"今天在实现民族伟大复兴的路上迅跑的中华民族,正是如此真诚宽厚、坦坦荡荡立足世界,处事待人厚德载物,自然什么霸凌主义发起的挑衅,什么"修昔底德陷阱"的鬼魔,都能降服。"事物之来,但尽吾心之良知以应之",这就是我们心中强大的定力!

以强大的内心定力跨越"周边纷扰陷阱"

"周边纷扰陷阱",归结起来大都是一些国家在周边直接或间接地给我们布的雷、挖的坑。无论什么样的陷阱,我们总能看到后面的黑手和阴影。特别是现在美国有一种"对华焦虑症",认为要抓紧遏制中国的"窗口期",再不下手就来不及了。法国前总理德维尔潘最近在中欧演讲中说,中美争端几乎没有和解的可能,就算和解,也是暂时的,因为这不是贸易争端,而是要成为世界领袖的争端,但是谁也没有用战争解决问题的可能,现在就算中国愿意合作,美国也铁定制止中国的发展,这和意识形态、民主、人权没有关系,而是美国要继续领导世界,同时认为中国想夺这个权利,即使中国没有这样的想法,但是美国就认定这样了。

但中国认定不会这样,不必这样,也不应该这样!"如果有些人想追逐蝴蝶,我们为什么要和他们一起跳舞呢?"要看到,美国虽然整倒过不少"老二",但要遏制中国这个"老二",其对付"老二"的工具箱里,还没有现成的工具。现在他们是手忙脚乱、全面出击,挑起的贸易摩擦中混杂科技摩擦,还想挑起金融摩擦,又不遗余力地在我周边国家挑拨离间,忙不迭地在我南海、东海生事,不间断地派军舰在我家门口"自由航行",还公然为"台独"

打气，为"藏独""疆独"招魂，为"港独""港闹"煽风，千方百计要挑起我周边纷扰，制造种种陷阱，意在陷我穷于应对、乱了方寸之地，阻滞、延缓我快速发展。

应对这些招数，面对"周边纷扰陷阱"，我们要胸有定数，心有定力，"头脑要特别清醒、立场要特别坚定，牢牢把握正确斗争方向，做到在各种重大考验面前'不畏浮云遮望眼'，'乱云飞渡仍从容'"。我们不错过机遇，聚精会神谋发展，稳中求进搞建设。不损人利己，但也不会吞下损害民族根本利益的苦果。不招谁惹谁，必要时用实力维护和平发展环境。不畏惧围堵，坚决推进向东和向西两个方向的开放。不受人干扰，既以道义也以利益缓和周边摩擦。任何外国不要指望中国会拿自己的核心利益做交易，不要指望中国会吞下损害国家主权、安全、发展利益的苦果。中国决不允许任何人、任何组织、任何政党、在任何时候、以任何形式、把任何一块中国领土从中国分裂出去。祖国必须统一，也必然统一。其中最棘手的台湾问题，乃因民族弱乱而产生，必随民族复兴而终结。我们坚持和善于做好台湾同胞的工作，弘扬中华文化优秀传统，增强休戚与共的民族认同，不断解决前进道路上的各种问题，终结两岸对立，抚平历史创伤，共同为实现中华民族伟大复兴而努力。

在中国共产党的坚强领导下，有着广泛、深沉、充实的文化自信的中华民族，确立、滋养、磨炼、凝聚了内心定力，全党不忘初心，全民万众一心，此心无比笃定、坚韧、强劲，"事物之来，但尽吾心之良知以应之"，一定能成功跨越三个陷阱——跨越"心为物役陷阱"，跨越"修昔底德陷阱"，跨越"周边纷扰陷阱"。中国人民有战胜任何艰难险阻的勇气、智慧和力量，中国的发展没有过不去的坎，一定能踏平各种难以想象的惊涛骇浪，实现中华民族的伟大复兴。

草海治理与系统方法*

人类在实践中认识自然，也在实践中改造自然。随着现代科学技术的巨大进步，人们实践的领域不断地扩大，这就使科学研究的对象和人们对它的认识发生了很大的变化，从而探索未知自然规律的方法也有了深刻的变化，传统的研究方法有了许多新的发展。当代自然科学的发展，证明了世界上各种对象、事件、过程都不是杂乱的偶然的堆积，而是一个合乎规律的、由各要素组成的有机整体。它们都是自成系统，又互成系统的。正由于自然界中"系统"的普遍性，因而作为系统在研究和处理有关对象整体性联系的一般科学方法论——系统方法，获得了广泛的、成功的应用。系统方法实质上是唯物辩证法的具体化和实际应用，它是哲学方法和其他科学方法之间的中介环节。当代对自然资源的合理开发利用，以及对生态平衡、环境保护、人口控制等问题的研究，成了人类关注的重大课题。而这些问题的有效解决，系统方法起了很大的作用。作为学术探讨，本文试图从系统方法的角度，对草海治理史进行初步的方法论分析，从中引出一些有益的经验和教训，并对自觉地运用系统方法去认识和治理草海提出一些粗浅的看法。

---

* 本文作于1980年9月。

草海变迁的历史回顾

草海位于贵州高原西北部，威宁县城的西南郊，北纬26°52′，东经104°17′。湖底海拔2170米，水深2—5米。平常水位湖面近31平方公里，最枯水位湖面20平方公里，非常洪位湖面45平方公里，是贵州高原上岩溶坡立谷盆地形成的最大的天然淡水湖。

草海湖面辽阔，湖中有一孤岛"阳关山"，岛上丛林郁郁葱葱。草海不仅风景优美，而且水产丰富。这里盛产鲤鱼、鲫鱼、青鱼、红鱼、花鱼、细鱼、细虾等，最高年产可达30万斤。草海出产的"威海细鱼"味道鲜美，闻名全省，每年可产两三万斤。草海水草丰茂，是各种候鸟栖息之处。列为国家一类保护的珍禽：丹顶鹤、黑颈鹤也常在这里落脚。此外，还有长尾雉、灰鹤、白腹锦鸡、黑脸琶鹭、大雁、野鸭等水禽鸟类50多种。草海水域曾人工饲养过水獭、麝鼠、海狸鼠、银狐等皮毛兽，可作为野生动物饲养场。草海水面的存在，还调节着威宁地区的水热平衡，对当地小气候起一定调节作用。威宁县海拔平均2200米，是远离海洋的高寒山区。春季，在季风环流尚未建立，海洋水汽还不能到达的干旱时节，草海湖面每天向空中蒸发大量的水汽，维持空气湿度；雨量集中的夏秋季节，气温偏低，而草海湖面每降温一摄氏度，就将释放出900万千卡的热量，有着缓解低温的效应。草海具有较大的经济和科研价值，历来被誉为贵州高原上的一颗"明珠"。

草海湖面的近期形成，可追溯到120多年前。根据《威宁县志》记载，草海原来是一个大盆地，既可耕种，又可放牧。明代天启年间（1622年）乌撒土目安效良叛乱，原住在草海盆地的人民或死亡或逃散，盆地内河渠失修，田园荒芜。至清咸丰七年七月（1857年8月），落雨四十余昼夜，山洪暴发，夹沙抱木，把盆地

◇ 哲　学

内大部分落水洞堵塞，水淹没盆地，并以今大桥为界形成南、北两海（南海亦称东海，系草海主体部分；北海又称西海、下海子）。至咸丰十年庚申（1860年），水忽大涨，两海渐汇为一，因海内水草丰茂而名曰草海。

　　草海的形成有其更深刻的地质构造原因。据初步进行过的水文地质综合调查认为，在山盆期夷平面的初期，草海和整个贵州高原一样，地壳比较稳定，地下水以横向活动为主，喀斯特也以平向发育强烈。那时曾有一条小河从东南方向流来，经过草海地区转向北流。在地壳稳定的条件下，小河旁蚀作用很强，蜿蜒迂回与地下水一起共同对周围灰岩进行溶蚀、浸蚀作用，在岩石、构造极有利的条件下，在草海地区形成了一个较开阔的宽谷。随着地下喀斯特溶蚀通道的坍塌，形成了坡立谷的初期状态。第四纪以来，地壳强烈上升，地下水由水平方向活动转向垂直循环为主，而且选择了构造断裂发育，岩性较纯而破碎的有利循环地段形成地下通道。这种溶蚀作用超过了小河的下切，逐渐袭夺地表水系而形成伏流。这时，坡立谷则以落水洞或伏流进口为暂时的基准面。但由于地下水垂向活动的结果，又形成了纵横交错的各种地下通道。随着地下通道塌陷及坡立谷中地表水系的作用，坡立谷也在逐渐加深，直到迁到下部的泥炭岩、页岩地层，因溶蚀作用的减弱才相对减慢，最终形成了草海坡立谷的现在形态。草海便是发育在这个坡立谷中因落水洞堵塞而积水成湖。由于各地段地质构造与岩性的不同特点，草海湖区的喀斯特发育有着显著的不均衡性。东海在威水背斜的轴部弱溶性岩石地区，喀斯特发育差，成为草海的主要蓄水区。北海则处在易溶性岩石组成的断裂带，喀斯特发育强烈，成为草海的主要排水区。由于草海位于这样一个特定的地质构造地区，因而水域面积很不稳定。

　　草海湖面形成以后，受水面积共约380平方公里。湖水除由天然落水洞潜消转为地下水外，湖水主要经过草海北面的黑岩洞注入金沙江。

威宁县是苗族、彝族、回族等少数民族集聚的地区，在历史上受着反动的大民族主义的残酷统治。这里的自然条件较差，灾害频繁，虽然年平均降水量达 950 毫米，但由于岩溶地貌喀斯特化强烈，地面极易渗漏，地表水系不发育，缺乏水源，每年冬旱、春旱严重。由于昆明准静止锋的影响，威宁夏、秋两季雨量集中，又常酿成洪涝灾害。特别是草海湖滨附近，洪涝灾害严重。草海湖面形成后，周围山峦森林历遭乱砍滥伐，水土流失严重，致使湖底淤积层逐年增高，水位也就相应提高。每当洪水季节，湖水暴涨，落水洞消水不及，黑岩洞入口地势较高，排洪缓慢，洪水倒流回湖，地势平坦的湖滨大面积耕地就遭涝灾。为了免除草海水患并利用湖水资源，人们对草海进行过多次的勘测和治理。其中付诸实践的治理活动主要有四次：咸丰十年（1860 年）清西道奇克慎主持的第一次治理；清光绪十九年（1893 年）威宁总镇苏元瑞主持的第二次治理；新中国成立后 1958 年和 1972 年又分别进行过两次大规模的治理。1972 年最近的一次治理，采取了"排水造地"的治理方针，草海湖水基本上被排干了，而排水后涸出土地的垦殖率很低，宝贵的天然资源遭到了严重破坏，影响了生态系统。这次治理草海，使贵州高原上的这颗"明珠"湮没了。

草海治理史的方法论分析

近百年来草海的治理，尽管人们主观愿望都在于使草海造福人类，实践的结果却是不同的。尤其是新中国成立后两次大规模治理，结果更不一样。前清两次治理草海，由于当时的社会条件、科学技术水平以及人们认识的局限，其认识和治理方法难以用现今的系统方法原则来衡量。而 1958 年和 1972 年两次大规模治理草海的实践，我们可以用系统方法的原则加以剖析和总结。如果说，1958 年治理实践的结果，表明了人们在实践经验的基础上，不自觉地接近或运用了系统方法的某些原则，那么，1972 年的治理实践却违反

◇ 哲　学

了系统方法的整体性、相互联系、有序性和动态等主要原则，没有按照草海本身的规律来认识和治理草海。我们不妨简略地从系统方法上分析一下草海治理史。

1949年以前，人们没有认识到草海是由相互联系的多要素组成的复杂系统，因而不能从整体上看待草海。只见眼前的直接利益，眼光局限于草海这一有机整体的某几个直观可见的要素，只看到草海湖水为害，洪涝湖滨田地和湖底土壤可耕这几个方面，因而把治理的目的放在"排降海水，涸复耕地"，增产粮食上。前清两次治理，都是从这一点出发的。由于当时工程未完工，故未使草海发生多大的变化。

随着时代的变迁和人们实践的发展，作为整体系统的草海与其外部社会环境的关系在发生着变化。新中国成立以来，随着生产的迅速恢复和发展，工农业用水及开发利用草海水资源等问题的提出，人们对草海整体系统的各要素及其性能的认识，以及对各种直接的、潜在的用途的认识都在逐渐深化。例如：可利用湖面水资源发电；可提供工业用水；可作农田灌溉；可发展水产，饲养野生动物；可将草海辟为疗养地；等等。

既然对草海系统及周围的环境有了进一步的认识，人们就不再只注重"排涸草海，开辟耕地，发展农业经济"。1958年第一次提出了综合治理的方针："开发草海的原则及方式是，以蓄洪为主，排水为辅，综合利用水利资源，尽可能照顾到各国民经济部门的利益。"这一治理方针，反映了人们不仅看到草海湖水有造成水患的一面，也看到了草海水资源可利用的一面；不单看到排涸部分湖水，免除水患，涸出新耕地，有利于农业生产的一面，也看到保留草海大部分水域，将给工业、渔业及人民生活带来众多的利益。这说明人们对草海整体系统的某些要素的功能及各要素彼此间联系的认识，不甚自觉地在一定程度上符合了系统方法的整体性和整体最佳化的原则。在整体综合治理思想的基础上，有关技术部门制定了相应的蓄水、排洪、发电等工程项目的设计方案，并进行了施工。但实施过程中，有些方面却又违背了系统方法的原则。例如，对草海系统中地质这一要素的素质没有认识，也未予重视，没有进行实地勘测，对原有的历史资料又有所忽略，致使排洪渠须在岩石地层上开凿，进展困难；节制闸的坝址选择也不当，地层漏水，不能有效控制草海水位；电站也因引水渠漏水严重，水量锐减，达不到发电目的。1958年这次治理总的结果是：工程没有配套成龙，只收到了部分的效益，未能达到综合治理的预期目的。其中，排洪工程完成较好，排洪渠、黑岩洞隧洞均已完成，故发挥了一定的实际作用。沿湖得益耕地35000亩（新涸出15000亩，免除涝灾20000亩），大桥以北几个公社受益甚大。蓄水部分未全部完成，致使草海湖面不能有效控制，一般仍保持在25平方公里至工程前常水位31平方公里，大桥以南几个公社的万余亩地仍常遭洪水浸没。发电和灌溉的计划也都未能实现。尽管如此，这仍不失为是第一次在比较符合草海客观规律的基础上，不甚自觉地认识和运用系统方法的一些原则，对草海进行大规模综合治理的实践。所以，1958年的这次治理，至今仍得到好评。1960年长春地质学院贵州工程地质大队对草海进行了一次水文地质综合调查后，提出了治理草海的主要方向应该是："开源节流，保证工业与城市用水，贯彻党的以农业为基础的方针，少淹农田、排除内涝，发展灌溉，同时照顾发电、林、牧、渔、疗养、美化等方面的综合利用。"这就肯定了1958年综合治理的原则和基本措施。

  本来，如果能对1958年治理草海的实践经验加以总结和提高，人们对草海的认识就会进一步深化，对草海的综合治理也会进一步完善，很可能自觉地认识系统方法和运用系统方法综合治理草海。但是，由于客观情况的变化，从1970年开始，到1972年止，却反其道而行之，对草海进行了以排尽湖水扩大耕地为目的的治理。之所以会出现这样大的反复，除了由于林彪、"四人帮"极"左"路线下围湖造田风的影响之外，究其认识上的方法论原因主要是：

（1）没有从长远的、动态的角度看待草海系统与社会环境的关系及其发展；（2）只看到组成草海有机整体的某一要素能满足人们眼前迫切的需要，而忽视了其他要素及至整体的开发利用，特别是忽视了组成草海系统的草海湖面水这一重要因素在草海系统中的功能及其地位。这就明显地违背了系统方法的整体性、相互联系、有序性和动态性等重要原则。

排水治理工程从1971年起，历时两个冬春，动用了近万名劳力，耗资达137万元。工程方案要求全部排干湖水后，涸出耕地的面积要"保证三万亩，力争三万五千亩"。尽管当时基本放干了湖水，但一到雨季，四周径流汇集，致使湖盆中心还保留了几千亩水面，水域周围形成沼泽。排水涸出的土地中，还有裸露岩石几千亩，所以实际用于耕作的面积仅万余亩，其中旱涝保收的也只有数千亩。草海排水后，1972年3月，在湖区开办了县社联办的"草海农场"，办场一年，共播种各种农作物1.4万余亩。七八月雨季，湖水上涨，大部分土地被淹没，收成粮食只完成计划的13%，甜菜只完成计划的1.5%。农场收入不多，支出却不少，到1972年底，县财政支给农场资金就达24.7万元。办场得不偿失，最后只得将土地分给附近社队，农场也于1974年下马解散。

如果从草海整体以及把草海放到更大的生态系统去看，尽管这次治理使湖滨部分社队从扩大耕地中得到了直接的利益，如元山、新桥等队，草海排水前要吃回销粮，排水后粮食自给有余，变得富裕起来，但这毕竟只是局部的眼前利益。相反，草海排水后，天然资源遭到严重破坏，使发电、工业用水、水利灌溉、发展水产养殖业等的可能性丧失。同时，据有关部门的初步分析，认为草海排干水给周围环境的保护和生态系统造成了影响。具体表现为：

第一，影响局部地区小气候的变化。一般说，大气环流、太阳辐射、下垫面是影响一个地区气候的主要因素，这三个因素相互影响、相互制约，决定了一个地区的气候状况。草海排干水后，下垫面由水体变为陆地（或沼泽），而水陆两者在物理性质上差异很大，下垫面的这种变化又影响了其他因素，从而引起局部地区气候变异。据贵州省气象科学研究所对威宁县及其邻近的镇雄、水城、宣威、昭通、彝良、赫章和贵阳等县、市、地区气象站（台）1951年到1978年的气象资料对比分析，排除气候自然变化的因素，认为草海排水后，引起局部地区光照、势量、水分、气压和风速、风向的变化，这些变化又综合表现为天气灾害一定程度的加重。

第二，引起地下水运动规律的变化。草海地质上位于"威宁弧"的顶端，周围有十多条断层结构线条纵横交错，草海湖水自然成了这些构造线通道中地下水位的"节制闸"。草海排干水后，导致地下水位降低，流量减少，流向改变，水质矿化度增高，给相当范围内地下水的开发利用带来困难。

第三，造成生物种群的减少。本来，像草海这样一个低纬度的高原淡水湖泊，有丰富的生物资源，栖息着我国一类保护的珍贵动物，理应划成自然保护区。但草海排水后，丹顶鹤已濒于绝迹；贵州省新记录的赤颈鸭、红头潜鸭等十种，现在数量极少；蛙类新种"黑点树蛙"（威宁蛙）已多年没有捕到；其他过去常年在草海生长栖息的数十种水禽水鸟也都大为减少。这就给科学研究工作带来了大量的损失。由于湖面大面积丧失，各种鱼类大大减少，也带来了较大经济损失。

此外，有人还注意到，草海排干水后，湖面大面积缩小，水面蒸发量锐减，空气干燥，利于某些病原体的繁殖，因而也影响到人、畜某些疾病的发病率。

正因为如此，在粉碎"四人帮"之后，随着实践是检验真理的唯一标准的讨论，尊重客观规律，按照客观规律办事的作风逐渐得到恢复，要求恢复草海的呼声日趋强烈，引起了中共贵州省委和省人民政府的注意，今年作出了恢复草海的决定。人们已经认识到，

1972年排干草海是一个严重教训,应认真地从科学的方法论上加以总结,从全局出发,从长远着眼,采取综合治理的方针,使草海逐步成为一个可以利用水面以及农、林、牧、副、轻工和游览相结合的基地。

自觉地运用系统方法认识和治理草海

现在,人们从科学方法论的角度,要求对草海进行综合的、系统的考察,以期达到最佳综合治理的目的,这是运用系统方法治理草海的可喜开端。

系统方法所求的整体性、相互联系、有序性、动态性等基本原则,具体体现了辩证唯物主义关于事物普遍联系和变化发展的思想,符合客观事物的辩证发展的规律。因此,系统方法的正确运用,就给我们提供了正确认识客观事物的一条途径,同时也提供了改造客观事物的一个重要方法。

草海是由多要素组成的有机整体,它自身自成系统,同时又是更高一级系统的要素,和环境组成了一个较大的系统。要认识草海,揭示草海自身的客观规律,就必须注重系统的整体性和有序性的研究,在认识草海自身系统各要素的有机联系的同时,认识草海在威宁地区生态系统中的作用和地位。

任何系统都是有序的。系统的有序性是系统有机联系的反映。系统中的稳定联系构成系统的结构,保障系统的有序性。这种结构形成一个立体的网络模式。如果按系统结构的垂直方向区分系统的层次和等级,按水平方向掌握同类组成部分之间的联系,由草海参与构成的威宁地区生态系统及草海的立体网络模式可粗略地用以下图一和图二示意:

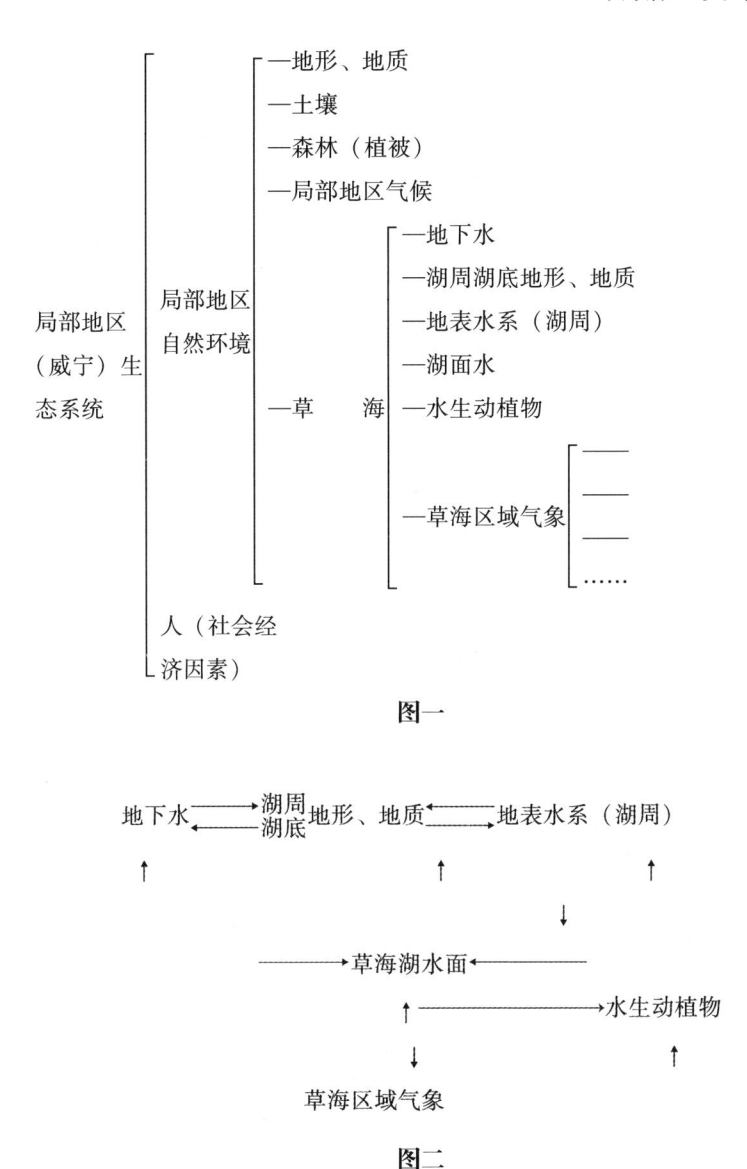

```
                    ┌─ 地形、地质
                    ├─ 土壤
                    ├─ 森林（植被）
          ┌─局部地区─┤─ 局部地区气候
          │ 自然环境 │         ┌─ 地下水
局部地区   │         │         ├─ 湖周湖底地形、地质
（威宁）生─┤         │         ├─ 地表水系（湖周）
态系统    │         └─ 草 海 ─┤─ 湖面水
          │                   ├─ 水生动植物
          │                   │         ┌───
          │                   └─ 草海区域气象 ┤───
          │                             │───
          │                             └ ……
          └─ 人（社会经济因素）
```

图一

```
地下水 ⇌ 湖周湖底 地形、地质 ⇌ 地表水系（湖周）
  ↑              ↑              ↑
                 ↓
        ⇌ 草海湖水面 ⇌
              ↕        → 水生动植物
              ↓        ↑
         草海区域气象
```

图二

图一表明：草海、地形地质、土壤、森林（植被）、局部地区气候等要素共同构成了威宁局部地区的自然环境；人（社会经济因素）和局部地区自然环境又共同形成了局部地区（威宁）的生态系统。草海是这个大系统中的一个要素。因此，对草海的认识与治理，就必须揭示草海在威宁地区生态系统中所起的作用及其地位。

◇ 哲　学

一方面，既不能孤立看待草海，从而忽视草海的治理对整个威宁地区生态系统所产生的影响；另一方面，又不能把威宁地区生态系统的变化，完全归结于草海这个单一的要素，从而忽视了诸如森林（植被）以及受大气环流控制的局部地区气候等其他重要因素。草海是贵州高原上最大的天然淡水湖，在喀斯特发育、地表水缺乏的贵州高原上有这样一个水域宽阔的湖泊是十分珍贵的。应当看到，草海的合理开发利用，如稳定草海湖面，用以保护生态平衡，恢复和发展水产养殖业、发电、灌溉，提供工农业及生活用水，美化草海以辟为游览区等，对威宁县各族人民生活的改善和经济的发展都有影响。草海湖面的存在，对草海区域气象要素有影响，进而也会在一定程度上影响威宁地区的气候，而气候的变异往往直接影响到较大范围内人和动植物的生活环境（但草海区域气象与局部地区气候在系统结构图中分处在不同的层次上，两者对威宁地区生态系统的影响显然是不能等量齐观的，否则便违背了系统方法的有序性原则）。因此，在确定治理草海的目标时，必须顾及草海的变迁将给威宁生态系统带来的影响。

图二说明：草海不但是威宁地区生态系统中的一个要素，同时其自身又是一个多要素组成的系统（也可说是威宁地区生态系统中的一个子系统），其各要素间的联系方式是：湖周湖底的地形、地质状况决定了草海湖面的形成、草海湖面的稳定性、地下水的通道和地表水的汇集；草海湖面的存在与地表水系（湖周）、地下水构成了循环，湖面还提供了水生动植物的繁衍场所；湖面蒸发出的大量水汽，影响着草海区域的气象要素；草海区域气象要素在一定程度上影响着局部地区的气候，从而形成该地区的气候特点，如降雨量以及雨量的季节分配等，这些又影响着草海湖面的稳定性，而草海区域气象又直接影响水生动植物的生存和繁衍；地下水、地表水系（湖周）、草海湖面水等要素又通过溶蚀作用对湖周湖底的地形地质产生影响。因此，必须从整体上，把草海看作由上述相互依赖和相互作用的要素组成的具有确定功能的有机整体。各要素之间相

互联系，一要素的变化（或破坏），往往引起另一些要素的变化，甚至引起系统的变化（或破坏）。所以，必须从草海这一有机整体与部分（要素）相互依赖、相互结合、相互制约的关系中去揭示草海这个高原湖泊生态系统的特征和运动规律，才能避免认识上的片面性和绝对性，例如只局限在草海湖面水这一要素上，以及对湖水是"排"还是"蓄"的简单处理上。

要符合规律地治理草海，在研究方法上，还必须把分析和综合有机地结合起来。一方面把草海看作各要素在特定条件下组成的有一定功能的综合体；另一方面又要求对草海及其组成的各要素的研究都必须从它的成分、结构、特性、相互联系的方式和历史发展等方面进行深入细致的考察。草海位于喀斯特发育的高原上，湖底和湖周的地形地质有其固有的特点，这就要认真研究这一要素，从地质上分析草海的成因，既要看到草海漏水的必然性，又要看到草海蓄水的可能性，在确定治理方案时，依据湖区各地段的地质特点恢复草海，但又不盲目地企图恢复草海历史上的自然状况，从而因地制宜地确定控制草海水位的滚水坝（或节制闸）的坝址，合理确定蓄水面积，使所蓄之水确可兴利，不致因湖面涨落不定造成蓄而无益。同时依据湖周地质地形状况，正确选择渠道的道路，使渠道不致漏水，保证水量，以实现发电和灌溉的目的。

草海自身构成一个复杂的系统，因而对它的考察，必须由多学科配合，多方面的专家共同协作才能完成。但迄今为止，除1960年对草海地区的地质水文曾进行过一次初步调查之外，对其他各要素的调查研究工作都未认真开展。目前，对草海排水所造成后果的分析，也只是初步的定性分析，尚缺乏定量分析的根据。而系统方法要求在定性分析的基础上，进一步收集和测定各要素的数据，尽量把各要素间的相互影响和相互作用程度用数学语言显示出来，建立各种数学模型，进行运算分析和比较，以确定最优治理方案。目前对气候变异与草海湖面存在与否之间必然联系的揭示，地下水运动规律与草海间必然联系的揭示；人、畜某些疾病发病率与草海湖

◇ 哲　　学

面存在与否之间关系的揭示等，都还有待从定性到定量的深入的精确的考察研究。

系统方法还要求在处理系统问题时要有变化的观点，即不能将系统看作是静止的，而应当看作是时间的函数。在考虑草海的治理方案时，就要将草海系统和威宁地区的生态系统都当作发展的系统来加以研究，要结合各方面的远景规划，不能只局限于眼前。远景规划又应建立在现实性的分析上，比如将来草海地区辟为工业区是否现实，草海作为游览区是否具有客观根据等。

历史上几次治理草海的经验和教训，生动地表明了运用系统方法的重要性。草海问题受到了全省人民的关注，在全国也引起了反响。现在我们重新治理草海，必须自觉地运用系统方法，通过综合治理，达到总体最佳，为运用系统方法进行其他建设提供一点有益的借鉴。

在哲学上演奏第一提琴[*]

"学府起黔中,百廿年风雨沐桃李,华章庚续;杏坛传薪火,五十载哲学育新人,只争朝夕。"我是贵州大学哲学系1976级学生,提前毕业考入贵州省社会科学院研究生班,后获中国社会科学院宗教学博士学位。在1982年的《中国社会科学》杂志上发表的论文《社会学否定之否定的进程及其内在矛盾》,曾于1984年获《中国社会科学》中青年优秀论文奖。我现在每年为北京大学博士生上通识课,兼任中国人民大学、山东大学博导和中国综合开发研究院代理事长。

记得四十年前,贵州大学哲学系为我举办欢送会。告别母校,我拉了大提琴。昨晚,贵州大学哲学院和音乐学院又举办了一个题为"在哲学上演奏第一提琴"的主题音乐会。再回母校,我演奏了柴可夫斯基《如歌的行板》。据说当年托尔斯泰就是从这首曲子里,听到了劳动人民的灵魂。

音乐是灵动的哲学,哲学是活着的灵魂。孔夫子讲"兴于诗,立于礼,成于乐"。学点哲学,一生受益,一路如歌。

记得在四十年前,我作为一个毕业于贵州大学的哲学青年,在《贵州青年》杂志上,发表过一篇题为《让我们在哲学上演奏第一提琴》的小文章。请允许我念几段原文。

---

[*] 本文系作者2022年8月21日在贵州大学哲学系成立五十周年庆典上的发言。

◇ 哲　学

哲学，马克思称"它是文明的活的灵魂"。

曾几何时，"哲学"一度变成令人厌恶的字眼。随着党的十一届三中全会以来党和人民的艰苦努力，在指导思想上完成了拨乱反正的艰巨任务，哲学才随之得到解放，洗刷掉抹在身上的污秽，恢复了马克思主义哲学的本来面目，以它不朽的生命和灿烂的光华，日益吸引着广大青年。

但是，与其说哲学吸引青年，不如说青年们自己在寻找哲学。这里有着更为深刻的原因。一个国家，一个民族，在长期动乱的阵痛中，必然孕育着、产生着思考的一代，奋起的一代，这是历史的必然。

正如恩格斯所说："每一个时代的哲学作为分工的一个特定的领域，都具有由它的先驱传给它而它便由此出发的特定的思想材料作为前提。因此，经济上落后的国家在哲学上仍然能够演奏第一小提琴。"[1] 我们由于继承了共产主义事业的先驱者——马克思、恩格斯、列宁的思想成果，并使之与中国革命的具体实践相结合，形成了具有中国特色的毛泽东哲学思想，并且正在我们建设四化的实践中继续把马克思主义哲学推向前进，因此我们完全可以当之无愧地在哲学上演奏第一提琴，奏出时代的华丽乐章。

如此说，并不是反对青年们去比较、鉴别、探索。既然我们的前辈正是靠他们自己的探索与思考而最终接受了马克思主义哲学，我们这一代青年又何尝不可以通过自己的探索和思考而得出同样的结论？此番的皈依，比起幼时的听信，来得坚定、深沉。

因为下午要赶回北京列席全国政协常委会，不能参加哲学院的"面向未来的哲学学科"高峰论坛，请允许我在此多说几句，为论

---

[1]《马克思恩格斯选集》第4卷，人民出版社2012年版，第612页。

坛抛砖引玉。

我们讲"哲学面向未来",其实未来已来。实现中华民族伟大复兴已进入不可逆转的历史进程,我们比历史上任何时期都更接近、更有信心和能力实现目标。但这绝不是轻轻松松、敲锣打鼓就能实现的,我们遭遇的风险挑战接踵而至,浪急风高,有时甚至是惊涛骇浪,其复杂性严峻性前所未有。我们要谨防蹈入颠覆性陷阱,绝不能去犯颠覆性错误。我们现在是"到中流击水,浪遏飞舟",必须勇于进行具有许多新的历史特点的伟大斗争,准备付出更为艰巨、更为艰苦的努力。我们需要更有战略定力,以正确的战略策略应变局、育新机、开新局,靠顽强斗争打开事业发展新天地;我们也需要更有哲学头脑,"一个民族要想站在科学的最高峰,就一刻也不能没有理论思维",中华民族要实现伟大复兴,也同样一刻不能没有理论思维。

每临大事有静气,每遇风险靠定力,每逢迷雾讲哲学。哲学的头脑和眼光,善于以大历史观环顾世界。今天在赶赴贵阳的途中,从线上的全国政协委员读书群里,正好看到外媒报道:俄乌战事陷入胶着状态,而俄外长拉夫罗夫敦促全世界将目光投向更广阔的舞台。在拉夫罗夫看来,一个人们必须作出抉择的历史阶段已经到来。要么遵循西方强加的"基于规则的秩序",其中只有一条规则:听从华盛顿的命令,继续屈从美国霸权,否则受到惩罚。要么遵循《联合国宪章》的原则,即联合国基于各国主权平等的原则,建设一个公平的新世界。的确,以往决定国际秩序的主要因素是大国主导,甚至是霸权;如今,基于大国主导的国际秩序正在发生变化,随着多极化格局的形成,国际关系范式正在走向基于"命运共同体"的新秩序。这种思想理念,以我们中国倡议的"共享的未来"为引领,要构建一种新的世界秩序,给人类社会发展带来新的和平与稳定。

在此,哲学的量变质变和否定之否定规律又显现了。人类文明的交汇已走到量变到质变的临界点,人类危机呼唤人本主义在否定

◇ 哲　　学

之否定意义上的继承和发扬。新时代对人本主义的呼唤，需要对传统人本精神继承吸收，发扬其积极成果又要革故鼎新。因为自文艺复兴以来西方近代人本主义多强调作为个体的自由与权利，尊重人的本能欲望，虽然催生了迅猛发展的经济，也造就了极端膨胀的个人。面对第一次文艺复兴遗留下来的膨胀了的个人，新的文明复兴，要建造和谐的人，构建人类命运共同体。它既巩固第一次文艺复兴人本主义积极成果，又要对其过分的运用有所克制。当西方文明以霸权的形式推行其价值观的时候，我们需要新型的人与社会的关系；当传统的工业文明发展导致生态危机的时候，我们需要新型的人与自然的关系；当西方文明过分强调物质、商业和市场利益的时候，我们需要新型的人与人的关系。这种新型关系的潮流，就是新文明复兴；这种新型关系的旗帜，就是新人文主义。

中华优秀传统文化有助于促进新文明复兴，建设新人文主义。"天人合一、天人相通，民本为上、厚德载物，以仁为本、以和为贵，惟精惟一、允执厥中"的"天道"观念，乃是中华文化生生不息的源头，由此可"致广大而尽精微，极高明而道中庸"。在中华民族实现伟大复兴的进程中，我们要在哲学上高举起迎接新文明复兴、促进人类命运共同体的大旗，把握住新人文主义的话语权，使冷战战略、冷战思维彻底成为历史，跨越所谓"修昔底德陷阱"，为推动人类可持续发展作出积极贡献。同时，也就为中华民族赢得和延长实现伟大复兴的战略机遇期。

中国的"面向未来的哲学学科"，可以在实现中华民族伟大复兴的进程中，为人类在哲学上演奏第一提琴。

贵州大学哲学院的老师和同学，我的年轻一代校友们，你们正在哲学上演奏第一提琴。

祝贵州大学哲学系，五十大寿生日快乐。

祝贵州大学哲学院，百尺竿头更进一步。

文 化 论

读书与做人[*]

做官，先要做人。做人，应该读书。

怎么做一个好人？要读书。"为什么读书便能学得做一个高境界的人呢？因为在书中可碰到很多人，这些人的人生境界高、情味深，好做你的榜样……他们是由千百万人中选出，又经得起长时间的考验而保留以至于今日，像孔子，距今已有二千六百年，试问中国能有几个孔子呢……为什么我们敬仰崇拜他们呢？便是由于他们的做人。"钱穆说，"假如我们诚心想学做人，'培养情趣，提高境界'，只此八字，便可一生受用不尽"。

怎么做一个摆脱平庸的人？要读书。"阅读的最大理由是想摆脱平庸……平庸是一种被动而又功利的谋生态度。平庸者什么也不缺少，只是无感于外部世界的精彩，人生历史的厚重，终极道义的神圣，生命涵义的丰富。而他们失去的这一切，光凭一个人有限的人生经历是无法获得的。"余秋雨说，"只有书籍，能把辽阔的空间和漫长的时间浇灌给你，能把一切高贵生命早已飘散的信号传递给你，能把无数的智慧和美好对比着愚昧和丑陋一起呈现给你。区区五尺之躯，短短几十年光阴，居然能驰骋古今，经天纬地，这种奇迹的产生，至少有一半要归功于阅读"。

怎么做一个高人？要读书。习近平同志说："各级领导干部要深刻认识现代领导活动与读书学习的密切关系，深刻认识领导干部

---

[*] 原载《人民日报》2015年7月3日。

◈ 文化论

的读书学习水平在很大程度上决定着工作水平和领导水平，真正把读书学习当成一种生活态度、一种工作责任、一种精神追求，自觉做到爱读书读好书善读书，积极推动学习型政党、学习型社会建设。"

怎么做一个新人？要读书。进入"互联网+"的时代，不能读死书，死读书。所谓"互联网+"，就是"互联网+各个传统行业"，利用信息通信技术以及互联网平台，让互联网与传统行业进行深度融合，创造新的发展生态，促进创业创新、协同制造、现代农业、智慧能源、普惠金融、公共服务、高效物流、电子商务、便捷交通、绿色生态、人工智能，形成若干新产业模式。今天，要善于在"互联网+"的大趋势中，在经济发展的新常态中，创造性地读书。如果"互联网+读书"呢，会不会也创造奇迹？不妨一试。

读书，要读懂读透。朱熹《观书有感》云："半亩方塘一鉴开，天光云影共徘徊。问渠那得清如许？为有源头活水来。"读书到了这样的境界，是何等明了开朗，通达畅快！

读书，要夜以继日。白天走干讲，晚上读写想。白天光阴似金，最宜多走多干多讲；夜晚沉寂幽静，更适勤读勤写勤想。坚持走干讲，才能读得透、写得深、想得远；不懈读写想，才能走得实、干得好、讲得准。如此周而复始，其实会另生出一番快乐的滋味。享受工作，一心一意，忙并快乐着；享受生活，一茶一书，闲并快乐着；享受天伦，一生一爱，爱并快乐着。

一位领导同志给"是大家常说家常"对出上半句："凡才子夜读子夜。"其意境，或许"夜读子夜"就是"晚上读写想"，"常说家常"就是"白天走干讲"吧！读书与做人，做到这样的境界，即是"才子""大家"。

"文化自信"五题[*]

习近平总书记在庆祝中国共产党成立95周年大会上的讲话中说,"文化自信,是更基础、更广泛、更深厚的自信"。此言一出,掷地有声,立即引起广泛关注和热烈讨论。

本文围绕"文化自信"的五个问题,一抒浅见。

一 "文化焦虑"与"文化自信"

随着近代中国曾经的一度衰落,中国也一度丢失了文化自信,充满了文化焦虑。别人问我们:"如果我的中国朋友们在智力上和我完全一样,那为什么像伽利略、托里拆利、斯蒂文、牛顿这样的伟大人物都是欧洲人,而不是中国人或印度人呢?为什么近代科学和科学革命只产生在欧洲呢?……为什么直到中世纪中国还比欧洲先进,后来却会让欧洲人着了先鞭呢?怎么会产生这样的转变呢?"(李约瑟《中国科学技术史》)我们问自己:郑和下西洋乃"有史来,最光焰之时代"。但尽管当时参与者达12万之众,"而我则郑和之后,竟无第二之郑和"?(梁启超《祖国大航海家郑和传》)

中国人找回文化自信,始于新中国成立之时,毛泽东在天安门城楼上宣布:"随着经济建设的高潮的到来,不可避免地将要出现一个文化建设的高潮。中国人被人认为不文明的时代已经过去了,

---

[*] 原载《北京日报》2016年8月22日,《新华文摘》全文转载。

◇ 文化论

我们将以一个具有高度文化的民族出现于世界。"

中国人增强文化自信,成于民族复兴进程之中。党的十七大报告指出,"文化越来越成为民族凝聚力和创造力的重要源泉、越来越成为综合国力竞争的重要因素,丰富精神文化生活越来越成为我国人民的热切愿望。要在时代的高起点上解放和发展文化生产力,推动社会主义文化大发展大繁荣"。党的十八大报告重申,"文化是民族的血脉,是人民的精神家园。全面建成小康社会,实现中华民族伟大复兴,必须推动社会主义文化大发展大繁荣,兴起社会主义文化建设新高潮,文化是民族的血脉,是人民的精神家园"。习近平总书记强调:"中华民族创造了源远流长的中华文化,中华民族也一定能够创造出中华文化新的辉煌。"

在庆祝中国共产党成立95周年大会上的讲话中,习近平总书记进一步指出,"坚持不忘初心、继续前进,就要坚持中国特色社会主义道路自信、理论自信、制度自信、文化自信"。因为,"文化自信,是更基础、更广泛、更深厚的自信。在5000多年文明发展中孕育的中华优秀传统文化,在党和人民伟大斗争中孕育的革命文化和社会主义先进文化,积淀着中华民族最深层的精神追求,代表着中华民族独特的精神标识"。

二 "文化自信"与"厚德载物"

无论是从"文化焦虑"到找回"文化自信",还是今天为实现民族复兴中国梦的进程中,不断呼唤、不断增强"文化自信",都要立足于"厚德载物"的现实基础。国无德不兴,人无德不立。市场经济无德,也搞不好、搞不成,"文化自信"就会沦为空喊、空谈。

旧中国积贫积弱,备受列强欺凌,实现国家富强和人民富裕,成为近代以来中华儿女最强烈、最执着的愿望追求。致富是大家的期盼。穷病穷病,多是穷出来的病。但富,也会富出病来。历史上我们也曾富过。中国是文明古国，书香门第，再富也不能浮躁。沉静、从容、大气、平和，有其境界，是文化大国的气质。不应该有了钱就狂了、疯了，不知道该怎么办了。如果"富"得"丢掉了魂"，"穷"得"只剩下钱"，人民还谈得上什么"自信"？"地势坤，君子以厚德载物"。中国特色社会主义之所以能浩浩荡荡、生机勃发，其特色之一，就是能"以厚德载市场经济"。

市场经济中每一个"经济人"都追求利润最大化，由此导致竞争，优胜劣汰，效率大增。市场经济自然要"向钱看"，但也不能搞得"一切向钱看"，把精神、信仰一概物化，把诚信、道德统统抛弃，都"淹没在利己主义打算的冰水之中"，"把人的尊严变成了交换价值"。如果物欲横流，社会乱套，市场经济也难以为继。

"君子以厚德载物"，岂容"财之日进而德之日损，物之日厚而德之日薄"？

蕴含在中国传统文化中的中华民族的"民族本性"，有巨大的能量，关键是如何在发展市场经济的新的历史条件下唤回它、激活它、放大它，使它成为强大的正能量。今天，诊治近利远亲、见利忘义、唯利是图、损人利己等道德失范现象，不妨从民族优秀的文化基因中，去找回和强化道德约束和慎终追远的定力，去增强我们民族在现代化浪潮中强身健体的抗体，增强人们在各种物质诱惑面前的免疫机能，促使人们做到见利思义、义利并举、先义后利。

我们这个有着"厚德载物""重义轻利"传统的民族，有为人类开辟"君子以厚德载市场经济"新境界的"文化自信"。

三 "文化自信"与"文艺繁荣"

文化自信是更基础、更广泛、更深厚的自信，源于传统的优秀文化，基于今天的文化繁荣。

文化繁荣中必有文艺繁荣，它是丰厚、博大、百花盛开的精神园地，也是文化自信的更基础、更广泛、更深厚的必然表现。

◎ 文化论

习近平总书记2015年《在文艺工作座谈会上的讲话》,与毛泽东同志1942年《在延安文艺座谈会上的讲话》一脉相承。新的讲话,既有"双百""二为"这些基本原则的继承和坚守,更是新时代"文化自信—文化繁荣—文艺繁荣"这一历史逻辑的展开。

延安文艺座谈会,作为当年延安整风运动的一个重要组成部分,旨在解决中国无产阶级文艺发展道路上遇到的理论和实践问题。北京文艺座谈会,则是围绕"四个全面"的战略布局,不仅要促进社会主义文艺繁荣,而且要与时俱进,为实现民族复兴中国梦吹响时代号角。"文艺是时代前进的号角,最能代表一个时代的风貌,最能引领一个时代的风气。""鲁迅先生说,要改造国人的精神世界,首推文艺。"今天,"举精神之旗、立精神支柱、建精神家园,都离不开文艺"。"当高楼大厦在我国大地上遍地林立时,中华民族精神的大厦也应该巍然耸立。"这些激荡人心的理念与期许,激励着广大作家艺术家去创造更多有筋骨、有道德、有温度的文艺作品。

中华民族讲诚信、守诚信的传统,正受到市场经济中频发和蔓延的"信用缺失症"的冲击和考验。我们看到,一切向钱看,"信用缺失症"在细胞滋生;有钱啥都干,"信用缺失症"向肌体蔓延;权钱做交易,"信用缺失症"使器官腐败;为钱可逆天,"信用缺失症"让大家疯狂!习近平总书记说:"比较突出的一个问题就是一些人价值观缺失,观念没有善恶,行为没有底线,什么违反党纪国法的事情都敢干,什么缺德的勾当都敢做,没有国家观念、集体观念、家庭观念,不讲对错,不问是非,不知美丑,不辨香臭,浑浑噩噩,穷奢极欲。现在社会上出现的种种问题病根都在这里。这方面的问题如果得不到有效解决,改革开放和社会主义现代化建设就难以顺利推进。"[①] 这些论断切中肯綮。无数事实告诉我们,精神世界出现了问题,人的行为就必然会破规失矩。

[①] 习近平:《在文艺工作座谈会上的讲话》,人民出版社2015年版,第22—23页。

发展仍然是我们党执政兴国的第一要务。但经济发展了,精神失落了,那国家能够称为强大吗?一个民族的崛起或复兴,常常以民族文化的复兴和民族精神的崛起为先导。一个民族的衰落或覆灭,往往以民族文化的颓废和民族精神的萎靡为先兆。

正是这样深刻的时代背景、复杂的社会环境、鲜明的问题导向,习近平总书记强调,"文艺不能当市场的奴隶,不要沾满了铜臭气","不能在市场经济大潮中迷失方向,不能在为什么人的问题上发生偏差"。今天的时代大环境,从正反两个方面呼唤、促成、历练、积聚,涌现出一大批优秀的文艺作品,"用现实主义精神和浪漫主义情怀观照现实生活,用光明驱散黑暗,用美善战胜丑恶,让人们看到美好、看到希望、看到梦想就在前方"。

营造环境才能够繁荣发展社会主义文艺。习近平总书记说:"要号召全社会行动起来,通过教育引导、舆论宣传、文化熏陶、实践养成、制度保障等,使社会主义核心价值观内化为人们的精神追求、外化为人们的自觉行动。"[①]

有一批来自社会各界、事业有成的人士,他们不是专业的文艺工作者,但他们是文艺爱好者,特别是青年时代的音乐爱好者,是"爱乐人"。响应着"全社会行动起来"的号召,他们也行动起来了,重新拿起青少年时代曾经感动过自己、但早已久违的管、弦乐器,组成业余交响乐团,坚持业余排练,精益求精,走到今天的青年学子中去,通过自己的演奏和现身说法,在传播经典音乐的同时,也让青年学子体会到音乐曾经给他们带来的人生激励和生命感动。这就是由民政部第一个直接登记管理、由国家艺术基金资助的"满天星业余交响乐团"。这个乐团利用业余时间,已到几十所大学举办了"音乐点亮人生"音乐沙龙,受到普遍欢迎。正如习近平总书记说:"优秀作品并不拘于一格、不形于一态、不定于一尊,既要有阳春白雪、也要有下里巴人,既要顶天立地、也要铺天盖地。

[①] 习近平:《在文艺工作座谈会上的讲话》,人民出版社2015年版,第23页。

◈ 文化论

只要有正能量、有感染力,能够温润心灵、启迪心智,传得开、留得下,为人民群众所喜爱,这就是优秀作品。"① 乐团演奏的是中外经典名曲的"阳春白雪",也是青年学生好懂好唱爱听的"下里巴人"。乐团许多成员都有为祖国"顶天立地"奋斗在各条战线上的经历,现在又聚集一起,一个学校接一个学校、一场接一场"铺天盖地"地演奏着中外交响音乐经典,果然就"有正能量、有感染力,能够温润心灵、启迪心智"。上海理工大学的学生看了演出后当场吟诗赞扬乐团:"才略文韬,琴音歌赋,齐聚星河如火。谱思源曲,歌隽永如昨。堪忆昔年往事,扶社稷,勋绩良多。韶华逝,青丝华发,未敢忘忧国。"

"聚是一团火,散是满天星",乐团成员在自己的岗位上要做勤奋劳作、不断燃烧的"一团火",业余时间则是乐此不疲、热心传播经典音乐的"满天星"。他们相信星光虽然微弱,但群星不断闪烁,也能照亮周围、温暖世界。

学习了习近平总书记《在文艺工作座谈会上的讲话》,"满天星业余交响乐团"倍感振奋。他们说,"全社会行动起来",我们也要"动起来";为实现中国梦吹响时代号角,我们也要"吹起来"。我们每个"爱乐人",都是传播高雅音乐的一朵蒲公英。当这朵蒲公英成熟的时候,我们会化成蒲公英的种子,飞到祖国各地去,长出新的蒲公英。

文化自信和文化繁荣,需要更多的人积极参与。当文艺生长于我们的生活之中,当核心价值观内化于心、外化于行,我们的文化自信就有了深厚的土壤,也拥有了卓越的力量。

四 "文化自信"与"文化他信"

我们中华民族有优秀的传统文化,今天又在大踏步迈向伟大的

---

① 习近平:《在文艺工作座谈会上的讲话》,人民出版社2015年版,第7—8页。

民族复兴。我们最有资格讲"文化自信"。

但自己优秀不等于人家都承认你优秀,岿然独存并不是孤芳自赏,新的辉煌也不是一枝独秀。文化自信不仅在于自己的决心有多大,声音有多高,历史有多久,块头有多大,还在于人家是否信服,有没有"他信"。当今时代,面对大发展大变革的世界格局,面对各种思想文化更加频繁的交流交融交锋,谁占据了文化发展的制高点,谁就能够更好地在激烈的国际竞争中掌握主动权。我们现在要努力到全世界去讲"中国故事",传播"中国声音"。那怎样才能在文化上赢得"他信"?

我认为,"人类命运共同体",就是当代人类之所想、所急、所欲的好题目、大文章。中国文化在此中,有好戏可唱,有好路可走。

今天,人类文明的交汇已走到量变到质变的临界点,人类危机呼唤人本主义在否定之否定意义上的继承和发扬,呼唤一场新的文明复兴。它要继续人的解放,但也要把过度膨胀的人改变成和谐的人。它要继续促进发展,但要实现各国相互尊重、平等相待,合作共赢、共同发展。它要保障人类的安全,但应该实现共同、合作、可持续的安全。一言以蔽之,就是"人类只有一个地球,各国共处一个世界",这一次新的文明复兴,应该建设"人类命运共同体",这是时代的要求,人类的共同关切。

中华民族实现民族复兴的伟大进程,肩负着融入推进一场新的文明复兴的时代使命。迎接这场并不逊色于历史上的文艺复兴的、新时代的"文艺复兴",中国应该有所作为。"缓慢地、平静地、然而明白无误地,中国的文艺复兴正在变成一种现实。这一复兴的结晶看起来似乎使人觉得带着西方色彩。但剥开它的表层,你就可以看出,构成这个结晶的材料,在本质上正是那个饱经风雨侵蚀而可以看得更为明白透彻的中国根底——正是那个因为接触新世界的科学、民主、文明而复活起来的人文主义与理智主义的中国。"胡适近百年前就曾作此判断,现在看来是确实的。

中华民族的文化传统，因应着这个时代要求，回答着这个共同关切。汤因比说："避免人类自杀之路，在这点上现在各民族中具有最充分准备的，是两千年来培育了独特思维方法的中华民族。"这种"独特思维方法"就是天人合一，允执厥中，仁者爱人，以和为贵，和而不同，众缘和合。其核心是"和"，"礼之用，和为贵，先王之道斯为美"。

这样"斯为美"的文化，这样推陈出新的文化，这样促进建设"人类命运共同体"的文化，正是今天中国文化"走出去"的新招牌和精气神，是"讲好中国故事"的题中应有之义，是"传播好中国声音"的最动听感人的声音。

在"人类命运共同体"的时代交响乐中共振、共鸣，中国文化既有自信也有他信，在他信中更有自信。

五　"文化自信"与"文化根基"

1. 中华民族这一百多年来历经磨难，现在离民族复兴越来越近，距离已可以丈量。2012年，中国经济总量就已跃居世界第二位。正是因为越来越近，每一步都是惊险一跳，都是从量变到质变的巨大飞跃。历史上，一步走错满盘皆输、功亏一篑、积重难返的教训不少。这一阶段，各种问题扑面而来，让人应接不暇，容易顾此失彼。其中一个重要的问题是，要保持持续、良性增长，整个国家必须具有持续保持振奋的民族精神和旺盛的创新活力，实现民族复兴中国梦，一定要有文化根基和价值支撑。

2. 中国梦不是空想，原因之一，其梦有根，有文化根基和价值支撑。

根，野火烧不尽，春风吹又生。"历史上与中国文化若后若先之古代文化，或已夭折，或已转易，或失其独立自主之民族生命。惟中国能以其自创之文化永其独立之民族生命，至于今日岿然独存。"（梁漱溟语）

根，维系于民族精神。无论历史多么遥远、岁月如何蹉跎，无论社会怎么变革、如何转型，都不能除了根、丢了魂，都必须把根留住。根脉切断不得，根深才能叶茂。不妨以土耳其的教训为鉴。这个横跨欧亚非三大洲的、有过奥斯曼帝国辉煌的大国，本属于地道的伊斯兰文明，但在现代转型中却以最大的决心彻底与伊斯兰文明断绝关系，力图成为西方文明的一分子。结果如何？不管土耳其如何自我"阉割改种"，西方国家和西方人从来都没有把土耳其看成一个西方国家。亨廷顿指出，这种不愿意认同自己原有文明属性，又无法被它想加入的另一文明所接受的自取其辱状态，必然会在全民族形成一种文明上、精神上无所归宿的极端沮丧感。

文化是精神的载体，精神是民族的灵魂。中华民族的伟大复兴，要在现代化的艰难进程中实现，现代化则要靠民族精神的坚实支撑和强力推动。现代化呼唤时代精神，民族复兴呼唤民族精神。时代精神要在全民族中张扬，民族精神就要从传统文化的深厚积淀中重铸。

根，滋润于"慎终追远"。"慎终追远"不是"搬出祖先来说事"，而是为了今天，以古鉴今，提醒大家在繁忙浮躁的当下，想想根，定定神，稳住脚步找到魂。如果说金钱、利益可以洗刷和消解人伦道德，诱使民德"变薄"，那么，"慎终追远，则民德归厚矣"，有助于积德厚德，开创民德归厚、厚德载物、厚德载市场经济的新天地。

根，深扎于敬畏之心。人不应敬畏鬼神，但不能没有敬畏之心。信仰的支撑、科学的论证、理论的彻底都是必需的，但不够，还要靠敬畏。讲"彻底的唯物主义者是无所畏惧"的，那是讲不信鬼不信神需要的思想状态，但不能放大为人什么都无所畏惧。"君子终日乾乾，夕惕若厉，无咎。"有了敬畏，才有自律。马克思认为"道德的基础是人类精神的自律"。只有道德主体将道德规范内化为自己的道德，完成他律向自律的转化，才能成为有效的道德规范。有了自律的基础，相互的他律——道德规范、社会公德、法律

◇ 文化论

法规，才有实施的可能。习近平总书记告诫干部："畏则不敢肆而德以成，无畏则从其所欲而及于祸。"官有所畏，业有所成。各级领导干部要敬畏人民、敬畏组织、敬畏法纪，做到公正用权、依法用权、为民用权、廉洁用权，永葆共产党人拒腐蚀、永不沾的政治本色。

3. 中国梦，梦有根：中国梦基于"文化自信"，梦有根来自"文化根基"。

关于"文化自信"，要谈的何止以上"五题"？人类文明史上，可能再没有哪个国家像近代的中国一样，经历如此巨大的心灵冲击与精神变革；也再没有哪个民族像中华民族一样，在不断的挫折和磨砺中，锻造属于自己的价值理念与精神图景。

"和而不同"的多重境界[*]

——构建人类命运共同体的文化底蕴

中国为什么一贯坚决、真诚地主张全人类共同构建人类命运共同体？

中国为什么一贯坚决、真诚地致力于构建人类命运共同体？

中国为什么始终不渝走和平发展道路，无论发展到哪一步，永不称霸、永不扩张、永不谋求势力范围？

无数清晰的道理可以辨明，已经并继续的历史可以证明。但归结到一点的最好说明，就是"和而不同"。它不仅是中国，最终也将是人类构建命运共同体应有的文化基础、共同的文化底蕴。

习近平总书记2017年1月18日在联合国日内瓦总部的演讲，揭示了中国致力于构建人类命运共同体的文化基因和文化底蕴，即"和而不同"。其内涵，睿智深刻；其展开，境界多重。

一

"和而不同"，如何理解这"不同"？

近读王中江先生一篇谈"和而不同"思想的文章，感到深开了一层含义。他引用《庄子·则阳》中关于"同异关系"的讨论，

---

[*] 原载《人民论坛》2021年第8期，《新华文摘》转载。

◇ 文化论

说事物的多样性具有创造力,差异性和多样性就是造就整体性和共同性的力量。还引用西周史伯的思想,认为融合多样性的东西就能产生出新的东西;只是一种东西累加最终还是那种东西。他说,将不同的东西加以调和并使之平衡,这叫作"和"。在这里似可将调和平衡理解为中,持中或求中。如果说将不同和差异的东西统合起来就是"共同",那么"共同"与"同"的内涵就是有区别的,"共同"是多因素的"和","同"只是单一性质的事物,因此就有了"和而不同"这个深刻的哲学概念出现。中和这个概念,蕴含着精妙的哲理。

二

"君子和而不同,小人同而不和。"君子可以与他周围的人保持和谐融洽的关系,绝不这边搭台,那边拆台,而是相互补台,好戏连台。小人则没有自己独立的见解,只求与别人完全一致,而不讲求原则,但他却与别人不能保持融洽友好的关系。

"君子周而不比,小人比而不周。"古写的篆文"比"字,象形两个人完全一样,只跟自己要好的人做朋友,什么事都以"我"为中心,为标准。这就是小人,不是君子。

中国文化是君子文化。"君子坦荡荡,小人长戚戚。""天行健,君子以自强不息;地势坤,君子以厚德载物。"

三

现代化呼唤的时代精神,要从传统文化深厚积淀中重铸。这种重铸,应该突出主导、主流,也要强调和谐、合作。应该"和而不同",避免"同则不继";应该"去粗取精、去伪存真",但孰去孰留不能简单化。现实往往是"江南三月,杂花树生",并非谁最美,谁就居于"至善至美"之不二法门;谁最"精",其他就皆在"去粗"之列；谁要存，就必争夺主位排斥异端；谁有影响，就不断膨胀甚至走向极端。

我们既有对中国文化根的尊重和扬弃、对中国文化魂的坚守和创新，也有对外国文化包括宗教文化的包容和借鉴。

四

我们共产党与民主党派风雨同舟，肝胆相照，没有坦诚真挚的感情，没有平等待人的胸襟，是不可能相互信任、相互支持的。"欲交天下士，未面已虚襟。"当前，执政党必须适应社会多样化发展趋势，在始终坚持并不断增进共识的基础上，以博大的胸怀对待不同党派、民族、阶层、宗教信仰者以及不同社会制度下的广大成员，实现和而不同基础上的团结。这就需要有一种自觉和自省，真心诚意地欢迎党外人士监督我们，不怕有人说错话，就怕大家不说话。如果他们不同意我们的想法，首先要想一想他们的意见有无道理，即使我们的意见正确，也应允许和支持他们保留意见，留待实践去检验。更不能以是否赞成自己的意见作为衡量"同心"的尺度，相反，大方向一致的诤言，才是真正的同志情怀！

五

新阶层、新组织涌现，新思维、新潮流涌现，新情况、新问题涌现，我们的社会空前活跃起来。这是好事还是坏事？当然是好事。社会和谐的基础是"和而不同"，"求同存异"。如果"一味求同"，只能是"同则不继"。

一致性要有多样性基础，多样性要有一致性指导。既不能过于追求一致性，也不能过于放任多样性，关键是坚持和而不同、求同存异。

我们始终坚持高举爱国主义、社会主义旗帜，牢牢把握大团结大联合主题，坚持一致性和多样性统一，找到最大公约数，画出最大同心圆。

六

办报的人应该有胆识，群众喜欢有胆识的报纸和文章。

据老一辈的《人民日报》总编辑吴冷西回忆，毛主席曾对他说："我们的报纸有自己的传统，要保持和发扬优良的传统，但别人的报纸，如解放前的《大公报》，也有他们的好经验。张季鸾这些人办报很有些办法。例如《大公报》的星期论坛，原来只有报社内的人写稿，后来张季鸾约请许多名流学者写文章，很有些内容。"毛主席说，他"在延安时就经常看"，"张季鸾摇着鹅毛扇，到处作座上客，这种眼观六路、耳听八方的观察形势的办法，却是当总编辑的应该学习的"。

我体会，毛主席要求报纸编辑学习的，有方法，更有胆识。请名流学者发议论，而且是日复一日，形成固定的专栏，就很需要编辑的眼量和胆识。因为作者既然署了真名和真实身份，讲套话、空话就不大相宜，会有"直言之谔谔"（《楚辞》）冒出来。而"千人之诺诺，不如一士之谔谔"（《史记》）。千人一腔可以震耳欲聋，但未必是好状态。大家都喜欢"和谐"。"和"字古体作"龢"，从龠从禾。龠乃象形字，表示一组长短粗细各异的管子，一齐吹奏，各发其声，只要和谐相融，便是悦耳动听的"和声"。

我没有查证吴冷西听了毛主席一番话后，是否在《人民日报》上也办起了"请名流学者发议论"的论坛。但《人民日报》（海外版）"望海楼"专栏出世，不禁令人眼睛一亮。这个专栏不时发表"名人名言"，真知灼见。人人持荆山之玉，个个握灵蛇之珠，时而有"谔谔"之言。和而不同，求同存异。如果毛主席在世，他老人家也是会"经常看"的吧。

我曾作为《人民日报》（海外版）的"特约评论员"，在"望海楼"专栏发表过多篇文章,后来汇编成了一本书——《望海楼札记》,李瑞环同志题写书名。

七

科学发展,必然"以和为贵",和而不同。因为"夫和实生物,同则不继。……声一无听,物一无文,味一无果,物一不讲"。这是《国语·郑语》里的话,其大意是,和谐确实能产生新物,一味求同就不能持续发展。声音只有一个就没法听,事物单一就不能多姿多彩,食物只有一类就不能吃饱,物类只有一种就无法比较。和而不同,才能最广泛地凝聚和发挥一切智慧和力量,调动一切可以调动的积极因素,放手让一切劳动、知识、技术、管理和资本的活力竞相迸发,让一切创造社会财富的源泉充分涌流,为我们的经济、社会又好又快地发展,凝聚用之不竭的巨大活力,提供取之不尽的强大动力。

八

"和而不同",意在求"和"。那么,何为"和而不同"之"和"?

"和"的精神,是一种承认、一种尊重、一种感恩、一种圆融。

"和"的特质,是和而不同、互相包容、求同存异、共生共长。

"和"的途径,是以对话求理解,和睦相处;以共识求团结,和衷共济;以包容求和谐,和谐发展。

"和"的方式,是一分为二基础上的合二为一,和而不同基础上的求同存异,良性竞争基础上的奋进创新,我为人人基础上的人人为我。

"和"的哲学,是"会通",既有包容,更有择优;既有融合,更有贯通;既有继承,更有创新,是一以贯之、食而化之、从善如流、美而趋之。"和"的佳境，是各美其美，美人之美，美美与共，天下和美。

九

"和而不同"，难在"不同"中如何能求"和"？对此，中国文化有长期的实践和多方面的积淀。例如，在中华文化"和"的海洋中长期浸润的中国宗教，就蕴含着丰富的和谐思想。

围绕一个"和"字——

道教认为，道的属性是"和"。天地日月森罗万象、芸芸众生千差万别，无不蕴含着两重性，"万物负阴而抱阳，冲气以为和"。当利益冲突、矛盾纠纷时，不妨彼此体谅、委曲求全，就能开阔胸襟，以德报怨，所谓"挫其锐，解其纷，和其光，同其尘"。佛教的根本原理是缘起论。所谓"缘起"，就是互相依存，和合共生。佛教主张的"是法平等""自他不二""无缘大慈、同体大悲"的慈悲、平等观念，是实现和达成"和"的重要思想基础。道教以"道"为最高信仰，认为"道"之最根本的属性就是生成容纳万物、自然平和无私、无为柔弱不争。道教提出"道法自然"，"知和曰常"，强调用心去体会世间万物相互依存的统一性，维护其和谐，世界才有生机。道教在促进人内心和谐方面，主张少私寡欲，知足常乐；在促进人际和谐方面，主张"齐同慈爱，异骨成亲"；在促进人与自然的和谐方面，主张物我共生，其乐融融。

佛教讲"理事圆融，事事无碍"，即是教人克服贪嗔痴的欲念，达到和谐的境界。佛教在人与自然的关系上主张缘起共生，依正不二；在人与人的关系上主张"无缘大慈，同体大悲"；在僧团内部关系上主张"身和同住、口和无诤、意和同悦、戒和同修、见和同解、利和同均"；在自我的和谐上强调内心和平，"若无闲事挂心头，便是人间好时节"。

儒家认为，"君子和而不同，小人同而不和""君子周而不比，小人比而不周"。对"和"与"同"的不同态度,竟是君子和小人的分野。以"和而不同"为主线,儒学追求的"和",是以"和"对"多"集散成大,是以"和"制"合"平衡互补,是和而不同美美与共。"和也者,天下之达道也。致中和,天地位焉,万物育焉。"(《中庸》)儒学强调"以和为贵""和而不同",尊重事物的多样性、和谐性,主张多样共生、协调平衡。

在中国文化中,儒释道三家,确以一个"和"字相通。

中国的伊斯兰教倡导和平和睦、爱国爱教、"两世吉庆"、宽容仁慈。中国的天主教和基督教则主张"与天和好、与人修睦、与社会和谐",积极倡导圣经中"和平""和好""和睦"的理念。我国宗教的中国化,正是在此"化"。

万流归宗,和而不同。"和"是中国历史文化的特征向量,古代先哲的生命信仰和思维基础。"和"的思想反映了事物的普遍规律,因而能够与时俱进、与时俱丰。

十

中华文明历来有尚"和"的传统。"礼之用,和为贵。先王之道斯为美。"

中华民族几千年的文明史上,少有文明之间的互相蔑视、彼此践踏,多是互相尊重、彼此欣赏;少有文明之间的以大欺小、弱肉强食,多是有容乃大、海纳百川;少有文明之间的高低优劣、生存竞争,多是相互平等、和合共生;少有文明之间的孤芳自赏、一枝独秀,多是互补共荣、百花齐放。集中到一点,就是"和而不同、美美与共"。

中华文明5000多年绵延不断、经久不衰,在长期演进过程中,形成了中国人看待世界、看待社会、看待人生的独特价值体系、文化内涵和精神品质。中华民族自秦汉时期实现大一统之后,"和"从价值层面跃升为治国理政的重要理念。和平思想已深深地积淀在了中国人的民族性格之中。习近平主席指出:"中华民族历来是一个爱好和平的民族,爱好和平的思想深深嵌入了中华民族的精神世界,今天依然是中国处理国际关系的基本理念。"

十一

"和"的精神,是一种承认,一种尊重,一种感恩,一种圆融。"和"的内涵,是人心和善,家庭和睦,社会和谐,世界和平。"和"的基础,是和而不同,互相包容,求同存异,共生共长。"和"的佳境,是各美其美,美人之美,美美与共,天下和美。"和"的思想,反映了事物的普遍规律,因而能够与时俱进、与时俱丰。

英国的历史学家汤因比说过,"避免人类自杀之路,在这点上现在各民族中具有最充分准备的,是两千年来培育了独特思维方法的中华民族"。什么"独特思维方法"?是天人合一,允执厥中,仁者爱人,以和为贵,和而不同,众缘和合。中华民族实现民族复兴的伟大进程,肩负着这个时代使命。迎接这场并不逊色于历史上的文艺复兴的、新时代的"文艺复兴",我们应该有所作为。

十二

中华文化深深融入海峡两岸人民的血液中,镌刻在我们的生命历程中,根植于我们的精神生活和物质生活中。它生生不息、枝繁叶茂、百花齐放,有多元一体之"体",和而不同之"同",美美与共之"共"。中华文化在台湾根深叶茂,台湾文化丰富了中华文化内涵。两岸以中华文化为主题、为纽带、为载体的交流,作为人民群众心灵的沟通,更为深刻坚实、广泛持久。我赞赏马英九先生的话,"两岸炎黄子孙应该透过深度交流,增进了解,培养互信,逐步消除歧见,在中华文化智慧的指引下,为中华民族走出一条康庄大道";更认同其父马鹤凌先生的遗言:"化独渐统,振兴中国,迈向统一！"

十三

中国几千年来文化传统的基本精神的主要内涵，是"天人合一、以人为本、刚健自强、以和为贵"。我以为今天应该强调其中相辅相成的两条，即《周易》所说的"天行健，君子以自强不息"——提倡人应效法天之日月星辰的从不间断的刚健运行，自强不息、积极进取；"地势坤，君子以厚德载物"——提倡人应效法广袤大地的有容乃大的宽厚、包容，和而不同、和实生物。既能"自强不息"，又能"厚德载物"，此乃君子之美德，修身齐家治国平天下之通理，中国"德有余福亦有余"之真谛。

"自强不息生和气，厚德载物送和风"，应该是中华民族贡献于世界民族之林的、可以拿得出手的东西。

昔称"紫气东来"，今有"和气东来"。人叹"文明冲突"，我有"和风西送"。"东来"的，是努力建设和谐社会而生长、而凝聚的自强不息、和实生物之"和气"；"西送"的，是推动建设和谐世界而呼唤、而弘扬的厚德载物、协和万邦的"和风"。

走向全球化的世界，需要引导全球化的理念，需要"转化冲突"的和解，需要跨学科、跨国的"和平学"。追求"多元和谐""和而不同"的中国传统文化和宗教，要向世界所传达的理念，正是"和"。居于世界东方的中国，有"和气东来"。面对着不安宁的西方，可"和风西送"。

中华文明、天下为公的大同理念，是中国建构同心圆的共识基础；民族复兴的家国情怀，是中国调动积极性的情感纽带；不偏不倚的中道精神，是中国包容各种力量的方法原则；和而不同的多元一体，是中国处理五大社会关系的中国智慧；得道多助的政治理念，是中国汇聚人心力量的精神底色。儒家传统讲"内圣外王"，今天的中国，对内努力构建和谐社会、积极推进祖国和平统一的大业；对外必然奉行以邻为善、和平共处的睦邻友好、和平外交政策。"是故内圣外王之道暗而不明，郁而不发，天下之人各为其所欲焉，以自为方。"（《庄子·天下》）崇尚和平，以和为贵，这既是中国现实的政治承诺，更是中华文明的传统使然，是对构建人类命运共同体的大贡献。

结　语

讲"和而不同"的多重境界，不能不关注、聚焦到一个现实的境界：疫情冲击下世界经济持续下滑，经济复苏步履维艰；逆全球化浪潮还在蔓延，甚至上涨，且美国竟然首当其冲。"和而不同"还管用吗？

其实，正因为如此，人类从来没有像今天这样感受到共同的威胁、共同的挑战，也必然理性地看到，新一轮全球化还会到来，"和而不同"一定是必然的选择。当今世界，正经历百年未有之大变局，突如其来的新冠肺炎疫情再次表明，人类是休戚与共的命运共同体。面对各种复杂严峻的挑战，人类比任何时候都更需要加强合作，共克时艰，和而不同，携手前行。

习近平主席在联合国日内瓦总部的演讲中说："宇宙只有一个地球，人类共有一个家园。霍金先生提出关于'平行宇宙'的猜想，希望在地球之外找到第二个人类得以安身立命的星球。这个愿望什么时候才能实现还是个未知数。到目前为止，地球是人类唯一赖以生存的家园，珍爱和呵护地球是人类的唯一选择。瑞士联邦大厦穹顶上刻着拉丁文铭文'人人为我，我为人人'。我们要为当代人着想，还要为子孙后代负责。"因此，"和而不同"是构建人类命运共同体的文化底蕴，是在这同一个地球、同一个家园中，以"和"求同、求同存异的唯一选择和不二法门。

和而不同，是中华民族的文化基因，但必将支撑住、构建出一个人类和平相处，命运休戚与共的新境界。英国哲学家罗素说过：

"中国至高无上的伦理品质中的一些东西,现代世界极为需要。这些品质中我认为和气是第一位的。"这个几千年来发端于人类迄今为止,唯一没有中断过的古老文明的,优秀而朴素的中华文明中的文化基因,随着中华民族自立、自强于世界民族之林,随着中华民族的伟大复兴,正逐渐扩展成为构建人类命运共同体的文化底蕴。

"中""和"是人类文明发展的大道

人类文明的发展方向在不断调整。世界的现代化浪潮起源于文艺复兴运动。文艺复兴把"人"从"神"的束缚中解放出来，把生产力从封建社会的束缚中解放出来，引领西欧走出中世纪的蒙昧，迎来了现代文明的曙光。文艺复兴推动了以资本主义生产方式为基础的早期现代化进程，逐渐形成了以世界市场为基础的现代世界体系。这个体系的建立，伴随着对殖民地的血腥掠夺。现代工业文明彻底打破了自然的和谐与宁静，生态危机频现。

事实上，西方文化有天然的严重缺陷。文艺复兴虽然极大地解放了"人"，但"人"取代"神"成为天地万物的主宰。启蒙运动前后数百年的西方世界，一会儿处在这个极端、极度贬低人，一会儿处在那个极端、极度抬高人，找不到中道，没有安全感。孙中山先生敏锐地发现，欧洲近百年的文化是科学的文化，是注重功利的文化，也是行霸道的文化。资源有限而欲壑难填，这就必然导致争斗。争夺资源也好，争夺市场也好，总之是争夺利益。

近些年来，西方学术界逐渐认识到，人类中心主义是导致包括生态危机在内的全球性危机的罪魁祸首。人类中心主义以人的利益为认识、实践的出发点和归宿，认为自然的价值在于其对人类的有用性，而没有给予自然足够的人文关怀。生态思想家帕斯莫尔认为，基督教鼓励人们把自己当作自然的绝对主人，对人来说所有的

---

* 原载《人民日报》2017年5月18日第7版。

存在物都是为他安排的。在这样的思想观念主导下,人类以自己为中心,一味强调人类利益至上,而自然成为人类无限索取的对象。这正是当今西方文化的死穴。

人类文明今天已走到由量变到质变的临界点,克服人类中心主义成为人类文明发展的当务之急。以马克思主义为指导,合理吸收和借鉴中华优秀传统文化中的"中和"思想,既能有效延续文艺复兴激发的正能量,又能以己之长弥补文艺复兴以来西方现代性的先天不足。正如英国历史学家汤因比所指出的,避免人类自杀之路,在这一点上现在各民族中具有最充分准备的,是两千年来培育了独特思维方法的中华民族。什么是"独特思维方法"?就是以"中"为度、以"和"为贵。《中庸》有云:"中者,天下之大本也;和者,天下之达道也。""中""和"二字是中华文化的精髓所在。

在如何摆正人与自然关系方面,中华文化积累了丰富的中道智慧,是克服人类中心主义的一剂良方。中华文化一方面注重人在天地之间的地位与作用,强调"惟人,万物之灵";另一方面注重天地本身的价值,所谓"人法地,地法天,天法道,道法自然",认为人必须遵从自然规律。中华文明之所以能成为世界上唯一数千年未曾中断的文明,根源正在于"顶天立地"、中正通达,正在于我们将"与天地参"而不是将征服自然、改造天地、满足欲望作为人类的使命,正在于我们摆正了人在天地之间的位置、合理地安顿了天地人。习近平同志指出:"走向生态文明新时代,建设美丽中国,是实现中华民族伟大复兴的中国梦的重要内容。"[1] 当今时代,保护生态环境已成为全球共识,但把生态文明建设作为一个执政党的行动纲领,中国共产党是第一个。积淀数千年的中华生态智慧,是中国梦的丰厚滋养;努力走向生态文明新时代,必将在世界范围赢得越来越多的认可和支持。

---

[1] 中共中央文献研究室编:《习近平关于实现中华民族伟大复兴的中国梦论述摘编》,中央文献出版社2013年版,第8页。

◎ 文化论

习近平同志指出，我们都把"和"视作天下之大道，希望万国安宁、和谐共处。中华文化历来崇尚"和为贵"，当今中国则倡导建构人类命运共同体，反对零和博弈的斗争思维，坚持在追求自身利益时兼顾他方利益，在寻求自身发展时促进共同发展。"一带一路"建设就是以"和"为贵的最好例子。俄罗斯《导报》这样评价："对中国来说，'一带一路'与其说是路，更像是中国最重要的哲学范畴——'道'。"何为"道"？英国思想家罗素曾说："中国人摸索出的生活方式已沿袭数千年，若能够被全世界采纳，地球上肯定会比现在有更多的欢乐祥和。"他所说的"生活方式"，其实质正是中国人所说的"道"，生生不已、和而不同的"道"。"一带一路"不是中国一家的独奏，而是沿线国家的大合唱，大家一起发展才是真发展，可持续发展才是好发展，可大可久之业才是万国安宁、和谐共处的伟大事业。"一带一路"凝聚了几千年的东方智慧，承载着沿线各国的发展梦想，迈出了共建人类命运共同体的坚实步伐。

中国文化"和"的内涵与民族复兴的"文明依托"

构建和谐社会,要有"和"的内涵。实现民族复兴,要有"文明依托"。

一 关于"文明依托"

纵览世界发展史,一个国家、一个民族的兴旺和强盛,不仅是经济繁荣,必有一定的文化、文明为其依托。而宗教文化在构成这种文化、文明依托上,起过重要的历史作用。中国的盛唐以儒释道文化、文明为依托。中世纪阿拉伯帝国以伊斯兰文化、文明为依托。近代西方之所以强大,除了经济、政治的原因,还有文化的原因。文化的原因很多,其中不可忽视的一点是,在西方的大众文化中往往有一个全民的宗教(基督教)作为其联络民众情感精神的核心。因此,康有为曾主张,中国要强大应提倡"孔教"。章太炎则认为,中国要强大应倡导佛教。还有人提出要"以儒治国,以道治身,以佛治心"。这些都已成为过去。

我们今天要建设社会主义的先进文化。毋庸讳言,马克思主义者尽管尊重和保护人民群众的宗教信仰自由权利,但也并不主张全民都去信仰宗教。在马克思主义者看来,宗教毕竟是一种约束人们的虚幻的精神追求。"对宗教的批判使人不抱幻想,使人能够作为

◇ 文化论

不抱幻想而具有理智的人来思考，来行动，来建立自己的现实；使他能够围绕着自身和自己现实的太阳转动。"① 我们追求的目标，是要使中国人民最终彻底地摆脱任何贫困、愚昧和精神空虚的状态，使我们国家的绝大多数公民，都能够自觉地以科学的态度对待世界，对待人生，"能够围绕着自身和自己现实的太阳转动"，而再也不需要向虚幻的神的世界去寻求精神的寄托，从而造就一个物质文明和精神文明高度发达的、站在人类前列的光明世界。这就是马克思、恩格斯所说的全部社会生活都处于人的有意识有计划的控制之下，摆脱一切异己力量支配的时代。只有进入这样的时代，现实世界的各种宗教反映才会最后消失。但宗教的最终消亡可能比阶级和国家的消亡还要久远。所以，马克思紧接着上面这段话，又意味深长地写道："宗教只是虚幻的太阳，当人没有围绕自身转动的时候，它总是围绕着人转动。"② 马克思的这句话，是在告诫我们：既然人在实现彻底解放自己，使自己成为真正自由的人、全面发展的人——达到"围绕着人自身转动"的漫长的过程中，总有"围绕着人转动"的宗教会与之相生相伴，如影随形，挥之不去，那么我们就应该既要有明确的目标，坚定方向，锲而不舍；又不能空谈目标，好高骛远，操之过急。我们必须把工作的着眼点和立足点，放到"虚幻的太阳"——宗教"总是围绕着人转动"的现实过程中来。我们今天不应该再去提倡以什么宗教去代替民族文化，但也不应忽略世界许多民族的传统文化中都含有一定的宗教因素这一基本史实，不应忽略宗教有一定的社会文化功能。在人类历史的长河中，在立足于民族的情感认同、长期历史和文化积淀的精神文化传统中，宗教和宗教文化自有其特殊的历史作用。我认为，我们要"代表先进文化的前进方向"，要以科学的理论武装人，以正确的舆论引导人，以高尚的精神塑造人，以优秀的作品鼓舞人，还包括善

---

① 马克思：《〈黑格尔法哲学批判〉导言》。
② 马克思：《〈黑格尔法哲学批判〉导言》。

于发挥民族的、科学的、大众的文化的基础作用，甚至发掘宗教文化中的积极因素。因为文化，不仅有站在时代前沿、引导时代前进的、科学的先进文化，还要有以先进文化为导向、以积淀深厚的民族传统为基础和支撑的大众文化。大力发展先进文化的同时，必须支持健康有益文化，努力改造落后文化，坚决抵制腐朽文化。

当今世界，各种文化相互激荡，中华民族要自立、要崛起于世界民族之林，应该有自己文化的中流砥柱和文化基础。

二 关于"文化自觉"

今天的美国如此气势汹汹，除了"财大气粗"，有其经济、军事力量的优势；也"振振有词"，有其文化基础的相对强势——基督教文明和美式"民主""自由"的价值观为核心的"美国文化"。现在美国是借助民主、自由、人权等概念的感召力，依靠基督教文明的冲击力，为其在全世界的霸权行径提供舆论基础，树立法理依据，贴上"正义"标签，罩上神圣光环，要使美国因此而能够"发挥全球领导作用，谋求全球政权变革，在全球推进自由、民主和人权"（美国新保守主义的领军人物克里斯托尔语）。美国虽然不能不与快速发展的中国打交道，表示要致力于"寻求与变化中的中国发展建设性（合作）关系"，但所谓"变化中"就一直抱有希望中国"和平演变"的含义。在这种背景下，美国趁着其文化基础的相对强势，在意识形态领域对我的渗透必然要趁势而上，在突破口（民族、宗教领域）对我"西化"、分化的攻势当然会咄咄逼人。最近布什总统在谈到中美关系时说："这是一种复杂的关系。迄今为止，我还是信任中国的。让我们拭目以待……时间将会说明一切。"（布什2005年6月8日接受福克斯新闻频道采访时所言）他要说明什么？语焉不详。他要等待什么？路人皆知。

我们如何应对呢？"兵来将挡，水来土掩"，应对来自军事领域的先进武器，我们不能不搞点"杀手锏"以自保。应对来自意识形态、文化领域的渗透和攻势，从根本上讲要靠我们在意识形态和文化领域更优、更强、更能服众，更有吸引力、感召力、穿透力和渗透力。但回头一看，我们不能不正视和警觉，当前在这方面我们还有薄弱环节。"一手硬、一手软"的问题，我们讲了多年，虽有改进，但好像总是"硬"不起来。面对着深化改革、扩大开放带来的社会变革，我国思想文化领域正在发生深刻变化，各种思想文化相互激荡，人们受各种思想观念影响的渠道明显增多、程度明显加深，人们思想活动的独立性、选择性、多变性、差异性明显增强，社会思想空前活跃，宗教亦呈增长趋势。这种景象，是"江南草长，杂花生树，群莺乱飞"，充满了生机，令人一则以喜；也是泥沙俱下，鱼龙混杂，人心浮躁，潜伏着不安，令人一则以忧。相对经济发展而言，如果说当前社会发展是我们的"短腿"，意识形态领域如何抵御"西化"，宗教领域如何抵御渗透，则是我们的"软肋"。

我们究竟出了什么问题？一方面经济发展的势头强劲，"中国制造"在不断走向世界；另一方面"西方观念"在不断侵扰我们。来自意识形态的"西化"，特别是来自宗教领域的渗透，使我们防不胜防，好像我们总是居于守势；好像世界上谁都可以渗透我们。我们讲"民族复兴"，常忆及中华民族曾有过的历史辉煌——盛唐气象。但那时更多的是"万国衣冠拜冕旒"的荣光，是对外来文化"食而能化、化而能食"的气魄，是敢去"西天取经"、敢上九天揽月的气象，是中国文化影响别人的作为，没有听说过要担心什么外来的渗透。

文化是民族的根。一个民族的崛起或复兴，常常以民族文化的复兴和民族精神的崛起为先导。一个民族的衰落或覆灭，则往往以民族文化的颓废和民族精神的萎靡为先兆。

精神是民族的魂。中华民族的伟大复兴，要在现代化的艰难进程中实现，现代化则要靠民族精神的坚实支撑和强力推动。文化的力量，深深熔铸在民族的生命力、创造力和凝聚力之中。21 世纪中华民族的伟大复兴进程中，应该包括并不逊色于 16 世纪意大利"文艺复兴"的，我们新时代新中国的"文化复兴"。

传统是民族的本。时代精神强调时代的理性认同，而民族精神却立足于民族的情感认同。民族认同不是逻辑推理或理性构造的结果，而是民族传统中长期的历史和文化积淀的产物。现代化呼唤时代精神，民族复兴呼唤民族精神。时代精神要在全民族中张扬，民族精神就要从传统文化的深厚积淀中重铸。

在多元化的世界里，认准先进文化的方向，保持和发展民族文化特性，着力弘扬它契合时代的智慧，实现我们的"文化自觉"，为世界文明作出新的贡献，这应当是历史悠久、博大精深的中华文化一定能解决好的问题。① 面对世界范围各种思想文化的相互激荡，必须把弘扬和培育民族精神作为文化建设极为重要的任务。在当前境外利用宗教不断加剧的渗透和意识形态不断对我"西化"的凌厉攻势中，我们才能审时度势，扭转劣势，抢占优势，"不是西风压倒东风，而是东风压倒西风"。

三　危机和契机

由此说开去，就提出了一个大问题：中国的和平崛起，中华民族的伟大复兴，要有推动中华民族"文化复兴"的大作为，要有推动世界文明建设的大贡献。

我们把目光投向世界文明的现状，立即看到，曾经盛极一时的"基督教文明"和"伊斯兰文明"都遇到了很大的困扰。"9·11"事件突发后，美国总统布什脱口而出，要用"十字军东征"（Crusade）打击恐怖主义，遭到伊斯兰国家的抗议而不得不道歉，改为"正义无限行动"（Operation Infinite Justice）的提法后，伊斯兰国家仍然不满，认为冒犯了真主的权威，遂再次改为"持久自由行

---

① 费孝通：《我们需要有"文化自觉"》，《中国经济时报》2000 年 10 月 27 日。

◇ 文化论

动"(Enduring Freedom)的提法。这并非简单的口误,而是一种潜在的文化心理使然。亨廷顿的一段话可以作其注解:"自创始起,伊斯兰教就依靠征服进行扩张,只要有机会,基督教也是如此行事。'圣战'和'十字军东征'这两个类似的概念不仅令它们彼此相像,而且将这两种信仰与世界其他主要宗教区别开来。"① 当然,亨廷顿的这个说法也失之偏颇,我们反对把特定的政治主张和行为,与特定的宗教挂钩。但当代新保守主义的确盛行于基督教"全球化""普世化"的大势中;当代宗教极端主义则的确孕育和发展于伊斯兰复兴大潮中。随着西方强势文化的扩张,自我中心主义、西方至上主义的思潮连绵不断,"单边主义"也就"理直气壮"地招摇于世。在此同时,与之相抗衡的"恐怖主义"也会相伴而来。美国以基督教文明和美式"民主""自由"的价值观,作为其推行单边主义的文化基础;恐怖主义和宗教极端主义则企图利用伊斯兰复兴浪潮为其文化背景。"恐怖主义"和"单边主义",其实是在对立和对抗中各执一端;其共同的实质,都是要以自我为中心,都要求对方绝对服从自我,我方必欲取而代之。因此才有"'圣战'和'十字军东征'这两个类似的概念"的脱口而出并"令它们彼此相像"。美国以雄厚、强大的美钞、美援、美资、美军为背景,既要反恐,也要称霸;国际恐怖主义以宗教极端主义崛起的大潮为背景,前仆后继,此起彼伏。长此以往,只能陷入纠缠不清、冤冤相报的恶性循环。布热津斯基也感言:"长期把美国的战略重点放在来源不确定的'恐怖主义'身上,只能激化同穆斯林世界的矛盾,制造新的敌手,陷入更深的安全困境。"② 当今世界,尽管和平与发展仍然是时代的主流,但不安宁因素的增长也成为普遍的世界现象。传统安全威胁和非传统安全威胁的因素相互交织,民族、宗教矛盾和边界、领土争端导致的局部冲突时起时伏,霸权主义的攻

---

① 塞缪尔·亨廷顿:《文明的冲突》。
② 布热津斯基:《抉择——全球统治还是全球领导》。

中国文化"和"的内涵与民族复兴的"文明依托"

势遍布世界,恐怖主义的活动依然猖獗。世界因此陷入"文明冲突"的困境,这其实是一种"文明依托"错乱的危机。

对此,我们要冷静观察,韬光养晦,但也不是冷眼旁观,无所作为。一方面,当我们审视自身时,不能不为今天的中国如何在意识形态领域抵御"西化"、在宗教领域抵御渗透而担忧、而焦虑。另一方面,我们也不妨"风物长宜放眼量",看看这种来势汹汹的"西化"和"渗透"其实也是色厉内荏,它后面也有自身的困扰和危机。这个世界,并不是只有我们一家有担忧、有焦虑。当然,我们不会因人家的不幸而幸灾乐祸,但也要敏感地看到,人家"文明依托"错乱的危机,正是我们"文明依托"构建的契机。

讲"抓住机遇发展自己",这个契机也是一种机遇。回想1840年鸦片战争以降,中国迅速沦为一个半殖民地半封建国家,但在半个多世纪里,绝大多数中国人竟意识不到自己所处地位的这种一落千丈的变化,还是"忧时者马行画图之上势欲往而形不前,当国者人醉覆舟之中身已死而魂不悟"。今天的中国正在走向繁荣富强,中国人的地位正在发生蒸蒸日上的变化,世界又送给我们这个构建"文明依托"的契机,这是多么难能可贵,借用佛家的话讲就是"一时千载,千载一时"啊!哀莫大于心死,喜莫大于心盛、心齐。我们放眼世界,审时度势,就应该生出时不我待、抓住契机,构建中华民族复兴的"文明依托"的决心、信心和"欢喜心",立足于改革开放和现代化建设的实践,着眼于世界文化发展的前沿,发扬民族文化的优秀传统,汲取世界各民族的长处,在内容和形式上积极创新,不断增强中国特色社会主义文化的吸引力和感召力。

中国的发展离不开世界的发展。中国的和谐离不开世界的安宁。就像中国作为一个大国的和平崛起,必须为世界作贡献、为世界所接受一样,中国和平崛起的"文明依托",也应该为世界作贡献、为世界所接受。

◇ 文化论

四 中华文化"和"的内涵

在全球化浪潮中，中华民族应该放开眼界观量、敞开胸怀接纳全球人类的智慧。同时，又要从自己悠久丰厚的文化传统中，融摄历代圣哲贤人的智慧精髓，包括儒、释、道等中国文化的有益成分。

中国传统文化中蕴含着丰富的"和"的思想。"和"是中国历史文化的特征向量、古代先哲的生命信仰和思维基础。"早在三千多年前，中国的甲骨文和金文中就有了'和'字。西周时期，周太史史伯提出'和实生物，同则不继'的观点。到了春秋战国时期，诸子百家更是经常运用'和'的概念来阐发他们的哲学思想和文化理念：管子提出'畜之以道，则民和'；老子提出'知和曰常，知常曰明'；孔子的《论语》提出'礼之用，和为贵'；孟子提出'天时不如地利，地利不如人和'；荀子提出'万物各得其和以生'；《中庸》提出'和也者，天下之达道也'。'和'不是盲从附和，不是不分是非，不是无原则的苟同，而是'和而不同'。'和'的思想，强调世界万事万物都是由不同方面、不同要素构成的统一整体。在这个统一体中，不同方面、不同要素相互依存、相互影响，相异相合、相反相成。由于'和'的思想反映了事物的普遍规律，因而它能够随着时代的变化而不断变化，随着社会的发展而不断丰富其内容。现在，我们所说的'和'包括了和谐、和睦、和平、和善、祥和、中和等含义，蕴涵着和以处众、和衷共济、政通人和、内和外顺等深刻的处世哲学和人生理念。"（李瑞环同志2002年在英国的演讲）中国的儒、释、道思想中都含有"和"。"和"的精神，是一种承认，一种尊重，一种感恩，一种圆融。"和"的基础，是和而不同，互相包容，求同存异，共生共长。"和"的途径，是以对话求理解，和睦相处；以共识求团结，和衷共济；以包容求和谐，和谐发展。"和"的佳境，是各美其美，美人之美，美美与共，天下大同（参见费孝通《"美美与共"和人类文明》）。

例如，佛教文化经过两千年已融入中国文化，其中就蕴含着"一团和气"，氤氲着一股"和风"。佛教基于其缘起思想和平等观念，向来都是讲"和"，是主张和平的宗教。按照缘起说，没有任何事物可以离开因缘而独立存在，万事万物息息相关，是一种和合共生的关系。平等致"和"，"和"从平等中确立，"是法平等，无有高下"（《金刚经》），平等意味着互相尊重、信任与合作。彼此平等相待，就能缓解人与人之间的冷漠、对立乃至敌对，建立友爱、诚信、和谐。平等促使人们生起慈悲心，互相理解、谅解、宽容，不致兵戎相见，有助于化干戈为玉帛。因此，佛教确立了不杀生、非暴力的原则，从而也就使维护和平成为佛教实践主体的本质要求。佛教还特别强调内心的和平。佛教认为只有内心平和与安定，才有外在的和平与安宁。外部的"净"来自心"净"，外"和"来自心"和"，"心净则佛土净"（《维摩诘所说经》）。因此，针对世间提倡生态环保，中国海峡两岸的佛教界则最早提倡人类自身的"心灵环保"，就是要以内心的平和与安定，来带动外界真正的和谐与安宁。佛教僧团还有"六和敬"规则——身和同住、口和无诤、意和同悦、戒和同修、见和同解、利和同均。今天人类精神的提升和社会进步的加速，需要新的六"和"：人心和善，家庭和睦、人际和顺、社会和谐、人间和美、世界和平。

今年4月在"海峡两岸暨港澳佛教圆桌会议"上，200多位僧人一致提出，要"两岸一家亲，家和万事兴"，要"为当今这个不安宁的世界，吹来一股和风，带来一团和气"。5月在曼谷举行的有41个国家和地区参加的"国际佛教大会"上，我的一篇《和气东来 和风西送》的致辞，引起与会者关注。大会通过的宣言，一致支持在中国举办"世界佛教论坛"。(The Conference has agreed the followings: ... support the World Forum on Buddhism to be held in China.) "世界佛教论坛"将进一步深入挖掘佛教"和"的内涵。

◇ 文化论

五 "让中国的和气被全世界吸纳"

今天的中国，对外奉行以邻为善、和平共处的外交政策，对内构建和谐社会，推进祖国和平统一大业。中国的发展是和平的发展，中国的崛起是和平的崛起。一团和气正在华夏上空升起，一股和风正在神州大地吹拂。英国哲学家罗素早在20世纪30年代就睿智地看到，"中国至高无上的伦理品质中的一些东西，现代世界极为需要。这些品质中我认为和气是第一位的"，这种品质"若能够被全世界吸纳，地球上肯定比现在有更多的欢乐祥和"（罗素《中国问题》）。

我们发掘中国传统文化中丰富的"和"的内涵，是要在世界各种文化的相互激荡中，对中国传统文化扬其精华弃其糟粕，参与构建中华民族复兴的"文明依托"、推进"文化复兴"的大工程；是要在世界"文明冲突"的困境和"文明依托"的错乱中，抵制文化的隔绝和霸权，增强不同文化之间的相互理解和宽容，为这个不安宁的世界带来一团和气，吹拂一股和风。昔有"紫气东来"，今有"和"气东来；人叹"文明冲突"，我倡"和"风西送。

当然，"一团和气正在华夏上空升起，一股和风正在神州大地吹拂"，这还只是开头。我们要对着西方——"和"气东来，向着世界——"和"风西送，也还只是意愿。因为"和"的本身，就只是开头——一个重要的、对意境营造的开头。"和"字本义，源于音乐，从龠从禾，最早指古代的一种笙管乐器。"龠"乃象形，表示一组管子组合在一起，可以同时发出多样而又相融的声音，其意就是"和谐"，而本质在"不同而和"——"不同"才能"和"，否则就只能是"齐"（齐唱、齐奏，千人一面、万人一腔）而已。在音乐审美的经验层面，齐唱和齐奏的效果远不及"和"。就文明构成看，"和"还只是一种状态、一种局面，而不是终极价值。比如，不同的笙管一齐吹奏，只要"和谐"，便可达到悦耳动听，也就是美。但那是结果而非原因，和谐之美，深究起来，需要每根笙管保有各自的乐谱和旋律。今天的中国的文化复兴或文明依托，还匮乏作为人生导引、民族精神的乐谱。这就需要我们继承和改写过去的乐谱，并以新创制的声律替代。否则纵然有一根根可以奏响的不同笙管，也有倡导和谐效果的优秀指挥和构建和谐社会的美好意愿，却仍有可能出现"无音相和"的空谈。从这个意义上讲，我们面对西方源自古希腊和希伯来传统的人文理性与基督教文明，中国的文化复兴，无论儒、释、道、民间传统，抑或是新创价值，往下看来还是不得不呼唤自我的乐谱，也就是呼唤本土的作曲。不断充实和丰富中国文化"和"的内涵，世界才能真正为"中国至高无上的伦理品质"（罗素语）所感动、所折服。这也是我们应有的更为深刻的"文化自觉"。

中国文化"走出去"*

当今世界，人类文明正处在又一个重大转折时刻，继经济全球化之后，文化全球化成为紧随其后的一种必然趋势。历史在我们面前展现了一个新的契机，我们有必要在这种全球化的文化语境中重新思考中国文化，思考这个崛起的大国的文化身份和文化命运，思考中国在世界未来文化新格局中的位置。中国文化应该"走出去"，参与调整当代世界文明进程，以自己独有的内涵和精神，为世界文明的当代建构和人类社会的未来发展作出新的贡献。

一 "走出去"的现实必要

我曾问过当年作为中方加入世贸组织首席谈判代表的龙永图，中国为何要加入世贸组织？他打个比方说，一个农夫挑担菜上市，可以卖了就走。但渐渐生意做大了，就总要摆个菜摊，进而就要开商铺，开超市，就要去了解和遵守市场规则，并争取和保护自己的权益。因而就必须加入这个市场的组织，遵守并参与制定市场规则。

今天，当农夫成为世界最大超市的总经理，当中国的贸易出口已居世界第一，我们在经济上已经加入了世贸组织，走向了世界。

* 原载《中央社会主义学院学报》2010年第3期，《新华文摘》2010年第19期转载。

中国文化"走出去"

我们还有什么要走向世界？

中国正在崛起。大国崛起两手都要硬，现在我们经济上已逐渐硬起来了，但另一只"文化之手"却是软的；我们经济发展的势头强劲，"中国制造"在不断走向世界，而中西文化交流却是"贸易逆差"，严重入超。对此，许多学者皆有感悟。最近，全国政协外事委员会主任、中国人民大学新闻学院院长赵启正在《人民日报》（海外版）发文指出："中国近几百年以来，对世界文化贡献较少，如今，说中国是文化大国，实际上是我们在分享祖先的荣光，令我们惭愧。……如果中国接纳的世界文化总是大于向世界回馈的文化，那足以让中国感到歉疚。"[①]

众所周知，当今时代，文化已成为国家"核心竞争力"、国家"软实力"的重要组成部分，文化在综合国力竞争中的地位和作用日趋重要。美国学者布热津斯基提出了大国和强国的四条标准：经济发达、军事强大、科技雄厚，文化富有吸引力。美国学者约瑟夫·奈提出的"软实力"，其占首要位置的，就是文化的吸引力和感染力。

当今世界性文化重大转折的景观是：国际经济技术军事竞争正显现为"文化竞争"，或者说那种可见的国力"硬实力"竞争，已逐渐被更隐蔽的文化"软实力"竞争所遮掩。顺应这一历史趋势，中国不应该满足于人类物质生产加工厂的地位，需要重新认识自己在世界文化中的位置；中国应该有魄力和勇气参与调整当代世界文明进程，应该发出自己的声音，而且要把这种声音放大为国际的声音；中国在"物质现代化"以后，要尽快实现"精神现代化"问题；在"拿来"了一个世纪以后，也要开始"送去"，让世界了解我们的优秀文化，尽快结束中西文化交流中的"单向透支"和"文化赤字"现象。英国前首相撒切尔夫人说过，中国不会成为世界大国，因为中国出口的是电视机，而不是思想观念。此话提醒我

---

① 赵启正：《阅读世博 追索时代》，《人民日报》（海外版）2010年5月17日第1版。

们：中国文化不"走出去"，中国在世界上就只能永远是"提篮小卖"的农夫。在此意义上，当务之急是中国文化"走出去"。

二 "走出去"的自我立足

只有站稳了，才能迈开步。只有精神强健、文化昌盛，才能"走出去"。

亨廷顿极其深刻地指出，西方与伊斯兰在发展中冲突的原因，不在于诸如 12 世纪基督徒的狂热或 20 世纪穆斯林的极端主义恐怖这些暂时现象，而在于两种宗教的本性及其造就的文明。基督教文明、伊斯兰文明都主张一神论、普世论，不容接受其他的神，都用非此即彼的眼光看待世界。"自创始起，伊斯兰教就依靠征服进行扩张，只要有机会，基督教也是如此行事。'圣战'和'十字军东征'这两个类似的概念不仅令它们彼此相像，而且将这两种信仰与世界其他主要宗教区别开来。"[①] 而中华文明与此不同，子曰："为政以德，譬如北辰，居其所而众星共之。"（《论语·为政第二》）中国文化"走出去"，并不是对外扩张，更不会"依靠征服进行扩张"，而是在自我立足和自我反省的基础上，靠自己的文化魅力来吸引、感召别人，即所谓"譬如北辰，居其所而众星共之"。

中国文化"走出去"的基础，是解决我们当前的市场经济缺乏人文精神的问题。

美国《福布斯》杂志网站 6 月 8 日刊登的题为《中国还不是超级大国》的文章称：中国正在变成世界第二大经济体，但不会变成一个超级大国。一个超级大国应该是在思想与意识形态、经济体系和军事实力方面都取得支配地位的国家。从思想和意识形态上来说，中国可能是世界上最混乱的国家。"文化大革命"期间，中国

[①] [美] 塞缪尔·亨廷顿：《文明的冲突与世界秩序的重建》，新华出版社 1998 年版，第 232—233 页。

包括儒家思想在内的很多传统都被摧毁了。在当今的中国，金钱就是上帝，人们不再相信任何理想主义的东西。①

尽管这些评论耸人听闻，但值得我们深思。随着中国的快速发展，一些社会、文化的深层次矛盾也正在日益凸现。正如美国哈佛大学教授、北京大学高等人文研究院院长杜维明先生所指出的：即使在世界历史范围内，也很少国家、很少时期出现过像今日中国这样面临的经济增长与社会道德间巨大的紧张感。现在看来，市场机制是创造财富不可或缺的机制，没有市场就没有办法发展经济，但是当今社会也成了一个市场社会，或者社会的关系被市场化：大学被市场化，人际关系被市场化，家庭被市场化，这个社会的伦理智慧、文化能力、社会制度暂时出了些问题，贪污腐化是绝对不可避免的，现在贪污腐化在政治、学术、企业各个方面都出现了。但因为现在经济发展速度快，达到9%，在发展的过程中大家还能忍受贪污腐化。随之还出现了贫富不均、城乡差距，目前这些情况将越来越严峻。②

毫无疑问，我国经济的快速发展得益于大力推进市场经济。市场经济有两个起点：每一个经济的个体，都追求利润的最大化，这是资本的本质；每一个真实的个人，都追求利益的最大化，这是人的本性。这就是经济学所说的"经济人"假设。而市场经济的动力，正是从这两个"起点"开始，演出了一部激烈竞争、效率至上的交响曲，形成了优胜劣汰的秩序，导致利润和利益追求的最大化，从而在整体上推动经济不断发展。但是这两个最大化导致的"无限度"追求，又会成为市场经济的严重阻力。虽然市场经济可以叫人不偷懒，逼着大家去竞争，却不能叫人不撒谎、不害人，甚至可能诱使人们"勤奋地"去撒谎、害人，不择手段地谋取财富。问题在于，如何既能不断激活经济增长的这两个"起点"，又能不

---

① 见美国《福布斯》杂志网站 http://www.forbeschina.com/magazine/。
② 杜维明：《现代儒学核心乃是见利而思义》，《赢周刊》2006年1月23日。

◇ 文化论

断约束它过度膨胀？单靠市场本身自发的作用，是做不到的，这就需要"核心价值"出来帮忙了。西方社会学家马克斯·韦伯的《新教伦理与资本主义精神》一书，描述了在基督教文明中推进的资本主义市场经济，怎样得益于一种"宗教精神的力量"（其实是核心价值的力量），使人们既把千方百计地去挣钱和赚钱视为"上帝的呼召"，又把不可奢侈、过度享乐与浪费作为"上帝的恩典"。于是，依靠勤勉、刻苦、自我约束，再加上建立和利用健全的会计制度精心盘算，就构成了一个"经济合理性"的新观念。马克斯·韦伯称他为资本主义发展找到了"新教伦理"，可以作为其核心价值的"资本主义精神"。

我们当然不须照搬什么"新教伦理"。但中国的市场经济无疑也需要有一种价值支撑。社会主义核心价值体系建设，需要面对在资本盈利和个人谋利这两个"起点"被激活后，人们如何提高自我约束力的实际问题。如果不去正视和着力帮助市场经济的难题，听任欲望膨胀、"赚钱"冲动、"诚信"尽失、腐败泛滥，市场经济的正常秩序就难以为继。

所以，中国文化在"走出去"之前，首先在有效地解决这个立足点、基本点的问题上，自己得有出路。

出路在哪里？靠现在时兴的科学主义和工具理性？它的确有用，的确管用，的确实用，但的确不够用。因为科学主义、工具理性常常导致轻视或忽略人文科学。人文科学的价值，即语言、文学、历史、哲学、宗教的价值，都在于人的自我反思，不仅是个人，而且是群体人的自我反思。而忽略或轻视人文科学，只重视从工具理性来发挥个人服务社会的功能，特别是在技术层面和科学层面的功能，人成了不会反思、不愿反思，一味追求物质利益的工具，这样一种倾向，只会加剧欲望膨胀、"赚钱"冲动、"诚信"尽失、腐败泛滥。

出路在哪里？对科学主义和工具理性的怀疑，是"国学热"的兴起，试图从自己千年积累的东方传统文化中去发掘。但简单靠重新提倡儒家的"见利思义",恐怕也不行。因为"利"与"义"的问题,其实是很难思得清想得明的问题。老百姓就如是说,"我们倒知道对钞票不能过于贪心,因为钞票分分钟可以把人送进棺材。钞票够用就可以了。问题是,我们不知道什么时候才够用!"从文化层面来说,按照儒家的传统,中国人之间的一切信任,都建立在"仁、义、礼"的等级秩序和宗法关系基础之上。人无"信"不立,"信"以"忠"为本。但到了现代社会,大规模的市场经济,要服从价值规律和等价交换的原则,封建等级制度和宗法关系彻底崩溃,中国人传统的"诚信"之本也就衰微了。

出路在哪里?于是又有人想到要求助宗教信仰。认为制止人的贪欲要靠敬畏,敬畏神威,敬畏闪电,也敬畏天空的惊雷。唯有敬畏,才能得救,唯有信仰,市场经济才有灵魂。毕竟,英国古典经济学家亚当·斯密说过:"在矫揉造作的理性和哲学时代出现以前很久,宗教,即使它只有最为粗陋的形式,便已经颁布了道德规则。"[1] 孟子提出"可欲之谓善,有诸己之谓信,充实之谓美,充实而有光辉之谓大,大而化之之谓圣,圣而不可知之之谓神"(《孟子·尽心下》)。意思是说,有一个人,开始时大家都觉得不错,认为他很和蔼,就叫"善",是个好人。接着,要看他有没有内容,也就是有没有内在的资源,如果有内容,就是有诸己的话,才是"信",这个人才信得过,不仅是好而已。假如他的内容很丰富,而不是一点点,那么,这个人才叫"美",就是能够充实。如果不仅充实,而且有光辉的话,这个人才叫"大"。不仅有光辉,而且能够转化自己,转化其他的人,这个人才是"圣"。而这个转化又出现一些一般人所不理解的力量,才叫"圣而不可知之之谓神"。而且,我们的确也看到,新教伦理和资本主义精神的成功结合。但这一套,随着制造次贷危机所暴露出来的华尔街肆无忌惮地

---

[1] [英]哈耶克:《致命的自负》,冯克利、胡晋华译,中国社会科学出版社2000年版,第156页。

贪婪，看来也不大管用了。

那么，出路究竟在哪里？或许，只能在传统的基础上改造和创新，去建立我们自己的、现代市场经济发展所需要的"市场伦理"。但无论如何，善于把"资本"的冲动与"诚信"的建构成功结合，这是一个必须解决的基本问题。如果说"资本主义社会"是以资本的积累和增值为特征，而又被"资本"异化的社会；"社会主义社会"就应该是一个不仅能运行和管理好"资本"，更善于建设和管理好"社会"的社会。毕竟，"我们希望市场经济发展，但我们不希望市场社会的出现，市场社会出现会解构人与人的关系"[①]。

三 "走出去"的核心内涵

中国文化"走出去"，要有基础、有前提，更要有内核、有神韵。这个内核和神韵，可以讲很多，我以为，最基本的就是中华民族所特有的、代代相传的"天下情怀"与"和谐理念"。

第一，天下情怀。中华文化的基因里，总有一股"君子以天下为己任"的情怀。

那么"天下"何在？古人的观察是"天圆地方"。君子立于天地之间，就要"天行健，君子以自强不息；地势坤，君子以厚德载物"。这一度是世界上最先进的文化理念，因而中华文明也一度成为率先崛起的先进文明。可惜，由于认识的局限，"天圆"的理念一度局限于"地方"的眼界，只看到了看得见的黄土，只看到了自己的大地。中华民族历史上的辉煌，其基础一度是以"陆权"政治为核心权力的全球地缘政治格局。作为欧亚大陆之间联系纽带的丝绸之路，正是这种历史辉煌的写照。中华文明是四大古文明中唯一不曾中断的文明。美国学者费正清认为这种"制度和文化的持续性，曾经产生了体现为气势澎湃和坚守既定方针的惯性"。外来者

---

① 杜维明：《多种核心价值的文明对话》，www.xuxiong.com。

只有尊重和适应这种特征，才能在中国立足，与"天朝上国"一起，分享"万国衣冠拜冕旒"的古老荣光。但曾几何时，这种惯性成了不可救药的惰性。封闭就要落后，落后只能挨打。中国在GDP处于世界第一位的时候，却愚昧地实行"海禁"，从此走向衰败。1840年至清朝灭亡的70多年间，中国被资本主义列强攫取了150多万平方公里领土，如果算上由外国势力策动至清亡后外蒙古独立而丧失的领土，共有300多万平方公里领土丧失！中国早期改良主义代表人物郑观应，只能长歌当哭，以诗言愤："一自海禁开，外夷势跋扈，鸦片进中华，害人毒于蛊。铁舰置炸炮，坚利莫能拒，诸将多退怯，盈廷气消沮，割地更偿费，痛深而创巨，何以当轴者，束手无建树？"①

而近代西方则发现，不仅"天圆"，地球也是圆的，地球70%是水，是大洋，顺着大洋走出去，走下去，从而也就发现了整个世界，从此也就步入辉煌。

中国在这种先进的文化观之前战败了、沉沦了。

但中华文明毕竟有"天下情怀"的文化基因。今天，当中华民族重新自立于世界民族之林，当卫星通信、数字传输、卫星定位、远程教育、远程医疗等深刻影响和改变着社会生活，当数字化、信息化使地球成为"智慧地球"、中国成为"感知中国"、人类进入太空时代的时候，人们又需要重新认识"天圆"了。整个人类的"天下意识"逐渐强烈起来，中国文化的"天下情怀"可以充实更新，放射出新的时代光芒！

第二，和谐理念。中国传统文化的精髓是"贵和"。在世界三个比较突出的文明中，西方文明崇尚自由，伊斯兰文明崇尚公平，中华文明则崇尚包容，并由此形成了和谐至上的价值观。

文化是人造的第二自然。文化从纵向看，包括了器物层、制度

---

① 郑观应：《关心时局，因赋长歌》，转引自戴逸《弹指兴亡三百载都在诗文吟唱中》，《光明日报》2010年1月24日。

◎ 文化论

层和意识层。从横向来看，包括了三大研究领域，即人与自然的关系、人与人的关系、人与自我的关系。知天、知人、知己之道，集中体现了中国文化的精神内涵，追求人与自然、人与人、人与自我的普遍和谐是中国文化的基本特质。

人与自然的和谐相处是人类社会发展的前提。资源与环境是人类生存的基本条件，人类文明的发展从来就是依附于自然的。人可以认识自然，在与自然的和谐相处中谋生存、求发展，而不能破坏自然。有的古文明由兴盛走向衰败的一个重要原因就是对自然界肆意开发和掠夺，最终导致自然对人类的惩罚，酿成了文明的悲剧。中国文化提倡"天人合一"的思想。所谓天人合一，即主张人与自然界相统一，人要遵循自然法则，不要片面征服自然，要实现天人和谐，"与天地合其德，与日月合其明，与四时合其序"（《周易·文言传》），将"仁"的精神推广及于天下，泽及草木禽兽有生之物，达到天地万物人我一体的境界，天、地、人合德并进，圆融无间。

人与人之间的和睦相处是社会文明的重要标志，也是国家稳定的基础。中国传统文化十分重视人与人的和睦相处，提倡"仁"的精神，主张与人为善，推己及人，求同存异，以达到人际关系的和谐。"仁"在中华传统文化中占据着不可动摇的核心地位。如果把"仁"这个字拆开来看，就是两个人。人与人之间，应当相爱，而这个"仁"就是爱。在我国传统社会，"仁"是最高的道德目标，也是普遍的德性标准。据统计，儒家传世经典著作《论语》中讲"仁"有104次之多，可见"仁"的重要。我国古代著名思想家孔子说："礼之用，和为贵，先王之道斯为美"（《论语·学而》），孟子提出"天时不如地利，地利不如人和"（《孟子·公孙丑下》），都表达了对人与人和谐关系的追求。

在人与自我的关系方面，中国传统文化追求身心和谐，主张认识自我。老子讲"知人者智，自知者明"（《老子》第三十三章），就是说能清醒地认识自己，对待自己，才是最聪明的，最难能可贵的。做人要有自知之明。人要了解自己很难，老子选择一个"明"字，有其深意。什么是"明"？"明"是对着黑来讲的，对着盲来讲的。"明"就是眼力好，盲就是丧失了视力。看别人看得见，看自己看不见，这就是自我的盲区。中国传统文化要求我们要让自己走出盲区，进入自我明察中去。在认识自我的基础上，磨炼自我，提升自我，善待自我，进退有序，仰俯皆宽，知足常乐，安心为本，达到身心和谐。

可以说，"和"是中国历史文化的特征向量，古代先哲的生命信仰和思维基础。此"和"非彼"合"。合，是把两个不同的东西加在一起后溶解了，失去了自己。"和"是把两种不同的事物融合到了一起，各自有着自己的特点而和平相处。世界上万事万物不同，人人不同，我们更要提倡和，只有和，才能久。"和"的思想反映了事物的普遍规律，因而能够与时俱进、与时俱丰。中国的儒、释、道思想中都含有"和"。"和"的精神，是一种承认，一种尊重，一种感恩，一种圆融。"和"的基础，是和而不同，互相包容，求同存异，共生共长。"和"的途径，是以对话求理解，和睦相处；以共识求团结，和衷共济；以包容求和谐，和谐发展。"和"的哲学，是"会通"，既有包容，更有择优；既有融合，更有贯通；既有继承，更有创新，是一以贯之、食而化之、从善如流、美而趋之。"和"的佳境，是各美其美，美人之美，美美与共，天下和美。

将"和"用于人际关系，以宽和的态度待人，就会取得众人的信任；将"和"用于政治，则能促进历史发展，文化繁荣；将"和"用于经济，则能促进生产发展，经济繁荣；将"和"应用于文化，则可使百家争鸣，理论创新；将"和"应用于养生，得和则盛，得和则寿；将"和"用于战略决策，则贤才蜂聚、良言潮涌、上下通达、左右和谐、弊端早现、创新迭出；将"和"用于外交，则"协和万邦"，实现"万国咸宁""天下太平"。

当今时代的主题是和平与发展，但在我们眼前的世界却并非和

◇ 文化论

谐。人类在自然资源的争夺、国际秩序的平衡、意识形态的认知、宗教文明的信仰等许多问题上的纷扰，矛盾不断，导致出现了霸权主义、强权政治、领土争端、地区冲突、恐怖主义、环境污染、全球变暖、贫困蔓延、自杀上升等现象。概言之，也就是人与自然、人与人、人与自我产生了严重的冲突，并由此引发了人类的生态危机、人文危机和精神危机。这是人类21世纪面临的共同的挑战，关系着人类未来的生存和发展。一个和谐世界的图景应该是人类能够科学合理地对待与自然、与他人、与自我的关系，实现人与天和、人与人和、人与己和。中国独具魅力的"和"文化，必将为化解人类面临的危机与冲突带来新的智慧。正如英国哲学家罗素所说，"中国至高无上的伦理品质中的一些东西，现代世界极为需要。这些品质中我认为和气是第一位的"，这种品质"若能够被全世界采纳，地球上肯定比现在有更多的欢乐祥和"[①]。

中国传统文化所追求的目标、理想可以用宋代大儒张载的"横渠四句"来概括——"为天地立心，为生民立命，为往圣继绝学，为万世开太平"，正是这四句话体现了中国传统文化的"仁者气象"和"天地情怀"。"为天地立心"，就是要重建天人和谐的生态观，培养尊重自然的内在价值，与自然和谐共处；"为生民立命"，就是调整人类的价值观，改变人类有物质而无幸福的生活品质，实现真正的发展和真正的幸福；"为往圣继绝学"，就是要继承我国传统文化的精华，并立足于当代世界文化发展的水平，进一步整合、创新、发展、深化，使之成为全人类共享的精神财富；"为万世开太平"，就是要发扬广大中华精神，通过全世界人民的共同努力，建设和谐世界，使人类永久性地摆脱生态危机、人文危机、精神危机，实现人类真正的和谐共处，永久和平。

比如，同样是"胸怀天下"，但西方盛行的"天下观"是全球的同质化的单边主义；中国的"天下观"则是提倡多极均势世界中

[①] ［英］罗素：《中国问题》，秦悦译，学林出版社1996年版，第166页。

的文化差异多元主义。

又如,同样是"文化输出",西方推行的是"三片文化"——大片、薯片、芯片,美国大片控制人们的视觉娱乐,炸薯片控制人们的胃,电脑芯片控制人们的创造性和文化安全;是"三争文明"——人际之间竞争,群体之间斗争,国际之间战争。而中国的文化理想是"大道之行,天下为公",是"三和文明"——家庭和睦,社会和谐,世界和平。

总之,"天下情怀"是至高无上的,从上到下;"和谐理念"是无处不在的,自下而上。二者相辅相成,浑然一体,共同构成了中国文化的核心竞争力。

四 "走出去"的应有姿态

中国文化曾有过"盛唐气象"的辉煌灿烂。那时,我们有"万国衣冠拜冕旒"的荣光,有对外来文化"食而能化、化而能食"的气魄,有敢去"西天取经"、敢上九天揽月的气象。近百年丧权辱国被动挨打的历史,大大削弱了国人对中华文明的自信心,以及文明古国应有的尊严,由此开始了西风东渐的百年历程。但中华文明五千年一脉相承、绵延不断的历史,特别是经过了一百年的挫折和打击之后,古老的中华文明不但没有湮灭,反而开始复兴的事实,雄辩地证明了它的合法性、坚韧性与生命力。

——我们因文化是一个互动体系而自信与尊严。它保持着互系性的哲学思考方式,让我们总是寻找事物的两方面,求和谐,求平衡。这是祖先传下的法宝。它让中华民族智慧、敏捷,立于不败之地。

——我们因文化是一个道德体系而自信与尊严。它告诉这个民族,命运在于它自己,而不在"上帝",更不在别人。道德在人的身上,神奇在人身上,人存在它们就存在。

——我们因文化是一个人道体系而自信与尊严。民贵君轻,民

◇ 文化论

惟邦本，本固邦宁；民，犹水也，水可载舟，也可覆舟；为政之道在于安民，安民之要在于察其疾苦；天下之势，常系民心，民心顺，一顺百顺，一顺百兴；天下和静在民乐。怨不在大，可畏惟人，载舟覆舟，所宜深慎。

——我们因文化是个开放体系而自信与尊严。能与时俱进，能包容、自重、会通，它的内涵像大海一样深广。

这些中华文化的特质，是可以与西方文化交流、互补的基础，也是中华文化自信的基本点。

中国文化不再是19世纪后西方人眼中的愚昧落后衰败脆弱的文化，更不是持"中国威胁论"人士宣扬的那种冲突性、扩张性文化。中国文化"走出去"所显示的，不是"好战"的中国，而是可以与世界各国合作的中国，是强调和睦、和谐、和平的中国，是以人为本、仁者爱人、有宽容精神的中国，是怀有"天下"观念和博大精神的中国，是"天行健，君子以自强不息；地势坤，君子以厚德载物"的君子之国。

当然，还有另一面，"最少我们应该化解的也就是媚外和仇外的情结，要超越狭隘的民族主义，以不亢不卑的心胸走向世界，接纳全球各地的物质和非物质的资源，要在我们文化中建立一个反馈性批判的能力。也就是要建立一种群体的批判的文化认同"。"中华民族和平发展的文化认同，才能够向世界传播我们的文化信息，这是一个主动自觉的向外学习，文明能够主动成为学习文明，就有一定自我更新的生命力。"[①]

所以，我们应该重拾中国文化自信，让中国文化以自信从容、高迈尊严、不亢不卑的姿态"走出去"!

---

① 杜维明：《多种核心价值的文明对话》，www.xuxiong.com。

五 "走出去"的世界贡献

中国这样一个泱泱大国、文明古国,在实现中华民族伟大复兴的进程中,能否对人类作出较大的贡献?

数百年前,西欧历史上发生了一场持续200余年的文艺复兴,带领西欧走出中世纪的蒙昧和黑暗,迎来了现代文明的曙光。文艺复兴是"黑暗时代"的中世纪和近代的分水岭,是使欧洲摆脱腐朽的封建宗教束缚,向全世界扩张的前奏曲。这场文艺复兴的核心内容是人文主义,反对神权和神性。在中世纪,理想的人应该是自卑、消极、无所作为的,人在世界上的意义不足称道。文艺复兴发现了人和人的伟大,肯定了人的价值和创造力,使人权和人性得到空前的张扬,成为人们冲破中世纪的层层纱幕的有力号召,因而这一时期被称为"巨人的时代。"[1] 现代科学的发展、地理大发现、民族国家的诞生等都得益于文艺复兴中倡导的人本精神。

文艺复兴把"人"从"神"的束缚中解放出来,把生产力从封建社会的束缚中解放出来。"人"的作用空前放大了,可以上天入地,呼风唤雨,转化基因,试管造人……但解放了的"人"又过度膨胀了。今天我们看到的是,"人"对自然过度开发、环境污染、全球变暖;"人"对社会为所欲为,地区冲突、强权政治、恐怖主义的争斗越演越烈;人对人损人利己、尔虞我诈,次贷危机席卷全球,几乎造成全球范围的经济衰退和恐慌。伦理危机、环境危机接踵而来,人类处于全球性的危机之中。

刚刚过去的20世纪是人类社会大发展的时期。在这100年中,科技上的进步、经济上的发展、思想上的解放和艺术上的创新,都是人类智慧空前的展现,是以往几千年都难以做到的。然而,事情

---

[1] 恩格斯:"这是一次人类从来没有经历过的最伟大的、进步的变革,是一个需要巨人而且产生了巨人——在思维能力、热情和性格方面,在多才多艺和学识渊博方面的巨人的时代。"(《马克思恩格斯选集》第3卷,人民出版社1972年版,第445页。)

◎ 文化论

还有另外一面，20世纪同样见证了人类之间的相互残杀，对自然的大规模破坏和大量的贫困、饥荒、疾病。21世纪人类社会正面临前所未有的发展机遇，也面临空前的挑战。

身处危机的人类需要救赎，社会的发展需要寻找新的方向，时代呼唤着一场新的文艺复兴。经典意义下的文艺复兴是对个体价值的发现，是"我"的觉醒。当下我们需要更新文化价值，转变对人和人的价值的看法，矫正"我"的过度扩张，实现对"我们"（指地球人类整体）的价值约束，把过度膨胀的人还原为一个"和谐"的人，建设一个人与自然和谐、人与社会和谐、人与人和谐的新的"和谐世界"。

中国文化因其独有的精神内涵因应着这个时代的需要。英国的历史学家汤因比说过，"避免人类自杀之路，在这点上现在各民族中具有最充分准备的，是两千年来培育了独特思维方法的中华民族"。什么是中华民族的"独特思维方法"？概而言之，就是中华民族所特有的、代代相传的"天下情怀"与"和谐理念"。

中国政府已经提出了对内"构建和谐社会"，对外"共建和谐世界"的"双和模式"，提出了"以人为本，全面、协调、可持续"的科学发展观，这体现了中华文化的深邃智慧，涵盖了新的文艺复兴的核心思想内涵——人类社会的全面发展、和谐发展、科学发展，自觉地因应着新的时代要求，肩负着新的时代使命。

德国思想家雅斯贝尔斯在20世纪50年代用"轴心文明"来描述公元前6世纪时世界各地涌现的文明，今天，人类社会面临着新的历史转折，"新轴心时代"或许正在酝酿。多极世界的出现与合作，多元文明的交汇与融合，使新的文艺复兴潜流涌动，如地下奔腾的岩浆，寻找着喷发的裂缝。"新轴心时代"和"新文艺复兴"的到来，是对西方价值至上观的冲击，也是中国文化走向世界的契机，"周虽旧邦，其命维新"，中国文化应当抓住机会，迎接新的文艺复兴，为当代世界文明补偏救弊，为合理的人类文化建构作出应有的贡献！

从传统文化的深厚积淀中重铸民族精神

面对着深化改革、扩大开放带来的社会变革，我国思想文化领域正在发生深刻变化，各种思想文化相互激荡，人们受各种思想观念影响的渠道明显增多、程度明显加深，人们思想活动的独立性、选择性、多变性、差异性明显增强，社会思想空前活跃，宗教亦呈增长趋势。这种景象，是"江南三月，草长莺飞，杂花生树"，充满了生机，令人一则以喜；也是泥沙俱下，鱼龙混杂，人心浮躁，潜伏着不安，令人一则以忧。相对经济发展而言，如果说当前社会发展是我们的"短腿"，意识形态领域如何抵御"西化"，宗教领域如何抵御渗透，则是我们的"软肋"。

我们究竟出了什么问题？一方面经济发展的势头强劲，"中国制造"在不断走向世界；另一方面"西方观念"在不断侵扰我们。来自意识形态的"西化"特别是来自宗教领域的渗透，使我们防不胜防，好像我们总是居于守势；好像世界上谁都可以渗透我们。我们讲"民族复兴"，常忆及中华民族曾有过的历史辉煌——盛唐气象。但那时更多的是"万国衣冠拜冕旒"的荣光，是对外来文化"食而能化、化而能食"的气魄，是敢去"西天取经"、敢上九天揽月的气象，是中国文化影响别人的作为，没有听说过要担心什么外来的渗透。

文化是民族的根。西方历史学家们研究近代基督教对华传教活动得出的结论是，传教士深信只有挖掉这个根，"从根本上改组中国文化"，才能"使中国皈依基督教"，"而且他们是不达目的不肯

◇ 文化论

罢休的"。(《剑桥中国晚清史》上卷之第十一章"1900年以前的基督教传教活动及其影响") 一个民族的崛起或复兴,常常以民族文化的复兴和民族精神的崛起为先导。一个民族的衰落或覆灭,则往往以民族文化的颓废和民族精神的萎靡为先兆。

精神是民族的魂。中华民族的伟大复兴,要在现代化的艰难进程中实现,现代化则要靠民族精神的坚实支撑和强力推动。文化的力量,深深熔铸在民族的生命力、创造力和凝聚力之中。21世纪中华民族的伟大复兴进程中,应该包括并不逊色于16世纪意大利"文艺复兴"的,我们新时代新中国的"文化复兴"。

传统是民族的本。时代精神强调时代的理性认同,而民族精神却立足于民族的情感认同。民族认同不是逻辑推理或理性构造的结果,而是民族传统中长期的历史和文化积淀的产物。现代化呼唤时代精神,民族复兴呼唤民族精神。时代精神要在全民族中张扬,民族精神就要从传统文化的深厚积淀中重铸。面对世界范围各种思想文化的相互激荡,必须把弘扬和培育民族精神作为文化建设极为重要的任务。在当前境外利用宗教不断加剧的渗透和意识形态不断对我"西化"的凌厉攻势中,我们才能审时度势,扭转劣势,抢占优势,"不是西风压倒东风,而是东风压倒西风"。

在全球化浪潮中,中华民族应该放开眼界观量、敞开胸怀接纳全球人类的智慧。同时,又要从自己悠久丰厚的文化传统中,融摄历代圣哲贤人的智慧精髓,包括儒学的有益成分。"代表先进文化的前进方向",要以科学的理论武装人,以正确的舆论引导人,以高尚的精神塑造人,以优秀的作品鼓舞人,还要善于发挥民族的、科学的、大众的文化的基础作用,甚至发掘宗教文化中的积极因素。因为文化,不仅有站在时代前沿、引导时代前进的、科学的先进文化,还要有以先进文化为导向、以积淀深厚的民族传统为基础和支撑的大众文化。

例如,现在我们要努力构建和谐社会,中国传统文化尤其是儒家思想中,就蕴含着丰富的"和"的思想。所谓"礼之用,和为贵","天时不如地利，地利不如人和"。儒家所倡导的"和"的精神，是一种承认，一种尊重，一种感恩，一种圆融。"和"的基础，是和而不同，互相包容，求同存异，共生共长。"和"的途径，是以对话求理解，和睦相处；以共识求团结，和衷共济；以包容求和谐，和谐发展。"和"的佳境，是各美其美，美人之美，美美与共，天下和美。"和"成了中国历史文化的特征向量、古代先哲的生命信仰和思维基础。"和"的思想反映了矛盾的对立面相互依存和统一的普遍规律，因而能够与时俱进、与时俱丰。

发掘和弘扬中国传统文化中丰富的"和"的内涵，是要在世界各种文化的相互激荡中，从传统文化的深厚积淀中重铸民族精神；是要在世界"文明冲突"的困境中，抵制文化的隔绝和霸权，增强不同文化之间的相互理解和宽容，为这个不安宁的世界带来一团和气，吹拂一股和风。

今天的中国，对外奉行以邻为善、和平共处的外交政策，对内构建和谐社会，推进祖国和平统一大业。中国的发展是和平的发展，中国的崛起是和平的崛起。一团和气正在华夏上空升起，一股和风正在神州大地吹拂。人称"紫气东来"，今有"和"气东来；人叹"文明冲突"，今有"和"风西送。英国哲学家罗素早在20世纪30年代就睿智地看到，"中国至高无上的伦理品质中的一些东西，现代世界极为需要。这些品质中我认为和气是第一位的"，这种品质"若能够被全世界吸纳，地球上肯定比现在有更多的欢乐祥和"（罗素《中国问题》）。哲人其萎，其言犹存。我们从自己传统文化的深厚积淀中重铸民族精神，也是为世界文明作出贡献。

读懂中国的"文化秘诀"

读懂中国,就要读懂中国共产党。这个拥有9500多万名党员、领导着14亿多人口大国、具有重大全球影响力的世界第一大执政党,一百年来如何与中国人民共同奋斗,书写了中华民族几千年历史上最恢宏的史诗,向世界庄严宣告,中华民族迎来了从站起来、富起来到强起来的伟大飞跃。

读懂中国共产党,就要读懂中华文明、中华文化,读懂中国的"文化秘诀"。

从世界的角度,读懂中国的"文化秘诀",抓住了三个基本问题,便可提纲挈领:其一,中华文明作为世界唯一不曾中断延续5000多年的优秀文明,其秘诀何在?其二,为什么说强起来的中国,永远不会有称霸世界的基因?其三,为什么说中国共产党"为中国人民谋幸福,为中华民族谋复兴",也就是"为人类谋进步,为世界谋大同"?

把这三个问题讲清楚,就正如习近平总书记所要求的:"讲清楚每个国家和民族的历史传统、文化积淀、基本国情不同,其发展道路必然有着自己的特色;讲清楚中华文化积淀着中华民族最深沉的精神追求,是中华民族生生不息、发展壮大的丰厚滋养;讲清楚中华优秀传统文化是中华民族的突出优势,是我们最深厚的文化软实力;讲清楚中国特色社会主义植根于中华文化沃土、反映中国人民意愿、适应中国和时代发展进步要求,有着深厚历史渊源和广泛现实基础。中华民族创造了源远流长的中华文化,中华民族也一定能够创造出中华文化新的辉煌。"

其 一

中国近代的文化人梁漱溟先生所言，道出了大家的共识，"历史上与中国文化若后若先之古代文化，或已转易，或失其独立自主之民族生命。唯中国能以其自创之文化绵其独立之民族生命，至于今日岿然独存"。那么，这其中究竟有何秘诀？

一言以蔽之，大都包括在中华文化之"天人合一"的"天道"观念中。中华文明讲究天人共生之道，实现天人和谐共生，这是中华儿女代代相传的精神追求。

"天道"是一个不断演化发展的体系，中华民族的思维逻辑建立在人与天地互通、主体和客体统一的思维框架之中。人与天地万物同源同根，人能感悟天道，做到自强不息；也能如大地般容纳万物，实现厚德载物。即所谓"天行健，君子以自强不息；地势坤，君子以厚德载物"。

中国传统文化博大精深，是对中国人的精神、人的心性、人的价值、生命意义、存在方式、生存样态、行为方式、思维方式，以及深沉的民族心理结构产生持久影响，探讨人与神灵、人与自然、人与社会、人与他人、人与自身之间关系的思想文化之总成。用中国哲学的概念来说，就是关于"心性之学"的真学问和"天人之学"的大学问。中华民族的先人历来认为"天"是宇宙万物的主宰，"天意"是不可抗拒的，天人关系即"神人"关系。上天造就万物并赋予其美好的德性，为其制定了法则，《诗经》中有："天生烝民，有物有则。民之秉彝，好是懿德。"《尚书》中则有对尧舜"协和万邦""燮和天下"的记述。中华文化中的儒、道、释三家对此也均有阐述。从儒家看来，仁义礼智本性乃是天的赋予，人通过修德可成贤成圣；从道家看来，修道之心人人都有，返本归真，回归大道；从佛家看来，佛性人人有，佛法无边，慈悲普度众

◎ 文化论

生。由此可见，要达到人与天通的境界，人必须要升华道德，达到更高的标准以达天人合一。儒家讲"致中和"，中是"天下之大本"，和为"天下之达道"，只有中和一致，才能实现"天地位焉，万物育焉"的和谐天下。

故宫的保和、太和、中和三个大殿，分别高悬着三块牌匾，告诫统治者以至天下庶民，必须永世传承的中华文化之精华。一曰"皇建有极"，极是指中道、法则，意思是统治者建立政事要有中道，基本是不偏不倚，取中庸之意。二曰"建极绥猷"，意思为统治者承担上对皇天、下对庶民的双重神圣使命，既需承天而建立法则，又要抚民而顺应大道。三曰"允执厥中"，语出《尚书》"人心惟危，道心惟微；惟精惟一，允执厥中"，意思是人心是危险难安的，道心则微妙难明，惟有精心体察，专心守住，才能坚持一条不偏不倚的正确路线。指言行要符合不偏不倚的中正之道。三块警世名言牌匾一以贯之的，正是中华文化之"天人合一"的"天道"观念。陈来先生认为，中国传统文化中主流的治国理政理念，就是以人为本，以德为本，以民为本，以合为本。与西方近代的价值观的不同在于，责任先于自由，义务先于权利，群体高于个人，和谐高于冲突。且"不患寡而患不均，不患贫而患不安"，强调社会和谐，重视公平平等。今天我们要坚持这些"本"与"先"，当然也要关注那些"被先于"的内容；当然也要患寡患贫，更要逐步实现共同富裕。①

概而言之，"天人合一、天人相通，民本为上、厚德载物，以仁为本、以和为贵，惟精惟一、允执厥中"的"天道"观念，乃是中华文化生生不息的源头。由此方可"致广大而尽精微，极高明而道中庸"（《礼记·中庸》），展开来就是：道法自然、天人合一，天下为公、世界大同，自强不息、厚德载物，以民为本、安民富民乐民，为政以德、政者正也，苟日新日日新又日新、革故鼎新、与

---

① 参见陈来《中华传统文化与核心价值观》，《光明日报》2014年8月15日。

时俱进、脚踏实地、实事求是、经世致用、知行合一、躬行实践、集思广益、博施众利、群策群力、仁者爱人、以德立人、以诚待人、讲信修睦、清廉从政、勤勉奉公、俭约自守、力戒奢华、中和、泰和、求同存异、和而不同、和谐相处、安不忘危、存不忘亡、治不忘乱、居安思危，等等。其中，自尊自信、自强不息的奋斗精神，与时俱进、日新变革的创新精神，崇真求实、经世致用的实事求是精神，天下为公、公而忘私的献身精神，协和万邦、睦邻友好的和平精神等，构成了中华民族博大精深、贯彻始终的精神内涵。

《周易·乾文言》说："夫大人者，与天地合其德，与日月合其明，与四时合其序，与鬼神合其吉凶，先天而天弗违，后天而奉天时。"《礼记》说："凡举事，毋逆天数，必顺其时，慎因其类。"老子则说："人法地，地法天，天法道，道法自然。"《庄子·齐物论》说："天地与我并生，而万物与我为一。"王阳明是天人合一思想的集大成者，他认为人与宇宙是一个整体；人心与万物一体相通，一气流通，原是一体，所以天人合一；万物一体靠"心之仁"才可能，此即"一体之仁"；"一体之仁"使"大人者""视天下犹一家，中国犹一人焉"。

坚持"天道"观念，天人合一，方可"养天地之正气，法古今之完人"。

其 二

为什么说强起来的中国，一定没有称霸世界的基因？

如果按照"修昔底德陷阱"之说，一个新崛起的大国必然要挑战现存大国，而现存大国也必然会回应这种威胁，这样战争变得不可避免；强起来的中国，与世界第一强国美国的竞争，也必然陷入"修昔底德陷阱"。为此 2014 年 1 月 22 日《世界邮报》刊登的对中国国家主席习近平的专访，针对中国迅速崛起后，必将与美国这样的旧霸权国家发生冲突的担忧，习近平主席明确地说："我们都应该努力避免陷入'修昔底德陷阱'，强国只能追求霸权的主张不适用于中国，中国没有实施这种行动的基因。"

基因，是内在成因，是根脉，是抗体。正如人长得像自己的父母是有遗传基因，一个国家、一个民族也有自己独特的精神基因，从而形成不同于他国、他民族的人文性格和文化习惯。中华文明长期演进过程中，形成了中国人看待世界、看待社会、看待人生的独特价值体系、文化内涵和精神品质，这是我们区别于其他国家和民族的文化基因与根本特征。"中国没有实施这种行动的基因"，就是出自"天人合一、天人相通，民本为上、厚德载物，以仁为本、以和为贵，惟精惟一、允执厥中"的这个"致广大而尽精微，极高明而道中庸"的"天道"观念。如孙中山说："盖吾中华民族和平守法，根于天性，非出于自卫之不得已，决不肯轻启战争。"在中国人的哲学中，和平是个人心境的内在修为，也是一种关注黎民苍生的外在超越。这种根于"天性"、出于"修为"、成于"超越"的和平追求，就是中国的文化基因。

"礼之用，和为贵。"中华民族自秦汉时期实现大一统之后，"和"从价值层面跃升为治国理政的重要理念。和平思想已深深地积淀在了中国人的民族性格之中。中华民族历来是一个爱好和平的民族，中华文明历来崇尚"以和邦国""和而不同""以和为贵"。中国《孙子兵法》是一部著名兵书，但其第一句话就讲："兵者，国之大事，死生之地，存亡之道，不可不察也"，其要义是慎战、不战。几千年来，和平融入了中华民族的血脉中，刻进了中国人民的基因里。数百年前，即使中国强盛到国内生产总值占世界30%的时候，也从未对外侵略扩张。1840年鸦片战争后的100多年里，中国频遭侵略和蹂躏之害，饱受战祸和动乱之苦。孔子说，己所不欲，勿施于人。中国人民深信，只有和平安宁才能繁荣发展。中国从一个积贫积弱的国家发展成为世界第二大经济体，靠的不是对外军事扩张和殖民掠夺，而是人民勤劳、维护和平。中国人民对战争带来的苦难有着刻骨铭心的记忆，对和平有着孜孜不倦的追求。深知和平是发展之基，发展是和平之本。强起来的中国无论发展到什么程度，永远不称霸，永远不搞扩张，永不谋求势力范围。爱好和平的思想深深嵌入了中华民族的精神世界，今天依然是中国处理国际关系的基本理念。

当然，有"地势坤的厚德载物"，就有"天行健的自强不息"。中国人民是崇尚正义、不畏强暴的人民，中华民族是具有强烈民族自豪感和自信心的民族。中国人民从来没有欺负、压迫、奴役过其他国家人民，过去没有，现在没有，将来也不会有。同时，中国人民也决不允许任何外来势力欺负、压迫、奴役我们，谁妄想这样干，必将在14亿多中国人民用血肉筑成的钢铁长城面前碰得头破血流！

其 三

中国共产党始终把为中国人民谋幸福、为中华民族谋复兴作为自己的初心使命，始终坚持共产主义理想和社会主义信念，团结带领全国各族人民为争取民族独立、人民解放和实现国家富强、人民幸福而不懈奋斗。这是毋庸置疑的。但为什么说，坚持为中国人民谋幸福、为中华民族谋复兴，也就是在为人类谋进步，为世界谋大同？

中国共产党植根的深刻的文化根源，离不开"天人合一、天人相通，民本为上、厚德载物，以仁为本、以和为贵，惟精惟一、允执厥中"的这个"致广大而尽精微，极高明而道中庸"的"天道"观念。中国共产党当然是马克思主义政党。而中华优秀传统文化中的"天道"观念与马克思主义，就有着许多天然的契合相通之处，其中蕴含着丰富的具有社会主义和马克思主义特征的朴素的思想因素。比如，大道之行、天下为公、大同社会的思想与共产主义理想，废私立公、贫富有度、与天下同利的思想与最终消灭私有制、

◈ 文化论

实现共同富裕的主张，以民为本、以政裕民、安民富民的思想与马克思主义的群众观，万物自生、不信鬼神、重视人事的思想与马克思主义的无神论，以道制欲、不为物使、俭约自守的思想与马克思主义的消费观，克己奉公、集思广益、群策群力的思想与马克思主义的集体主义思想，知行合一、以行为本、知易行难的思想与马克思主义的认识论，道立于两、阴阳共生、物极必反的思想与马克思主义的辩证法之间，都有着天然的契合相通之处。

更为重要的是，既然秉持"天人合一"，就要坚定"以人为本"。人民至上，"事人如事天"。中国共产党始终着眼人民对美好生活的向往，始终坚持全心全意为人民服务的根本宗旨，在改革开放新时期创造性提出"小康社会"的目标，在新时代鲜明提出"人民对美好生活的向往，就是我们的奋斗目标"、积极倡导构建人类命运共同体……这些都得到了马克思、恩格斯关于"无产阶级的运动是绝大多数人的，为绝大多数人谋利益的独立的运动""人的全面自由的发展""生产将以所有的人富裕为目的"等思想的科学指引，也都得到了中华优秀传统文化中"保民、安民、富民、乐民"等思想的滋养。正是因为我们党在把马克思主义基本原理同中华优秀传统文化相结合中，始终着眼于为人民创造更美好、更幸福的生活，马克思主义中国化的理论成果就能为广大人民群众所认同、信服和践行，指引我们这个古老的东方大国创造出人类历史上前所未有的发展奇迹，为当代中国找到了一条实现中华民族伟大复兴的正确道路。中国特色社会主义进入新时代，我国社会主要矛盾转化为人民日益增长的美好生活需要和不平衡不充分的发展之间的矛盾，人民美好生活需要日益广泛，不仅对物质文化生活提出了更高要求，而且在民主、法治、公平、正义、安全、环境等方面的要求日益增长。坚持把马克思主义基本原理同中华优秀传统文化相结合，就要顺应人民群众对美好生活的向往，立足新发展阶段，完整、准确、全面贯彻新发展理念，加快构建新发展格局，推动高质量发展，让广大人民群众共享改革发展成果，不断满足人民群众多层次多样化的需求。

既然深信"天人合一",必然崇尚天下为公,功在天下。中国的发展不是自私自利、损人利己、我赢你输,中国深信"己欲立而立人,己欲达而达人"。中国致力于推动世界建立更平等均衡的新型全球发展伙伴关系,大家在追求本国利益时兼顾他国合理关切,在谋求本国发展中促进各国共同发展,同舟共济,和衷共济。中国人始终认为,世界好,中国才能好;中国好,世界才更好。

世上没有两片完全一样的树叶,人类的价值观也难免众说纷纭,但既然同为"人类",就总有相同相通之处,总有全体人类都认同的共同价值观。如果说"以人为本""天下为公"的价值观高不可及,总不会有人公然反对和平、发展。和平与发展是当今时代的主题,也关乎人的生存权发展权。和平是世界人民的永恒期望,犹如空气和阳光;发展是各国的第一要务,是文明存续的有力支撑。无人公然反对公平与正义,这是国际关系的重要准则,也关乎人的尊严。无人公然反对民主与自由,这是现代政治文明的重要内容,也关乎个人的福祉。和平、发展、公平、正义、民主、自由这六大要素,作为全人类共同价值,相互联系、层层递进,相互支撑,形成完整的逻辑链条。

中国人民的价值观和精神世界,既始终深深植根于中华优秀传统文化沃土之中,也完全契合全人类共同价值的逻辑链条。全人类共同价值,又正好体现着中华优秀传统文化的历史厚度。全人类共同价值传承着"天下一家""协和万邦""大道之行,天下为公"等中华文化基因,蕴含着中华民族讲仁爱、重民本、守诚信、崇正义、尚和合、求大同等思想理念。

因此,传承着中华文化"天人合一"基因的中国共产党,必然坚持和弘扬全人类共同价值,必然坚持胸怀天下,坚持大道之行,天下为公。中国共产党始终以世界眼光关注人类前途命运,从人类发展大潮流、世界变化大格局、中国发展大历史正确认识和处理同外部世界的关系,坚持开放、不搞封闭,坚持互利共赢、不搞零和博弈，坚持主持公道、伸张正义。坚持和平发展道路，既通过维护世界和平发展自己，又通过自身发展维护世界和平，同世界上一切进步力量携手前进，不依附别人，不掠夺别人，永远不称霸。中国共产党是为中国人民谋幸福的政党，也是为人类进步事业而奋斗的政党。中国共产党人始终坚守初心，言行一致，坚定不移地倡导和践行和平、发展、公平、正义、民主、自由的全人类共同价值，永远站在历史正确的一边，站在人类进步的一边，推动历史车轮向着光明的目标前进。

综上所述，读懂中国，就要读懂中国共产党。读懂中国共产党，就要读懂中华文明、中华文化，读懂中国的"文化秘诀"。

中国迈向世界强国的讯号[*]

习近平总书记指出:"成功举办北京冬奥会、冬残奥会,不仅可以增强实现民族伟大复兴的信心,也给世界展现了阳光、富强、开放、充满希望的国家形象。历史会镌刻下这一笔,世界将对中国道路有全新的认识。"

北京冬奥会一度成为外媒热议的话题。《纽约时报》《卫报》《悉尼先驱报》等诸多外媒都密集刊文聚焦北京冬奥会开幕式,从2008年到2022年的时间跨度中解读"中国这次向世界传递什么信息"。

传播了春天的信息,发出了中国迈向世界强国的诸多讯号:

一是从"我能比呀"到"我能赢呀";

二是中国道路越走越宽广;

三是和平发展、合作共赢;

四是一簇微火、感动世界;

五是跨越"修昔底德陷阱";

六是迎接新文明复兴、促进新人文主义。

聚焦到一点:一起向未来,建设人类命运共同体。

---

[*] 本文作于2022年北京冬奥会开幕之后。

◇ 文化论

一 从"我能比呀"到"我能赢呀"

北京，冲破新冠肺炎疫情阻隔，与中国新春佳节浪漫相遇，成就奥运史上首个"双奥之城"。

2008年夏季奥运会，"同一个世界，同一个梦想"，喊出了中华民族自立于世界民族之林、实现民族伟大复兴中国梦的中国之声；2022年的冬季奥运会，"一起向未来"，中国向全世界发出携手共创未来、共建人类命运共同体的时代之音。

曾记否，1928年奥运会都开到第九届了，积贫积弱的中国方才派代表去"观摩和欣赏"。在阿姆斯特丹开幕式上，观摩团副代表宋如海反复吟哦Olympic和Olympia，一句汉语脱口而出，"我能比呀"！两年后，商务印书馆出版的宋如海《我能比呀——世界运动会丛录》写道："'我能比呀'虽系译音，亦含有重大意义。盖所以示吾人均能参与此项之比赛。"但弱国一度与奥林匹克无缘。"我能比呀"是感叹更是警醒，是悲哀更是希望，是呐喊更是鞭策。直到2008年，"中国人从此应如释重负，卸去'我不如人'的历史包袱"（《何振梁看奥运：中国人精神自立的起点》）。当奥林匹克大步向我们走来时，回味当年"我能比呀"，哪里是翻译的奇特，其实乃中华民族的百感交集、千年一叹！

这中国"一叹"，如今成了中国"一笑"："我能赢呀"！在中国首次举办的奥运会上，中国获得的金牌高居榜首。国际奥委会主席罗格在北京奥运会闭幕式上说："这是一届真正的无与伦比的奥运会。"

2022年冬奥盛会，又一次见证了中国为奥林匹克运动续写的无与伦比的传奇。中华文明与奥林匹克运动再度携手，奏响全人类团结、和平、友谊的华美乐章。这是一次伟大的相聚。是对"更快、更高、更强——更团结"奥林匹克新格言的成功实践。"世界都处在疫情阴霾下，幸好我们还有冬奥会，这是一件了不起的事情。"

美国滑雪名将肖恩·怀特说出了参赛运动员的心声。

外电评论，如果说2008年北京奥运会开幕式的辉煌盛典让世界看到了一个大国的崛起，那么2022年北京冬奥会开幕式的浪漫空灵，则让世界看到了一个更自信和从容的中国。

二　中国道路越走越宽广

世界听到了，北京冬奥传递出"中国迈向世界强国的讯号"。这个讯号，是14亿中国人民在中国共产党带领下，高举中国特色社会主义旗帜不懈奋斗，全面建成小康社会，开启了全面建设社会主义现代化国家新征程，逐步实现全体人民走向共同富裕，彻底完成中华民族从站起来、富起来到强起来的伟大历史性飞跃。中国特色社会主义道路越走越宽广。

习近平总书记说："现代化不是单选题。历史条件的多样性，决定了各国选择发展道路的多样性。""每个国家自主探索符合本国国情的现代化道路的努力都应该受到尊重。"历史反复证明，没有一个民族、一个国家可以通过依赖外部力量、照搬外国模式、跟在他人后面亦步亦趋实现强大和振兴。那样做的结果，不是必然遭遇失败，就是必然成为他人的附庸。

走自己的路，是中国共产党和中国人民艰辛奋斗得出的历史结论。在以习近平同志为核心的党中央坚强领导下，中国人民以坚定的道路自信、理论自信、制度自信、文化自信，排除种种干扰、战胜重重险阻，如期全面建成小康社会，开启全面建设社会主义现代化国家新征程。越走越宽广的中国道路，让科学社会主义在中国焕发勃勃生机，在终结了"历史终结论"的同时，也深刻启迪和极大鼓舞着发展中国家人民；愈来愈耀眼的人类文明新形态，让古老的东方文明以充满活力的雄健姿态屹立于世界舞台，深刻重塑着人类文明发展的格局与趋势。

中国迈向强国实现现代化的一个深层逻辑是，实现"人类与自

◇ 文化论

然的和解"和"人类本身的和解"的统一。"两大和解"是马克思、恩格斯的崇高理想,也代表着人类一直以来的社会理想。人类发展史就是不断处理人与自然以及人类社会关系的实践过程。资本主义的高歌猛进带来社会生产力极大发展,也造成人与自然以及人与人之间尖锐的矛盾、对立和冲突,导致严重的生态危机和社会危机。今天,在推进现代化过程中如何处理好"两大关系"仍然是世界发展的重大课题。中国道路给出了实现"两大和解"的中国实践和当代版本:一方面,提出"地球生命共同体"理念,坚定走向"人与自然和谐共生";另一方面,坚决防止"两极分化",实现"共享发展"和"全面发展"。

中国道路为什么能越走越宽广?因为始终掌握当代中国发展进步的历史主动,始终站在历史正确一边和人类进步一边。作为世界现代化进程的重要组成部分,中国迈向强国实现现代化,不仅借鉴人类社会创造的一切文明成果,更好适应现代社会化大生产发展要求,从而赢得相对于资本主义的发展优势,而且坚守和体现人类发展进步的理想目标,尽显"超越型现代化"的时代进步性和价值正义性。

三 和平发展、合作共赢

开幕式上,正在"强起来"的中国,不是震天动地,震耳欲聋的喧嚣;而是"以中国人的文化自信、中国人的特有浪漫",以一朵"燕山雪花大如席"美轮美奂地展现。

世界上没有两片一样的雪花。每一朵雪花,都映射出独特的光华。各代表团引导员手持的引导牌,是朵朵雪花与中国结融汇的造型。朵朵雪花聚合成一朵硕大的雪花光影,各美其美,美美与共。这样的创意,表达着一个文明古国"世界大同,天下一家"的深厚人文情怀。

回望历史烟云,当西方国家率先登上现代化列车,当欧美列强用坚船利炮打开别国大门，所谓"先进文明"与"落后文明"的论调、"现代化就是西方化"的迷思、弱肉强食的"丛林法则"、殖民统治的世界秩序、霸道霸凌的强盗逻辑，就开始弥漫在地球的各个角落。在西方政客看来，"强起来"的中国也只能服从这个逻辑，于是"中国威胁论"的叫喊甚嚣尘上，"中国崩溃论"的诅咒更不绝于耳。

但强起来的中国，自有其不同的文化基因，越是强大就越主张和践行"己所不欲，勿施于人"，"己欲立而立人，己欲达而达人"。这是中国的古训，也是黄金的法则。"中国人民不仅希望自己过得好，也希望各国人民过得好。"世界好，中国才会好。中国走向发达之路，是一个和平发展、合作共赢的新路，是超越扩张掠夺、"国强必霸"旧逻辑的文明新形态。与通过对外扩张掠夺完成原始积累、长期沿袭弱肉强食、丛林法则定式的西方现代化老路截然不同，中国的现代化，从不输出殖民、战争和冲突，完全以和平、合作与共赢方式推进，彻底改写着大国崛起的陈旧叙事。当代中国既通过争取和平的国际环境来发展自己，又通过自己的发展来促进世界和平。中国走和平发展道路，不是为了说服谁、取悦谁、安慰谁，而是基于自己的基本国情和文化传统，基于自己国家的根本利益和长远利益的，坚定不移的战略抉择。

当保护主义、单边主义逆流冲击侵蚀人类进步的根基，当开放还是封闭、拉手还是松手、拆墙还是筑墙成为影响人类未来的关键抉择，中国在历史中汲取文明智慧，在担当中破解时代课题，习近平主席提出"共建丝绸之路经济带和21世纪海上丝绸之路"重大倡议。不到9年，跨越不同地域、不同发展阶段、不同文明，140多个国家、30多个国际组织同中国签署200多份共建"一带一路"合作文件，世界上2/3的国家和1/3的国际组织同中国达成合作共识；不到9年，事关天下苍生、谋求共同福祉的"一带一路"倡议，激发起各国互联互通、合作发展、创新发展的澎湃活力，在全球五大洲绘制出一幅共同追求和平、发展、合作、共赢的壮美画卷。

◇ 文化论

四 一簇微火、感动世界

此前的奥运火炬都是熊熊大火，能源消耗、碳排放量甚大。北京冬奥火炬首次以"微火"形式呈现在世界面前。一簇微火，烛照天地，感动世界。一簇微火，以微知著，践行着中国"全面实现碳中和"的承诺，体现了"绿色、共享、开放、廉洁"办奥的新发展理念。

绿色办奥，把发展体育事业同促进生态文明建设结合起来，让体育设施同自然景观和谐相融，确保人们既能尽享冰雪运动的无穷魅力，又能尽览大自然的生态之美。国家速滑馆不仅硬件世界一流，制冰技术也世界领先，实现了低碳化、零排放。生态优先、资源节约、环境友好，为冬奥会打下了美丽中国的底色。

北京冬奥会点火仪式的一簇微火，点亮的是中国生态文明建设之火。中国现代化不是西方现代化的"翻版"，这既是历史选择，也是时代必然。14亿多人口的体量，960万平方公里的土地，如此"超大规模"的现代化，远非英国现代化的"千万级"、美国现代化的"上亿级"所能及，并没有现成经验可搬。习近平总书记说："我们建设现代化国家，走美欧老路是走不通的，再有几个地球也不够中国人消耗。""走老路，去消耗资源，去污染环境，难以为继！""生态文明建设是关系中华民族永续发展的根本大计。中华民族向来尊重自然、热爱自然，绵延5000多年的中华文明孕育着丰富的生态文化。"

生态兴则文明兴，生态衰则文明衰。我们遵循天人合一、道法自然的理念，寻求永续发展之路，倡导绿色、低碳、循环、可持续的生产生活方式，不断开拓生产发展、生活富裕、生态良好的文明发展道路。实现碳达峰碳中和是中国高质量发展的内在要求，也是中国对国际社会的庄严承诺。中国践信守诺、坚定推进，已发布《2030年前碳达峰行动方案》，还将陆续发布能源、工业、建筑等领域具体实施方案。中国已建成全球规模最大的碳市场和清洁发电体系，可再生能源装机容量超 10 亿千瓦，1 亿千瓦大型风电光伏基地已有序开工建设。中国破立并举、稳扎稳打，在推进新能源可靠替代过程中逐步有序减少传统能源，确保经济社会平稳发展；积极开展应对气候变化国际合作，共同推进经济社会发展全面绿色转型。

这是人类历史上最为宏大而独特的生态文明建设的实践创新，堪称这个蓝色星球上最精彩的奋斗故事、最引人注目的文明史诗。

五　跨越"修昔底德陷阱"

所谓"修昔底德陷阱"，是指一个新崛起的大国必然要挑战现存大国，而现存大国也必然会回应这种威胁，这样战争变得不可避免。按此说法，中美之争，必有一战。

习近平总书记斩钉截铁地说："我们都应该努力避免陷入'修昔底德陷阱'，强国只能追求霸权的主张不适用于中国，中国没有实施这种行动的基因。"和平、和睦、和谐是中华民族 5000 多年来一直追求和传承的理念，中华民族的血液中没有侵略他人、称王称霸的基因。中国共产党关注人类前途命运，同世界上一切进步力量携手前进，中国始终是世界和平的建设者、全球发展的贡献者、国际秩序的维护者！

最近美国著名学者罗伯特·库恩在接受专访时指出："在中美关系上，最坏的情况是，除非双方看到'血'，否则中美关系的自由落体不会停止。令人担忧的是，虽然爆发热战的可能性仍然很低，过去一年双方冲突的可能性是增加的。"因此，"首要任务是不要让事情变得更糟"。但"中美关系什么时候是最低点？最低点已经过去了吗？或者它还没有到来？"

我认为，"最低点"就是必须跨越"修昔底德陷阱"。中国有更为开阔、更加开拓的大视野；有利益相关、风险分摊的大智慧；

◎ 文化论

有审时度势、乘势而上的大方略；有推进和实施"建设人类命运共同体"的大魄力；有在更广阔的空间、更展开的时间中，去争取、去维护、去延展战略机遇期的大手笔。我们能够跨越"修昔底德陷阱"。

何为"利益相关、风险分摊"？14亿人站起来、富起来、强起来，怎么会没有风险？14亿人的大动作，岂止美国看不惯，世界60多亿人都在关注，乃至全世界，甚至大自然界都在调节、在应对，这就叫"人在算，天在看"。中华民族审时度势，顺势而上，是在走向全球化的新秩序、新潮流中崛起，在与全世界、与大自然和谐发展的新格局、新天地中复兴。这就出现了必须面对"非对称风险"的新挑战、新难题。如果光是中国一家来对付，就叫作"非对称风险"。我们不会只按"利益最大化"的逻辑出牌，独揽风险，而要以"提高自己健康演进的几率，避免系统性毁灭"的理性，共担风险；还要按照"利益攸关"的原则，用我们的话来说就是在国际上也"善于团结一切可以团结的力量，调动一切积极因素"，来对抗"非对称风险"。有一个道理，不管现实能否马上兑现，还是要反复讲：和则双赢，斗则两害。相信有头脑的战略家都会作出理性的评估。我们有风险，你也不保险，你想玩"颠覆"，当心先翻船。

从历史经验看，老大总是要不断地打压老二。比如曾经的世界第二——苏联、英国、德国和日本，美国分别通过建立布雷顿森林体系、苏伊士运河事件、"星球大战"和经济掣肘，不遗余力地打压。结果，都没能当成老二。中国的GDP十多年前就开始列居世界第二，成绩当然来之不易，我们也为之高兴，但不会忘乎所以，更不会被人忽悠。中国不会去当老二，也当不了老二。"君子坦荡荡，小人长戚戚。"今天的中国，是"天行健君子以自强不息，地势坤君子以厚德载物"的坦荡荡君子，不当头，也不会做附庸。不当老大，也不是老二。不惹谁，也不怕谁。不会损人利己，也不会吞下损害14亿人民根本利益的苦果。世界毕竟在走向全球化、多极化中，给出了我们难得的崛起、发展和复兴的战略机遇期。"修昔底德陷阱"的风险，可以在推进和实施"建设人类命运共同体"这一大方略中去跨越。"两岸猿声啼不住，轻舟已过万重山"，"长风破浪会有时，直挂云帆济沧海"。

六 迎接新文明复兴、促进新人文主义

世界面临百年未有之大变局，最突出的特征是充满不确定性。大变革的时代，动荡几乎涉及各个领域，构成历史发展的大趋势。比如，新冠肺炎疫情的不确定性——2022年大概率还是要继续和疫情抗争的一年；全球经济走势的不确定性——世界经济脆弱复苏，面临的不确定性和不稳定性仍然较大，基于当前情况综合研判，全球经济全面恢复疫情前水平尚需时日；全球地缘政治的不确定性——当前地缘政治紧张状况，正处于冷战结束后的危机聚焦时段；全球气候变化政策协调的不确定性——当前国际应对气候变化合作出现一些变化，最重要的变化就是美国采取单边主义措施，可能对全球经济体系造成很大影响，这对采取应对气候变化措施的很多产业都会产生不确定性的影响；全球治理体系调整存在不确定性——当前全球治理体系正步入调整变革期，第二次世界大战后形成的全球治理体系日益暴露出诸多弊病，深陷全球治理"赤字"。总之，这是一个充满不确定性的世界。百年变局和世纪疫情交织叠加，世界经济复苏乏力，战争阴云远未散去，恐怖主义、难民危机、生物安全、气候变化等全球性挑战此起彼伏……

最大的不确定性，如美国著名智库——大西洋理事会首席执行官弗雷德里克·肯普的一篇文章所说：新的一年美国将何去何从？究竟要作为还是不作为？到底是确定还是不确定？这一切，就像面临着一个解不开、理还乱的"戈尔迪之结"。戈尔迪是古希腊神话传说中小亚细亚弗里吉亚的国王，他在自己用过的一辆牛车上打了个分辨不出头尾的复杂结子，并把它放在宙斯的神庙里。神示说能

◇ 文化论

解开此结的人将能统治亚洲。"戈尔迪之结"常被喻作缠绕不已、难以理清的问题。美国继续做着统治世界的美梦,也好比在自己的"牛车上打了个分辨不出头尾的复杂结子"。解不开、理还乱,典型的自作自受。其实,"宙斯的神示"还有:如继续纠缠在这个结子中,总有一天会成为缠住你脖子的绞索!

风物长宜放眼量。面对百年未有之大变局,我们要善于以大历史观环顾世界。以往,决定国际秩序的主要因素是大国主导,甚至是霸权;如今,基于大国主导的国际秩序正在发生变化,随着多极化格局的形成,国际关系范式正在走向基于"命运共同体"的新秩序。命运共同体就是"共享的未来",这是一种思想理念,也就是以中国倡议的"共享的未来"为引领思想,来构建一种新的世界秩序,给人类社会发展带来新的和平与稳定。

人类文明的交汇已走到量变到质变的临界点,人类危机呼唤人本主义在否定之否定意义上的继承和发扬。新时代对人本主义的呼唤,需要对传统人本精神进行继承吸收,发扬其积极成果又要革故鼎新。因为西方近代人本主义多强调作为个体的自由与权利,尊重人的本能欲望,虽然催生了迅猛发展的经济,也造就了极端膨胀的个人。面对第一次文艺复兴遗留下来的膨胀了的个人,新的文明复兴,要养成和谐的人,构建人类命运共同体。它既巩固第一次文艺复兴人本主义的积极成果,又要对其过分的运用有所克制。

当西方文明以霸权的形式推行其价值观的时候,我们需要新型的人与社会的关系;当传统的工业文明发展导致生态危机的时候,我们需要新型的人与自然的关系;当西方文明过分强调物质、商业和市场利益的时候,我们需要新型的人与人的关系。这种新型关系的潮流,就是新文明复兴;这种新型关系的旗帜,就是新人文主义。

中国迈向世界强国的讯号,是自觉地承担起迎接人类新文明复兴、促进新人文主义的历史使命。中华优秀传统文化有助于建设人类文明新形态。在中华民族实现伟大复兴的进程中,我们要高举起迎接新文明复兴、促进人类命运共同体的大旗，把握住新人文主义的话语权，使冷战战略、冷战思维彻底成为历史，为推动人类可持续发展作出积极贡献。同时，也为中华民族赢得和延长实现伟大复兴的战略机遇期。

聚焦：一起向未来，建设人类命运共同体

世界听到了，北京冬奥传递出"中国迈向世界强国的讯号"，聚焦到一点就是：一起向未来，建设人类命运共同体。

习近平主席说："在全球性危机的惊涛骇浪里，各国不是乘坐在190多条小船上，而是乘坐在一条命运与共的大船上。小船经不起风浪，巨舰才能顶住惊涛骇浪。"这个深刻的比喻，是对"建设一个什么样的世界、如何建设这个世界"这一关乎人类前途命运重大课题的思考。

"人类生活在同一个地球村里，生活在历史和现实交汇的同一个时空里，越来越成为你中有我、我中有你的命运共同体。"传承中华文化"天下大同"的理想追求，赓续马克思主义"自由人联合体"的思想光辉，人类命运共同体理念代表着人类先进的世界观，是对一国一域的狭隘范畴，对西方现实主义国际关系理论全面的、革命性的超越，成为马克思主义中国化时代化一项最新理论成果。这样的理念不仅是指引中国外交的旗帜，也在纷繁复杂的世界引领着人类前进的方向。构建人类命运共同体理念，作为习近平新时代中国特色社会主义思想在外交领域的集中体现，为破解人类共同难题、推动世界和平发展提出中国方案，是新时代中国共产党人为人类思想宝库贡献的智慧瑰宝。

一起向未来！新时代中国将继续高举构建人类命运共同体旗帜，同各国一道，为人类文明进步的崇高事业燃起更加炽烈的奋进之火，点亮更加闪耀的希望之光。

这，就是中国迈向世界强国的讯号。

"多'元'一体"与"多'源'一体"辨析[*]

习近平总书记说:"中华文明探源工程对中华文明的起源、形成、发展的历史脉络,对中华文明多元一体格局的形成和发展过程,对中华文明的特点及其形成原因等,都有了较为清晰的认识。同时,工程取得的成果还是初步的和阶段性的,还有许多历史之谜等待破解,还有许多重大问题需要通过实证和研究达成共识。"

这里提出一个问题:在进一步研究中,可否将"中华文明格局"的定义,由"多元一体"调整为"多源一体"?"元"和"源"一字之差,相去甚远,有必要认真辨析。

以下从七个角度来看。

一 从中华文明发展路向的考古实证来看

中华文明探源工程秉持多学科、多角度、全方位的理念,围绕公元前 3500 年到公元前 1500 年期间的多处遗址及周边的聚落群开展大规模考古调查,在此基础上开展多学科综合研究,仔细辨析,揭示的发展路向正是多种源流汇为一体。

距今 4500 年前,中华文明的各个区域文明之间形成了"早期中

---

[*] 本文是作者在全国政协委员读书活动"周周论学"《中华文明溯源深度谈》研讨会上的发言。

华文化圈"。这文化圈当然是多源涌流,但因其"一元",方成"一圈",虽系多源,终汇一体。而"多元"之喻,"然终不免一盘散沙之谓者,则以无合群之德故也。"(梁启超语)通过与来自另一"元"域外其他文明之间交流互动,从西亚地区接受了小麦、黄牛、绵羊等先进的文化因素(冶金术我们也有),丰富了中华文明的内涵。距今4300年至4100年前,长江中下游的区域文明相对衰落,中原地区持续崛起,在汇聚吸收各地先进文化因素的基础上,政治、经济、文化持续发展,涓涓溪流汇于江河,"多源"文化汇于"一元"主体,为进入王朝文明奠定了基础。夏王朝建立后,经过约200年的发展,在河南二里头形成王朝气象,从"满天星斗"到"月明星稀"。种种礼器及其蕴含的观念向四方辐射,形成方位广大的中华文化影响圈,一元含多样,有如一月映万川。中华文明从距今5000年到4000年期间的各区域文明各自发展,交流共进,转变为用中原王朝引领的一体化新进程,展示的正是多源汇为一体的发展路向。[1]

正如韩建业所论,早期中国是"一元"还是"多元",是否存在"一体"?"元"本意为人首,引申为肇始本原;"体"本意为人体,引申为一般事物之体。因此"一元"抑或"多元",实际是早期中国有一个根本还是多个根本的问题;是否存在"一体",是早期中国是否为一个文化实体的问题。早期中国大部地区共有"一元"的宇宙观、伦理观、历史观等核心思想观念和文化基因,有着"多支"文化系统和多种文明起源之模式,交融形成以黄河—长江—西辽河流域为主体的、以黄河中游(或中原地区)为中心的、多层次的"一体"文化格局。这种"一元多支一体"格局,本质上趋向"一体""一统"而又包含多种发展变化的可能性,既长期延续主流传统又开放包容,是一种超稳定的巨文化结构,与此相适应的文明起源模式可称为"天下文明"模式。[2]

---

[1] 参见王巍《中华文明探源工程及其主要收获》,《中国民族》2022年第6期。
[2] 参见韩建业《论早期中国的"一元多支一体"格局》,《社会科学》2022年第8期。

◇ 文化论

二 从中华文明发展基本格局的历史脉络来看

深化中华文明探源工程，习近平总书记说，要"综合把握物质、精神和社会关系形态等因素，逐步还原文明从涓涓溪流到江河汇流的发展历程"。人类文明起源的规律，是从血缘走向地缘，社会组织的萌芽出现；而社会组织萌芽及其复杂化，则为文明化之起始。当"个体是社会存在物"（马克思《1844年经济学哲学手稿》语）时，文明化就起源了。当然，国家出现是文明成形的标志。

中华文明演进路向或形成格局和特质，也遵从这个规律。它始于一个特殊地缘——共同的地理环境中，形成一个生于斯、长于斯的共同的农业文明，由此形成和养育了先称为"华夏"、后名为"中华"的民族共同体。费孝通说："一片地理上自成单元的土地一直是中华民族的生存空间。民族格局似乎总是反映着地理的生态结构，中华民族不是例外。"中华文明之不同于其他文明特别是不同于欧洲文明的，始于"一元"而走向"一统"的物质基础，始于一个特殊地缘——共同的地理环境。

西周青铜器"何尊"的铭文"中国"，意指新建的东都洛邑及其所在的地域。《逸周书·度邑》和《史记·周本纪》记载，周武王说他要建的东都洛邑一带曾"有夏之居"，所以最早的"中国"可以与夏王朝的国都所在地相挂钩。自夏朝到西周时期，"夏"就是一元的中国，"华夏"意即"大美之夏"。春秋时期将天下的邦国分为华夏与戎狄蛮夷，也并非"多元"之分，而是区分文化水平不同的类别。如钱穆说："所谓诸夏与戎狄，其实只是文化生活上的一种界限。"也如顾颉刚、王树民言："当所谓'蛮夷'国家吸收'诸夏'国家文化，具有了'诸夏'国家的条件时，即可进入'诸夏'的行列，正如'诸夏'国家在丧失其条件时，即被视为'夷狄'一样。""华夏"乃光荣伟大的诸族之合称。其所以能够合、必然合、有机合、永久合，就因其本质上是"一元"而非

"多元"。"华夏"在不断交流交往交融中进步与发展，为多民族的统一的秦汉王朝的建立奠定了坚实的基础。而"中华"一词实取"中国""华夏"两词各一字组合而成，意即居于中国的光荣伟大的诸族，也可以说是居于中国的大美诸族。从"中华民族"这一观念从滥觞到完备的形成过程来看，昭示的正是一个多种源流汇为一体的发展历程。[1]

距今三四千年前的三星堆文明，也并非中华文明之另一"元"。其青铜神像之"纵目"乃表示"极目通天"，并非"外星人"，恰是"夏商时期中华文明的古蜀文明"（王震中语）。

秦汉以后魏晋南北朝持续三百年的大分裂，为什么必然走向隋唐大统一，从文明演进的路向和格局看，也是深厚文化根基的"一元"作用。五胡十六国之各少数民族由逐鹿中原形成一个漩涡，各部落都卷进来，漩涡越卷越大，因为它是作为"一元"的同一个向心力主导的。以后因"豪族社会"的特殊历史阶段而出现阶段性的"多样""多体"的分裂状况，但"一元"的向心力生生不息，久久为功，也必回归大一统之格局。李唐一族所以崛兴，诚如陈寅恪先生言，"盖取塞外野蛮精悍之血，注入中原文化颓废之躯，旧染既除，新机重启，扩大恢张，遂能别创空前之世局"。作为塞外少数民族，则是"万里车书尽混同，江南岂有别疆封"（金朝完颜亮语）。

自元而清、五族共和直到当代中国，更显示了"始于一元、多必归一"的巨大磁感应强度和不可抗拒的向心力，以及"基于一元、中华一统"的坚韧不拔的历史逻辑。

三 从"元"之本义看

现在讲文化、文明，广泛使用"多元"这个概念，把"多样"

---

[1] 参见晁福林《从"华夏"到"中华"——试论"中华民族"观念的渊源》，《史学史研究》2020年第4期。

◎ 文化论

"多源"皆说成"多元"。但"元"之本义何也？张其成先生说，这一问题不仅涉及中华文明的起源，而且也涉及中华文明的发展为何唯一没有中断而延续至今。从中华文明起源而言，所谓"满天星斗"说其实是"多源"，"多源"比"多元"更为恰当。而就思想史而言，则讲"一元"更精准。西周前期成书的《易经》第一卦乾卦卦辞的第一个字就是"元"，《彖传》解释："大哉乾元，万物资始，乃统天"。"元"的本义是人头，引申为首要、第一、开端。虽然《易经》还没有明确说出"元"的含义，但到《易传》已有明确论述。《易传》中的"元"作为万物资始、资生的根本，是"大一统"思想的反映。

《周易·大有》《彖》曰："其德刚健而文明，应乎天时而行，是以元亨。""元亨"者也，"元"为大，"亨"乃通。"应天则大，时行无违，是以元亨"。如总以"多元"讲文明，则"其德"不能"刚健"，难成其"大"；其行有违"天时"，难以"亨通"。讲"多元一体"，"多元"孰大？有违"元亨"。"多元"可以共生、共存、互鉴而"多元通和"。但如果要"多元一体"，就不成其为"多元"，就只能取消"多元"。

李勇刚认为，"元"可训为"始"，但董仲舒则更看重"元"另外所具有的"本原"之义，解释的重心，从作为"序数"的"一"，引申到作为"基数"的"一"。董仲舒在《春秋繁露·玉英第四》中说："惟圣人能属万物于一，而系之元也，终不及本所从来而承之，不能遂其功。是以《春秋》变一谓之元，元犹原也，其义以随天地终始也。""变一为元"，"元犹原也"，将理解的重心置换为"原"，"元"就具有了"万物之本"的本体论意义，"其义以随天地终始"。

如果说主流支流，百川汇集，都是源，哪里算"元"？"元"与"源"如何区别？韩愈说，夷入中国则中国之。其他文明要素融入了中国文明，算是一元还是多元？"多元"这个概念似应严格界定，避免滥用。

四　从费孝通"多元一体"的特指含义看

费孝通先生《中华民族的多元一体格局》中,是把各民族定义为"多元"(多个单元),把中华民族定义为"一体",他提出"所包括的五十多个民族单位是多元,中华民族是一体,它们虽则都称'民族',但层次不同",仅此而已。王震中认为,费先生提出中华民族"多元一体",就民族结构关系而说是具有辩证思维的理论创新。但当阐述"一体"的形成过程时,则可将"元"置换为"源流"之"源",即"多源一体",这样的表述既可更接近历史发展的本真,亦可避免一些歧义。

"多元一体"本是用于讲中华民族格局的特指概念。从概念的内涵和外延来说,如放大到界定整个人类文明的发展格局,是可以的。人类文明的确是"多元"的,但毕竟还是要向着"一体"——形成人类命运共同体前进。但用来讲中华文明的演进格局及其特质,则未必确切。

五　从"大一统"的"一元"文化传承来看

"大一统"是贯穿中国历史政治格局和思想文化的一条主线,是维系中华儿女大团结的文化基因,是造就中国这个超大规模文明型国家的内在动力,也是维系中华民族共同体意识的重要纽带。

"大一统"之相延,以"一元"文化传承为基。我国各民族交错杂居,显现为"多源",但文化上兼收并蓄、经济上相互依存、情感上相互亲近、血缘上互相融合,不断从"多源"融为"一体"。始自"一元",趋于"一元",成就"一元",巩固"一元",铸造了、维系了、巩固着中华民族"一元多样(或多支)一体"的基本格局。本是同元同根,虽有多族之别,别无异元之心,无论如何交错杂居,颠沛流离,多源涌流,神采各异,终会融合而成一元一体的"中华民族"。这种特质,在四大古文明中,惟中华文明独具,故惟我中华文明没有中断而永续。

六　从当前反分裂斗争的现实需要看

讨论将中华文明格局定义由"多元一体"调整为"多源一体",并非坐而论道。"元""源"一字之差,也非概念之争。说到底,事关当前反分裂斗争和维护国家安全之需要。

我们看到俄乌冲突的后面,无非是一场美国主导的西方与俄罗斯在多个战场开打的"混合战",即包括信息战、网络战、贸易战、金融战、科技战、舆论战、司法战等及与其配套的军事战。而且,美国正力图将目前纠集的反俄阵营扩大为反华阵营,接着对中国再打"混合战",政治抹黑、外交孤立、安全遏制、经济"脱钩"、科技封锁等手段都已在施展中。我们中华民族从鸦片战争到新中国成立前的一百多年,一直积贫积弱内忧外患。这就注定了新中国成立后一百年的发展进步,一定要殚精竭虑内稳边安。我们要有防范的底线思维,不能仅仅满足于"多元一体"中"多元"向着"一体"的正向凝结和流动,尤其要防范"一体"中所谓"多元"因素,因外部环境的激发产生分裂的"基因突变",甚至成为被境外敌对势力用来引发"溃疡面"的"病变毒株"。如果把本来就是共生于"一元"的多样、多支,视为本自"多元",很可能自找麻烦甚至留下隐患。

七　从哲学上看

"多元一体"这个概念,"多元"是个性,"一体"是共性,共性必寓于个性之中。"多元"作为矛盾的特殊性存在,变是绝对的,不变是相对的。如总以"多元"去铸成"一体","元"者自各异,则"体"必有分合。

结语：一个涉及"根"和"魂"的概念

习近平总书记说："中华优秀传统文化是中华文明的智慧结晶和精华所在，是中华民族的根和魂，是我们在世界文化激荡中站稳脚跟的根基。"[1] 深化中华文明探源工程，对定义"文明格局"这样一个关乎国家统一之基、民族团结之本、精神力量之源，涉及"根"和"魂"的概念，不必约定俗成，人云亦云；避免含混不清，留下隐患；应该问底刨"根"，凝神聚"魂"。

"大哉乾元，万物资始"。以"多源一体"定义中华文明格局，展开讲就是，始于一元多样，归于多样一体。

"周虽旧邦，其命维新"。把"一元"的圆心固守住，把包容的多样性（多线性）半径拉长，画出最大同心圆，永固中华儿女大团结。

---

[1]《习近平在中共中央政治局第三十九次集体学习时强调 把中国文明历史研究引向深入 推动增强历史自觉坚定文化自信》，《人民日报》2022年5月29日第1版。

弘扬中华民族协和万邦的天下观[*]

习近平总书记在主持中央政治局第三十九次集体学习时指出："中华文明自古就以开放包容闻名于世，在同其他文明的交流互鉴中不断焕发新的生命力。"在中华文明史上，协和万邦的理念一脉相承，集中体现着中国人特有的天下观。

中华文明是在同其他文明不断交流互鉴中形成的开放体系。亲仁善邻、协和万邦是中华文明一贯的处世之道，天下一家、世界大同是中华民族源远流长的思想传统。《尚书·尧典》中讲："克明俊德，以亲九族。九族既睦，平章百姓。百姓昭明，协和万邦。"这里所说的尧之"德"，是要让家族和睦；家族和睦之后再协调百姓，也就是协调各个家族之间的关系，以实现社会和睦；社会和睦之后再协调各邦国的利益，让各邦国都能够和谐合作。其中的"协和万邦"，在今天可以理解为协调不同国家之间的关系，促进各个国家相互尊重、相互合作、共同发展。

习近平总书记指出："以和为贵、和而不同、化干戈为玉帛、天下大同等理念在中国世代相传。"协和万邦的天下观，蕴含"和气"、氤氲"和风"，彰显中华文明源远流长的"和"文化。《中庸》有云："中者，天下之大本也；和者，天下之达道也。""和"文化是中华文明的精髓所在。"和"的核心精神，是相互承认、彼此尊重、和谐圆融。"和"的基础，在于和而不同、互相包容，求

---

[*] 原载《人民日报》2022年6月20日，《新华文摘》2022年第12期转载。

同存异、共生共长。"和"的途径，是以对话求理解，和睦相处；以共识求团结，和衷共济；以包容求和谐，共同发展。"和"的佳境，是各美其美、美人之美、美美与共、天下和美。

协和万邦的天下观，与各国人民对美好世界的追求相契合。西方近代人本主义思潮强调人作为个体的自由与权利，强调尊重人的本能欲望，这虽然促进了资本主义经济迅猛发展，但也带来个人主义的膨胀。今天，个别西方国家奉行自我优先的单边主义、保护主义、霸权主义，从某种程度上就是西方人本主义极端化的表现。当今时代，各国是相互依存、彼此融合的利益共同体，不能牺牲他国利益来谋求一己之利。人类文明百花园绚烂多彩，不同文明各有千秋，应坚持弘扬平等、互鉴、对话、包容的文明观，以文明交流超越文明隔阂，以文明互鉴超越文明冲突，以文明共存超越文明优越。因此，协和万邦的天下观在今天仍然闪耀着智慧光芒。

习近平总书记强调："在5000多年的文明发展中，中华民族一直追求和传承着和平、和睦、和谐的坚定理念。"在协和万邦的天下观感召下，以和为贵，与人为善，"己所不欲、勿施于人"等理念在中国代代相传，深深植根于中国人的精神中，充分体现在中国人的行为上。在处理对外关系时，中华民族积极开展对外交往通商，而不是对外侵略扩张；秉持保家卫国的爱国主义，而不是开疆拓土的殖民主义。古代中国长期是世界强国，但中国对外传播的是和平理念，输出的是丝绸、茶叶、瓷器等丰富物产。中国走和平发展道路，不是权宜之计，更不是外交辞令，而是从对历史、现实、未来的客观判断中得出的结论，是思想自信和实践自觉的有机统一。今天的中国，传承和弘扬协和万邦的天下观，既通过争取和平的国际环境来发展自己，又通过自己的发展来促进世界和平，以宽广胸怀理解不同文明对价值内涵的认识，尊重不同国家人民对自身发展道路的探索。事实证明，中国走和平发展道路，不是为了说服谁、取悦谁、安慰谁，而是基于自己的基本国情和文化传统，基于全人类的根本利益和长远利益作出的正确抉择。

◇ 文化论

　　协和万邦的天下观，蕴含着民胞物与、立己达人、家国一体、天下大同等中华优秀传统文化智慧，具有深刻的现实意义。当今世界正经历百年未有之大变局，大变局中充满不确定性。在诸多不确定性中有一点是确定的，这就是人类前途命运的休戚与共前所未有，各国相互联系和彼此依存比过去任何时候都更频繁、更紧密，整个世界日益成为"你中有我、我中有你"的命运共同体。中国坚定不移扩大开放，扎实推动共建"一带一路"高质量发展，既发展了自己，也造福了世界。把中华文明中协和万邦的理念讲深讲透，可以让世界看到中国推动人类共同发展、共享未来的积极贡献，不断为构建人类命运共同体凝聚共识、汇聚合力。

跋

2015年8月3日的《光明日报》头版头条，刊登了我的一篇短文《白天走干讲　晚上读写想》，评论说："著名学者叶小文的座右铭来自一位基层干部，内容简简单单——'白天走干讲，晚上读写想'。但这里面，却浓缩着'先天下之忧而忧'的胸怀、'沛乎塞苍冥'的正气和'绝知此事要躬行'的勤勉，简单却丰富，直白也深刻。"

其文如下：

有段话耳熟能详："予尝求古仁人之心……居庙堂之高则忧其民，处江湖之远则忧其君。是进亦忧，退亦忧。然则何时而乐耶？其必曰'先天下之忧而忧，后天下之乐而乐'乎。噫！微斯人，吾谁与归？"（范仲淹《岳阳楼记》）

予尝求之座右铭，源自这"古仁人之心"，在进退皆忧、忧国忧民中，总传承着一股"沛乎塞苍冥"的浩然之气。

多忧，必多思；多思，要多干。这"忧、思、干"何以相得益彰？听一位"处江湖之远"的基层干部说，他是"白天走干讲，晚上读写想"。有了，我的座右铭，就是它了。

白天走干讲：走下去、干起来、讲出水平。走，毛泽东在《反对本本主义》中说："迈开你的两脚，到你的工作范围的各部分各地方去走走，学个孔夫子的'每事问'。"走，不仅要开动双脚，还要开动脑筋，不能走马观花，"葫芦掉进井里，

◇ 跋

还是在水上漂着"。干，就是实践。纸上得来终觉浅，绝知此事要躬行。干部干部，先干一步。讲，是领导干部向广大人民群众讲解和宣传党的方针政策，动员、组织群众的重要手段。能不能讲、会不会讲，往往体现出一个领导干部的水平。我们有的干部，与新社会群体说话，说不上去；与困难群众说话，说不下去；与青年学生说话，说不进去；与老同志说话，给顶了回去。"套话一说完，主客便只好默默地相对，逐渐沉闷起来。"

晚上读写想：耐心读、勤于写、创造性地想。读，过了学生时代，没有专门时间读书，也没有老师督着你读书，就看自己愿不愿挤出时间读书。再忙，睡前总能挤一小时。关键是耐得住寂寞，稳得住心神，便可以进入另一个美妙的世界，从读书中获得心灵的充实和内心的愉悦。写，是反映客观事物、表达思想感情、传递知识信息的创造性脑力劳动过程。读书是学习，摘抄是整理，写作是创造。邓小平同志讲过："用笔领导是领导的主要方法，这是毛主席告诉我们的。凡不会写的要学会写，能写而不精的要慢慢地精。"想，学而不思则罔，思而不学则殆。朱熹说："读书有三到，谓心到、眼到、口到。心不在此，则眼看不仔细，心眼既不专一，却只漫浪诵读，决不能记，记不能久也。三到之中，心到最急。心既到矣，眼口岂不到乎？"

走干讲与读写想，相辅相成。读写想是坐而思，走干讲是起而行。白天光阴似金，最宜多走多干多讲；夜晚沉寂幽静，更适勤读勤写勤想。坚持走干讲，才能读得透、写得深、想得远；不懈读写想，才能走得实、干得好、讲得准。

白天走干讲，晚上读写想，夜以继日，累也不累？其实进入这样一种生活方式，便不难体会孔夫子的那股豪迈："子在川上曰：逝者如斯夫，不舍昼夜！"

白天走干讲，晚上读写想，周而复始，烦也不烦？其实会

— 524 —

跋

另生出一番快乐的滋味。享受工作，一心一意，忙并快乐着；享受生活，一茶一书，闲并快乐着；享受天伦，一生一爱，爱并快乐着。

白天走干讲，晚上读写想，积以时日，我就写出了若干短文，拿去发表。互联网时代，这类文章读者不会多了，但总还有人关注。记得五年前，有位领导同志来信说："小文大作，每每拜读，感慨良多。言简意赅，有彩无华，实不多见。还望能坚持下去，一以贯之。"鼓励之后，留了个作业题："我常想'是大家常说家常'，也一直想找到上对，终不得，求教为盼。"

我回信说："人民出版社为我出过一本《小文百篇》，其后我又发表了近百篇。拟凑够250篇之数后，再集一本，或名《小文二百五》，既有'小文的250篇小文'之意，也想说明：学海无涯，天外有天；佳作无穷，读之汗颜。我虽笔耕不辍，杂论一番，其实捉襟见肘，败笔时现。充其量，还只是个'二百五'而已。唯有学习再学习，努力再努力，突破'二百五'，进入新境界。"当然，毕竟没人喜欢"二百五"，人民出版社出的是《小文三百篇》。

如何给"是大家常说家常"对句？这位领导对的是："凡才子夜读子夜，是大家常说家常。"其意境，或许"夜读子夜"就是"晚上读写想"，"常说家常"就是"白天走干讲"吧？

白天走干讲，晚上读写想，一位基层干部的话，透着"古仁人之心"，我奉为座右铭。尽管"官"已"居庙堂之高"，但"微斯人，吾谁与归？"

我起步于"学而优则仕"。一个在当时还十分闭塞、堪称穷乡僻壤的贵州的青年学子，竟在改革开放初期的1982年，在刚创刊不久、标志中国社会科学界最高殿堂的《中国社会科学》杂志上，

◇ 跋

发表了一篇社会学长篇论文，并随后于 1984 年获"《中国社会科学》中青年优秀论文奖"，引起各方关注，也成了《贵州日报》头版头条新闻。后来，我竟被选拔为共青团贵州省委书记，开始了"为官"的生涯。逐渐官至部级，也"居庙堂之高"了。但不能不"仕而优则学"，在"为官"的过程中更感本领恐慌，更要不断学习，广泛涉猎哲学、政治学、经济学、社会学、社会心理学、伦理学、民族学、宗教学，研究诸多文化问题，以至努力推动建立"统战学"，大都是不断结合"走干讲"而"读写想"。在边干边学的过程中，在理论与实践的结合中，就写下了深浅不一、主题驳杂的若干篇论文。回头总结，集为"论丛"，无非都是在践行这个座右铭："白天走干讲，晚上读写想"。

我喜欢这个说法，"贵州大山里的一棵小草，放在哪里就在哪里生长；给它一点阳光，它就灿烂"。虽祖籍湖南，也有那么一点湖南人"吃得苦、耐得烦、霸得蛮"的基因传承，但这棵小草，毕竟是从贵州的大山里走出来的。

小草灿烂，或集为草丛。草丛之中，或藏有卧虎。我属虎，又恰逢虎年。故本书名《小文论丛》。

我曾任国家宗教事务局局长多年，宗教学方面另出有《宗教问题怎么看怎么办》《宗教七日谈》《中国破解宗教问题的理论创新和实践探索》《多元和谐的中国宗教》等专著。本书主要选辑社会学、政治学、伦理学、哲学、文化论方面的论文。

学术，也是有温度的。培养过我的《中国社会科学》杂志，是我毕生的初心所在，学术的初恋之地。中国社会科学出版社作为一家专业的国家级学术出版社，在广大读者心中神圣庄严，编辑同志为编辑此书下了很多功夫。编辑一丝不苟，书中每段引文都要求我详细注明出处，包括版本来源。但我过去读书都是摘记卡片，这些信息都在卡片上，有了电脑，卡片就丢光了，现在要找回这些信息，犹如大海捞针，只好付阙了。

特别是中国社会科学出版社赵剑英社长亲自为本书作序，更使我有清晨"雨露滋润草丛，阳光穿过树林"般的温暖和感动。这个意境，无以言表，体现在巴赫的著名大提琴组曲的序曲中（注：我曾任"三高爱乐之友业余交响乐团"的团长兼大提琴首席，"三高"为高级知识分子、高级干部、高级将领的简称）。

被称为"世界古典音乐之父"的巴赫创作的六组无伴奏大提琴组曲（BWV1007-1012），是无伴奏乐曲中最早闻名于世的典范，在音乐结构、艺术魅力和思想深度上都举世无双。自1901年被大提琴家卡萨尔斯"发现"并介绍给全世界的听众以来，它们便成了无限意义的延伸，被誉为演奏家技巧与修养的试金石。史塔克、罗斯特罗波维奇、傅尼叶、马友友等无数大提琴大师，都屡次争相诠释这一纪念碑式作品。在我崇拜的巴赫这座"音乐论丛"的大山面前，这部《小文论丛》，是一簇小小的"草丛"。

叶小文
壬寅虎年于京华